清末民初文獻叢刊

中國近三百年學術史

梁啓超　著

朝華出版社
BLOSSOM PRESS

圖書在版編目（CIP）數據

中國近三百年學術史 / 梁啓超著. -- 北京 : 朝華出版社, 2018.6

（清末民初文獻叢刊）

ISBN 978-7-5054-4247-4

Ⅰ. ①中… Ⅱ. ①梁… Ⅲ. ①學術思想－思想史－中國－清代 Ⅳ. ①B249.05

中國版本圖書館CIP數據核字(2018)第063975號

中國近三百年學術史

作　　者 梁啓超

選題策劃 楊麗麗　尚論聰
責任編輯 劉小磊
特約編輯 齊　芳
責任印制 張文東　陸競嬴
封面設計 劉敬偉

出版發行 朝華出版社
社　　址 北京市西城區百萬莊大街24號　　**郵政編碼** 100037
訂購電話 （010）68996618　68996050
傳　　真 （010）88415258（發行部）
聯系版權 j-yn@163.com
網　　址 http://zhcb.cipg.org.cn
印　　刷 藝堂印刷（天津）有限公司
經　　銷 全國新華書店
開　　本 880mm×1230mm　1/32　　**字　　數** 220千字
印　　張 18.25
版　　次 2018年6月第1版　2018年6月第1次印刷
裝　　別 精
書　　號 ISBN 978-7-5054-4247-4
定　　價 128.00元

出版前言

中國自一八四〇年鴉片戰争以來，傳統的農業文明在西方的堅船利炮轟擊之下徹底被顛覆，有擔當的知識分子苦苦追尋，思索社會改革的途徑。從最初的『師夷長技以制夷』到『民主制度，天下之公理』（梁啓超語），他們發現要『强國富民』，首先要『開啓民智』，衹有民衆擁有了獨立思想和批判精神，國家纔能實現真正的强大。在此後一百年的時間裏（一八四〇—一九四九），思想者們從社會變革深入到國民性的改造，用每一部作品見證着中國近代化的遞變歷程。這是一個極其重要的時代，《清末民初文獻叢刊》正是收録了這一時期的作品，大部分書籍都是早期版本，有着極高的文獻研究價值。

清末的中國經歷了『三千年來未有之大變局』（李鴻章語），大清王朝面對西方列强的艦炮，表現得驚慌失措。尤其是鴉片戰争，使『天朝帝國萬世長存的迷信受到了致命的打擊，野蠻的、閉關自守的、與文明世界隔絶的狀態被打破了』（《馬克思恩格斯選集》）。一批士大夫知識分子，尤其是在歐美諸國擔任使臣或者游歷的知識分子最先覺醒，着眼于對西方國家的考察，進而反省本國政治制度的劣勢，可以視作『啓蒙』的端倪。如曾擔任駐英公使（兼任駐法公使）的郭嵩燾在《使西紀程》中以日記的形式記録了自己對歐西諸國的觀感，他在考察了英國的政治制度之後，發現英國政府官員收入超過三百磅者與普通老百姓一樣同等納税，他說：『此法誠善，然非民主之國，則勢有所不行。西洋所以享國長久，君民兼主國政故也。』他明確提出了『民主』，在國家的管理問題上，人民也有參與的權利。他在該書中所披露的西方政治、經濟、文化等領域優于大清帝國這一事實觸動了保守派的神經，立刻遭到保守派群起而攻之，進士何金壽彈劾他『有二心于英國，欲中國臣事之』，他家鄉湖南的民衆對他更是痛加詆毀，以至于滿城揭帖，誣蔑他『溝通洋人』，在這種群情洶洶的情況下，朝廷最後下旨將《使西紀程》毀版，從而使該書成了禁書。然而，書雖被毀版，却不能堵死民衆的傳播與閱讀的途徑，上海的《萬國公報》依舊連載該書，張佩綸曾說：『朝廷禁其書，而新聞紙接續刊刻，中外傳播如故也。』從某種意義上來說，啓蒙是時代的需要，盡管清政府發諭旨禁了該書，民衆乃至一些朝廷大員却依舊在私下閱讀，以便瞭解外部的世界。進步的社會是開放性的，任何企圖『閉關鎖國』的努力都意味着歷史的倒退，祇有開放，與整個世界文明保持同等的步伐，纔能實現真正的强國之夢。當大批知識分子走出閉鎖的國門，親歷了文明的洗禮之後，也就把啓蒙的智識帶回了中華大地。容閎的《西學東漸記》，梁啓超的《新大陸游記》，崔國因的《出使美日秘日記》等一大批作品介紹了海外諸國的政治、經濟、軍事、外交、文化。雖然這些作品在認識上仍然帶有時代的局限性，然而却是那時最爲珍貴的聲音。

另一方面，在學術上，中國文化母體内『經世致用』思想與資產階級思想相結合，也喚起了變革，以康有爲、梁啓超爲首的改良派試圖通過自上而下的革新以實現變革。康有爲的《新學僞經考》《孔子改制考》就是借經學之表論資產階級學説之裏的著作，康有爲的弟子梁啓超更是通過《新民説》一書提出國民性改造。與早期啓蒙者『師夷長技』的器物文明引進不同，梁啓超上升到形而上的精神領域，從文化心理上更加徹底地進行變革。梁氏是清朝末年到民國初年一個橋梁式的人物，被譽爲『輿論之驕子，天縱之文豪』，其影響力不但在學術領域，同時還在文學領域，他所倡導的『詩界革命』得到了譚嗣同、黄遵憲、丘逢甲等人的響應，黄遵憲的《日本雜事詩》，丘逢甲的《嶺雲海日樓詩鈔》都體現了這種主張。這一主張要求反映新的時代和新的思想，用『我手寫我口』（黄遵憲語）的方式直抒胸臆，對長期占詩壇主流的擬古主義、形式主義産生了巨大的衝擊，解放了寫作者的心靈和頭腦。

與社會變革同步的是早期對西方思想著作的翻譯，這裏面影響最大的是嚴復，他翻譯的《天演論》《社會通詮》等書直接孕育了民國一代的知識階層。魯迅、胡適等人在文章中都曾提到《天演論》對他們思想所産生的震撼。與嚴復略有不同的另一位翻譯家是林紓，他的譯作雖然參差不齊，但却在更細膩的心靈層次對讀者産生影響，許壽裳曾回憶，他和魯迅都熱衷于林譯的小説，如《巴黎茶花女遺事》《黑奴籲天録》《迦茵小傳》等作品。

辛亥革命之後，進步社會思潮成爲主流，比之清末思想啓蒙者『求存』的追求，民國以來的知識階層深入到了更加細微的肌理，一方面呼喚社會變革，另一方面進行點滴的建設，革命并不能使所有的一切一蹴而就，在更加深廣的領域，事物的改變是由微觀而宏觀。通俗地説，比之于革命，建設的意義更大。如《中國商業史》《中國教育史》《中國倫理學史》《中國哲學史大綱》《中國小説史略》等一大批作品都是進行系統的梳理與建設的理論作品。其中，以胡適和魯迅二人的影響最大，他們的作品一紙風靡，從而成爲新文化運動的主力人物。

《清末民初文獻叢刊》收録的文獻大致上可以分爲三個階段，其中龔自珍、張之洞、魏源、郭嵩燾、薛福成等人的作品可視爲『早期啓蒙』，康有爲、梁啓超、黄遵憲、嚴復、林紓等人的作品可視爲『中期啓蒙』，胡適、魯迅、蔡元培等人的作品可視爲『晚期啓蒙』。當然，這種劃分并非嚴格意義上的，大部分啓蒙思想者隨着時代的變化，其思想在不斷進步。縱觀整個近現代史，可以發現，要求變革不是在某一個領域，由某一類人發起和完成的，而是全社會的要求。

變革，已經成爲全社會的共識。

從清末民初的文獻中，我們能够發現一種豐富性。這些作品涉及政治、經濟、軍事、教育、外交、宗教、心理、情感等方方面面，從内而外地净化着中國兩千年以來的封建積習。它不衹是對社會的改造，更是對人心靈的重塑；它首重國家社會之建設，同時亦重靈魂心智之喚醒；它是宏大的，也是微觀的；它是嚴肅莊重的，也是活潑靈動的；這些作品結構精巧，思想内容深刻，擁有濃厚的人文主義色彩，對推動社會主義建設，實現中國夢有重大意義，是近現代中國一百年來最宏富的智識與情感的寶藏。因此，整理這些文獻作品，無論是出于資料保存的目的，還是爲圖書館提供資料副本，都有不可估量的意義。

特定時代下的文獻，當它一旦形成（既指草擬，創作的完成，也指其成爲一個載體），就不可再複製了，也就意味着它將面對消亡。對于文獻資料而言，越接近歷史事件發生的時代記録，越具有研究價值。文獻本身具有不可再生性，它衹會消亡，而不會增多。盡管文獻本身的文字可以保留下來，并進行傳播，却失去了當時的時代氣息。當時的作品可能在技巧上，文字的成熟度上不及當代，但它所負載的信息，創作者的情感都反映了當時的歷史，也就是説，它具有不可替代的歷史意義。

影印的版本有三個特點，第一是擁有文獻的『原始性』；第二個特點是『未經改動的』；第三個特點是『歷史的原貌』。所謂『原始性』，也就是説，它是第一手資料，而非轉述的，回憶形成的；『未經改動的』，是指未被篡改、删節、挖補的；『歷史的原貌』是指在影印製作過程中，完全依照文獻的原來模樣……這樣製作出版的作品，無异延續了文獻的壽命。

近現代思想史上的一個最重大的思潮就是『開放』，從林則徐的『開眼看世界』到蔡元培的『兼容并包』，都是在倡導一種開放式的胸襟。而《清末民初文獻叢刊》最有魅力的部分就是『開放』這一主題，衹有融入到世界文明發展的進程中，中華文明纔能歷久彌新。

《清末民初文獻叢刊》編委會

二〇一七年四月十四日

凡例

一、《清末民初文獻叢刊》（以下簡稱『叢刊』）爲影印本，舉凡所用之底本，均爲該書之早期版本。有清末刊本，亦有民國印本。

二、《叢刊》均依底本影印，未予删改，僅代表作者個人觀點，不代表官方立場；原刊本有誤，不予校改，以保留文獻之原貌。

三、《叢刊》所用之底本，因時日久遠存在漫漶的情況，均進行了修復；底本闕文、印刷不清，均保留原貌。

四、爲讀者閲讀之便，《叢刊》中之舊底本目録未標記頁碼者，編了目次；原底本有頁碼和目録，未予重複編目。

五、爲保持文獻的原始風貌，影印本保留了原書書影（原書爲多册，則保留第一册書影）、扉頁等信息。所用底本無相應信息者，則不予妄添，以免錯訛。

中國近三百年學術史

梁任公著

新會梁啓超著

中國近三百年學術史（全）

上海民志書店印行

中國近三百年學術史目次

中國近三百年學術史目次終

中國近三百年學術史

新會梁啓超講

一 反動與先驅

這部講義，是要說明清朝一代學術變遷之大勢及其在文化上所貢獻的分量和價值。爲什麼題目不叫做清代學術呢？因爲晚明的二十多年，已經開清學的先河；民國的十來年，也可以算清學的結束和蛻化。把最近三百年學做術學史上一個時代的單位，似還適當。所以定名爲近三百年學術史。

今年是公曆一九二三年。上溯三百年前之一六二三年爲明天啓三年。這部講義，就從那時候講起。若稍爲概括一點，也可以說是十七八九三個世紀的中國學術史。

我三年前曾做過一部清代學術概論。那部書的範圍，和這部講義差不多，但材料和組織，狠有些不同。希望諸君豫備一部當參考。

這個時代的學術主潮是：

厭倦主觀的冥想而傾向於客觀的考察。

無論何方面之學術，都有這樣趨勢。可惜客觀考察，多半仍限於紙片上事物，所以他的效用尙未能盡量發揮。此外還有一個支流是：

排斥理論提倡實踐。

這個支流，屢起屢伏，始終未能很占勢力。總而言之，這三百年學術界所指向的路，我認爲是不錯的——是對於從前很有特色而且有進步的。只可惜全部精神，未能貫澈。以後凞藉這點成績，擴充蛻變，再開出一個更切實更偉大的時代，這是我們的責任，也是我這回演講的微意。

凡研究一個時代思潮，必須把前頭的時代略爲認清，纔能知道那來龍去脈。本講義所講的時代，是從他前頭的時代反動出來。前頭的時代，可以把宋元明三朝總括爲一個單位，——公歷一〇〇〇至一六〇〇——那個時代，有一種新學術系統出來，名曰「道學。」那六百年間，便是「道學」自發生成長以至衰落的全時期。那時代的道學思潮，又爲什麼能產生能成立呢？(一)因爲再前一個時代便是六朝隋唐，物質上文化發達得狠燦爛，建築文學美術音樂等等都呈現歷史以來最活潑的狀況。後來這種文明爛熟的結果，養成社會種種惰氣。自唐天寶間兩京陷落，過去的物質文明已交末運，跟着晚唐藩鎮和五代一百多年的紛亂，人心越發厭倦。所以入到宋朝，便喜歡回到內生活的追求，向嚴肅素朴一路走去。(二)隋唐以來。印度佛教各派教理，盡量輸入，思想界已經攙入許多新成分。但始終儒自儒佛自佛，採一種不相聞問的態度。到了中晚唐，兩派接觸的程度日漸加增，一方面有韓愈一流人據儒排佛，一方面有梁肅李翺一流人援佛入儒。(注一)到了兩宋，當然會產出儒佛結婚的新學派。加以那時候的佛家，各派都衰，禪宗獨盛。禪宗是打破佛家許多形式和理論，專用內觀工夫，越發與當時新建設之道學相接近。所以道學。和禪宗，可以說是宋元明思想全部的代表。

(注一)梁肅與白居易交好，是天台宗一員護法健將。李翺是韓愈朋友，著有復性書，拿佛理解釋儒書。

道學派別，雖然不少。但有一共同之點，是想把儒家言建設在形而上學。—

卽玄學的基礎之上。原來儒家開宗的孔子不大喜歡說什麼「性與天道，」只是想從日用行爲極平實處陶養成理想的人格。但到了佛法輸入以後，一半由儒家的自衞，一半由時代人心的要求。總覺得把孔門學說找補些玄學的作料纔能滿足。於是從「七十子後學者所記」的禮記裏頭擡出大學中庸兩篇出來，再加上含有神秘性的易經作爲根據，來和印度思想對抗。「道學」最主要的精神，實在於此。所以在「道學」總旗幟底下，雖然有呂伯恭朱晦菴陳龍川各派，不專以談玄爲主，然而大勢所趨，總是傾向到明心見性一路。結果自然要像陸子靜王陽明的講法，纔能徹底的成一片段。所以到明的中葉，姚江（王陽明）學派，奄襲全國，和佛門的禪宗，混爲一家。這是距今三百五六十年前學術界的形勢。

在本講義所講的時代開始之時，王陽明去世已將近百年了。（陽明卒於嘉靖八年，當公歷一五二九年。）明朝以八股取士，一般士子，除了永樂皇帝欽定的性理大全外，幾乎一書不讀。學術界本身，本來就像貧血症的人衰弱得可憐。陽明是一位豪傑之士。他的學術像打藥針一般，令人興奮。所以能做五百年道學結束，吐狠大光芒。但晚年已經四方八面受人妒嫉排擠，不得志以死。陽明死後，他的門生，在朝者，如鄒東廓守益，歐陽南野德，在野者，如錢緒山德洪，王龍溪畿，羅近溪汝芳，王心齋艮，都有絕大氣魄，能把師門宗旨指揮光大，勢力籠蓋全國。然而反對的亦日益加增。反對派別，大略有三。其一，事功派：如張江陵居正輩，覺得他們都是書生迂闊，不切時務。其二，文學派：如王弇州世貞輩，覺得他們學問空疏，而且所講的太乾燥無味。其三，勢利派：毫無宗旨，惟利是趨，依附魏忠賢一班太監，專和正人君子作對，對於講學先生，自然疾之如讎。這三派中，除勢利派應該絕對排斥外，事功文學兩派，本來都各有好處。但他們既已看不起道學派，道學派也看不起他們，由相輕變爲相攻，結果這兩派爲勢利派利用，隱然成爲三角同盟以對付道學派。中間經過「議禮」「紅丸」「梃擊」「移宮」諸大案，（注二）都是因宮廷中一種不相涉的事實，小題大做，雙方意見鬧到不得開交。到最後二三十年間，道學派大本營，前有「東林，」後有「復社，」都是用學術團體名義，實行政黨式的活動。他們對於惡勢力拚命奮鬬的精神，固然十分可敬可佩。但黨勢漸成以後，依草附木的人日多，也不免流品猥雜。總而言之：明朝所謂「士大夫社會，」以「八股先生」爲土臺，所有羣衆運動，無論什麼。「清流濁流，」都是八股先生最占勢力。東林復社，雖比較的多幾位正人君子，然而打開窗戶說亮話，其實不過王陽明這面大旗底下一羣八股先生和魏忠賢那面大旗底下一羣八股先生打架。何況陽明這邊的末流，也放縱得不成話。如何心隱本名梁汝元，李卓吾贄等輩，簡直變成一個「花和尚！」他們提倡的『酒色財氣不礙菩提路。』把個人道德社會道德一切藩籬都衝破了，如何能令敵派人心服？這些話且不必多說。總之晚明政治和社會所以潰爛到那種程度，最大罪惡，自然是在那一羣下流無恥的八股先生，巴結太監，魚肉人民，我們一點不能爲他們饒恕。卻是和他們反對的，也不過一羣上流無用的八股先生，添上幾句「致知格物」的口頭禪做幌子，和別人鬧意見鬧過不休。最高等的如顏習齋所謂『無事袖手談心性，臨危一死報君王，』至矣極矣。當他們筆頭上口角上吵得烏煙瘴氣的時候，張獻忠李自成已經把殺人刀磨得飛快，準備著把千千萬萬人砍頭破肚；滿洲人已經把許多降將收了過去，準備着看風頭撿便宜貨入主中原結果幾十年門戶黨派之爭鬧到明朝亡了一齊拉倒。這便是前一期學術界最後的一幕悲劇。

(注二)欲知四大案簡單情節，看趙翼的廿二史劄記最好。

明亡以後，學者痛定思痛。對於那羣閹黨，强盜，降將，以及下流無恥的八股先生，罪惡滔天，不值得和他算帳了。卻是對於這一羣上流無用的道學先生，也不能把他們的責任輕輕放過。李剛主語：

『……高者談性天，撰語錄，卑者疲精死神於舉業。不惟聖道之禮樂兵農不務，即當世之刑名錢穀，亦懵然罔識，而搦管呻吟，自矜有學。……中國嚼筆吮毫之一日，即外夷秣馬厲兵之一日。卒之盜賊蠭起，大命遂傾，而天乃以二帝三王相傳之天下授之塞外。……』恕谷集書明劉戶部墓表後

又說：

『宋後二氏學興，儒者浸淫其說。靜坐內視，論性談天，與夫子之言，一一乖反。而至於扶危定傾大經大法，則拱手張目，授其柄於武人俗士當明季世，朝

廟無一可倚之臣，坐大司馬堂批點左傳，敵兵臨城，賦詩進講，覺建功立名，俱屬瑣屑，日夜喘息著書，曰此傳世業也卒至天下魚爛河決，生民塗炭，嗚呼，誰生厲階哉？』（恕谷集與方靈臯書）

朱舜水說：

『明朝以時文取士，此物既爲塵羹土飯，而講道學者又迂腐不近人情。……講正心誠意，大資非笑。於是分門標榜遂成水火，而國家被其禍。』（舜水遺集答林春信問）

顧亭林說：

『劉石亂華，本於清談之流禍，人人知之。孰知今日之清談，有甚於前代者。昔之清談談老莊今之清談談孔孟。未得其精，而已遺其粗；未究其本，而先辭其末。不習六藝之文，不攷百王之典，不綜當代之務。舉夫子論學論政之大端一切不問，而曰一貫，曰無言。以明心見性之空言，代修己治人之實學。股肱惰而萬事荒，爪牙亡而四國亂。神州蕩覆，宗社丘墟。昔王衍妙善玄言，自比子貢。及爲石勒所殺，將死，顧而言曰：「吾曹雖不如古人，向若不祖尚浮虛

，勠力以匡天下，猶可不至今日。」今之君子，得不有媿乎其言。』（日知錄卷七夫子之言性與天道條）

亭林既憤慨。當時學風，以爲明亡實由於此。推原禍始，自然責備到陽明。他說：

『以一人而易天下。其流風至於百有餘年之久者，古有之矣：王夷甫（衍）之淸談，王介甫（安石）之新說。其在於今，則王伯安（守仁）之良知是也。孟子曰：「天下之生久矣，一治一亂。」撥亂世反諸正，豈不在後賢乎？』（日知錄卷十八）

王船山亦以爲王學末流之弊，從陽明本身出來。他說：

『姚江王氏陽儒陰釋誣聖之邪說，其究也，刑戮之民閹賊之黨皆爭附焉，而以充其「無善無惡圓融事理」之狂妄。』（正蒙注序論）

費燕峯說：

『淸談害實，始於魏晉；而固陋變中，盛於宋南北。（案費氏提倡「實」與「中」兩義。故斥當時學派爲害實變中）自漢至唐，異說亦時有，然士安學同，中實尙存。至宋而後，齊逞意見，專事口舌。……又不降心將人情物理平居處事點勘離合，說者自說，事者自事，終爲兩斷。一段好議論，美聽而已。……後儒所論，惟深山獨處，乃可行之。城居郭聚，有室有家，必不能也。蓋自性命之說出，而先王之三物六行亡矣。……學者所當痛心。而喜高好僻之儒，反持之而不下。無論其未嘗得而空言也。果靜極矣，活潑潑地會矣，坐忘矣，心常在腔子裏矣，即物之理無不窮，本心之大無不立而良心無不致矣。亦止與達摩面壁天台止觀同一門庭。……何補於國，何益於家，何關於政事，何救於民生。……學術蠱壞，世道偏頗．而夷狄寇盜之禍亦相挺而起。……』（費氏遺書弘道書卷中）

平心而論，陽明學派，在二千年學術史上，確有相當之價值，不能一筆抹殺。上文所引諸家批評，不免都有些過火之處。但末流積弊，既已如此，舉國人心對於他，既已由厭倦而變成憎惡，那麼，這種學術，如何能久存？反動之起，當然是新時代一種迫切的要求了。

大反動的成功，自然在明亡清興以後。但晚明最末之二三十年，機兆已經大露。試把各方面趨勢一一指陳。

第一：王學自身的反動　最顯著的是劉戢山宗周一派。（戢山以崇禎十七年（一六四四年）殉難）特標「證人」主義，以「愼獨」爲入手，對於龍溪王畿近溪羅汝芳心齋王艮諸人所述的王學，痛加鍼砭。總算是舍空談而趨實踐，把王學中談玄的成分減了好些。但這種反動，當然只能認爲舊時代的結局，不能認爲新時代的開山。

第二：自然界探索的反動　晚明有兩位怪人，留下兩部怪書。其一爲徐霞客。（名宏祖。生萬歷十三年，（一五八五）卒崇禎十三年，（一六四〇）年五十六。）是一位探險家，單身步行，把中國全國都游歷徧了。他所著的書，名曰霞客游記。內中一半雖屬描寫風景，一半卻是專研究山川脈絡，於西南——雲貴蜀桂地理，攷證極爲詳確，中國實際調查的地理書，當以此爲第一部。（注三）其二爲宋長庚。（名應星，奉新人。卒年無攷。丁文江推定爲卒於順治康熙間。）是一位工業科學家。他所著有兩部書，一部是畫音歸正。據書名當是研究方音，可惜已佚。一部是天工開物。（商務印書館正在重印）用科學方法研究食物，被服，用器，以及冶金，制械，丹青，珠玉之原料工作，繪圖貼說，詳確明備。（注四）這兩部書不獨一洗明人不讀書的空談，而且比清人「專讀書的實談，」還勝幾籌。眞算得反動初期最有價値的作品。本條所舉，雖然不過一兩個人一兩部書，不能認爲代表時代。然而學者厭蹈空喜踏實的精神，確已漸漸表現了。

（注三）潘稼堂（耒）徐霞客游記序云：『霞客之游，在中州者無大過人。其奇絕者，閩粵楚蜀滇黔百蠻荒徼之區，皆往返再四。其行不從官道。……先審視山脈如何去來，水道如何分合，既得大勢，然後支搜節討。』又云：『沿泝瀾滄金沙窮南北盤江之源，實中土人創闢之事。……向來山經地志之誤，釐正無遺。……然未嘗有怪迂侈大之語，欺人以所不知。』

（注四）天工開物自序云，『世有聰明博物者，稠人推焉。乃棗梨之花未賞，而臆度楚萍；釜鬵之範鮮經，而侈談莒鼎。畫工好圖鬼魅而惡犬馬，即鄭僑晉華豈足爲烈哉？』丁在君（文江）重印天工開物始末記云，『三百年前言工業天產之書如此其詳且明者。世界之中，無與比倫。』

第三：明末有一場大公案，爲中國學術史上應該大筆特書者，曰，歐洲歷

算學之輸入　先是馬丁路得既創新教，羅馬舊教在歐洲大受打擊。於是有所謂「耶穌會」者起，想從舊教內部改革振作。他的計畫是要傳教海外，中國及美洲實爲其最主要之目的地。於是利瑪竇龐迪我，熊三拔，龍華民，鄧玉函，陽瑪諾，羅雅谷，艾儒略，湯若望等，自萬歷末年至天啟崇禎間，先後入中國。中國學者如徐文定（名光啓，號元扈。上海人。崇禎六年——一六三三年卒。今上海徐家匯即其故宅。）李涼庵（名之藻。仁和人。）等，都和他們來往，對於各種學問有精深的研究。先是所行「大統歷，」循元郭守敬「授時歷」之舊，錯謬很多。萬歷末年，朱世堉邢雲路先後上疏指出他的錯處，請重爲釐正。天啟崇禎兩朝十幾年間，很拿這件事當一件大事辦。經屢次辨爭的結果，卒以徐文定李涼庵領其事，而請利龐熊諸客卿共同參豫，卒完成歷法改革之業。此外中外學者合譯或分撰的書籍，不下百數十種。最著名者，如利徐合譯之幾何原本，字字精金美玉，爲千古不朽之作，無庸我再爲贊歎了。其餘天學初函，崇禎歷書中幾十部書，都是我國歷算學界很豐厚的遺產。又辨學一編，爲西洋論理學輸入之鼻祖，又徐文定之農政全書六十卷、熊三拔之泰西水法六部，實農學界空前之箸作。我們只要肯把當時那班人的箸譯書目一翻，便可以想見他們對於新智識之傳播如何的努力。只要肯把那時候代表作品——如幾何原本之類擇一兩部細讀一過，便可以知道他們對於學問如何的忠實。要而言之，中國智識線利外國智識線相接觸，晉唐間的佛學爲第一次，明末的歷算學便是第二次。（中間元代時和阿拉伯文化有接觸，但影響不大。）在這種新環境之下，學界空氣，當然變換。後此清朝一代學者，對於歷算學都有興味，而且最喜歡談經世致用之學，大概受利徐諸人影響不小。（注五）

（注五）當時治利徐一派之學者，尙有周子愚，瞿式穀，虞淳熙，樊良樞，汪應熊，李天經，楊廷鈞，鄭洪猷，馮應京，方汝淳，周炳謨，王家植，瞿汝夔，曹于汴，鄭以偉，熊明遇，陳亮采，許胥臣，熊士旂等人，皆嘗爲箸譯各書作序跋者。又蓮池法師。亦與利瑪竇往來，有書札見辯學遺牘中。可想見當時此派聲氣之廣。

第四：藏書及刻書的風氣漸盛　明朝人不喜讀書，已成習慣。據費燕峯密所說：『十三經注疏除福建版外，沒有第二部。』（見弘道書卷上）固陋到這種程度，實令人吃驚。但是，到萬歷末年以後，風氣漸變了。焦弱侯（名竑。江寧人，萬歷四十八＝一六二〇年卒）的國史經籍志，在「目錄學」上就很有相當的價值。范堯卿（名欽，鄞縣人。）創立天一閣，實爲現在全國——或者還是全世界——最古最大的私人圖書館。（可惜這圖書館到民國以來已成了空殼子了。）毛子晉（名晉。常熟人。）和他的兒子斧季（扆）他們家的汲古閣專收藏宋元刻善本。所刻津逮秘書和許多單行本古籍，直到今日，還在中國讀書界有很大價值。這幾位都是明朝最後二三十年間人。（毛斧季是清朝人。）他們這些事業，都可以說是當時講學的反動（焦弱侯也是王學家健將，但他卻好讀書。）這點反動，實在是給後來學者很有益的工具。（例如黃梨洲萬九沙全謝山都讀天一閣藏書。汲古閣刻本書，流布古籍最有功，且大有益於校勘家。）

第五：還有一件很可注意的現象：這種反動，不獨儒學方面爲然，即佛教徒方面也甚明顯，宋元明三朝，簡直可以說除了禪宗別無佛教。到晚明忽然出了三位大師：一蓮池，（名袾宏。萬歷四三＝一六一五年卒。）二憨山，（名德清。天啓三＝一六二三年卒。）三蕅益。（名智旭。順治九—一六五五年卒。我們試把雲棲法彙，蓮池著。夢游集，憨山著。靈峯宗論，蕅益著。一讀，他們反禪宗的精神，到處都可以看得出來。他們提倡的是淨土宗，清朝一代的佛教，——直到楊仁山爲止，走的都是這條路。禪淨優劣，本來狠難說——我也不願意說。但禪宗末流，參話頭，背公案，陳陳相因，自欺欺人，其實可厭。蓮池所倡淨宗。從極平實的地方立定做極嚴肅的踐履工夫，比之耶教各宗，狠有點「清教徒」的性質這是修持方面的反動。不惟如此，他們既感覺掉弄機鋒之靠不住。自然回過頭來研求學理。於是憨山注楞伽，楞嚴；蕅益，注楞嚴，起信，唯識，乃至把全藏通讀，箸成閱藏知津一書。他們的著述價值如何，且不必論，總之一返禪宗束書不觀之習，回到隋唐人做佛學的塗徑，是顯而易見了。（同時錢牧齋謙益）著了一大部楞嚴蒙鈔，也是受這個潮流的影響。

以上所舉五點，都是明朝煞尾二三十年間學術界所發生的新現象。雖然讀黃梨洲明儒學案，一點看不出這些消息，然而我們認爲關係極重大，後來清朝各方面的學術，都從此中孕育出來。我這部講義，所以必把這二三十年做個「楔子，」

其理由在此。

「楔子」完了，下回便入正文。

二　清代學術變遷與政治的影響（上）

本講義目的，要將清學各部分稍爲詳細解剖一番。但部分解剖以前，像應該先提絜大勢，令學者得着全部大概的印象。我現在爲省事起見，將舊作清代學術概論頭一段鈔下來做個引線。（原書葉一至六）

『今之恆言，曰「時代思潮，」此其語最妙於形容，凡文化發展之國，其國民於一時期中，因環境之變遷與夫心理之感召，不期而思想之進路，同趨於一方嚮。於是相與呼應洶湧如潮然：始焉其勢甚微，幾莫之覺：寖假而漲——漲——漲，而達於滿度；過時焉則落，以漸至於衰熄，凡「思」非皆能成「潮，」能成潮者，則其思必有相當之價值，而又適合於其時代之要求者也凡「時代」非皆有「思潮，」有思潮之時代必文化昂進之時代也。其在我國自秦以後，確能成爲時代思潮者，則漢之經學，隋唐之佛學，宋及明之理學，清之考證學，四者而已。

『凡時代思潮，無不由「繼續的羣衆運動」而成所謂運動者，非必有意識，有計畫，有組織；不能分爲誰主動誰被動。其參加運動之人員，每各不相謀，各不相知；其從事運動時所任之職役，各各不同；所採之手段亦互異。於同一運動之下，往往分無數小支派，甚且相嫉視相排擊。雖然，其中必有一種或數種之共通觀念焉，同根據之爲思想之出發點；此種觀念之勢力，初時本甚微弱；愈運動則愈擴大，久之則成爲一種權威。此觀念者，在其時代中，儼然現宗教之色彩；一部分人，以宣傳捍衛爲己任，常以極純潔之犧牲的精神赴之；及其權威漸立，則在社會上成爲一種公共之好尚；忘其所以然，而共以此爲嗜。若此者，今之譯語，謂之「流行，」古之成語，則曰「風氣。」風氣者，一時的信仰也；人鮮敢嬰之，亦不樂嬰之，其性質幾比宗教矣。一思潮播爲風氣，則其成熟之時也。

『佛說一切流轉相，例分四期，曰：生，住，異，滅。思潮之流轉也正然，例分四期：一，啟蒙期；（生）二，全盛期；（住）三，蛻分期；（異）四，衰落期。

（滅）無論何國何時代之思潮，其發展變遷，多循斯軌。啟蒙期者，對於舊思潮初起反動之期也。舊思潮經全盛之後，如果之極熟而致爛，如血之凝固而成瘀，則反動不得不起。反動者，凡以求建設新思潮也；然建設必先之以破壞，故此期之重要人物，其精力皆用於破壞，而建設蓋有所未遑。所謂未遑者，非閣置之謂；其建設之主要精神，在此期間必已孕育。如史家所謂「開國規模」者然。雖然，其條理未確立，其研究方法正在間錯試驗中，棄取未定。故此期之著作，恆駁而不純。但在殽亂粗糙之中，自有一種元氣淋漓之象。此啟蒙期之特色也。當佛說所謂「生」相。於是進為全盛期：破壞事業已告終，舊思潮屏息慴伏，不復能抗顏行，更無須攻擊防衞以糜精力。而經前期醞釀培灌之結果，思想內容日以充實；研究方法，亦日以精密，門戶堂奧次第建樹，繼長增高，『宗廟之美百官之富』粲然矣。一世才智之士，以此為好尚，相與淬厲精進；闒冗者猶希聲附和，以不獲厠於其林為恥。此全盛期之特色也。當佛說所謂「住」相。更進則入於蛻分期：境界國土，為前期人士開闢殆盡；然學者之聰明才力，終不能無所用也；只得取局部問題，爲「窄而深」的研究；或取其研究方法，應用之於別方面；於是派中小派出焉。而其時之環境，必有以異乎前，晚出之派，進取氣較盛，易與環境順應，故往往以附庸蔚爲大國。則新衍之別派與舊傳之正統派成對峙之形勢，或且駸駸乎奪其席。此蛻化期之特色也。當佛說所謂「異」相。過此以往，則衰落期至焉：凡一學派當全盛之後，社會中希附末光者日衆；陳陳相因，固已可厭。其時此派中精要之義，則先輩已濬發無餘：承其流者，不過捃摭末節以弄詭辯。且支派分裂，排軋隨之，益自暴露其缺點。環境既已變易，社會需要，別轉一方向；而猶欲以全盛期之權威臨之，則稍有志者必不樂受。而豪傑之士，欲扨新必先推舊，遂以彼爲破壞之目標。於是入於第二思潮之啟蒙期，而此思潮遂告終焉。此衰落期無可逃避之運命，當佛說所謂「滅」相。

『吾觀中外古今之所謂「思潮」者，皆循此歷程以遞相流轉；而有清二百餘年，則其最切著之例證也。』

我說的『環境之變遷與心理之感召，』這兩項要常爲「一括搭」的研究。內中環境一項，包含範圍很廣，而政治現象，關係最大。所以我先要把這一朝政治上幾個重要關目稍爲提絜，而說明其影響於學術界者何如。

一六四四年三月十九日以前，是明崇禎十七年，五月初十日之後便變成清順治元年了。本來一姓興亡，在歷史上算不得什麼一回大事。但這回卻和從前有點不同：新朝是「非我族類」的滿洲，而且來得太過突兀太過僥倖。北京南京，一年之中，唾手而得，抵抗力幾等於零。這種激刺，喚起國民極痛切的自覺，而自覺的率先表現實在是學者社會。魯王唐王在浙閩，永歷帝在兩廣雲南，實際上不過幾十位白面書生——如黃石齋道周錢忠介張蒼水煌言王完勛翊瞿文忠式耜陳文忠子壯張文烈家玉……諸賢在那裏發動主持。他們多半是「無官守無言責」之人，儘可以不管閒事。不過想替本族保持一分人格，內則隱忍還就於悍將暴卒之間，外則與「泰山壓卵」的新朝爲敵。雖終歸失敗，究竟已把殘局支撑十幾年，成績也算可觀了。就這一點論，那時候的學者，雖厭惡陽明學派，我們卻應該從這裏頭認取陽明學派的價値。因爲這些學者留下許多可歌可泣的事業，令我們永遠景仰，他們自身，卻都是——也許他自己不認——從「陽明學派」這位母親的懷裡哺養出來。

這些學者，雖生長在陽明學派空氣之下，因爲時勢突變，他們的思想也像蠶蛾一般，經蛻化而得一新生命。他們對於明朝之亡，認爲是學者社會的大恥辱大罪責。於是拋棄明心見性的空談，專講經世致用的實務。他們不是爲學問而做學問，是爲政治而做學問。他們許多人都是把半生涯送在悲慘困苦的政治活動中，所做學問，原想用來做新政治建設的準備。到政治完全絕望，不得已纔做學者生活。他們裏頭，因政治活動而死去的人很多；賸下生存的也斷斷不肯和滿洲人合作。寧可把夢想的「經世致用之學」依舊託諸空言，但求改變學風以收將來的效果。黃梨洲，顧亭林，王船山，朱舜水，便是這時候代表人物。他們的學風，都在這種環境中間發生出來。

滿洲人的征服事業，初時像狠容易，越下去越感困難。順治朝十八個年頭，除閩與桂滇之大部分始終奉明正朔外，其餘各地擾亂，未嘗停息。就中文化中心之江浙等省，從清師渡江後，不斷的反抗。鄭延平（成功）張蒼水（煌言）會師北伐時，（順治十六年）大江南北，一個月間，幾乎全部恢復。到永歷帝從緬甸人手上賣給吳三桂的時候，順治帝已死去七個月了。（其年正月）康熙帝即位那年，（即順治十八年）雲南蕩平，鄭氏也遁入臺灣，征服事業，總算告一個結束。但不久又有三藩之亂，擾攘十年，方纔戡定。（康熙十二年至二十一年）所以滿洲人雖僅用四十日工夫便奠定北京，卻須用四十年工夫纔得有全中國。他們在這四十年裏頭，對於統治中國人方針，積了好些經驗。他們覺得用武力制服那降將悍卒，沒有多大困難。最難纏的是一班「念書人，」——尤其是少數有學問的學者，因為他們是民眾的指導人，統治前途暗礁，都在他們身上。滿洲政府用全副精神對付這問題，政策也因時因人而變略舉大概，可分三期

第一期：順治元年至十年約十年間。空利用政策

第二期：順治十一二年至康熙十年約十七八年間。高壓政策。

第三期：康熙十一二年以後。懷柔政策

第一期爲睿王多爾袞攝政時代。滿兵倉猝入關，一切要靠漢人爲虎作倀。所以一面極力招納降臣，一面運用明代傳來的愚民工具——八股科舉，年年鬧什麼「開科取士，」把那些熱中富貴的人先行絆住。第二期，自多爾袞死去，順治帝親政，（順治七年）政策漸變。那時除了福建兩廣雲南尙有問題外，其餘全國大部分，都已在實力統治之下。那羣被「誘姦」過的下等「念書人。」不大用得着了。於是扳起面孔抓着機會便給他們點苦頭吃吃。其對於個人的操縱，如陳名夏陳之遴錢謙益龔鼎孳，那班貳臣，」遭蹋得淋漓盡致。其對於全體的打擊，如順治十四年以後連年所起的科場案，把成千成萬的八股先生嚇嚇得人人打噤。那時滿廷最痛恨的是江浙人。因爲這地方是人文淵藪，輿論的發縱指示所在，「反滿洲」的精神到處橫溢。所以自「鎭江之役」（即順治十六年鄭張北伐之役）以後，借「江南奏銷案」名目，大大示威，被牽累者一萬三千餘人。搢紳之家無一獲免。這是順治十八年的事，其時康熙帝已即位，鰲拜一派執政，襲用順治末年政策，變本加厚。他們除遭蹋那等下等念書人外，對於眞正智識階級，還興許多文字獄，加以特別摧殘。最著名的，如康熙二年湖洲莊氏史案，一時名士如潘力田檉章吳赤溟炎等七十多人同時遭難。此外，如孫夏峯於康熙三年被告對簿，顧亭林於康熙七年在濟南下獄，黃梨洲被懸購各捕，前後四面。這類史料，若子細搜集起來，還不知多少。這種政策，徒助長漢人反抗的氣燄，毫無效果。到第三期，値康熙帝親政後數年，三藩之亂繼起。康熙本人的性格，本來是闊達大度一路，當著這變亂時代，更不能不有戒心，於是一變高壓手段爲懷柔手段。他的懷柔政策，分三着實施：第一著，爲康熙十二年之薦舉山林隱逸。第二着，爲康熙十七年之薦舉博學鴻儒。但這兩著總算失敗了。被買收的都是二三等人物；稍微好點的也不過新進後輩。那些負重望的大師，一位也網羅不着，倒惹起許多惡感。第三着爲康熙十八年之開明史館這一著却有相當的成功。因爲許多學者，對於故國文獻，十分愛戀，他們別的事不肯和滿洲人合作，這件事到底不是私衆之力所能辦到，只得勉强將就了。以上所講，是滿洲入關後三四十年對漢政策變遷之大概。除第一期沒有多大關係外，第二期的高壓和第三期懷柔，都對於當時學風狠有影響。

還有應該附帶論及者一事，即康熙帝自身對於學問之態度。他是一位極聰明而精力強滿的人。熱心向慕文化，有多方面的興味。他極學信科學，對於人文曆算有狠深的研究，能批評梅定九的算書。他把許多耶穌會的西洋人——南懷仁，安多白進徐日昇張誠等放在南書房叫他們輪日進講，——講測量，數學，全體學，物理學等等。他得他們的幫助製定康熙永年曆並著有數理精蘊，曆象考成等書，又造成極有名的觀象臺。——他費三十年實測工夫——專用西洋人繪成一部皇輿全覽圖。這些都是在我們文化史上値得特筆大書的事實。他極喜歡美術，西洋畫家焦秉貞是他狠得意的內廷供奉；三王的畫，也是他的嗜好品。他好講理學，崇拜程朱。他對於中國歷史也有相當的常識，資治通鑑終身不離手。他對中國文學也有相當的賞鑑能力。在專制政體之下，君主的好，劣影響全國甚大，所以他當然成爲學術史上有關係的人。

把以上各種事實，綜合起來，我們可以了解清代初期學術變遷的形勢及其來由了。從順治元年到康熙二十年約三四十年間，完全是前明遺老支配學界他們所努力者，對於王學實行革命。（內中也有對於王學加以修正者）他們所要建設的新學派方面頗多，而目的總在（經世致用）他們元氣極旺盛，像用大刀闊斧打開局面，但條理不免疏闊。康熙二十年以後，形勢漸漸變了。遺老大師，彫謝略盡，後起之秀，多半在新朝生長，對於新朝的仇恨，自然減輕。先輩所講經世致用之學，本來預備推倒滿洲後實見施行，到這時候，眼看滿洲不是一時推得倒的；在當時政府之下實現他們理想的政治，也是無望。那麼，這些經世學都成爲空談了。況且談到經世，不能不論到時政，開口便觸忌諱經過屢次文字獄之後，人人都有戒心一面，社會日趨安寧，人人都有安心求學的餘裕。又有康熙帝這種「右文之主」極力提倡，所以這個時候的學術界，雖沒有前次之波瀾壯闊，然而日趨於健實有條理。其時學術重要潮流，約有四支：一，閻百詩胡東樵一派之經學。承顧黃之緒，直接開後來乾嘉學派。二，梅定九王寅旭一派之曆算書。承晚明利徐之緒，作科學先鋒。三，陸桴亭陸稼書一派之程朱學。在王學與漢學之間，折衷過渡。四，顏習齋李剛主一派之實踐學。完成前期對王學革命事業而進一步。此則康熙一朝六十年間全學界之大概情形也。

三　清代學術變遷與政治的影響(中)

講到這裏，當然會發生兩個疑問：第一，那時候科學像有新興的機運，爲什麼憂然中止？第二，那時候學派潮流狠多，爲什麼後來只偏向考證學一路發展？我現請先解答第一個問題：

學術界最大的障礙物，自然是八股。八股和一切學問都不相容，而科學爲尤甚。淸初襲用明朝的八股取士，不管他是否有意借此愚民，抑或誤認爲一種良制度，總之當時功名富貴皆出於此途，有誰肯拋棄這種捷徑學些艱辛迂遠的科學呢？我們最可惜的是：以當時康熙帝之熱心西方文物，爲什麼不開個學校造就些人？就算他不是有心窒塞民智，也不能不算他失策。因爲這種專門學問，非專門教授不可，他既已好這些學問，爲什麼不找些傳人呢？所以科學制度，我認爲科學不興的一個原因。

此外還有狠重大的原因，是耶穌會內部的分裂。明末淸初那一點點科學萌芽，都是從耶穌會教士手中稗販進來，前文已經說過。該會初期的教士，傳教方法狠巧妙：他們對於中國人心理研究得極深透。他們知道中國人不喜歡極端迷信的宗教，所以專把中國人所最感缺乏的科學智識來做引線，表面上像把傳教變成附屬事業。所有信教的人，仍許他們拜「中國的天」和祖宗。這種方法，行之數十年，卓着成效，無奈在歐洲的羅馬教皇，不懂情形，突然發出有名的「一七〇四年（康熙四十三年）教令。」該教會的內容，現在不必詳述，總而言之，是談前此傳教方法之背謬，勒令他們改變方針，最要的條件是禁拜祖宗。自該教令宣布後，從康熙帝起以至朝野人士都鼓譟憤怒，結果於康熙四十六年（一七〇七）把教皇派來的公使送到澳門監禁。傳教事業固然因此頓挫，並他們傳來那些學問，也被帶累了。

還有一件附帶原因，也是教會行動影響到學界。我們都知道康熙末年因各皇子爭立鬧得烏煙瘴氣，這種宮闈私鬥，論理該不至影響到學問。殊不知專制政體之宮廷，一舉一動，都有牽一髮動全身的力量。相傳當時耶穌會教徒黨於皇太子允礽喇嘛寺僧黨於雍正帝允禛：雙方暗鬥，黑幕重重。後來雍正帝獲勝，耶穌會勢力遂一敗塗地。這種史料。現時雖未得有充分證據，然而口碑相傳，大致可信。雍正元年浙閩總督滿寶奏請：除在欽天監供職之西洋人外，其餘皆驅往澳門看管，不許闌入內地。得旨施行。這件事是否於宮廷陰謀有關，姑且不論，總之康熙五六十年間所延攬的許多歐洲學者，到雍正帝即位之第一年，忽然驅除淨盡中國學界接近歐化的機會從此錯過，一擱便擱了二百年了。

其次，要解答「爲什麼古典考證學獨盛」之問題：

明季道學反動，學風自然要由蹈空而變爲覈實——由主觀的推想而變爲客觀的考察。客觀的考察有兩條路：一自然界現像方面；二社會文獻方面。以康熙間學界形勢論本來有趨重自然科學的可能性，且當時實在也有點這種機兆，然而到底不成功者：其一，如前文所講，因爲種種事故把科學媒介人失掉了。其二，則因中國學者根本習氣，看輕了「藝成而下」的學問。所以結果逼着專走文獻這條路。這還有個問題：文獻所包範圍很廣，爲什麼專向古典部分發展，其他多付闕如呢？問到這裏，又須拿政治現象來說明。

康熙帝是比較有自由思想的人。他早年雖間興文字之獄，大抵都是他未親政以前的事，而且大半由奸民告訴官吏徼功，未必出自朝廷授意。他本身卻是闊達大度的人，不獨政治上常采寬仁之義，對於學問，亦有宏納衆流氣象。試讀他所著庭訓格言，便可以窺見一斑了。所以康熙朝學者，沒有什麼顧忌，對於各種問題，可以自由研究。到雍正乾隆兩朝卻不同了。雍正帝是個極猜忌刻薄的人，而又十分雄鷙。他的地位本從陰謀攘奪而來，不得不立威以自固。屠殺兄弟，誅戮大臣，四處密派偵探，鬧得人人戰慄。不但待官吏如此，其對於士大夫社會，也極威嚇操縱之能事。汪景琪（雍正二年）查嗣庭、呂留良（俱雍正十四年）之獄，都是雍正帝匠心獨運羅織出來。尤當注意者，雍正帝學問雖遠不及乃翁，他卻最愛出鋒頭和別人爭辯。他生平有兩部最得意的著作：一部是揀魔辨異錄，專和佛教禪宗底下的一位和尚名弘忍者辯論。（注一）一部是大義覺迷錄，專與呂晚村（留良）的門生曾靜辯論。（注二）

以一位帝王而親著幾十萬字書和一位僧侶一位儒生打筆墨官司，在中外歷史上眞算得絕無僅有。從表面看，爲研求眞理而相辯論，雖帝王也該有這種自由。若僅讀他這兩部書，我們並不能說他態度不對，而且可以表相當的敬服。但子細搜求他的行逕，他著成揀魔辨異錄以後，跟着把弘忍的著述盡行焚燬，把弘忍的門徒勒令還俗或改宗。他著成大義覺迷錄以後，跟着把呂留良發棺戮屍全家殺盡，著作也都燬板。像這樣子，那裏算得討論學問，簡直是歐洲中世教皇的牌子，在這種主權者之下，學者的思想自由，是剝奪淨盡了。他在位僅十三年，影響原可以不至甚大。無奈他的兒子乾隆帝，也不是好惹的人。他學問又在乃祖乃父之下，卻偏要「附庸風雅，」恃强爭勝。他發布禁書令，自乾隆三十九年至四十七年繼續燒書二十四回，燒去的書一萬三千八百六十二部，直至乾隆五十三年，還有嚴諭。他一面說提倡文化，一面又鈔襲秦始皇的藍本！「所謂黃金時代」的乾隆六十年，思想界如何的不自由，也可想而知了。

（注一）揀魔辨異錄　這部書是雍正十一年御製。當時臨濟宗門下有一名僧曰法藏，着五宗原。其徒曰弘忍，着五宗救。皆對於當時禪學有所批評。雍正帝著此書專闢之。書首冠以上諭，有云「……朕今不加屏斥，魔法何時熄滅。著將藏內所有藏忍語錄並五宗原五宗救等書，盡行燬板，僧徒不許私自收藏。有違旨隱匿者，發覺以不敬律論。……法藏一支所有徒衆，著直省督撫詳細察明，盡削去支派。……果能於地方參學，得正知見，別嗣他宗，方許秉拂……」這書有殿板存大內，外間向少見。民國四年，始由揚州藏經院刊行。平心而論，這書所駁藏忍之說，也許駁得不錯。但這種「以人王而兼教主」的態度，太咄咄逼人了。

（注二）**大義覺迷錄**　這部書體裁甚奇，全部是親自審問曾靜的口供，冠以一篇極長的上諭當作序文。曾靜號蒲潭，湖南人，呂晚村私淑弟子。嘗上書岳鍾琪，力言夷夏之防，數雍正帝九大罪，勸其革命。被拿到京，帝親自審問他，和他反覆辨駁。內中最要者是辨夷夏問題，其次辨封建制度，還有關於雍正帝等本身逼母，弒兄屠弟種種罪惡之辨護。據這部書說，曾靜完全折服了，還著有歸仁說一篇，附刻在後頭。雍正帝於是把曾靜赦免，放歸田里。雖然如此，卻說曾靜學說出於呂留良，把留良戮屍滅族。後來乾隆帝到底把曾靜也殺了。這部書當時印刷許多，頒發各省府州縣學宮，令秀才們當作聖經讀。到乾隆朝將頒出的書都收回，板也燬了，列在禁書書目中。

凡當主權者喜歡干涉人民思想的時代，學者的聰明才力，只有全部用去註釋古典。歐洲羅馬教皇權力最盛時，就是這種現象。我國雍乾間也是一個例證。記得某家筆記說：『內廷唱戲，無論何種劇本都會觸犯忌諱，只得專搬演些「封神」「西遊」之類。和現在社會情狀絲毫無關，不至鬧亂子。』雍乾學者專務注釋古典，也許是被這種環境所構成。至於他們忠實研究的結果，在文獻上有意外的收獲和貢獻，這是別問題，後文再講。

自康雍以來，皇帝都提倡宋學——程朱學派，但民間——以江浙為中心，「反宋學」的氣勢日盛，標出漢學名目與之抵抗。到乾隆朝，漢學派殆占全勝。政府方面文化事有應該特筆大書的一件事，曰編纂四庫全書。四庫開館，始自乾隆三十八年，至四十七年而告成。著錄書三千四百五十七部，七萬九千七十卷；存目書六千七百六十六部，九萬三千五百五十六卷，編成，繕寫七本，頒貯各地：一，北京禁城之文淵閣本；二，西郊圓明園之文源閣本；（咸豐間燬於英法聯軍）三，奉天之文溯閣本；（今移存北京）四，熱河之文津閣本；（今移存北京）五，揚州之文匯閣本；六，鎮江之文宗閣本；（並燬於洪楊之亂）七，杭州之文瀾閣本。（洪楊之亂半燬。現已補鈔，存浙江圖書館）原來搜集圖書製目錄，本屬歷朝承平時代之常事。但這回和前代卻有點不同，的確有他的特別意義和價值。著錄的書，每種都替他作一篇提要，這種事業，從前只有私人撰述——如晁公武郡齋讀書志，陳振孫直齋書錄解題……等，所有批評，都不過私人意見四庫提要這部書，卻是以公的形式表現時代思潮，爲向來著述未曾有。當時四庫館中所網羅的學者三百多人，都是各門學問的專家。露骨的說：四庫館就是漢學家大本營，四庫提要就是漢學思想的結晶體，就這一點論，也可以說是：康熙中葉以來漢宋之爭，到開四庫館而漢學派全占勝利。也可以說是：朝廷所提倡的學風，被民間自然發展的學風壓倒。當朱筠（漢學家）初奏請開四庫館時，劉統勳（宋學家）極力反對，結果還是朱說實行。此中消息，研究學術史者不可輕輕放過也。

漢學家所樂道的是「乾嘉諸老。」因爲乾隆嘉慶兩朝，漢學思想正達於最高潮，學術界全部幾乎都被他占領。但漢學派中也可以分出兩個支派，一曰吳派，一曰皖派。吳派以惠定宇棟爲中心，以信古爲標幟，我們叫他做「純漢學」皖派以戴東原震爲中心，以求是爲標幟，我們叫他做「考證學」此外尙有揚州一派領袖人物是焦里堂循汪容甫中。他們研究的範圍，比較的廣博有浙東一派領袖人物是全謝山祖望章實齋學誠他們最大的貢獻在史學。以上所舉派別，不過從個人學風上，以地域略事區分。其實各派共同之點甚多，許多著名學者，也不能說他們專屬那一派總之乾嘉間學者，實自成一種學風，和近世科學的研究法極相近。我們可以給他一個特別名稱，叫做「科學的古典學派」他們所做的工作，方面狠多，舉其重要者如下：

一　經書的箋釋幾部　經和傳記，逐句逐字爬梳，引由或改正舊解者不少。大部分是用筆記或專篇體裁，爲部分的細密研究。研究進步的結果，有人綜合起來作全書的釋例或新注新疏，差不多每部經傳都有了。

二　史料之蒐補鑑別　關於史籍之編著源流，各書中所記之異同眞僞，遺文佚事之闕失或散見者，都分部蒐集辨証。內中補訂各史表志；爲功尤多。

三　辨僞書　許多僞書或年代錯誤之書，都用嚴正態度辨証，大半成爲信讞。

四　輯佚書　許多亡佚掉的書，都從幾部大類書或較古的著述裏頭搜輯出來。
五　校勘　難讀的古書，都根據善本，或釐審字句，或推比章節，還他本來面目。
六　文字訓詁　此學本經學附庸——因注釋經文而起。但後來特別發展，對於各個字意義的變遷及文法的應用，在「小學」的名稱之下別成爲一種專門。
七　音韻　此學本「小學」附庸，後來亦變成獨立，對於古音方音聲母韻母等，發明甚多。
八　算學　在科學中此學最爲發達，經學大師，差不多人人都帶著研究。
九　地理　有價值的著述不少。但多屬於歷史沿革方面。
十　金石　此學極發達，裏頭所屬門類不少。近有移到古物學的方向。
十一　方志之編纂　各省府州縣，皆有創編或續訂之志書，多成於學者之手。
十二　類書之編纂　官私各方面，多努力於大類書之編纂，體裁多與前代不同，有價值的亦頗多。

十三　叢書之校刻　刻書之風大盛。單行善本固多，其最有文獻者，尤在許多大部頭的叢書。

以上所列十三項，不過舉其大概。分類並不精確，且亦不能包舉無遺。但乾嘉諸老的工作，可以略窺一斑了。至於他們的工作法及各項所已表見的成績如何，下文再分別說明。

乾嘉諸老中有三兩位——如戴東原，焦里堂，章實齋等，都有他們自己的哲學，超乎考証學以上但在當時，不甚爲學界所重視。這些內容，也待下文再講。

乾嘉間之考証學，幾乎獨占學界勢力。雖以素崇宋學之清室帝王，尚且從風而靡，其他更不必說了。所以稍爲時髦一點的闊官乃至富商大賈，都要「附庸風雅，」跟著這些大學者學幾句考證的內行話；這些學者得這種有力的外護，對於他們的工作進行，所得利便也不少。總而言之，乾嘉間考証學，可以說是：清代三百年文化的結晶體，合全國人的力量所構成凡在社會秩序安寧物力豐盛的時候，學問都從分析整理一路發展，乾嘉間考証學所以特別流行，也不外這種原則罷了

四　清代學術變遷與政治之影響(下)

考證學直至今日還未曾破產，而且轉到別個方面和各種社會科學會發生影響。雖然，古典考證學，總以乾嘉爲兩朝全盛時期，以後便漸漸蛻變而且大部分趨於衰落了。

蛻變衰落的原因，有一部分也可以從政治方面解答前文講過，考證古典之學，半由「文網太密」所逼成。就這一點論，雍正十三年間最厲害，乾隆的前三四十年也還吃緊，以後便漸漸鬆動了。乾隆朝爲淸運轉移的最大樞紐，這位十全老人，席祖父之業，做了六十年太平天子，自謂「德邁三皇功過五帝。」其實到他晚年，弄得民窮財盡，已種下後來大亂之根。卽就他的本身論，因年老倦勤的結果，委政和珅，權威也漸失墜了。不過憑藉太厚，所以及身還沒有露出破綻來。到嘉慶道光兩朝，乾隆帝種下的惡因，次第要食其報。川湖陝的敎匪，甘新的回亂，浙閩的海寇，一波未平，一波又起。跟着便是鴉片戰爭，受國際上莫大的屈辱。在這種陰鬱不甯的狀態中，度過嘉道兩朝四十五年。

那時候學術界情形怎麼樣呢？大都分學者依然繼續他們考證的工作，但「絕對不問政治」的態度，已經稍變。如大經學家王懷祖念孫抗疏劾和珅、大史學家洪稚存亮吉應詔直言，以至譴戍。這種舉動在明朝學者只算家常茶飯在清朝學者眞是鱗角鳳毛了。但這種一兩個人的特別行動，還算與大體無關欲知思潮之暗地推移，最要注意的是新興之常州學派常州派有兩個源頭，一是經學，二是文學，後來漸合爲一。他們的經學是公羊家經說，——用特別眼光去硏究孔子的春秋，由莊方耕存與劉申受逢祿開派。他們的文學是陽湖派古文，——從桐城派轉手而加以解放，由張皐聞惠言李申耆兆洛開派。兩派合一來產出一種新精神，就是想。在乾嘉間考證學的基礎之上建設順康間「經世致用」之學代表這種精神的人，是龔定庵自珍和魏默深源這兩個人的著述，給後來光緒初期思想界很大的影響。這種新精神爲什麼會發生呢？頭一件，考證古典的工作，大部分被前輩做完了，後起的人想開闢新田地，只好走別的路第二件，當時政治現象，令人感覺不安，一面政府箝制的威權也陵替了，所以思想漸漸解放對於政治及社會的批評也漸漸起來了但我們要知道，這派學風，在嘉道間，不過一枝「別動隊，」學界的大勢力仍在「考證學正統派」手中。這枝別動隊的成績，也幼稚得很。

咸豐同治二十多年間，算是清代最大的厄運，洪楊之亂，痛毒全國。跟着捻匪回匪苗匪，還有北方英法聯軍之難。到處風聲鶴唳，慘目傷心。政治上生計上所生的變動不用說了學術上也受非常壞的影響因為文化中心在江皖浙，而江皖浙靡爛最甚公私藏書，蕩然無存，未刻的著述稿本，散亡的更不少。計多耆宿學者，遭難雕落，後輩在教育年齡，也多半失學。所謂「乾嘉諸老的風流文采，」到這會祇成為「望古遙集」的資料，考證學本已在落潮的時代，到這會更不絕加纏了。

當洪楊亂事前後，思想界引出三條新路其一，宋學復興，乾嘉以來，漢學家門戶之見極深，「宋學」二字，幾為大雅所不道，而漢學家支離破碎，實漸已惹起人心厭倦。羅羅山澤南曾滌生國藩在道咸之交，獨以宋學相砥礪，其後卒以書生犯大難成功名。他們共事的人，多屬平時講學的門生或朋友。自此以後，學人輕蔑面學的觀念一變。換個方面說，對於漢學的評價逐漸低落，「反漢學」的思想，常在醞釀中。

其二，西學之講求　自雍正元年放逐耶穌會教士以後，中國學界和外國學界斷絕來往已經一百多年了。道光間鴉片戰役失敗，逼着割讓香港，五口通商，咸豐間英法聯軍陷京師，燒圓明園，皇帝出走，客死於外。經這次痛苦，雖以麻木自大的中國人，也不能不受點激刺，所以亂定之後，經曾文正李文忠這班人提倡，忽有「洋務」「西學」等名詞出現。原來中國幾千年來所接觸者，──除印度外──都是文化低下的民族，因此覺得學問爲中國所獨有。「西學」名目，實自耶穌教會入來所創始。其時所謂西學者，除測算天文測繪地圖外，最重要者便是製造大砲。陽瑪諾畢方濟等之見重於明末，南懷仁徐日昇等之見重於清初，大半爲此（註一）西學中絕，雖有種種原因，但太平時代用不着大砲，最少亦應爲原因之一。過去事實既已如此，那麼咸同間所謂講求西學之動機及其進行路綫，自然也該爲這種心理所支配。質而言之，自從失香港燒圓明園之後，感覺有發憤自強之必要；而推求西之所以强，最佩服的是他的「船堅砲利」。上海的江南機器製造局，福建的馬尾船政局，就因這種目的設立，又最足以代表當時所謂西學家之心理。同時又因國際交涉種種麻煩，覺得須有些懂外國話的人纔能應付，於是在北京總理衙門附設同文館，在上海製造局附設廣方言館，又挑選十歲以下的小孩子送去美國專學說話。第一期所謂西學，大略如此。這種提倡西學法，不能在學界發生影響，自無待言。但江南製造局成立之後，狠有幾位忠實的學者—如李壬叔（善蘭）華（衡芳）等輩在裏頭，譯出幾十種科學書，此外國際法及其他政治書也有幾種。自此，中國人纔知道西人還有藏在「船堅砲利」背後的學問；對於「西學的觀念，漸漸變了。雖然，這是少數中之極少數。一般士大夫對於這種「洋貨，」依然極端的輕蔑排斥。當時最能了解西學的郭筠仙（嵩燾）竟被所謂『清流輿論』者萬般排擠，侘傺以死。這種事實，最足為時代心理寫照了。

（註一）明天啓二年派人往澳門召羅如望陽瑪諾入京專製砲以禦滿洲崇禎二

年畢方濟上疏言改良鎗砲大蒙嘉賞清康熙十三年爲討吳三桂命南懷仁等製神威砲三百二十門懷仁著有神威圖說一書進呈康熙帝大悅加懷仁工部侍郞銜康熙三十五年親征葛爾丹命懷仁白進安多等扈駕專管砲術這都是明末清初因鑄造兵器而引用西士的故事。

其三排滿思想之引動：洪秀全之亂，雖終歸平定，但他們所打的是「驅逐胡人」這個旗號，與一部分人民心理相應，所以有許多跅弛不羈的人從他。這種力量，在當時還沒有什麼，到後來光緒末年盛倡革命時，太平天國之「小說的」故事，實爲宣傳資料之一種，鼓衆人心的地方狠多。所以論史者也不能把這回亂事與一般流寇同視，應該認識他在歷史上一種特殊價值了。還有幾句話要附帶一說：洪秀全之失敗，原因雖多，最重大的就是他拿那種「四不像的天主教」做招牌，因爲這是和國民心理最相反的。他們那種殘忍的破壞手段，本已給國民留下莫大惡感。加以宗教招牌，買怨益甚。中國人對於外來宗教，必來采寬容態度，到同治光緒間，教案層見疊出，雖由許多原因湊成，然而洪秀全的『天父天兄，』當亦爲原因之一。因厭惡西教而遷怒西學，也是思想界一種厄運了。

同治朝十三年間，爲恢復秩序耗盡精力，所以文化方面無什麼特色可說，光緒初年，一口氣喘過來了。各種學問，都漸有向榮氣象，清朝正統學派—即考證學，當然也繼續工作，但普通經學史學的考證，多已被前人做盡，因此他們要走偏鋒爲局部的研究。其時最流行的有幾種學問：一，金石學，二，元史及西北地理學，三，諸子學。這都是從漢學家門庭孳衍出來，同時因曾文正提倡桐城古文，也有些宋學先生出來點綴點綴。當時所謂舊學的形勢，大略如此。

光緒初年，內部雖暫告安寧，外力的壓迫卻日緊一日。自六年中俄交涉改訂伊犁條約起，跟着十年中法鬪戰，失掉安南，十四年中英交涉強爭西藏，這些事件，已經給關心國事的人不少的刺激。其最甚者，二十年中日戰役，割去台灣及遼東半島；俄法德干涉還遼之後轉而爲膠州旅順威海之分別租借。這幾場接二連三的大颶風，把空氣振盪得異常劇烈。於是思想界根本動搖起來！

中國爲什麼積弱到這樣田地呢？不如人的地方在那裏呢？政治上的恥辱應該什

麼人負責任呢？怎麼樣纔能打開出一個新局面呢？這些問題，以半自覺的狀態日日向（那時候的新青年）腦子上旋轉。於是因政治的劇變，釀成思想的劇變。又因思想的劇變，再釀成政治的劇變，前波後波展轉推盪至今日而未已。

凡大思想家所留下話，雖或在當時不發生效力，然而那話灌輸到國民的（下意識）裏頭，碰着機緣，便會復活，而且其力極猛。清初幾位大師——實即殘明遺老——黃梨洲顧亭林朱舜水王船山……之流，他們許多話，在過去二百多年間，大家熟視無覩，到這時忽然像電氣一般把許多青年的心絃震得直跳，他們所提倡的（經世致用之學）其具體的理論，雖然許多不適用，然而那種精神是「超漢學」「超宋學」的，能令學者對於二百多年的漢宋門戶得一種解放，大膽的獨求其是。他們曾痛論八股科舉之汨沒人才。到這時讀起來覺得句句親切有味，引起一班人要和這件束縛思想錮蝕人心的惡制度拚命。他們反抗滿洲的壯烈行動和言論，到這時因爲在滿洲朝廷手上丟盡中國人的臉，國人正在要推勘他的責任，讀了先輩的書，驀地把二百年麻木過去的民族意識覺醒轉來？他們有些人曾對於君主專制暴威作大膽的批評，到這時拿外國政體來比較一番，覺得句句都饜心切理，因此從事於推翻幾千年舊政體的猛烈運動。總而言之，最近三十年思想界之變遷，雖波瀾一日比一日壯闊，內容一日比一日複雜，而最初的原動力，我敢用一句話來包舉他，殘明遺獻思想之復活。

那時候新思想的急先鋒，是我親受業的先生康南海有爲他是從（常州派經學）出身，而以（經世致用）爲標幟。他雖然有很奇特很激烈的理想，卻不大喜歡亂講。他們下的人，便狂熱不可壓制了，我自己便是這裡頭小小一員走卒。當時我在我主辦的上海時務報和長沙時務學堂裏頭猛烈宣傳，驚動了一位老名士而做闊官的張香濤之洞糾率許多漢學宋學先生們著許多書和我們爭辯學術上新舊之鬬。不久便牽連到政局康南海正在用（變法維新）的旗號，得光緒帝的信用，舊派的人把西太后擁出來，演成（戊戌政變）一齣悲劇，表面上所謂（新學家）完全失敗了。

反動日演日劇，仇恨新學之不已，遷怒到外國人，跟着鬧出義和團事件，丟盡中國的醜，而滿洲朝廷的權威，也同時掃地無餘。極恥辱的條約簽字了，出走的西太后也回到北京了。哈哈哈滑稽得可笑，「變法維新」這面大旗，從義和團頭目手中重新豎起來了。一切掩耳盜鈴的舉動且不必說他。惟內中有一件事不能不記載：八股科舉到底在這時候廢了；一千年來思想界之最大障礙物，總算打破。清廷政治一日一日的混亂，威權一日一日的失墜，因亡命客及留學生陡增的結果，新思想運動的中心，移到日本東京，而上海爲之轉輪。其時主要潮流，約有數支。

第一，我自己和我的朋友。繼續我們從前的奮鬥，鼓吹政治革命。同時「無揀擇的」輸入外國學說，且力謀中國過去善良思想之復活。

第二，章太炎炳麟他本是考證學出身，又是浙東人，受黃梨洲全謝山等影響甚深。專提倡種族革命，同時也想把考證學引到新方向。

第三，嚴又陵復。他是歐洲留學生出身，本國文學亦優長。專翻譯英國功利主義派書籍成一家之言。

第四，孫逸仙文 他雖不是個學者，但眼光極銳敏，提倡社會主義，以他爲最先。

以上幾個人，各人的性質不同，早年所受教育根柢不同，各自發展他自己個性，始終沒有什麼合作。要之清末思想界，不能不推他們爲重鎭。好的壞的影響，他們都要平分功罪。

同時還有應注意的一件事，是范靜生源廉 所倡的「速成師範」「速成法政。」他是爲新思想普及起見，要想不必學外國語言文字而得有相當的學識。於是在日本特開師範法政兩種速成班，最長者二年最短者六個月畢業。當時趨者若鶩，前後人數以萬計。這些人多半年已長大，而且舊學略有根柢，所以畢業後最形活動。辛亥革命成功之速，這些人與有力焉。而近十來年教育界政治界的權力，實大半在這班人手裏成績如何，不用我說了。

總而論之，清末三四十年間清代特產之考證學，雖依然有相當的部分進步，而學界活力之中樞，已經移到「外來思想之吸受」。一時元氣雖極旺盛，然而有兩種大毛病：一是混雜：二是膚淺，直到現在，還是一樣，這種狀態，或者爲初解放時代所不能免。以後能否脫離這狀態而有所新建設，要看現代新青年的努力如何了。

以上所論，專從政治和學術相爲影響於方面說，雖然有許多漏略地方然而重要的關目也略見了。以後便要將各時期重要人物和他的學術成績分別說明。

近三百年學術史附表

明清之際耶蘇會教士在中國者及其著述（以卒年先後爲次）

原名	譯名	國籍	東來年	卒年	卒地	所著書
Xavier Saint Fr-ancois-de xavier)	方濟名	西班牙	未詳	明嘉靖三十一（一五五二·三·二）	上川島	
Sande (Eduard da)	孟三德	葡萄牙	明萬歷十三（一五八五）	明萬歷二十八（一六〇〇·六二二）	澳門	崇禎曆書 長曆補注解惑 主制群徵 主教緣起 遠鏡說 進呈書像 渾天儀說

Soerio (joao)	蘇如漢	葡萄芽	明萬曆二十三(一五九五)	明萬曆三十五(一六〇七・八)	澳門	聖教約言
Ricci(Matteo)	利瑪竇	意大利	明萬曆十一(一五八三)	明萬曆三十八(一六一〇・五・二)	北京	天主實義 幾何原本 交友論 同文算指通篇 西國記法 句股義 二十五言 圜容較義 畸人十篇 徐光啟行略 辨學遺蹟 乾坤體義 經天該 奏疏 齋旨 測量法義 西字奇蹟 渾蓋通憲圖說 萬國輿圖
Pantoja (Diego de)	龐迪我	西班牙	明萬曆二十七(一五九九)	明萬曆四十六(一六一八・一・二)	澳門	耶穌苦難禱文 未來辯論 天主實義續篇 龐子遺詮 七克大全 天神魔魂說 人類原始 受難始末 辯揭 奏疏
Ursis (Sadatthinus de)	熊三拔	意大利	明萬曆三十四(一六〇六)	明泰昌元年(一六二〇・五・三)	澳門	泰西水法 表度說 簡平儀說
Rocha (joao da)	羅如望	葡萄牙	明萬曆十六(一五九八)	明天啓三(一六二三・三・)	杭州	天主聖教啓蒙 天主聖像略說

Trigault (Nicolas)	金尼閣	法蘭西	明萬歷三十八(一六一〇)	明崇禎元年(一六二八·二·十四)	杭州	宗徒禱文　西儒耳目資　況義(Eableschoiseis' d Esode)意拾諭言(同上)推曆年瞻禮法
Teredz(Jean)	鄧玉函	日耳曼	明天啓元年(一六二一)	明崇禎三(一六三〇·)	北京	遠西器奇圖說錄　人身說概　測天約說　黃赤距度表　正球升度表　大測　諸器圖說
Rudomina (Andre)	盧安德	利查尼	明天啓六(一六二六)	明崇禎五(一六三三·九·五)	福州	
Fraes(Joas)	伏若望	葡萄牙	明天啓四(一六二四)	明崇禎十一(一六三八·七·二)	杭州	五傷經禮規程　善終助功　苦難禱文
Vagnoni(Alfonso)	高一志 王豐肅	意大利	明萬曆三十五(一六〇五)	明崇禎十三(一六四〇·四·一九)	漳州	則聖十篇　齋家西學　天主聖教　聖人行實　達道紀言　四末論　修身西學　譬學　勵學古言　教要解略　寰宇始末　聖母行實　神鬼眞紀　十慰　童幼教育　空際格致　西學治平　斐錄彙答　推驗正道論

Cattaneo(Lazane)	郭居靜	瑞士	明萬曆二十五（一五九七）	明崇禎十三（一六四〇·）	杭州	性靈藹　主
Figueredo (Rodericcle)	費樂德	西班牙	明天啓二年（一六二二）	明崇禎十五（一六四二·一〇·九）	開封	念經總牘　聖教源流　念經勸
Tudesch ni (Augustìn)	杜奧定	日奴	明萬歷二十六（一五九八）	明崇禎十六（一六四三·）	福州	渡海苦蹟記　杜奧定先生東來渡海苦跡
Monteiro(Joao)	孟儒望	葡萄牙	明崇禎十年（一六三七）	清順治五年（一六四八·）	印度	天學略義　天學辨敬錄　炤迷鏡
Aleni(Giulio)	艾儒略	意大利	明萬歷四十一（一六一三）	清順治六年（一六四九·八·三）	福州	彌撒祭義　天主降生　言行紀略　出像經解　耶穌言行紀略　性　靈藹　景教碑頌　聖　體禱文坤輿圖說十　五端圖像　熙朝崇正　集　楊淇園行略　張　彌克遺蹟　萬物眞源　滌罪正規　三山論　學紀　聖體要理　聖　教歐聖　教四字教文　悔罪要旨　幾何要法　口鐸日鈔　五十言餘　西方答問　西學凡　職方外紀　性學觕述　天主降生引義　大

						西利西泰子傳　大西 利西泰先生行跡　艾 先生行述　思及先生 行蹟　泰西思及艾先 生行述　西海艾先生 行略　泰西思及先生 語錄
Ferreira(Gaspar)	費奇規	葡萄牙	明萬歷三十二(一六〇四)	清順治六年(一六四九·)		振心諸經　周年主保 聖人單　玫瑰經十五 編
Sambiaso(Francesco)	畢方濟	意大利	明萬曆四十二(一六一四)	清順治六年(一六四九·)	廣東	畫答　睡畫二答　靈 言蠡勺　奏摺　皇帝御 製詩
Furtado(Francisco)	傅汎濟	葡萄牙	明天啓元年(一六二一)	清順治十年(一六五三·二一)	澳門	名理探　寰有詮
Longobardi(Nicolao)	龍華民	意大利	明萬曆二十五(一五九七)	清順治十一(一六五四·九·一)	北京	死說　念珠規程　靈 魂道體　聖教日課 聖若撒法始末　地震 解　急救事宜　聖人 禱文
Semedo(Alvaro)	魯德照	葡萄牙	明萬曆四十一(一六一三)	清順治十五(一六五八·五·六)	澳門	字考

Diaz (Emmanuel jeune)	陽瑪諾	葡萄牙	明萬曆三十八(一六一〇)	清順治十六(一六五九．三．四)	杭州	聖若瑟行實　天問略　十誡眞詮　聖經直解　天學舉要　唐景教碑頌正詮　代疑論　袖珍日課　經世全書　經世全書句解　避罪指南　天神禱文
Cunha(Simon da.)	瞿西滿	葡萄牙	明崇禎二年(一六二九)	清順治十七(一六六〇．九)	澳門	經要直指
Ferran(Andre)	郎安德	葡萄牙	清順治十五(一六五八)	清順治十八(一六六一)	福州	
Martini(Martino)	衛匡國	匈牙利	明崇禎十六(一六四三)	清順治十八(一六六一)	杭州	眞主靈性理證　逑反篇
Greslon (Gerojmode)	賈宜陸	意大利	明崇禎十年(一六三七)	清康熙元年(一六六二．九．四)	漳州	提正編　辨惑論
Costa(Ignaciocla)	郭納爵	葡萄牙	明崇禎七年(一六三四)	清康熙五年(一六六六)	廣東	原染虧益　身後編　老人妙處　教要

Schall von Bell (Johannes adam)	湯若望	日耳曼	明天啓二年（一六二二）	清康熙五年（一六六六·）又康熙八年（一六六九·八·一五·?）	北京	真福訓詮 古今交日考 西洋測日曆 星圖 交食曆指 交食表 恒星曆測 恒星表 共譯各圖八線表 恒星出沒 學曆小辨 測食略 測天略說 大測 奏疏 新曆曉惑 新法曆引 曆法西傳 新法表異 勅諭 詩文
Ruggieri (Michaele)	羅明堅	意大利	明萬曆九年（一五八一）	清康熙六年（一六六七·五·二）		天主聖教實錄
Santamaria (Antoniode)	利	西班牙	明崇禎六年（一六三三）	清康熙八年（一六六九·五·一三）	廣東	正學鏐石
Brancati (Franceaco)	潘國光	意大利	明崇禎十年（一六三七）	清康熙十年（一六七一·四·二五）	上海	十誡勸諭 聖體規儀 聖教四規 聖安德助宗徒瞻札 天階 瞻禮口鐸 天神規課 天神會課
Rougemont (Francoisde)	盧日滿	荷蘭	清順治十六（一六五九）	清康熙十五（一六七六·一一·四）	漳州	要理六端 天主聖教要理 問世編

Gouvea (Antonio de)	何大化	葡萄牙	明崇禎九年（一六三六）	清康熙十六（一六七七·二·一四）	福州	蒙引要覽
Magalhaens (Gabrielde)	安文思	葡萄牙	明崇禎十三（一六四〇）	清康熙十六（一六七七·五·六）	北京	復活論
Lobelli Giovaniandrea)	陵安德		清順治十六（一六五九）	清康熙二十二（一六八三·	澳門	聖教略說　眞福直指　善生福終正路　聖教問答　聖教撮言　聖教起理　默想大全　默想規矩　萬民四末圖
Buglio (Luigi)	利類思	意大利	明崇禎十年（一六三七）	清康熙二十三（一六八四·一〇·七）	北京	天主正教約徵　主教要旨　獅子說　司鐸要典　性靈說　不得巳辨　御覽西方要紀　聖母小日課　巳亡者日課經　聖教簡要　善終瘞瑩禮典　彌撤經典　日課槩要　聖事禮典　安先生行述　天主聖體　三位一體　萬物原始　天神形物之造　靈魂　首人受造　昭祀經典　進呈鷹論　聖事禮典

Verbiest (Ferdinand)	南懷仁	比利時	清順治十六（一六五九）	清康熙二十七（一六八八・一・二九）	北京	忘推吉凶辯　熙定朝 案　驗氣圖說　坤與 圖說　告解原義　善 惡報略說　教要序論 不得已辯　儀象志 儀象圖　康熙永年 曆法　測念紀略　坤 與全圖　簡平規熱星 圖　赤道南北星圖 忘占辨預推紀驗 形性理推　光向異驗 理推　理辨之引答 日司圖總　理推各國 說　御覽簡平新儀式 用法　進呈窮理學
Motel (Jacques)	穆迪我	荷蘭	清順治十四（一六五七）	清康熙三十一（一六九二・六・二）	武昌	聖洗規儀　同
Couplet (Philippé)	柏應理	比利時	清順治十六（一六五九）	清康熙三十二（一六九三・五・一六）	臥亞	天主聖教永瞻禮單 天主聖教　百問答四 末眞論　聖坡而日亞 行實　聖若瑟禱文 周歲聖人行略
SanPoscual (Augustinde)	利安定	西班牙	清康熙九年（一六七〇）	清康熙三十四（一六九五・）	未詳	永福天衢　天成人要 集
Intorcetta (Prospero)	殷鐸澤	意大利	清順治十六（一六五九）	清康熙三十五（一六九六・一〇・三）	杭州	耶穌會例　西文四書 直解　泰西殷覺斯先 生行述

Greslon(Adrien)	聶仲遷	法蘭西	清康熙十四(一六七五)	清康熙三十六(一六九七·三)	贛州	古聖行實
Brollo(Basilio)	葉宗賢		清康熙二十三(一六八四)	清康熙四十三(一七〇四·七·一六)	西安	宗元直指
Pinuela(Pedoro)		墨西哥	清康熙十五(一六七六)	清康熙四十三(一七〇四七·三〇)	漳州	初會問答　永暫定衡　大赦解略　默想神功　哀矜煉靈略說
Pereyra(Thomsz)	徐日昇	西班牙	清康熙十二(一六七三)	清康熙四十七(一七〇八·一二·二四)	北京	南先生行述　律呂正義續篇
Castner(Gaspar)	龐嘉賓	日耳曼	清康熙十八(一六七九)	清康熙四十八(一七〇九·二·九)	北京	
San juan Bautista(manteld e)	利安寧	西班牙	清康熙二十四(一六八五)	清康熙四十九(一七一〇·三·一〇)	北京	破迷集　聖文都辣聖母日課
Chavaguac(Emeri cde)	沙守眞		清康熙三十九(一七〇〇)	清康熙五十六(一七一七·九·一四)	饒州	眞道自證
Noel(Francois)	衛方濟	比利時	清康熙二十六(一六八七)	清雍正七年(一七二九·九·七)	Lille	人罪至重
Bouvet(jaochiu)	白晉	法國	清康熙二十六(一六八七)	清雍正八年(一七三〇·)	北京	天學本義　古今敬天鑒

Tellez(Manoel)	德瑪諾	葡萄牙	清康熙四十三（一七〇四）	清雍正十一（一七三三・）	饒州？	顯相十五端玫瑰經
Rho(Giacomo)	羅雅各	意大利	明天啓四年（一六二四）	清乾隆三年（一七三八・九・一七）	澳門	聖若慈傳　楊淇園行蹟　天主經解　天主聖教啓蒙　齋克　哀矜行詮　求說　聖記百言　聖母經解　周歲警言　測量全義　比例規解　五緯表　五緯曆緯　月離表　月離曆指　日躔表　日躔曆指　黃赤正球　籌算　曆引　日躔考　晝夜刻分
Premare (Josephmarie de)	馬若瑟	葡萄牙	清康熙三十七（一六九八）	清乾隆三年（一七三八・九・一七）	澳門	聖若瑟傳　楊淇園行蹟
Parrenin (Dominque	巴多明	法蘭西	清康熙二十八（一六八九）	清乾隆六年（一七四一・九・二二）	北京	濟美篇　德行譜
Dentrecblles (Francois.zavi-er)	殷弘緒	法蘭西	清康熙三十七（一六九八）	清乾隆六年（一七四一・）		主經體味　逆耳忠言　莫居凶惡勸　訓慰神編
Mendez(Martino)	孟由義	葡萄牙	清康熙二十三（一六八四）	清乾隆八年（一七四三・一・）	澳門	

Hinderer (Romain)	德瑪諾	法蘭西	清康熙四十六(一七〇七)	清乾隆九年(一七四四・八・四)	南京	與彌撒功程
Kogler (Ignace)	戴進賢	日耳曼	清康熙五十五(一七一六)	清乾隆十一(一七四六・三・二九)	北京	儀象考成
Mailla (Joseph Marie Annede Moyria de)	馮秉正	法蘭西	清康熙四十二(一七〇三)	清乾隆十三(一七四八・六・二八)	北京	明來集說　聖心規程 聖體仁愛經規條　聖 經廣益　盛世芻蕘 聖年廣益　避靜彙鈔
Varo (Francisco)	萬濟谷		清順治十一(一六五四)	未詳	未詳	聖教明證
Benvente (Alvare)	白	西班牙	清康熙十九(一九八〇)	未詳	未詳	要經略解
Ortiz (Hortis)	白多瑪	西班牙	清康熙三十四(一六九五)	未詳	未詳	聖教功要　四絡略意
Silva (Antoniode)	林安多	葡萄牙	清康熙三十四(一六九五)	未詳	未詳	學修精蘊
Duarte (Jean)	聶若望	葡萄牙	清康熙三十九(一七〇〇)	未詳	未詳	八天避靜神書

五　陽明學派之餘波及其脩正

——黃梨洲 附孫夏峯，李二曲，餘姚王學家，李穆堂。——

凡一個有價値的學派，已經成立而且風行，斷無驟然消滅之理，但到了末流，流弊當然相緣而生；繼起的人，往往對於該學派內容有所脩正。給他一種新生命。然後可以維持於不敝。王學在萬歷天啟間，幾已與禪宗打成一片。東林領袖顧涇陽憲成高景逸攀龍提倡格物，以救空談之弊，算是第一次脩正。劉戢山宗周晚出，提倡愼獨以救放縱之弊，算是第二次脩正。明清嬗代之際，王門下惟戢山一派獨盛，學風已漸趨健實。清初講學大師，中州有孫夏峯關中有李二曲，東南則黃梨洲。三人皆聚集生徒。開堂講道，其形式與中晚明學者無別。所講之學，大端皆宗陽明，而各有所脩正。三先生在當時學界各占一部分勢力，而梨洲影響於後來者尤大。梨洲爲清代浙東學派之開創者，其派復衍爲二。一爲史學，二即王學。而稍晚起者有江右之李穆堂，則王學最後一健將也。今本講以梨洲爲中堅，先以夏峯二曲，而浙東諸儒及穆堂附焉。清代陽明學之流風餘韻。略具於是矣。

孫夏峯，名奇逢，字啟泰，號鍾元，直隸容城人。生明萬曆十二年，卒清康熙十四年。（一五八四——一六七五）年九十二。他在清初諸儒中最爲老輩，當順治元年已經六十三歲了。他在明季以節俠聞。天啟間魏閹竊柄，荼毒正人，左光斗魏大中周順昌被誣下獄時，一般人多懼禍引避；夏峯與其友鹿伯順善繼傾身營救，義聲動天下。此外替個人急難主持公道替地方任事開發公益，所做的事狠不少。崇禎九年，清師入關大掠，畿輔列城俱陷。他以一諸生督率昆弟親戚，調和官紳，固守容城，清兵攻之不下而去。其後流寇徧地，人無安枕。他率領子弟門人入易州五公山避亂，遠近聞風來依者甚衆。他立狠簡單的規條互相約束，一面脩飭武備抵抗寇難。一面從容講學，養成很健全的風俗。在中國歷史上，三國時代田子春以後，夏峯算是第二個人了。鼎革以後，他依舊家庭講學。未幾，清廷將畿輔各地圈占，賞給旗員作采地，他的田園廬墓都被占去，舉家避地南下。河南輝縣之百泉山——即夏峯，亦名蘇門山，爲宋時邵康節所曾居，他因仰慕昔賢，暫流寓在那裏。後來有一位馬光裕，把自己的田分送給他，他便在夏峯躬耕終老，所以學者稱爲夏峯先生。他在明清兩代被薦舉十數次，屢蒙詔書特徵，他始終不出。他八十一歲的時候（康熙三年）曾有人以文字獄相誣陷。他聞信，從容說道，『天下事只論有愧無愧，不論有禍無禍。』即日投呈當局請對簿，後亦無事。他的祖父從陽明高弟鄒東廓（守益）受學；他的摯友鹿伯順又專服膺陽明。所以他的學問自然是得力於陽明者最深。但他並無異同門戶之見，對於程朱陸王，各道其長而不諱其短。門人有問晦翁陽明得失者，他說：

『門宗分裂（按此四字疑有誤）使人知反而求諸事物之際，晦翁之功也；然晦翁沒而天下之實病不可不洩。詞章繁興，使人知反而求諸心性之中，陽明之功也。然陽明沒而天下之虛病不可不補。』（夏峯語錄）

又說：

『諸儒學問，皆有深造自得之處，故其生平各能了當一件大事。雖其閒異同紛紜，辨論未已，我輩只宜平心探討，各取其長，不必代他人爭是非求勝負也。

一有爭是非求勝負之心，卻於前人不相干，便是己私，便是浮氣，此病關係殊不小』（同上）

他對於朱王兩派之態度，大略如此。他並不是模稜調停，他確見得爭辯之無謂，這是他獨到之處。但他到底是王學出身，他狠相信陽明所謂「朱子晚年定論，」所以他不覺得有大異同可爭。

他不像晚明人空談心性；他是狠切實辦事的人，觀前文所述他生平行事，可見大概了。他狠注重文獻，著有理學宗傳二十六卷，記述宋明學術流派。又有畿輔人物考，中州人物考，兩大案錄甲，申大難錄，孫文正公年譜，蘇門紀事等書，皆有價值之史料。

他因爲年壽長，資格老，人格又高尚，性情又誠摯，學問又平實，所以同時人沒有不景仰他，門生弟子徧天下。遺老如申鳧孟（涵光）劉五公（餘佑）……達官如湯孔伯（斌）魏環極（象樞）魏石生（裔介）……皆及門受業。乃至鄉農販豎、他都不吝教誨，許多人見他一面，聽他幾句話，便奮志向上做人。要之夏峯是一位有肝膽有氣骨有才略的人，晚年加以學養，越發形成他的人格之尊嚴，所以感化力極大，屹然成爲北學重鎭。

李二曲，名顒，字中孚，陝西盩厔人。生明天啟六年，卒清康熙四十四年，（一六二七——一七〇五）年七十九。他是僻遠省分絕無師承的一位窮學者。他父親當兵，死於流寇之難。他幼年窮得沒有飯吃，有人勸他母親把他送到縣裏當衙役，他母親不肯，一定要令他讀書。幾次送他上蒙館，因爲沒有錢納脩金，各塾師都不收他。後來好容易認識字，便借書來讀，自動的把學問磨練出來。他學成之後曾一度到東南，無錫江陰靖江武進宜興各處的學者，相爭請他講演。在陝境內，富平華陰，都是他常常設講之地。康熙初年，陝撫薦他「山林隱逸，」特詔徵他，力辭纔免。其後又徵「博學鴻儒，」地方官强迫起行，鎖絕粒六日，最後拔刀自刎，纔肯饒他。他覺得爲虛名所累，從此把門反鎖，除顧亭林來訪偶一開門外。連子弟也不見面。康熙帝西巡，傳旨地方官必要召見他。他歎道：這回眞要逼死我了。以廢疾堅辭，幸而免。他並不是矯情鳴高，但不肯在滿朝做官，是他生平的志氣。他四十歲以前，嘗著經世蠡測，時務急策，十三經糾繆，廿一史糾繆等書，晚年以爲這是口耳之學，無當於身心，不復以示人。專以返躬實踐悔過自新爲主。所著四書反身錄，極切實，有益脩養。他教學者入手方法，說要『先觀象山慈湖陽明白沙之書以洞斯道大原。』但對於晚明王學家之專好談玄，卻認爲不對他說：

『先覺倡道，皆隨時補救，如人患病不同，投藥亦異，晦庵之後，墮於支離葛藤，故陽明出而救之以致良知，令人當下有得。及其久也，易至於談本體而略工夫。……今日吾人通病，在於昧義命鮮羞惡。苟有大君子志切拯救，惟宜力扶廉恥……』（二曲集卷十二南行述）

觀此，他的講學精神，大略可見了。他絕對不作性命理氣等等哲理談，一力從切身處逼拶，所以他的感化力入人甚深。他自己拔自疏微，所以他的學風，帶有平民的色彩著有觀感錄一篇，所述皆晚明眞儒起自賤業者，內鹽丁，樵夫，吏胥，窰匠，商賈，農夫，賣油傭，戍卒，網巾匠，各一人。（見二曲集卷二十二）

總而論之，夏峯二曲，都是極結實的王學家。他們倔強堅苦的人格，正孔子所謂「北方之強，」他們的創造力雖不及梨洲亭林，卻給當時學風以一種嚴肅的鞭辟。說他們是王學後勁，可以當之無愧。

現在要講淸代王學唯一之大師黃梨洲了。

梨洲，名宗羲，字太沖，浙江餘姚人。生明萬歷三十八年，卒淸康熙十六年，（一六一〇—一六九五）年八十五。他是王陽明的同里後學，他的父親忠端公（尊素）是東林名士，爲魏閹所害。他少年便倜儻有奇氣，常袖長錐，思復父仇，年十九，伏闕上書訟父寃。崇禎初元，魏閹伏誅。他聲譽漸高，隱然爲東林子弟領袖。然而他從此折節厲學，從劉戢山遊，所得日益深粹。崇禎十七年，北京陷賊，福王立於南京，閹黨阮大誠柄政，驟興黨獄，名捕戢山及許多正人，他也在其列。他避難亡命日本，經長崎達江戶。（全謝山謂梨洲嘗偕馮躋仲乞師日本，誤也。他到日本，在躋仲前四年。）明年，福王走，南京覆，他和錢忠介（肅樂）起義兵守浙江拒淸師，號世忠營。失敗後，遁入四明山寨把餘兵交給王完勛（翊）自己跟著魯王在舟山，和張蒼水（煌言）馮躋仲（京第）等力圖匡復。仍常潛行往來內地，有所布置。清廷極畏忌他。他晚年自述說道：『自北兵南下，懸書購余者二，名捕者一，守圍城者一，以謀反告訐者三，絕氣沙墠者一晝夜，其他連染邏哨所及無歲無之，可謂瀕於十死者矣，』（南雷餘集怪說）。讀可此以知道他奔走國難所經歷的艱苦何如了。明統既絕，他纔絕意國事，奉母鄉居，從事著述。其後設「證人講會」於浙東，從遊者日衆。「證人」者。以蕺山所著書名其會也。康熙十七年，詔徵博學鴻儒，許多人要薦他，他的門生陳錫嘏說：『是將使先生爲疊山九靈之殺身也。』乃止。未幾，開明史館，清廷必欲羅致他，下詔督撫以禮敦聘，他力辭不往，乃下督撫就他家中將他的著述關於史事者鈔送館中。又聘他的兒子百家他的門生萬斯同入館備顧問。他晚年在他父親墓傍自營生壙，中置石牀，不用棺槨。子弟疑之。他作葬制或問一篇，援趙邠卿陳希夷例，戒身後無得違命。他所以如此者，據全謝山說是：『身遭國變，期於速朽，』但或者是他關於人生問題一種特別見解，也未可知。總之我們佩服梨洲，不僅在他的學問，而實在他的人格。學者若要稍爲詳細的知道，請讀全謝山的梨洲先生神

道碑銘。鮚埼亭集卷十一

梨洲的父親被逮入獄時，告訴他一句話：『學者最要緊是通知史事，可讀獻徵錄。』所以梨洲自少時即致力史學。他家裏藏書本甚多，同鄉鈕氏世學樓，祁氏澹生堂，范氏天一閣的書，都到處借鈔借讀，所以他記誦極博，各門學問都有所探索。他少年便是劉蕺山受學，終身奉爲依歸，所以清初王學，不能不認他爲嫡派。全謝山總論梨洲學術曰：

『公謂：「明人講學，襲語錄之糟粕，不以六經爲根柢，束書而從事於遊談。故受業者必先窮經，經術所以經世，方不爲迂儒之學，故兼令讀書史。」又謂：「讀書不多，無以證斯理之變化；多而不求於心，則爲俗學」故凡受公之教者，不墜講學之流弊。公以濂洛之統，綜合諸家，橫渠之禮教，康節之數學，東萊之文獻，艮齋止齋之經濟，水心之文章，莫不旁推交通。自來儒林所未有也。』

陳悔廬汝咸說：

「梨洲黃子之教人，頗泛濫諸家，然其意在乎博學詳說以集其成，而其歸究於蕺山愼獨之旨乍聽之似駁，而實未嘗不醇。」（全謝山大理陳公神道碑銘）

這兩段話對於梨洲學風，說得最爲明白。謝山雖極其崇拜梨洲，然亦不阿其所好。他說：

「先生之不免餘議者則有二：其一，則黨人之習氣未盡。蓋少年卽入社會，門戶之見，深入而不可猝去。其二，則文人之習氣未盡。以正誼明道之餘技，猶留連於枝葉。」（鮚埼亭集答問學術帖子）

這段話把梨洲的短處，也說得公平。總之梨洲純是一位過渡人物。他有清代學者的精神，卻不脫明代學者的面目。

梨洲之學，自然是以陽明爲根柢。但他對於陽明所謂「致良知」有一種新解釋。他說：

「陽明說「致良知於事事物物。」致字卽是行字，以救空空窮理在「知。」上討個分曉之非。乃後之學者，測度想像，求見本體，只在知識上立家儅以爲良知，則陽明何不仍窮理格物之訓，而必欲自爲一說耶？明儒學案卷十姚江學案像他這樣解釋致良知——說致字點是行字，很有點像近世實驗哲學的學風。你想認識路，只要往前行過，便自了然，關著門冥想路程，總是枉用工夫。所以他對於本體的測度想像，都認爲無益。梨洲的見解如此，所以他一生無日不做事，無日不讀書，獨於靜坐參悟一類工夫，絕不提倡。他這種解釋，是否適合陽明本意，另爲一問題，總之和王門所傳有點不同了，所以我說：梨洲不是王學的革命家，也不是王學的承繼人，他是王學的修正者。

梨洲有一部怪書，名曰明夷待訪錄。（注二）這部書是他的政治理想。從今日青年眼光看去，雖像平平無奇，但三百年前——盧騷民約論出世前之數十年，有這等議論，不能不算人類文化之一高貴產品，其開卷第一篇原君從社會起原說起，先論君主之職務，次說道：

『……後之爲人君者不然，以爲天下利害之權，皆出於我，我以天下之利盡歸於己。天下之害盡歸於人，亦無不可，使天下人，不敢自私不敢自利；

以我之大私為天下之大公。始而慙焉，久而安焉，視天下為莫大之產業，傳諸子孫，受享無窮。……此無他，古者以天下為主，君為客，凡君之所畢世而經營者，為天下也今也以君為主，天下為客，凡天下之無地而得安寧者，為君也是以其未得之也，屠毒天下之肝腦，離散天下之子女，以博我一人之產業，曾不慘然，曰，我固為子孫創業也，其既得之也，敲剝天下之骨髓，離散天下之子女，以奉我一人之淫樂，視為當然，曰，此我產業之花息也。然則為天下之大害者，君而已矣。……而小儒規規焉以君臣之義無所逃於天地之間。至桀紂之暴，猶以為湯武不當誅之。……豈天下之大，於兆民萬姓之中，獨私其一人一姓乎？……」

其原法篇云：

「……後之人主，既得天下，唯恐其祚命之不長也，子孫之不能保有也，思患於未然以為之法。然則其所謂法者，一家之法，而非天下之法也。……法愈密而天下之亂即生於法之中，所謂非法之法也。……夫非法之法，前王不勝其利欲之私以創之，後王或不勝其利欲之私以壞之。壞之者固足以害天下，其創之者亦未始非害天下者也。……論者謂有治人無治法，吾以謂有治法而後有治人。……』

其學校篇說：

『……必使治天下之具皆出於學校，而後設學校之意始備。……。天子之所是未必是，天子之所非未必非。天子亦遂不敢自爲非是而公其非是於學校。……』

像這類話，的確含有民主主義的精神，——雖然很幼稚——對於三千年專制政治思想爲極大膽的反抗在三十年前——我們當學生時代，實爲刺激青年最有力之興奮劑。我自己的政治運動，可以說是受這部書的影響最早而最深。此外書中各篇——如田制兵制財計等，雖多半對當時立論。但亦有許多警拔之說，如主張遷都南京，主張變通推廣「衛所屯田」之法使民能耕者皆有田可耕，主張廢止金銀貨幣。此類議論，雖在今日或將來，依然有相當的價值。

（注一）梨洲極自負他的明夷待訪錄，顧亭林亦極重之。亭林與梨洲書云：『讀待訪錄，知百王之敝可以復振。』其折服可謂至矣。今本篇目如下：

原君　原臣　原法　置相　學校　取士上　取士下　建都　方鎮　田制一　田制二　兵制一　兵制二　兵制三　財計一　財計二　凡二十篇

惟據全謝山跋云：『原本不止於此，以多嫌諱不盡出。』然則此書尚非足本，狠可惜。

此書乾隆間入禁書類，光緒間我們一班朋友曾私印許多送人，作為宣傳民主主義的工具，章太炎不喜歡梨洲，說這部書是向滿洲上條陳，這是看錯了，待訪錄成於康熙元二年，當時遺以老順治方殂，光復有日，梨洲正欲為代清而興者說法耳。他送萬季野北行詩，戒其勿上河汾太平之策，豈有自己想向清廷討生活之理？

梨洲學問影響後來最大者，在他的史學。現行的明史，大半是萬季野稿本，而季野之史學，實傳自梨洲。梨洲替季野作歷代史表序，其末段云：『嗟乎，元之亡也，危素趨報恩寺，將入井中。僧大梓云：「國史非公莫知，公死是死國之史也。」素是以不死。後修元史，不聞素有一辭之贊。及明之亡，朝之任史事者衆矣，顧獨藉一草野之萬季野以留之，不亦可慨也夫！」（南雷文約卷四）前明遺獻，大率皆惓惓於國史。梨洲這段話，足見其感慨之深。他雖不應明史館之聘，然而館員都是他的後學，每有疑難問題，都咨詢他取決，曆志則求他審正後纔算定稿；地理志則大半採用他所著今水經原文。其餘史料經他鑑別的甚多。（全作神道碑銘縷舉多條）他關於史學的著述，有重修宋史，未成書。有明史案二百四十卷，已佚。有行朝錄八種——一，隆武紀年；二，贛州失事記；三，紹武爭立紀；四，魯紀年；五，舟山興廢；六，日本乞師紀；七，四明山寨紀；八，永歷紀年。其餘如賜姓本末（記鄭成功事）海外慟哭記，思舊錄等，今尙存，都是南明極重要史料。而其在學術上千古不磨的功績，尤在兩部學案。

中國有完善的學術史，自梨洲之著學案始。明儒學案六十二卷，梨洲一手著成。宋元學案，則梨洲發凡起例，僅成十七卷而卒，經他的兒子耒史（名百家）及全謝山兩次補續而成。所以欲知梨洲面目，當從明儒學案求之。

籌學術史有四箇必要的條件：第一，敘一箇時代的學術，須把那時代重要各學派全數網羅，不可以愛憎爲去取。第二，敘某家學說，須將其特點提挈出來，令讀者狠明晰的觀念。第三，要忠實傳寫各家眞相。不可以主觀上下其手。第四，要把各人的時代和他一生經歷大概敘述，看出那人的全人格。梨洲的明儒學案，總算具備這四箇條件。那書卷首有「發凡」八條。說：

『此編所列，第一偏之見，有相反之論。學者於其不同處，正宜着眼理會。……

……以水濟水，豈是學問。』

他這書以陽明學派爲中堅，因爲當時時代精神焦點所在，應該如此。但他對於陽明以外各學派，各還他相當位置，並不抹殺。正合第一條件。他又說：

『大凡學有宗旨，是其人之得力處，亦是學者之入門處。……講學而無宗旨，即有嘉言，是無頭緒之亂絲也。學者而不能得其人之宗旨，即讀其書，亦猶張騫初至大夏，不能得月氏要領。……每見鈔先儒語錄者，薈撮數條，不知去取之意謂何，其人一生精神未嘗透露，如何見其學術。』

我們讀明儒學案，每讀完一案，便覺這個人的面目活現紙上。梨洲自己說『皆從各人全集纂要鈎元。』可見他用功甚苦。但我們所尤佩服者，在他有眼光能纂鈎得出。這是合第二個條件。梨洲之前，有位周海門曾著聖學宗傳一書，他的範圍形式都和明儒學案差不多。梨洲批評他道：『是海門一人之宗旨，非各家之宗旨。』梨洲這部書，雖有許多地方自下批評。但他僅在批評裏頭表示，梨洲自己意見。至於五文的叙述卻極忠實，從不肯拿別人的話作自己注脚，這是合第三個條件。他在每案之前。各做一篇極翔實的小傳，把這個人的時代經歷師友淵源詳細說明，令讀者能把這個人的人格捉摸到手。這是合第四個條件。所以明儒學案這部書，我認爲是極有價值的創作。將來做哲學史科學史文學史的人，對於他的組織雖有許多應改良之處，對於他的方法和精神，是永遠應採用的。（注二）

（注二）唐鑑著國朝學案小識，訾議梨洲。謂其以陳（白沙）王（陽明）與薛（敬軒）胡（敬齋）平列，爲不識道統。可謂偏陋已極。無論道統之說我們根本不能承認；試思明代學術，舍陳王外更有何物？梨洲尊陳王而不廢薛胡，還算公道。豈有專取薛胡而棄陳王之理。

此外梨洲之重要著作：如易學象數論六卷，力辯河洛方位圖說之非，爲後來胡朏明渭易圖明辨的先導。如授書隨筆一卷，則閻百詩若璩問尚書而作此告之，實百詩古文尚書疏證的先導。這兩部書都於清代經學極有關係。他又最喜曆算之學，著有授時曆故，大統曆推法，授時曆假如西曆，回回曆假如，句股圖說，開方命算，割圜八綫解，測圜要義等書，皆在梅定九文鼎以前多所發明。其遺文則有南雷文定凡五集，晚年又自删定爲南雷文約四卷。又嘗輯明代三百年之文爲明文海四百八十二卷。又續輯宋文鑑元文鈔，皆未成。

他的兄弟宗炎，文晦木。倜儻權奇過梨洲，嘗以奔走國事爲清吏所捕，梨洲集壯士以計篡取之。著有憂患學易一書，考證太極圖出自道士陳摶。其書今佚。梨洲子耒史，能傳家學，續輯學案，又從梅定九學算，有著書。

梨洲弟子最著者萬充宗斯大萬季野斯同兄弟，別見次講。

陽明蕺山梨洲皆浙東人，所以王學入到清代，各處都漸漸衰息，惟浙東的流風餘韻，還傳衍得狠長。陽明同縣（餘姚）人著籍弟子最顯者，曰徐曰仁（愛）錢緒山，（德洪）明清之交名其學者，則梨洲與沈求如（國模）。求如親受業緒山，年輩在梨洲上，國變時已八十餘歲了。他的學風和梨洲不同，全然屬於周海門（汝登）一派，幾與禪宗無異，梨洲少年時，曾極力和他抗辯。餘姚之姚江書院，實求如所創。求如弟子最著者曰韓遺韓（孔當）邵魯公（曾可），相繼主講姚江書院，而梨洲則倡證人學會。故康熙初年浙東王學，略成沈黃兩派對峙的形勢。魯公之孫邵念魯（廷采），受業韓孔當，又從梨洲學算。念魯繼主姚江講座最久，兩派始歸於一。時清聖祖提倡程朱學，孫承澤熊錫履輩揣摩風氣，專以詆毀陽明爲事。念魯常侃侃與抗不稍懾。著有陽明王子傳，蕺山劉子傳，王門弟子傳，劉門弟子傳，宋遺民所知錄，明遺民所知錄，姚江書院志略，東南紀事（記南明閩浙事）西南記事（記南明滇桂事）思復堂文集等書。蓋陽明同里後輩能昌其學者以，念魯爲殿。其兼擅史學，則梨洲之教也。念魯族孫二雲（晉涵），爲乾嘉間小學名家，亦邃於史。而鄞縣全謝山（祖望）與二雲最交親，同爲浙學後勁。下方更專篇論之。

陽明雖浙人，而在贛服官講學最久，故當時門下以江右爲最盛。其後中絕殆將百年了。及康熙末而有臨川李穆堂紱出。（乾隆十五年卒，年七十八）穆堂並未嘗以講學自居，然其氣象俊偉，純從王學得來。他歷仕康雍乾三朝，內而卿貳，外而督撫，皆經屢任。他辦事極風烈而又條理縝密，但賦性伉直，常觸忤權貴，所以一生風波極多，暮年卒以錮廢終，而其氣不稍挫。全謝山所作臨川李公神道碑銘說：

『公以博聞強識之學，朝章國故，如肉貫弗，抵掌而談，如決潰隄而東注。不學之徒，已望風不敢前席。而公揚休山立，左顧右盼，千人皆廢，未嘗肯少接以溫言。故不特同事者惡之，即班行者亦多畏之。嘗有中州一巨公，自負能昌明朱子之學。一日謂公曰，「陸氏之學，非不岸然，特返之吾心，兀兀多未安者，以是知其於聖人之道未合也。」公曰，「君方總督倉場而進羨餘，不知於心安否？是在陸門，五尺童子且唾之矣！」其人失色而去，終身不復與公接。……世方以閉眉合眼喔咿嚅唲伺察廟堂意旨。隨聲附和爲不傳之秘，則公之道宜其所往輒窮也。』（結埼亭集卷十七）

凡豪傑之士，往往反抗時代潮流，終身挫折而不悔若一味揣摩風氣，隨人毀譽，還有什麼學問的獨立？明末王學全盛時，依附王學的人，我們狠覺得可厭清康雍間，王學爲衆矢之的，有毅然以王學自任者，我們卻不能不崇拜到極地。並非有意立異，實則個人品格，要在這種地方纔看出來。清代「朱學者流」——所謂以名臣兼名儒者，從我們眼中看來，眞是一文不值！據我個人的批評，敢說：清代理學家陸王學派還有人物，程朱學派絕無人物！（參看第九講程朱學派）李穆堂卻算是陸王派之最後一人了。他所著書有穆堂類稿五十卷，續稿五十卷，別稿五十卷，春秋一是二十卷，陸子學譜二十卷，陽明學錄若干卷。除類稿外今不傳(？)。邵念魯全謝山結浙中王學之局，李穆堂結江右王學之局。這個偉大學派，自此以後，便僅成爲歷史上名詞了。

我因爲講黃梨洲，順帶著把王學講個結束，已經將時代躐講幾十年了。以後仍請讀者回轉眼光，再看明末清初別個學派。

六　清代經學之建設——

——顧亭林 閻百詩 附胡朏明 萬充宗

清儒的學問，若在學術史上還有相當價值，那麼，經學就是他們惟一的生命。清儒的經學，和漢儒宋儒都根本不同，是否算得一種好學問，另爲一問題。他們這一派學問，也離不了進化原則，經一百多年纔漸漸完成。但講到「篳路藍縷」之功，不能不推顧亭林爲第一。顧亭林說：『古今安得別有所謂理學者？經學即理學也。自有舍經學以言理學者，而邪說以起。』又說：『今日只當著書，不當講學』他這兩段話，對於晚明學風，表出堂堂正正的革命態度，影響於此後二百年思想界者極大。所以論清學開山之祖，舍亭林沒有第二個人。

亭林，初名絳，國變後改名炎武，字曰寧人學者稱爲亭林先生。江蘇崑山人。生明萬歷四十一年，卒清康熙二十一年，年七十。（一六一三—一六八二）他是一位世家子弟——江南有名的富戶。他承祖父命出繼堂叔爲子。他的母親王氏，十六歲未婚守節，撫育他成人。他相貌醜怪，瞳子中白而邊黑。性情耿介，不諧於俗。惟與同里歸元恭莊爲友，時有歸奇顧怪之目。（注一）他少年便留心經世之學，最喜歡鈔書，徧覽二十一史，明代十三朝實錄，天下圖經，前輩文編說部，以至公移邸鈔之類，有關於民生利害者，分類錄出，旁推互證，著天下郡國利病書。未成而國難作。淸師下江南，亭林糾合同志起義兵守吳江，失敗後他的朋友死了好幾位（注一），他幸而逃脫。他母親自從崑山城破之日起絕粒二十七日而死，遺命不許他事滿洲他本來是一位血性男子，受了母親這場最後熱烈激刺的敎訓，越發把全生涯的方嚮決定了。（注二）他初時只把母親淺殯，立意要等北京恢復崇禎帝奉安後纔舉行葬禮。過了兩年，覺得這種希望很杳茫，勉强把母先葬。然而這一段隱痛，永久藏在他心坎中，終身不能忘卻。他後來棄家遠遊，到老不肯過一天安逸日子，就是爲此。他葬母之後，隆武帝（唐王）在福建，遙授他職方司主事。他本要奔赴行在，但因爲道路阻隔，去不成。他看定了東南的悍將惰卒，不足集事，且民氣柔脆，地利亦不宜於進取。於是決計北遊，想通觀形勢，陰結豪傑，以圖光復。曾五謁孝陵。（明太祖陵，在南京。）

（注一）歸元恭，明亡後屢次起義。晚年築土室於叢冢間，與妻偕隱。自署門聯云：「妻太聰明夫太怪。人何寥落鬼何多。」

（注二）亭林餘集裏頭有一篇王碩人行狀，讀之便可知亭林受他母親影響到怎麼程度。

六謁思陵。（明懷宗陵，在直隸昌平。）其時他的家早已破了。但他善於理財，故一生羈旅，曾無困乏。每到一地，他爲有注意價値者，便在那裏墾田。墾好了，交給朋友或門生經理，他又往別處去。江北之淮安，山東之章邱，山西雁門之北，五臺之東，都有他墾田遺跡。（注三）可見他絕對的不是一位書獃子，他所提倡經世致用之學，並非紙上空談。若論他生平志事，本來不是求田問舍的人，原有的家產尚且棄而不顧。他到處經營這些事業，弄些錢做甚麼用處，我們試想一想，他下半世的生涯，大半消磨在旅行中。他旅行，照例用兩匹馬換着騎，兩匹騾馱帶應用書籍。到一險要地方，便找些老兵退卒，問長問短，倘或和平日所聞不合，便就近到茶房裏打開書對勘，到晚年，乃定居陝西之華陰。他說：『秦人慕經學，重處士，持淸議，實他邦所少，而華陰綰轂關河之口，雖足不出戶，而能見天下之人，聞天下之事。一旦有警，入山守險，不過十里之遙。若志在四方，則一出關門，亦有建瓴之勢。』可見他即住居一地，亦非慢無意義。他

（注三）相傳山西票號由亭林創辦。一切組織規則，皆其手定。後人率循之，遂成爲二百餘年金融中心。此事不見前賢所作傳，未知確否。

雖南人，下半世卻全送在北方，到死也不肯回家。他本是性情極厚守禮極嚴的君子，他父母墳墓穩忍著幾十年不祭掃，夫人死了，也只臨風一哭。爲何舉動反常到如此田地？這個啞謎，只好讓天下萬世有心人胡猜罷了。他北游以前，曾有家中世僕，受里豪嗾使，告他「通海。」（當時與魯王唐王通者，謂之通海。）他親自把那僕人抓住投下海去，因此鬧一場大官司，幾乎送命。康熙三年，他在京，山東忽然鬧什麼文字獄牽連到他。他立刻親到濟南對簿，入獄半年。這是他一生經過的險難，比起黃梨洲，也算平穩多了。康熙十七年開博學鴻儒科，都中闊人，相爭要羅致他。他命他的門生宣言：『刀繩具在，無速我死。』次年開明史館，總裁葉方藹又要特薦他。他給葉信說道：『七十老翁何所求，正欠一死，若必相逼，則以身殉之矣。』清廷諸人，因此再不敢惹他。他的外甥徐乾學徐元文，少時由他撫養提拔；後來他們做了闊官，要迎養他南歸，他無論如何都不肯。他生平制行極嚴；有一次徐乾學兄弟請他吃飯，入坐不久，便起還寓；乾學等請終席張燈送歸；他作色道：『世間惟有淫奔納賄二者皆於夜行之，豈有正人君子而夜行者乎？』其方正類如此。

我生平最敬慕亭林先生爲人，想用一篇短傳傳寫他的面影。自愧才力薄弱，寫不出來。但我深信他不但是經師，而且是人師。我以爲現代青年，狠應該用點工夫多參閱些資料以看出他的全人格。有志於是者請讀全謝山結埼亭集亭林先生神道碑銘；亭林文集中卷三，與葉訒庵書，答原一公肅兩甥書；卷四，與人書十餘篇，又與潘次耕書；亭林餘集，王碩人行狀，答潘次耕書等篇。若更要詳細一點，請讀張石洲的亭林先生年譜。

亭林學術大綱，略見於他所作與友人論學書。（文集卷三）其文曰：『……竊歎夫百餘年以來之學者，往往言心言性，而茫乎不得其解也。命與仁，孔子之所罕言也。性與天道，子貢之所未得聞也。性命之理，著之易傳，未嘗數以語人。其答問士也，則曰「行己有恥，」其爲學則曰「好古敏求，」其與門弟子言，舉堯舜相傳所謂危微精一之說一切不道，而但曰「允執其中四海困窮天祿永終。」嗚呼！聖人之所以爲學者，何其平易而可循也……今之君子則不然。聚賓客門人之學者數十百人，譬諸草木，區以別矣。而一皆與之言心言性。舍多學而識以求一貫之方，置四海之困窮不言，而終日講危微精一。是必其道之高於孔子，而其門弟子之賢於子貢也。我弗敢知也。孟子一書，言心言性，亦諄諄矣。乃至萬章公孫丑陳代陳臻周霄彭更之所問，與孟子之所答者，常在乎出處去就辭受取與之間，以伊尹之元聖堯舜其君其民之聖德大功。而其本乃在乎千駟一介之不視不取。伯夷伊尹之不同於孔子也，而其同者則以行一不義殺一不辜而得天下不爲是故性也，命也，孔子之所罕言，而今之君子之所恆言也出處去就辭受取與之辨，孔子孟子之所恆言，而今之君子所罕言也……我弗敢知也。愚所謂聖人之道者如之何？曰：「博學於文」曰；「行已有恥」自一身以至於天下國家，皆學之事也。自子臣弟子以至於出入往來辭受取與之間，皆有恥之事也，恥之於人大矣。不恥惡衣惡食。而恥匹夫匹婦之不被其澤。……嗚呼！士而不先言恥，則爲無本之人，非好古而多聞，則爲空虛之學。以無本之人而講空虛之學，吾見其日從事於聖而去之彌遠也。……」

亭林學術之最大特色，在反對向內的——主觀的學問，而提倡向外的——客觀的學問。他說：

自宋以後，一二賢智之徒，病漢人訓詁之學得其粗跡，務矯之以歸於內，而「達道」「達德」「九經」「三重」之事置之不論，此眞所謂「告子未嘗知義」者也。』（日知錄卷七行吾敬故謂之內也條。）

又說：

『孟子曰：「學問之道無他，求其放心而已矣。」然則但求放心，遂可不必學問乎？與孔子言『以思無益不如學也』者，何其不同耶？……孟子之意，蓋曰能求放心然後可以學問。「使弈秋誨二人弈，其一人專心致志惟弈秋之爲聽；「一人雖聽之，一心以爲有鴻鵠將至。……」此放心而不知求也。然但知求放心，而未嘗窮中罫之方悉雁行之勢，亦必不能從事於奕。』（同上，求其放心條。）

亭林著作中，像這類的話很不少，以上所引，不過略舉爲例。要之清初大師，如夏峯梨洲二曲輩，純爲明學餘波；如船山舜水輩，雖有反明學的傾向，而未有所新建設，或所建設未能影響社會亭林一面指斥純主觀的王學不足爲學問；一面指點出客觀方面許多學問塗徑來於是學界空氣一變，二三百年間跟着他所帶的路走去。亭林在清代學術史所以有特殊地位者在此。

亭林所標『行己有恥博學於文』兩語，一是做人的方法，一是做學問的方法。做人爲什麼專標『行己有恥』呢？因爲宋明以來學者，動輒教人以明心見性，超凡入聖。及其末流，許多人濫唱高調，自欺欺人，而行檢之間，反蕩然無忌憚。晚明政治混濁，滿人入關，從風而靡，皆由於此。亭林深痛之。所以說：

『古之疑衆者行僞而堅，今之疑衆者行僞而脆。』文集卷十四與人書

亭林以爲人格不立，便講一切學問都成廢話。怎樣纔能保持人格？他以爲：最忌的是圓滑，最要的是方嚴。他說：

『讀屈子離騷之篇，原文云：『彼堯舜之耿介兮，固中道而得路。何桀紂之昌披兮，夫惟捷徑以窘步。』乃知堯舜所以行出乎人者，以其耿介也。同乎流俗，合乎汙世，則不可以入堯舜之道矣。』日知錄卷十三耿介條。

『老氏學之所以異乎孔子者，「和其光，同其塵。」此所謂似是而非也。卜居

漁父二篇盡之矣。非不知其言之可從也，而義有所不當爲也。揚子雲而知此義也，反離騷其可不作矣。尋其大指，「生斯世也爲斯世也，善斯可矣。」此其所以爲莽大夫與。』同上鄉原條

亭林欲樹人格的藩籬，簡單直捷提出一個「恥」字。他說：

『禮義廉恥是謂四維。四維不張乃滅亡。……然而四者之中恥爲尤要。故夫子之論士曰，「行己有恥。」孟子曰：「人不可以無恥。無恥之恥，無恥矣。」又曰：「恥之於人大矣。爲機變之巧者，無所用恥焉。」所以然者，人之不廉而至於悖禮犯義，其原皆生於無恥也故士大夫之無恥，謂之國恥。』同上廉恥條

亭林以爲無恥之習中於人心，非鬧到全個社會滅亡不止。他嘗借魏晉間風俗立論，極沈痛的說道：

『有亡國，有亡天下。亡國與亡天下奚辨？曰：易姓改號，謂之亡國。「仁義充塞而至於率獸食人人將相食，」謂之亡天下。……保國者，其君其臣肉食者謀之，保天下者，匹夫之賤，與有責焉耳矣。』同上正始條。

他確信改良社會，是學者的天職。所以要人人打疊自己。說道：

『匹夫之心天下人之心也。』

又說：

『松柏後彫於歲寒，鷄鳴不已於風雨』

他自己稱述生平說：

『某雖學問淺陋，而胸中磊磊，絕無閹然媚世之習。』與人書十一。

他教訓他最親愛的門生沒有多話，但說：

『自今以往，當思。「以中材而涉末流。」之戒。』文集卷四與潘次耕書。

總而言之，亭林是敎人豎起極堅强的意志抵抗惡社會。其下手方法，尤在用嚴正的規律來規律自己。最低限度，要個人不至與流俗同化進一步，還要用個人心力改造社會。我們試讀亭林著作，這種精神，幾於無處不流露，他一生行誼，又實在能把這種理想人格實現。所以他的說話，雖沒有什麼精微玄妙，但那種獨往獨來的精神，能令幾百年後後生小子如我輩，尚且『頑夫廉懦夫有立志。』

亭林教人做學問，專標『博學於文』一語。所謂「文」者，非辭章之謂。「文」之本訓，指木之紋理故凡事物之條理亦皆謂之文，古書「文」字皆作此解。亭林說：

『自身而至於國家天下，製之為度數，發之為音容，莫非文也。品節斯，斯之謂禮。』日知錄卷七博學與文條。

亭林專標「博學於文，」其目的在反對宋明學者以談心說性為學。他解釋論語道：『夫子之文章，無非夫子之言行與天道。故曰吾無隱乎爾，吾無行而不與二三子者。』日知錄卷七夫子之言行與天道條。其意以為：所謂人生哲學（性）所謂宇宙原理，（天道，）都散寄於事物條理。（文章）之中我們做學問，最要緊是用客觀工夫，講求事物條理，愈詳博愈好這便是。『博學於文。』若厭他瑣碎，嫌他粗淺，而專用主觀的冥想去求。「性與天道，」那卻失之遠了。他說：『昔之清談談老莊，今之清談談孔孟。……不考百王之典，不綜當代之務，……以明心見性之空言，代修己治人之實學。』同上正指此輩。

然則他自己博學於文的方法怎麼樣呢？他雖沒有詳細指授我們，我們可以從他的傳記和著述中約略看出些來：

書籍自然是學問主要的資料。亭林之好讀書，蓋其天性。潘次耕日知錄序說：『先生精力絕人，無他嗜好。自少至老，未嘗一日廢書。』據他自己說：十一歲便讀資治通鑑。文集卷二鈔書自序。他纂輯天下郡國利病書，從崇禎己卯起，凡閱書一千餘部。文集卷六肇域志序。崇禎己卯，他年纔二十六耳。其少年之用力如此。潘次耕請刻日知錄，他說：『要以臨終絕筆爲定。』文集卷五與次耕書。其老年之用力如此。他說：『生平所見之友，以窮以老而遂至於衰頹者什而七八。赤豹……復書曰，「老則息矣，能無倦哉？」此言非也。君子之學，死而後已。』文集卷五與人書六。大概亭林自少至老，眞無一日不在讀書中。他旅行時候極多，所計畫事情尤不少，卻並不因此廢學。這種劇而不亂老而不衰的精神，實在是他學問大成的主要條件。

亭林讀書，並非專讀古書，他最注意當時的記錄。又不徒向書籍中討生活，而最重實地調查。潘次耕說：『先生足跡半天下，所至交其賢豪長者，考其山川風俗疾苦利病，如指諸掌。』（日知錄序。）全謝山說：『先生所至呼老兵逃卒，詢其曲折。或與平日所聞不合，則即坊肆中發書而對勘之。』（亭林先生神道碑銘。）可見亭林是最尊實驗的人。試細讀日知錄中論制度論風俗各條，便可以看出他許多資料，非專從紙片上可得就這一點論，後來的古典考證家，只算學得「半個亭林。」罷了。

亭林所以能在清代學術界占最要位置，第一，在他做學問的方法，給後人許多模範。第二，在他所做學問的種類，替後人開出路來。

其做學問方法，第一要看他搜集資料何等精勤：亭林是絕頂聰明人，諒來誰也要承認，但他做工夫卻再笨沒有了！他從小受祖父之敎，說：『著書不在鈔書。』（文集卷二鈔書自序。）他畢生學問，都從鈔書入手。換一方面看，也可說他「以鈔書為著書。」如天下郡國利病書，肇域志，全屬鈔撮未經泐定者，無論矣，（注四）若日知錄，實他生平最得意之作，我們試留心細讀，則發表他

（注四）天下郡國利病書自序云：『歷覽二十一史，以及天下郡縣志書，一代名公文集，及章奏文冊之類，有得即錄，共成四十餘帙。』肇域志自序云：『先取一統志，後取各省府州縣志，後取二十一史，參互書中。凡閱書一千餘部。本行不盡，則注之旁行，旁行不盡，則別為一集曰備錄。』

自已見解者其實不過十之二三，鈔錄別人的話最少居十之七八。故可以說他主要的工作，在鈔而不在著。

有人問：『這樣做學問法，不是很容易嗎？誰又不會鈔？』哈哈！不然不然。有人問他日知錄又成幾卷，他答道：

『嘗謂今人纂輯之書，正如今人之鑄錢。古人采銅於山：今人則買舊錢名之曰廢銅以充鑄而已。所鑄之錢既已麤惡，而又將古人傳世之寶舂剉碎散，不存於後，豈不兩失之乎？承問日知錄又成幾卷，蓋期之以廢銅。而某自別來一載，早夜誦讀，反復尋究，僅得十餘條。然庶幾采山之銅也。』（文集卷四與人書十）

你說日知錄這樣書容易做嗎？他一年工夫纔做得十幾條？我們根據這種事實，可以知道：不獨著書難，即鈔也不容易。須知凡用客觀方法研究學問的人。最要緊是先澈底了解一事件之眞相，然後下判斷。能否得眞相，全視所憑藉之資料如何資料，從量的方面看，要求豐備；從質的方面看，要求確實。所以資料之蒐羅和別擇，實占全工作十分之七八。明白這個意思，便可以懂得亭林所謂采山之銅與銅之分別何如。他這段話對於治學方法之如何重要，也可以領會了。

亭林的日知錄，後人多拿來比黃東發的黃氏日鈔和王厚齋的困學紀聞。從表面看來，體例像是差不多；細按他的內容，卻有大不同處。東發厚齋之書，多半是單詞片義的隨手劄記。日知錄不然：每一條大率皆合數條或數十條之隨手劄記而始能成。非經過一番「長編。」工夫，决不能得有定稿。試觀卷九宗室，藩鎭，宦官，各條；卷十蘇松二府田賦之重條，卷十一黃金，銀，銅，各條：卷十二財用，俸祿，官樹，各條；卷二十八押字，邸報，酒禁，賭博，各條；卷二十九騎，驛，海師，少林僧兵，徙戎，各條；卷三十古今神祠條；卷三十一長城條；則他每撰成一條，事前要多少準備工夫，可以想見。所以每年僅能成十數條即爲此。不然，日知錄每條短者數十字，最長亦不過一二千字，何至旬月纔得一條呢？不但此也，日知錄各條多相銜接，含有意義。例如卷十三周末風俗，秦紀會稽山刻石，兩漢風俗，正始，宋世風俗，淸議，名教，廉恥，流品，重厚，耿介，鄉原之十二條，實前後照應，共明一義，剪裁組織，煞費苦心，其他各卷各條，類此者也不少。所以我覺得：拿閻百詩的潛丘劄記和黃氏日鈔困學紀聞相比，還有點像，顧亭林的日知錄卻與他們都不像他們的隨手劄記，性質屬於原料或粗品，最多可以比綿紗或紡線亭林精心結撰的日知錄，確是一種精製品，是篝燈底下纖纖女手親織出來的布。亭林作品的價值全在此。後來王伯申的經傳釋詞經義述聞，陳蘭甫的東塾讀書記，都是模仿這種工作。這種工作，正是科學研究之第一步，無論做何種學問都該用他。

亭林對於著述家的道德問題，極爲注意。他說：『凡作書者莫病乎其以前人之書改竄爲自作也。』文集卷二鈔書自序。又說：『晉以下人，則有以他人之書而竊爲己作者，郭象莊子注，何法盛晉中興書之類是也。若有明一代之人，其所著書，無非竊盜而已。』日知錄卷十八竊書條。又說：『今代之人，但有薄行而無儁才，不能通作者之義，其盜竊所成之書，必不如元本，名爲鈍賊何辭。』同上。他論著述的品格，謂：『必古人所未及就後世之所必不可無者而後爲之。』日知錄卷十九著書之難條。他做日知錄，成書後常常勘改。『或古人先我而有者則削之。』日知錄自序。然則雖自己所發明而與前人暗合者尚且不屑存，何況剽竊？學者必須有此志氣，纔配說創造哩。自亭林極力提倡此義，遂成為清代學者重要之信條，「偷書賊」不復能存立於學者社會中，於學風所關非細。

大學者有必要之態度二：一曰精慎，二曰虛心。亭林著作，最能表現這種精神。他說：『著述之家，最不利乎以未定之書傳之於人。』（文集卷四與潘次耕書）又說『古人書如司馬溫公資治通鑑馬貴與文獻通考，皆以一生精力為之。……後人之書，愈多而愈舛漏，愈速而愈不傳。所以然者，視成書太易而急於求名也。』（日知錄卷十九著書之難條。）潘次耕請刻日知錄，他說要再待十年。其初刻日知錄自序云：『舊刻此八卷，歷今六七年老而益進，始悔向日學之不博，見之不卓。……漸次增改。……而猶未敢自以為定。……蓋天下之理無窮；而君子之志於道也，不成章不達。故昔日之所得，不足以為矜；後日之所成，不容以自限。』（文集卷二）我常想：一個人要怎麼樣纔能老而不衰？覺得自己學問已經成就，那便衰了。常常看出「今是昨非，」便常常和初進學校的青年一樣。亭林說：『人之為學，不可自小，又不可自大，……自小，少也；自大，亦少也。』日知錄卷七自視欿然條。他的日知錄，閻百詩駁正若干條，他一見便欣然采納。見趙執信所作閻墓志。他的音學五書，經張力臣改在一二百處。見文集卷四與潘次耕書。他說：『時人之言，亦不敢沒君子之謙也。然後可以進於學。』日知錄卷二十述古條。這種態度，眞永遠可爲學者模範了。

亭林的著述，若論專精完整，自然比不上後人；若論方面之多，氣象規模之大，則乾嘉諸老，恐無人能出其右。要而論之，淸代許多學術，都由亭林發其端，而後人衍其緒。今列舉其所著書目而擇其重要者稍下解釋如下：

日知錄三十二卷：是他生平最得意的著作。他說：『平生之志與業，皆在其中。』文集卷三與友人論門人書。又說：『有王者起，將以見諸行事，以躋斯世於治古之隆，而未敢爲今人道也。』文集卷四與人書二十五。又說：『意在撥亂滌汙，法古用夏，啟多聞於來學，待一治於後王。』文集卷六與楊雪臣書。讀這些話，可以知道他著書宗旨了。四庫總目提要敍列這部書的內容：『前七卷皆論經義。八卷至十二卷皆論政事。十三卷論世風。十四十五卷論禮制。十六十七卷論科舉。十八至二十一卷論藝文。二十二至二十四卷論名義。二十五卷論古事眞妄。二十六卷論史法。二十七卷論注書。二十八卷論雜事。二十九卷論兵及外國事。三十卷論天象術數。三十一卷論地理。三十二卷雜考證。」大抵亭林所有學問心得，都在這書中見其梗概。每門類所說的話，都給後人開分科研究的塗徑。

天下郡國利病書一百卷：肇域志一百卷：這兩部書都是少作。利病書自序云：『……亂後多有散佚，亦或增補。而其書本不曾先定義例。又多往代之言，地勢民風，與今不盡合。年老善忘，不能一一刊正。……』肇域志自序亦略同。據此知並非成書了。但這兩部書魄力宏偉，規模博大，後來治掌故學地理學者，多感受他的精神。

音學五書三十八卷：這書以五部組織而成：一，古音表三卷；二，易音三卷；三，詩本音十卷；四，唐韻正二十卷；五，音論三卷。他自己對於這部書猥滿意。說道：『某自五十以後，於音學深有所得，爲五書以續三百篇以來久絕之傳』（文集卷四與人書二十五。）淸儒多嗜音韻學，而且研究成績極優良，大半由亭林提倡出來。

金石文字記六卷：亭林篤嗜金石，所至搜輯碑版，寫其文字，以成此書。他對於金石文例，也常常論及。淸代金石學大昌，亦亭林爲嚆矢。

此外著述，尙有五經同異三卷，左傳杜解補正三卷，九經誤字一卷，五經考一卷，求古錄一卷，韻補正一卷，二十一史年表十卷，歷代宅京記二十卷，十九陵圖志六卷，萬歲山考一卷，昌平山水記二卷，岱嶽記八卷，北平古今記十卷，建康古今記十卷，營平二州史事六卷，官田始末考一卷，京東考古錄一卷，山東攷古錄一卷，顧氏譜系考一卷，譎觚一卷，茀錄十五卷，救文格論詩律蒙古下學指南各一卷，當務書六卷，菰中隨筆三卷，文集六卷，詩集五卷。其書或存或佚，今不具注。但觀其目，可以見其影響於後此學術界者何如矣。

要之亭林在清學界之特別位置：一在開學風：排斥理氣性命之玄談，專從客觀方面研察事務條理。二曰開治學方法：如勤蒐資料綜合研究；如參驗耳目聞見以求實證；如力戒雷同勦說；如虛心改訂不護前失之類皆是。三曰開學術門類：如參證經訓史蹟；如講求音韻；如說述地理；如研精金石之類皆是。獨有生平最注意的經世致用之學，後來因政治環境所壓迫，竟沒有傳人！他的精神，一直到晚清纔漸漸復活。至於他的感化力所以能歷久常新者，不徒在其學術之淵粹，而尤在其人格之崇峻。我深盼研究亭林的人，勿將這一點輕輕看過！

附亭林學友表

亭林既老壽，且足跡半天下；雖不講學，然一時賢士大夫，樂從之遊；觀其所與交接者，而當時學者社會之面影略可覩焉。今鈎稽本集參以他書造此表。其人無關學術者不錄。弟子及後輩附見。

歸莊 字元恭，崑山人。明諸生。國變後改名祚明。與亭林少同學，最相契。嘗同舉義於蘇州。其卒，亭林哭以詩。極稱其學。著有歸元恭文鈔。

萬壽祺 字年少。徐州人，明孝廉。入清服僧服，易名慧壽。著有隰西草堂集。亭林早年游淮上，與定交，有詩贈之。

路澤溥　字安卿。曲周人。嘗拯亭林於難。亭林廣師篇云：『險阻備嘗，與時屈伸，吾不如路安卿。』

潘檉章　字力田。吳江人。次耕之兄。亭林早年摯友。長於史學，與吳赤溟合著明史。亭林以所儲史料盡供給之。後死於湖州莊氏史獄。亭林哭以詩，甚慟。所著書未成。今存者僅國史考異松陵文獻兩種。其學術大概，別詳第八講。

吳炎　字赤溟。吳江人。與潘力田同學同難。亭林哭之。

賈必選　字徒南。上元人。明孝廉。入清杜門著書，有松蔭堂學易。亭林詩集有賈倉部必選說易一首。

王潢　字元倬。上元人。有南陔集。亭林集中有贈詩。

任唐臣　字子良。掖縣人。亭林從假吳才老韻譜讀之，自此始治音韻學。

張爾岐　字稷若，號蒿菴。濟南人。著有儀禮鄭注句讀十七卷。亭林爲之序。清儒治禮學自稷若始也。長亭林一歲。亭林長稱之曰先生。廣師篇云：『獨精三禮，卓然經師，吾不如張稷若。』亭林集中與友人論學書（見前）所與者卽稷若也。稷若答書略云：『論學書粹然儒者之言，特拈「博學」「行己」二事爲學鵠，眞足砭好高無實之病。……愚見又有欲質者：性命之理，夫子固未嘗輕以示人，其所與門弟子詳言而諄復者，何一非性命之顯設散見者歟？苟於博學有恥，眞實踐履，自當因標見本，合散知總，心性天命將有不待言而庶幾一遇者。故性命之理，騰說不可也，未始不可默喻，侈於人不可也，未始不可驗諸己；強探力索於一日不可也，未始不可優裕漸漬以俟自悟。如謂於學人分上了無交涉，是將格盡天下之理而反遺身以內之理也。……』蓋稷若與亭林不苟異亦不苟同如此。所著除儀禮句讀外，尙有蒿庵集蒿庵閒話等。

徐夜 字東癡。濟南人。以詩名。舉博學鴻詞不就。與亭林有酬答詩。

馬驌 字宛斯。鄒平人。著繹史百六十卷，專研古史，時人稱爲馬三代。亭林極服其書，常與游郊外訪碑。

劉孔懷 字果庵。長山人。精於考覈，亭林游山東常主其家與辨析疑義。著有四書字徵五經字徵詩經辨韵等書。

傅山 字青主。陽曲人。亭林游山西，主其家。廣師篇云：『蕭然物外，自得天機，吾不如傅青主』。著有霜紅龕集。

李因篤 字子德，一字天生。洪洞人。康熙戊午徵鴻博，授檢討，不就職。與亭林交最篤，嘗徒步往濟南，急其難。後亭林墾荒雁門卜居華陰。皆子德董其事。亭林集中與子德論學書最多。子德於經學史學俱深粹。著有受祺堂集。

王宏撰 字無異，號山史。華陰人。明諸生。康熙戊午徵鴻博，不赴。耆學好古，著有易象闡述，山志，砥齋集等書。亭林常主其家。廣師篇云：『好學不倦，篤於朋友，吾不如王山史。』

李顒 別見。 二曲晚年，反閉土室。惟亭林至乃啓關相見。廣師篇云：『堅苦力學，無師而成，吾不如李中孚。』

申涵光 字凫孟，永平人。孫夏峯弟子。著有聰山集。亭林有贈答詩。

孫奇逢 別見。 亭林曾親至輝縣訪夏峯，有贈孫徵君詩。

朱彝尊 別見。 亭林在關中始交竹垞。有贈答詩。廣師篇云：『文章爾雅，宅心和厚，吾不如朱錫鬯。』

屈大均　字翁山。番禺人。著有翁山文外。在關中交亭林。有贈答詩。

顏光敏　字修來。曲阜人。著有樂圃集。亭林下濟南獄時修來奔走最力。

張弨　字力臣。山陽人。貧而耆古，喜集金石文字。亭林著音學五書，力臣任校刻。廣師篇云：「精心六書，信而好古，吾不如張力臣。」

王錫闡　別見。　廣師篇云：「學究天人，確乎不拔，吾不如王寅旭。」集中有贈王高士錫闡詩。

吳志伊　字任臣。莆田人。著有周禮大義，禮通，十四春秋，山海經廣注等書。廣師篇云：「博聞強記，羣書之府。吾不如吳任臣。」

閻若璩　別見。　百詩謁亭林於太原。出日知錄相質，爲改訂若干條。

楊瑀　字雪臣。武進人。著有飛樓集百二十卷。廣師篇云：「讀書爲己，探賾洞微，吾不如楊雪臣。」

錢澄之　原名秉鐙。字飲光，桐城人。在明末聲譽已高，福王立於南京。馬阮興大獄捕清流，飲光與焉。後從永歷帝入滇，間關九死。永歷亡，易僧裝終老。著有田間易學，田間詩學，藏山閣稿，田間集，明末野史等書。亭林集中有贈錢編修秉鐙一詩。

戴廷栻　字楓仲。祁縣人。博學好古，著有半可。爲長營亭林築室於祁之南山；且藏書供衆覽。

戴笠　初名鼎立。字耘野。吳江人。潘次耕之師。亭林有書與論學。

黃宗羲　別見。　亭林六十四歲時，曾與梨洲通書。見梨洲所著思舊錄中。但二人似始終未交晤。

湯斌　字孔伯，號荊峴，相州人。孫夏峯弟子。在清爲達官，謚文正。孔伯修明史，以書來問義例。亭林答之。

朱鶴齡 字長孺。吳江人。明諸生。入清不仕。著毛詩通義，尚書稗傳，春秋集說等書。又注杜工部李義山詩。亭林集中有贈詩。

陳芳績 字亮工。常熟人。父鼎和，爲亭林友。亮工著有歷代地理沿革表四十七卷。亭林集中有贈亮工詩數首。

潘耒 字次耕，號稼堂。吳江人。力田之弟。遭家難，年甫數歲，易姓爲吳，從母姓也，旣壯，從亭林學於汾州亭林視之猶子，集中與論學書最多。次耕康熙戊午鴻博薦，入翰林。與修明史，參訂義例，分纂志傳，用力最勤。亭林著述自日知錄及文集其他多種，皆由次耕編定校刻。次耕又師事徐俟齋戴耘野，皆經紀其後事，風義獨絕。著有遂初堂集。

徐乾學 字原一，號建菴。崑山人。亭林外甥。官至刑部尚書。主修大淸一統志。著有讀禮通考，憺園集

徐元文 字公肅，號立齋。健菴之弟。官至大學士。嘗主修明史。

說亭林是淸代經學之建設者，因爲他高標『經學即理學』這句話，成爲淸代經學家信仰之心。其實亭林學問，决不限於經學；而後此之經學，也不見得是直衍亭林之傳。其純以經學名家而且於後來經學家學風直接有關係者，或者要推閻百詩。其次則胡朏明和萬充宗。

閻百詩，名若璩，別號潛丘居士。山西太原人，寄籍江蘇之山陽。生明崇禎九年，卒清康熙四十三年，（一六三六—一七〇四）年六十九。他的父親名修齡，號牛叟，本淮南鹽商，但狠風雅，也可算一位名士或一位遺老。百詩人格之峻整，遠不如亭林，生平行誼，除學者日常生活外，無特別可記。康熙十七年，他應博學鴻儒科，下第，狠發牢騷。其後徐健庵乾學在洞庭山開局修大清一統志，聘他參與其事。他六十八歲的時候，清聖祖南巡，有人薦他，召見，趕不上，他狠懊喪。時清世宗方在潛邸，頗收羅名士，把他請入京，他垂老冒病而往，不久便卒於京寓。其行歷可記者僅如此。所著書曰古文尚書疏證八卷；毛朱詩說一卷；四書釋地六卷；潛邱劄記六卷；孟子生卒年月考一卷；困學紀聞注二十卷。

百詩僅有這點點成績，爲什麼三百年來公認他是第一流學者呢？他的價值，全在一部古文尚書疏證。尚書在漢代，本有今古文之爭：伏生所傳二十八篇，叫做「今文尚書；」別有十六篇，說是孔安國所傳，叫做「古文尚書。」然而孔安國這十六篇，魏晉之間，久已沒有人看見。到東晉，忽然有梅賾其人者，拿出一部古文尙書來？篇數却是比今文增多二十五篇！而且有孔安國做的全傳——即全部的注！到初唐，陸德明據以作經典釋文，孔穎達據以作正義，自此以後，治尙書者，都用梅賾本，一千餘年，著爲功令。中間雖有吳棫朱熹吳澄梅鷟諸人稍稍懷疑，但都未敢昌言攻擊。百詩著這部古文尙書疏證，纔盡發其覆，引種種證據證明那二十五篇和孔傳都是東晉人贋作。百詩從二十歲起就着手著這部書；此後四十年間，隨時增訂，直至臨終還未完成。自這部書出版後，有毛西河（奇齡）著古文尙書寃詞，和他抗辯，在當時學術界，爲公開討論之絕大問題。結果閻勝毛敗。四庫提要評閻書所謂：『有據之言，先立於不可敗也。』自玆以後，惠定宇（棟）之古文尙書考，段茂堂（玉裁）之古文尙書撰異等，皆衍閻緒，益加綿密，而僞古文一案，遂成定讞。最後光緒年間，雖有洪右臣（良品）續作寃詞，然而沒有人理他，成案到底不可翻了。

請問：區區二十篇書的眞僞，雖辨明有何關係？値得如此張皇推許嗎？答道：是大不然。這二十幾篇書和別的書不同，二千餘年來公認爲神聖不可侵犯之寶典，上自皇帝經筵進講，下至蒙館課讀，沒有一天不背誦他。忽焉眞贓實證，發現出全部是假造！你想！思想界該受如何的震動呢？學問之最大障礙物，莫過於盲目的信仰。凡信仰的對象，照例是不許人研究的：造物主到底有沒有？耶蘇基督到底是不是人？這些問題，基督教徒敢出諸口嗎？何止不敢出諸口，連動一動念也不敢哩！若使做學問的都如此，那麼，更無所謂問題，更無所謂研究，還有什麼新學問發生呢？新學問發生之第一步，是要將信仰的對象一變爲研究的對象。既成爲研究的對象，則因問題引起問題，自然有無限的發生。中國人向來對於幾部經書，完全在盲目信仰的狀態之下。自古文尚書疏證出來，纔知道這幾件「傳家寶」裏頭，也有些靠不住，非研究一研究不可。研究之路一開，便相引於無窮自此以後，今文和古文的相對研究，六經和諸子的相對研究，乃至中國經典和外國經典相對研究，經典和「野人之語」的相對研究，都一層一層的開拓出來了。所以百詩的古文尚書疏證，不能不認爲近三百年學術解放之第一功臣。

百詩爲什麼能有這種成績呢？因爲他的研究方法實有過人處。他的兒子說道

：『府君讀書，每於無字句處精思獨得；而辯才鋒穎，證據出入無方，當之者輒失據。常曰：「讀書不尋源頭，雖得之殊可危。」手一書至檢數十書相證，侍側者頭目爲眩，而府君精神湧溢，眼爛如電。一義未析，反復窮思，飢不食，渴不飲，寒不衣，熱不扇，必得其解而後止。』閻詠左汾近稿，先府君行述。他自己亦說：『古人之事，應無不可考者。縱無正文，亦隱在書縫中，要須細心人一搜出耳。』潛邱劄記卷六戴東原亦說：『閻百詩善讀書。百詩讀一句書，能識其正面背面。』段玉裁著戴先生年譜。大抵百詩學風，如老吏斷獄，眼光極尖銳，手段極嚴辣，然而判斷必憑證據，證據往往在別人不注意處得來。四庫提要讚美他說：『考證之學，未之或先。』古文尚書疏證條下。百詩在清學界位置之高，以此。

四庫提要又說：『若璩學問淹通，而負氣求勝，與人辯論，往往雜以毒詬惡謔，與汪琬遂成讎釁。頗乖著書之體。』潛邱劄記條下。據他的著述和傳記看來，這種毛病，實所不免，比顧亭林的虛心差得多了。又以著書體例論，如古文尚書疏證，本專研究一個問題，乃書中雜入許多信札日記之類，與全書宗旨無涉。如四書釋地，標名釋地，而所釋許多溢出地理範圍外。如孟子生卒年月考，考了一大堆，年月依然無著。諸如此類，不能不說他欠謹嚴。雖然，凡一個學派的初期作品，大率粗枝大葉，瑕類狠多，正不必專責備百詩哩。

清初經師，閻胡齊名。胡朏明，名渭，號東樵，浙江德清人。卒康熙五十三年，（七七一四）年八十二。他行歷更簡單；不過一老諸生。曾和閻百詩萬季野黃子鴻同參一統志局。晚年清聖祖南巡，獻頌一篇，聖祖賜他「耆年篤學」四個大字。他一生事蹟可記者僅此。他著書僅四種：一，禹貢錐指二十卷，附圖四十七幅；二，易圖明辨十卷；三，洪範正論五卷；四，大學翼眞七卷。他的學風，不尙泛博，專就一個問題作窄而深的研究，開後人法門不少。幾部書中，後人最推重的是禹貢錐指。這部書雖然有許多錯處，但精勤搜討，開後來研究地理沿革的專門學問，價值當然也不可磨滅。但依我看：東樵所給思想界最大影響，還是在他的易圖明辨。易圖明辨是專辨宋儒所傳「太極」「先天」「後天」——即所謂「河圖」「洛書」等種種矯誣之說。這些圖是宋元明儒講玄學的惟一武器，鬧得人神昏眼亂，始終莫名其妙。但他們說是伏羲文王傳來的寶貝，誰也不敢看輕他，看不懂只好認自己笨拙罷了，明清之交，黃梨洲宗羲晦木宗炎兄弟，始著專書闢其謬。東樵曾否見他們的書不可知；但他卻用全副精力做十卷的書，專來解決這問題。他把這些圖的娘家找出來，原來是華山道士陳摶弄的把戲，展轉傳到邵雍。又把娘家的娘家尋根究柢，原來是誤讀讖緯等書加以穿鑿傅會造出來的。於是大家都知道這些都是旁門左道，和易經了無關係。我們生當今日，這些鬼話，久已沒人過問，自然也不感覺這部書的重要。但須知三百年前，像周濂溪太極圖說朱子易本義一類書，其支配思想界的力量，和四書五經差不了多少；東樵這種廓清辭闢，眞所謂「功不在禹下」哩。洪範正論的旨趣，也大略相同，專掃漢儒「五行災異」之說，破除迷信。所以我說，東樵破壞之功，過於建設。他所以能在學術界占重要位置者以此。

萬充宗也是初期經學界一位重要人物。充宗名斯大，浙江鄞縣人。康熙二十二年卒，（一六八三）年五十一。父泰，字履安，黃梨洲老友。履安有八子，都以學問著名：充宗行六，最幼的是季野（斯同）八兄弟皆從學梨洲，但都不大理會他的陽明學；季野稱史學大師，而充宗以經學顯。梨洲替充宗作墓志銘，述其治學方法曰：『充宗以爲：非通諸經不能通一經；非悟傳注之失則不能通經；非以經釋經則亦無由悟傳注之失。何謂通諸經以通一經？經文錯互，有此略而彼詳者，有此同而彼異者，因詳以求其略，因異以求其同，學者所當致思也。何謂悟傳注之失？學者入傳注之重圍，其於經也，無庸致思；經既不思，則傳注無失矣，若之何而悟之。何謂以經解經？世之信傳注者過於信經。試拈二節爲例：（文繁不引）……充宗會通各經，證墜輯缺，聚訟之議，渙然冰釋，奉正朔以批閏位，百注遂無堅城。……』讀這段話，充宗的經學怎樣做法，可以概見了。充宗著書，有學春秋隨筆十卷；學禮質疑二卷；儀禮商三卷；禮記偶箋三卷；周官辨非二卷。依我看：周官辨非價值最大。周官這部書，歷代學者對他懷疑的狠不少；著專書攻擊而言言中肯者，實以此書爲首。萬氏兄弟皆講風節，充宗尤剛毅。張蒼水（煌言）就義，他親自收葬。即此可想見其爲人，可惜死得早了；若使他有顧黃閻胡的年壽，他所貢獻於學界怕不止此哩！

同時還有一位學者不甚爲人所稱道而在學術史上實有相當位置者，曰姚立方。立方名際恒，一字首源，安徽休甯人。寄籍仁和爲諸生。（生卒年待考）據古文尚書疏證知道他比閻百詩小十一歲。但未知卒在何年。毛西河詩話云：『亡兄爲仁和廣文。嘗曰：「仁和祇一學者，猶是新安人。」謂姚際恒也。予嘗作何氏存心藏書序，以似兄，兄曰：「何氏所藏有幾？不過如姚立方腹笥已耳。」……』據此則立方學問之博可以概見。立方五十歲著手注九經，閱十四年而成，名曰九經通論。又著庸言錄，雜論經史理學諸子。這兩部書，我都未得見，不知其內容如何。所見者只有他的古今僞書考。自易經的孔子十翼起，下至許多經注，許多子書，他都懷疑！眞算一位「疑古的急先鋒。」了！他別有書十卷，專攻僞古文尚書。閻百詩說他『多超人意外。』喜歡極了，手鈔許多，散入疏證各條下。見古文尚書疏證卷八。我想：立方這個人奇怪極了。我希望將來有機會全讀他的著作再下批評。

附初期經學家表

清代經學，至惠定宇戴東原而大成，前此只能算啟蒙時代。除本講及前後諸講特舉論列之諸家外，就憶想所及，表其姓名。其蹈襲明學緒餘者不入。

黃宗炎　字晦木，餘姚人。梨洲之弟。著有憂患學易一書：內分周易象辭十九卷。尋門餘論二卷、圖學辨惑一卷。圖學辨惑，即辨先後天方圓等圖也。又有六書會通，論小學。

張爾岐　見亭林學友表。

朱鶴齡　同上

錢澄之　同上

陳啟源　字長發，吳江人。著毛詩稽古編三十卷。

馮　景　字山公，錢唐人，與閻若璩友，嘗助其著古文尚書疏證。所著有解舂集二十卷。盧文弨其外孫也。

臧　琳　字玉林，武進人。著經義雜記三十卷，尚書集解百二十卷。閻若璩極稱其書，且謂為隱德君子。嘉慶間，其元孫庸始校刻其書。

七　兩畸儒

——王船山　朱舜水——

中庸說：『君子之道，闇然而日章。』南明有兩位大師，在當時，在本地，一點聲光也沒有；然而在幾百年後，或在外國，發生絕大影響。其大曰王船山，曰朱舜水，

船山，名夫之，字而農，一號薑齋，湖南衡陽人。因晚年隱居於湘西之石船山，學者稱爲船山先生。生明萬歷四十七年，卒清康熙三十一年，（一六一九——一六九二）年七十四。他生在比較偏僻的湖南，除武昌南昌肇慶三個地方曾作短期流寓外，未曾到過別的都會。當時名士，除劉繼莊獻廷外，沒有一個相識。又不開門講學，所以連門生也沒有。張獻忠蹂躪湖南時候，他因爲不肯從賊，幾乎把命送掉。清師下湖南，他在衡山舉義反抗，失敗後走桂林。大學士瞿文忠式耜狠敬重他，特薦於永歷帝，授行人司行人。時永歷帝駐肇慶，王化澄當國，紀綱大壞。獨給練金堡等五人志在振刷，不爲羣小所容，把他們下獄，行將殺害。船山奔告少傅嚴起恆，力救他們。化澄於是參起恆；船山亦三上疏參化澄，化澄恨極，誓要殺他，有降帥某救他，纔免。返桂林。依瞿式耜。因母病回衡陽。其

後武岡殉節桂林，起恆也在南甯遇害，船山知事不可爲，遂不復出。當時清廷嚴令薙髮。不從者死。他誓死抵抗，轉徙苗猺山洞中，艱苦備嘗。到處拾些破紙或爛帳簿之類充著作稿紙。著書極多，二百年來幾乎沒有人知道。直至道光咸豐間鄧湘皋顯鶴纔蒐集起來，編成一張書目。同治間曾沅圃國荃纔刻成船山遺書，共七十七種二百五十卷。此外未刻及已佚的還不少。內中說經之書：關於易經者五種；周易內傳，周易大象解，周易稗疏，周易考異，周易外傳。關於書經者三種；書經稗疏。尚書考異，尚書引義。關於詩經者三種；詩經稗疏，詩經考異，詩廣傳。關於禮記者一種；禮記章句。關於春秋者四種；春秋稗疏，春秋家說，春秋世論，續春秋左傳博議。關於四書者五種；四書訓義，四書稗疏。四書考異，四書大全說，四書詳解。關於小學者一種。說文廣義。其解釋諸子之書，則有老子衍，莊子解，莊子通，呂覽釋，淮南子注。其解釋宋儒書，則有張子正蒙注，近思錄釋。其史評之書，則有讀通鑑論，宋論。其史料之書，則有永歷實錄。其雜著，則有思問錄內外篇，俟解，噩夢，黃書，識小錄，龍源夜話等。此外詩文集，詩餘，詩話，及詩選文選等又若干種。內中最特別的，有相宗絡索及三藏法師八十規矩論贊之兩種，研究法相宗的著述。晚唐來千餘年，此爲僅見了。鄧湘皋既述其目，系以叙論曰：『先生生當鼎革，竊自維先世爲明世臣，存亡與共。甲申後崎嶇嶺表，備嘗險阻。既知事不可爲，乃退而著書，竄伏祁永漣邵山中，流離困苦，一歲數徙其處……故國之戚，生死不忘。……當是時，海內儒碩，北有容城，西有盩厔，東南則有崑山餘姚。先生刻苦似二曲，貞晦過夏峯，多聞博學，志節皎然，不愧顧黃兩先生顧諸君子肥遯自甘，聲名亦炳；雖隱逸之薦，鴻博之徵，皆以死拒，而公卿交口，天子動容；其志易白，其書易行。先生竄身猺峒，絕跡人間，席棘飴荼，聲影不出林莽；門人故舊，又無一有氣力者爲之推挽。歿後遺書散佚，後生小子，至不能舉其名姓，可哀也已。』這段話可謂極肅括、極沉痛，讀之可以想見船山爲人了。

船山和亭林，都是王學反動所產人物，但他們不但能破壞而且能建設。拿今日的術語來講，亭林建設方向近於「科學的。」船山建設方向近於「哲學的。

西方哲家，前此惟高談宇宙本體；後來漸漸覺得不辨知識之來源，則本體論等於瞎說；於是認識論和論理學，成爲哲學主要之部分。船山哲學，正從這方向出發。他有知性論一篇。把這個問題提出。說道：

「言性者皆曰吾知性也。折之曰性弗然也，猶將曰性胡弗然也。故必正告之曰，爾所言性者非性也。今吾勿問其性且問其知。知實而不知名，知名而不知實，皆不知也。……目擊而遇之，有其成象，而不能爲之名。如是者，於體非芒然也，而不給於用。無以名之，斯無以用之也，曾問而識之，謂有名之必有實，而究不能得其實。如是者，執名以起用，而芒然於其體。雖有用，固異體之用，非其用也。夫二者則有辨矣。知實而知名，弗求名焉則用將終絀，問以審之，學以證之，思以反求之，則實在而終得乎名，體定而終伸其用。……知名而不知實，以爲既知之矣，則終始於名而惝怳以測其影，斯問而益疑，學而益僻，思而益甚其狂惑，以其名加諸迥異之體，枝辭日興，愈離其本。……夫言性者，則皆有名之可執，有用之可見，而終不知何者之爲性蓋不知何如之爲『知』而以知名當之。……故可直折之曰：其所云性者非性，其

所自謂知者非知。………………（薑齋文集卷一）

然則他對於「知」的問題怎樣解答呢？他排斥「唯覺主義。」他說：

『見聞可以證於知已之後，而知不因見聞而發。』（正蒙註卷四上）

『耳與聲合，目與色合，皆心所翕闢之牖也。合故相知；乃其所以合之故；則豈耳目聲色之力哉？故輿薪過前，羣言雜至，而非意所屬，則見如不見、聞如不聞，其非耳目之受而即合，明矣。』（同上）

前文所錄知性篇言「知名不知實」之弊。其意謂向來學者所論爭只在名詞上，然而名詞的來源，實不過見聞上一種習氣。他說：

『感於聞見，觸名思義，不得謂之知能。……………聞見習也。習所之知者有窮。』（同上）

『見聞所得者，象也。……………知象者本心也，非識心者象也。存象於心而據之以爲知，則其知者象而已。象化其心，而心唯有象，不可謂此吾心之知也明

又說

矣。』同上

『象化其心』怎麼解呢？他說：

『其所爲信諸已者，或因習氣，或守一先生之言，漸漬而據爲亡心』解蔽

他根據這種理論，斷言『緣見聞而生之知非眞知』同上以爲因此發生二蔽，其一，『流俗之徇欲者以見聞域其所知；』其二，則『釋氏據見聞之所窮而遂謂無。』

他因此排斥虛無主義。說道：

目所不見，非無色也；耳所不聞，非無聲也；言所不通，非無義也。故曰，『知之爲知之，不知爲不知』知其有不知者存，則既知有之矣是知也。…………』思問錄內篇

他又從論理方面難虛無主義。說道：

『言無者激於言有者而破除之也；就言有者之所謂有而謂無其有也。天下果何者而可謂之無哉？……言者必有所立而後其說成。今使言者立一「無」於前，博求之上下四維古今存亡而不可得窮矣。』同上

他於是建設他的實有主義。說道：

『無不可爲體。人有立人之體，百姓日用而不知爾。雖無形跡而非無實。使其無也，則生理以何爲體而得存耶？……』（正蒙注卷三下）

他所認的實體是什麼？就是人的心。他說：

過去，無識也；未來，吾慮也；現在，吾思也；天地古今以此而成，天下之亹亹以此而生。』（思問錄內篇）

他的本體論重要根據，大概在此。我們更看他的知識論和本體論怎麼的結合。他所謂「眞知」是：『誠有而自喻，如暗中自指其口鼻，不待鏡而悉。』（正蒙注卷四上）這種知，他名之曰「德性之知。」但他並不謂知限於此。他說：

『因理而體其所以然，知以天也。（超經驗的）事物至而以所聞所見者證之，知以人也。（經驗的）通學識之知於德性之所喻而體用一源，則其明自誠而明也。』（正蒙注卷三下）

又說：

『誰知有其不知，而必因此。（所知者）以致之。（即大學致知之致）不迫於其所不知而索之。』（思問錄內篇）

又說：

『內者心之神，外者物之法象。法象非神不立，神非法象不顯，多聞而擇，多見而識，乃以啟發其心思而令歸於一。又非徒恃存神而置格物窮理之學也。』（正蒙注卷四上）

欲知船山哲學的全系統，非把他的著作全部子細紬繹後，不能見出。可惜，我未曾用這種苦功，而且這部小講義中也難多講。簡單說：

一，他認『生理體』爲實有。

二，認宇宙本體和生理體合一。

三，這個實體卽人人能思慮之心。

四，這種實體論，建設在知識論的基礎之上；其所以能成立者，因爲有超出見聞習氣的「眞知」在五，見聞的「知，」也可以補助「眞知，」與之駢進。

依我狠粗淺的窺測，船山哲學要點大略如此。若所測不甚錯，那麼，我敢說他是爲宋明哲學闢一新路。因爲知識本質知識來源的審查，宋明人是沒有注意到的。船山的知識論對不對，另一問題；他這種治哲學的方法，不能不說比前人健實許多了。他著作中有關於法相宗的書兩種，或者他的思想受法相宗一點兒影響，也未可知。

亭林極端的排斥哲理談——最不喜講「性與天道。」船山不然，一面極力提倡實行，一面常要研求最高原理。爲什麼如此呢？船山蓋認爲有不容己者。他說：

『人之生也，君子而極乎聖，小人而極乎禽獸。苟不知所以生不知所以死，則爲善爲惡，皆非性分之所固有職分之所當爲。下焉者何弗蕩棄彝倫以遂其苟且私利之欲？其稍有恥之心而厭焉者，則見爲寄生兩間，去來無準，惡爲贅疣，善亦弁髦，生無所從，而名與善皆屬漚瀑，以求異於逐而不返之頑鄙。乃其究也不可以終日，則又必佚出猖狂，爲無縛無礙之邪說，終歸於無忌憚，自非究吾之所始與其所終，神之所化，鬼之所歸，效天下之正而不容不懼以終始，惡能釋其惑而使信於學？………』張子正蒙注自序

船山之意以爲：要解決人生問題：須先講明人之所以生。若把這問題囫圇躲過不講，那麼，人類生活之向上便無根據，無從鞭策起來。否則爲不正當的講法所誤，致人生越發陷於不安定。船山所以不廢哲理談者，意蓋在此。

船山雖喜言哲理，然而對於純主觀的玄談，則大反對。他說：

『經云：「事有終始，知所先後，則近道矣。」一遞推其先，則曰「在格物。物格而後知至。」………嘗論之：何以謂之德？行焉而得之謂也；何以謂之善？處焉而宜之謂也。不行胡得？不處胡宜？則君子之所謂知者，吾心喜怒哀樂之節，萬物是非得失之幾，誠明於心而不昧之謂耳。………今使絕物而始靜焉，舍天下之惡而不取天下之善，墮其志，息其意，外其身，於是而洞洞焉晃晃焉若有一澄澈之境。………莊周瞿曇氏之所謂知，盡此矣。然而求之於身

，身無當也；求之於天下，天下無當也。行焉而不得，處焉而不宜，則固然矣。於是曰：「吾將不行，奚不得？不處，奚不宜？」乃勢不容已，而抑必與物接，則又洸洋自恣，未有不蹶而狂者也。……有儒之駁者起焉，有志於聖人之道，而憚至善之難止也。……於是取大學之教，疾趨以附二氏之途；以其恍惚空明之見名之曰：此明德也，此知也，此致良知而明明德也。體用一，知行合，善惡泯，介然有覺，頽然任之，而德明於天下矣！乃羅織朱子之過，而以窮理格物為其大罪！天下之畏難苟安以希冀不勞無所忌憚而坐致聖賢者，翕然起而從之……』大學補傳衍。

船山反對王學的根本理由大概如此；他所以想另創新哲學的理由亦在此。至於他的哲學全系統如何，我因為沒有研究清楚，不敢多說。有志研究的人，請把他所著正蒙注思問錄內篇做中堅，再博看他別的著作，或者可以整理出來。

自將船山遺書刻成之後，一般社會所最歡迎的是他的讀通鑑論和宋論這兩部自然不是船山第一等著作。但在史評一類書裏頭，可以說是最有價值的：他有他的一貫精神，借史事來發表；他有他的特別眼光，立論往往迥異流俗。所以這兩部書可以說是有主義有組織的書，若拿出來和呂東萊的東萊博議張天如的歷代史論等量齊觀，那便錯了。「攘夷排滿」是裏頭主義之一種；所以給晚清青年的刺激極大。現在事過境遷，這類話倒覺無甚意義了。

船山本來不是考證學派；但他的經說，考覈精詳者也不少。鄧湘皋說：『當代經師，後先生而興者無慮百十家，所言皆有根柢。然諸家所著，有據為新義輒為先生所已言者。四庫總目於春秋稗疏曾及之。以余所見，尤非一事。蓋未見其書也。』湘皋這話狠不錯。越發可見船山學問規模之博大了。

船山學術，二百多年沒有傳人。到咸同間，羅羅山澤南像稍為得著一點。後來我的畏友譚壯飛嗣同研究得狠深。我讀船山書，都是壯飛教我。但船山的復活，只怕還在今日以後哩！

有一位大師，在本國幾乎沒有人知道，然而在外國發生莫大影響者，曰朱舜水，日本史家通行一句話，說『德川二百餘年太平之治。』說到這句話，自然要聯想到朱舜水。

舜水，名之瑜，字魯璵，浙江餘姚人，生明萬歷二十八年，卒清康熙二十一年，（一六〇〇—一六八二）年八十三。他是王陽明黃梨洲的胞同鄉。他比梨洲長十一歲，比亭林長十四歲。他和亭林同一年死，僅遲三個月。最奇怪的：我們研究他的傳記，知道他也曾和梨洲同在舟山一年，然而他們倆像未曾相識。其餘東南學者，也並沒有一位和他有來往。他的「深藏若虛，」可比船山還加幾倍了。

崇禎十七年明亡時候，他已經四十五歲了。他早年便絕意仕進，那時不過一位貢生，並無官職。福王建號南京，馬世英要羅致他，他不就，逃跑了。從南京失陷起，到永歷被害止，十五年間，他時而跑日本，跑安南，跑暹羅。時而返國內，日日奔走國事。他曾和張蒼水煌言在舟山共事，他曾入四明山助王完勳翊練寨兵，他曾和馮躋仲京第到日本乞師（？，）他曾隨鄭延平成功入長江北伐。

到最後百無可爲，他因爲抵死不很薙髮，只得亡命日本以終老。當時日本排斥外人不許居住。有幾位民間志士敬重他爲人，設法破例留他住在長崎。住了七年，日本宰相德川光國，請他到東京，待以賓師之禮，光國親受業爲弟子，其餘藩侯藩士，（日本當時純爲封建制像我國春秋時代）請業的很多。舜水以極光明俊偉的人格，極平實淹貫的學問，極肫摯和藹的感情，給日本全國人以莫大的感化。德川二百年，日本整個變成儒敎的國民，最大的動力實在舜水。後來德川光國著一部大日本史，專標「尊王一統」之義。五十年前，德川慶喜歸政，廢藩置縣，成明治維新之大業，光國這部書功勞最多，而光國之學全受自舜水。所以舜水不特是德川朝的恩人，也是日本維新致强最有力的導師。

舜水並沒有開門講學，也沒有著書。我們研究這個人，只靠他一部文集裏頭的信札和問答。他以羈旅窮困之身，能博鄰國全國人的尊敬，全恃他人格的權威。他說：『不佞生平，無有言而不能行者，無有行而不如其言者。』文集卷九答安東守約書又說：『弟性直率，毫不猶人。不論大明日本，惟獨行其是而已，不問其有非之者也。』（文集卷十二答小宅朱順問）又說：『自流離喪亂以來，二十六七年矣。其瀕於必死，大者十餘。……是故靑天白日，隱然若雷霆震驚於其上，至於風濤險巇，傾蕩顚危，則坦然無疑，蓋自信者素耳。（文集卷十八德始堂記）又說：『僕事事不如人。獨於「富貴不能淫貧賤不能移威武不能屈，」似可無愧於古聖先賢萬分之一。一身親歷之事，固與士子紙上空談者異也。』（文集卷八答小宅生順書）他是個德行純粹而意志最堅强的人，常常把整個人格毫無掩飾的表現出來與人共見。所以當時日本人對於他，「如七十子之服孔子。」殊非偶然。

他的學風，主張實踐，排斥談玄。他說：『先儒將現前道理，每每說向極微極妙處；固是精細工夫。然聖狂分於毫釐，未免使人懼，不佞舉極難重事，一概都說到明明白白平平常常，似乎膚淺庸陋。然「人人皆可爲堯舜」之意也。…………末世已不知聖人之道，而偶有向學之機，又與之辨析精微而逆折之，使智者詆爲芻狗，而不肖者望若登天。……此豈引掖之意乎？」（文集卷九答安東守約書）又說：『顏淵問仁，孔子告以非禮勿視聽言動。夫視聽言動者，耳目口體之常事；禮與非禮者，中智之衡量；而「勿」者下學之持守；豈夫子不能說玄說妙言高言遠哉？抑顏淵之才不能爲玄爲妙騖高騖遠哉。……故知道之至極者。在此而不在彼也。』（文集卷十八勿齋記）舜水之教人者，大略如此。

這種學風，自然是王學的反動。所以他論陽明，許以豪傑之士，但謂其多刦講學一事。（文集卷六答佐野回翁書）不惟王學爲然，他對於宋以來所謂「道學家，」皆有所不滿。他說：『有良工能於棘端刻沐猴，此天下之巧匠也。然不俟得此，必抵之爲砂礫。何也，工雖巧，無益於世用也。……宋儒辨析毫釐，終不曾做得一事，況又於其屋下架屋哉？』（文集卷九與安東守約書）

他論學問，以有實用爲標準。所謂實用者，一曰有益於自己身心；二曰有益於社會。他說：「爲學之道在於近裏着己，有益天下國家。不在掉弄虛脾，捕風捉影。……勿剽竊粉飾自號於人曰，我儒者也處之危疑而弗能決，投之艱大而弗能勝，豈儒者哉？』（文集卷十答與村庸禮書）他所謂學問如此，然則不獨宋明道學，卽清儒之考證學，也非他所許，可以推見了。

舜水嫻習藝事，有巧思。『嘗爲德川光國作學宮圖說。圖成，模之以木，大居其三十分之一，棟梁枅椽，莫不悉備。而殿堂結構之法，梓人所不能通曉者，舜水親指授之，及度量分寸，湊離機巧，教喩縝密，經歲乃畢。光國欲作石橋，舜水授梓人制度，梓人自愧其能之不及。此外器物衣冠，由舜水繪圖教製者甚多。』（據今井弘濟安積覺合撰舜水先生行實。）我們因這些事實，可以見舜水不獨爲日本精神文明界之大恩人；即物質方面，所給他們的益處也不少了。

總而言之，舜水之學，和亭林習齋皆有點相近。博學於文工夫，不如亭林，而守約易簡或過之。擺陷廓淸之功不如習齋，而氣象比習齋博大。舜水之學不行於中國，是中國的不幸；然而行於日本，也算人類之幸了。

夏峯梨洲亭林船山舜水這些大師，都是才氣極倜儻而意志極堅强的人；舜水尤爲伉烈。他反抗滿洲的精神，至老不衰。他著有陽九述略一篇，內分致虜之由，虜禍，滅虜之策等條，末題『明孤臣朱之瑜泣血稽顙謹述。』此外文集中關於這類的話狠多。這類話入到晚淸青年眼中，像觸著電氣一般，震得直跳。對於近二十年的政治變動，影響實在不小。他死後葬在日本。現在東京第一高等學校，便是他生前的住宅，死後的墳園。這回大震災，僥倖沒有毀掉！聽說日本人將我們的避難學生就收容在該校。我想：這些可愛的青年們當著患難時候，瞻仰這位二百多年前蒙難堅貞的老先生的遺跡，應該受不少的感化罷！

八　清初史學之建設——萬季野　全謝山　附初期史學家及地理學家——

我最愛晚明學者虎虎有生氣：他們裏頭很有些人：用極勇銳的努力，想做大規模的創造。即以對於明史一事而論，我覺得他們的氣魄，比現代所謂學者們高得多了。

史事總是時代越近越重要。考證古史，雖不失爲學問之一種；但以史學自任的人，對於和自己時代最接近的史事，資料較多，詢訪質證亦較便，不以其時做成幾部宏博翔實的書以貽後人，致使後人對於這個時代的史蹟永遠在迷離徜徉中，又不知要費多少無謂之考證纔能得其眞相。那麼，眞算史學家對不起人了。我常將來一部「淸史」——尤其關於晚淸部分，眞不知作如何交代！直到現在，我所知道的，像還沒有人認這問題爲重要，把這件事引爲己任！比起晚明史學家，我們眞是慚愧無地了。

明淸之交各大師，大率都重視史學——或廣義的史學，卽文獻學。試一閱亭林梨洲船山諸家著述目錄，便可以看出這種潮流了。內中專以史學名家，極可佩服而極可痛惜的兩個人，先要敍他們一敍：

吳炎，字赤溟。潘檉章，字力田。俱江蘇吳江人。兩位都是靑年史學家，一顧亭林忘年之友。不幸被無情的文字獄犧牲了，兩位所要做的事業，都未成功；又蒙奇禍而死；死後沒有人敢稱道他。我們幸而從顧亭林潘次耕著述裏頭得著一點資料。亭林詩集，汾州祭吳潘二節士詩，有『一代文章亡左馬千秋仁義在吳潘』之句，可謂推挹到極地。了亭林文集有書吳潘二子事一篇。據所記，則赤溟力田二人，皆明諸生；國變時，年僅二十以上，發願以私人之力著成一部明史。亭林很敬慕他們，把自己所藏關於史料之書千餘卷都借給他們。康熙二年，湖州莊廷鑨史獄起，牽累七十多人，陸麗京圻即其一也；而吳潘皆與其難。亭林說他們『懷紙吮筆，早夜矻矻，其所手書盈牀滿篋，而其才足以發之。』又說：『二子少余十餘歲，而余視爲畏友。』他們的學問人格可想見了。力田實次耕之兄，遇難後家屬都被波累，次耕改從母姓爲吳。其後次耕從亭林及徐昭法學，克成德業，從兄志也。兩人合著的明史，遭難時抄沒焚燒了。（亭林藏書也燒在裏頭）赤溟別無著書（我僅在歸元恭文續鈔裏面看見他作的一篇序）力田著書存者有國史考異松陵文獻兩種。但國史考異已成者三十卷，燒賸下的僅有六卷。次耕的遂初堂集，對於這兩部書各有一篇序。我們從這兩篇序裏頭，可以看出力田的著述體例及其用力方法大約大部分工夫，費在鑑別史料上頭。用科學精神治史，要首推兩君了。（因本校圖書館無遂初堂集，未能徵引原文。改天再補入。）兩君的明史稿之遭刼，我認爲我們史學界不能回復之大損失。嗚乎！

我在第五講裏頭曾經說過：黃梨洲是清代史學開山之祖。梨洲門下傳受他的史學者，是萬充宗的兄弟萬季野。

季野，名斯同。卒康熙四十一年（一七〇二）年六十。他的籍貫家世，在第五講已經敘過了。他的父兄都是有學問的人；兄弟八人，他最幼。據全謝山做的傳，說他小孩子時候異常淘氣，他父親履安先生泰每說要把他送和尙廟裏當徒弟。他頑性依然不改，於是把他鎖在空房裏頭。他看見架上有明史料數十册，翻一翻覺得有趣，幾日間讀完了。自是便刻志向學。踰年，遂隨諸兄後，學於梨洲。在梨洲門下年最少，梨洲最賞愛他。梨洲學問方面狠多，所著明史案，今僅存其目，曾否成書蓋未可知。季野學固極博，然尤嗜文獻，最熟明代掌故，自幼年即以著明史爲己任。康熙十七年詔徵鴻博，有人薦他，他力拒乃免。明年，開明史館，亭林的外甥徐元文當總裁，極力要羅致他。他因爲官局搜羅資料較容易，乃應聘入京。給他官，他不要，請以布衣參史事，不署銜，不受俸。住在元文家裏，所有纂脩官的稿都由他核定。他極反對唐以後史書設局分脩的制度。說道：

『昔遷固才既傑出，又承父學，故事信而言文。其後專家之書，才雖不逮，猶未至如官修者之雜亂也。譬如入人之室，始而周其堂寢匽湢，繼而知其蓄產禮俗，久之其男女少長性質剛柔輕重賢愚無不習察，然後可制其家之事。若官修之史，倉卒而成於衆人，不暇擇其才之宜與事之習，是猶招市人而與謀室中之事也。吾所以辭史局而假館總裁所者，惟恐衆人分操割裂，使一代治亂之迹，闇昧而不明耳。』（錢大昕潛研堂集萬季野先生傳。）

季野自少時已委身於明史，至是旅京十餘年，繼續他的工作，著成明史稿五百卷。他略述著書旨趣道：

『史之難言久矣。……而在今則事之信尤難。好惡因心，而毀譽隨之。一家之事，言者三人，而其傳各異矣。況數百年之久乎？言語可曲附而成，事跡可鑿空而構。其傳而播之者，未必皆直道之行也；其聞而書之者，未必有裁別之識也。非論其世知其人，而具見其表裏，則吾以爲信，而枉者多矣。……實錄者，直載其事與言而無所增飾者也。因其世以考其事覈其言而平心察之，則其本末十得八九矣。然言之發或有所由，事之端或由所起，而其流或有所激，則非他書不能具也。凡實錄之難詳者，吾以他書證之。他書之誣且濫者，吾以所得於實錄者裁之。雖不敢具謂可信，而枉者或鮮矣。昔人於宋史已病其繁蕪，而吾所述將倍焉。非不知簡之爲貴也，吾恐後之人務博而不知所裁，故先爲之極使知吾所取者有可損，而所不取者必非其事與言之眞而不可益也。」（方苞望溪文集萬季野先生墓表）

自唐以後設官局脩史，大抵湊雜成篇，漫無別擇，故所成之書，蕪穢特甚。內中如歐陽永叔之五代史記朱晦庵之通鑑綱目等，號稱爲有主義的著作；又專講什麼「春秋筆法，」從一兩個字眼上頭搬演花樣。又如蘇老泉東坡父子呂東萊張天如等輩，專作油腔滑調的批評，供射策勸說之用。宋明以來大部分人——除司馬溫公劉原父鄭漁仲諸人外——所謂史學大率如此。到潘力田萬季野他們所做的工作便與前不同。他們覺得：歷史其物，非建設在正確事實的基礎之上，便連生命都沒有了！什麼。「書法。」和批評，豈非都成廢話？然而欲求事實的正確，決非靠空洞的推論和尖巧的臆測所能得，必須用極耐煩工夫，在事實自身上旁推反勘，纔可以得著眞相。換一句話說：他們的工作什有七八費在史料之蒐集和鑑別。他們所特別致力者雖在明史 但這種研究精神，影響於前淸一代史學界不少。將來健實的新史學，恐怕也要在這種研究基礎之上纔能發生哩。

現行明史，在二十四史中——除馬班范陳四書外，最爲精善，殆成學界公論了。明史雖亦屬官局分修，然實際上全靠萬季野。錢竹汀說：『乾隆初，大學士張公廷玉等奉詔刊定明史，以王公鴻緒史稿爲本而增損之。王氏稿大半出先生手也。』（潛研堂集萬季野傳。）蓋實錄也。（乾隆四年張廷玉進明史表云：『惟舊臣王鴻緒之史稿，經名人三十載之用心。…』名人卽指季野，不便質言耳。）關於這件事，我們不能不替萬季野不平，而且還替學界痛惜：蓋明史館總裁，自徐元文後繼任者爲張玉書，爲陳廷敬，爲王鴻緒，都敬禮季野。季野費十幾年工夫，總把五百卷的明史藁著成。季野卒於京師，旁無親屬，所藏書籍數十萬卷，都被錢名世其人者全數乾沒去。明史稿原本，便落在王鴻緒手。鴻緒本屬僉壬巧宦，康熙末年，依附皇八子搆煽奪嫡，卒坐放廢。這類人有什麼學問什麼人格呢？他得著這部書，便攘爲己有，叫人謄鈔一分，每卷都題「王鴻緒著」而且板心都印有「橫雲山人集」字樣，拿去進呈。自此萬稿便變成王稿了。這還不要緊，因爲這位「

白晝行刦的偸書賊，」一贓證具在，人人共知，徒加增自己劣跡，並無損於季野。最可恨者：他偸了季野的書，卻把他改頭換面，顚到是非，叫我們摸不淸楚那部分是眞的那部分是假的。關於這件公案，後來學者零碎舉發頗多。恕我未能把他彙集起來做一篇詳細考證。記得魏默深古微堂外集，有書明史稿兩篇，可參看。季野所謂『非其事與言之眞而不可益』者，他卻「益」了許多，季野根本精神，一部分被偸書賊喪掉，眞寃透了！

季野著書，除明史稾外，尙有歷代史表六十卷，紀元彙考四卷，廟制圖考四卷，儒林宗派八卷，石經考二卷，周正彙考八卷，歷代宰輔彙考八卷，宋季忠義錄十六卷，六陵遺事一卷，庚申君遺事一卷，羣書疑辨十二卷，書學彙編二十二卷，崑崙河源考二卷，河渠考十二卷，石園詩文集二十卷。自周正彙考以下十種，錢竹汀都說未見。但羣書疑辨現有單行本。六陵遺事，庚申君遺事，各叢書多採入，其餘存佚便不可知了，又徐乾學的讀禮通考，全部由季野捉刀。秦蕙田的五禮通考，恐怕多半也是偸季野的（？）全謝山萬貞文先生傳云：『先生之初至京也，時議意其專長在史。及崑山徐侍郎居憂，先生與之語喪禮。侍郎因讀先生纂讀禮通考一書，上自國卹以訖家禮，十四經之箋疏，廿一史之志傳，漢唐宋諸儒之文集說部無或遺者。乃知先生之深於經。侍郎因請先生編成五禮之書二百餘卷。』據此則徐書全出季野手，毫無疑義。惟秦氏五禮通考。不得捉刀者主名。或說出戴東原，或說出某人某人，都無確據。據謝山說：季野既續作五禮之書二百餘卷，這部書往那裏去了呢？只怕也像明史稿一樣，被闊人偷去撐門面了。我們讀歷代史表，可以看出季野的組織能力。讀羣書疑辨，可以看出他考證精神。讀讀禮通考，可以看出他學問之淵博和判斷力之銳敏。除手創明史這件大事業不計外，專就這三部書論，也可以推定季野在學術界的地位了。

季野雖屬梨洲得意門生，但關於講學宗旨（狹義的講學）和梨洲卻不同。梨洲是很有些門戶之見，季野卻一點也沒有。四庫提要說：『明以來談道統者，揚己陵人，互相排軋，卒釀門戶之禍。斯同目覩其弊，著儒林宗派，凡漢後唐前傳經之儒，一一具列，持論獨爲平允。』他這部書著在明儒學案以後，雖彼此範圍，本自不同，亦可見他對於梨洲的褊見，不甚以爲然了。

還有一件應注意的事：季野晚年對於顧習齋的學術，像是很悅服的。他替李剛主所著的大學辨業作一篇序，極表推崇之意。據剛主述季野自道語云：『吾自誤六十年矣。吾少從黃先生游。聞四明有潘先生者，曰：「朱子，道；陸子，禪。」（啓超案；此當是潘平格字德輿）怪之，往詰其說，有據。同學因轟言予叛黃先生；先生亦怒。

予謝曰：「請以往不談學，專窮經史，」遂忽忽至今。……』恕谷後集卷六萬季野小傳據此愈可證明季野雖出黃門，對於什麼程朱陸王之爭，他卻是個局外中立者。至於他的人格，受梨洲教育的影響，甚深，自無待言。

季野兄子經，字九沙，斯大子。言，字貞一，斯年子。皆傳家學而尤致力於史。九沙著明史舉要。貞一在史館，獨任崇禎長編。而九沙最老壽，全謝山嘗從問業，衍其緒。

章實齋學誠論浙東學術，從陽明蕺山說到梨洲。說道：『……梨洲黃氏，出蕺山劉氏之門，而開萬氏弟兄經史之學，以至全氏祖望輩尚存其意。……世推顧亭林氏為開國儒宗，然自是浙西之學。不知同時有梨洲出於浙東，雖與顧氏並峙，而上宗王劉，下開二萬，較之顧氏，源遠而流長矣。顧氏宗朱，而黃氏宗陸。蓋非講學專家各持門戶之見者，故互相推服而不相非詆。……浙東貴專家，浙西尚博雅，各因其習而習也。』又說：『浙東之學，言性命者必究於史，此其所以卓也。』又說：『朱陸異同所以紛綸，則惟騰空言而不切於人事耳。知史學之本於春秋，知春秋之將以經世，則知性命無可空言，而講學者必有事事。不特無門戶可持，亦且無以持門戶矣。浙東之學，雖源流不異，而所遇不同。故其見於世者，陽明得之而為事功，蕺山得之而為節義，梨洲得之為隱逸，萬氏兄弟得之為經術史裁。授受雖出於一，而面目迥殊，以其各有事事故也。彼不事所事，而但空言德性，空言問學，則黃茅白葦，極目雷同，不得不殊門戶以為自見地耳，故惟陋儒則爭門戶也。』（文史通義卷五）從地理關係上推論學風，實學術史上極有趣味之一問題。實齋浙東人，或不免有自譽之嫌，然而這段話我認為大端不錯。最少也可說清代史學界偉大人物，屬於浙東產者最多。

現在要講浙東第三位史學大師全謝山（以年代編次，梨洲第一，季野第二。）

謝山名祖望，字紹衣。浙江鄞縣人。生康熙四十四年，卒乾隆二十二年，（一七〇五——一七七五）年五十一。他生當承平時代，無特別事蹟可紀。然其人格之峻嚴狷介，讀他全集，到處可以見出。他嘗入翰林，因不肯趨附時相，散館歸班候補，便辭官歸。曾主講本郡蕺山書院，因地方官失禮，便拂衣而去，甯捱餓不肯曲就。晚年被聘主講吾粵之端溪書院，對於粵省學風，影響頗深。粵督要疏薦他，他說是「以講學爲市，」便辭歸。窮餓終老，子又先殤，死時竟至無以爲斂！他體弱善病；所有著述，大率成於病中。得年僅及中壽，未能竟其所學。假使他像梨洲亭林一般獲享大年，不知所成當更何若？這眞可爲我學界痛惜了！他的朋友姚薏田（玉裁）說他：『子病在不善持志。理會古人事不了，又理會今人事，安得不病。』（董秉純著全謝山年譜。）這話雖屬責善雅謔，卻極能傳出謝山學風哩。

謝山著述今存者，有鮚埼亭集三十八卷；外集五十卷；詩集十卷；經史問答十卷；校水經注三十卷；續宋元學案一百卷；困學紀聞三箋若干卷；輯甬上耆舊詩若干卷。其未成或已佚者，則有讀史通表，歷朝人物世表，歷朝人物親表等。鮚埼亭集被杭堇浦（世駿）藏匿多年，又偸了多篇，今所傳已非完璧。（同治間徐某所著煙嶼樓集有記杭堇浦篇，述始末頗詳。）水經注則謝山與其友趙東潛（一清）合作，屢相往復討論，各自成書，而謝山本並經七校。宋元學案，黃梨洲草創，僅成十七卷；其子耒史（百家）續有補葺，亦未成；謝山於黃著有案者增訂之，無案者續補之，泐爲百卷本；但亦未成而歿；

今本則其同縣後學王梓材所續訂；而大體皆謝山之舊也。

沈果堂彤說：『讀結埼亭集。能令人傲。亦能令人壯，得失相半。』謝山亦深佩其言云。楊鍾羲雪橋詩話三集卷四。若問我對於古今人文集最愛讀某家，我必舉結埼亭爲第一部了！謝山性情極肫厚，而品格極方峻，所作文字，隨處能表現他的全人格。讀起來令人興奮。他是個史學家；但他並不愛發空論，像蘇明允張天如一派的史論文章，全集可說沒有一篇。他這部集記明末淸初掌故約居十之四五；訂正前史譌舛約居十之二三；其餘則爲論學書札，及雜文等……內中他自己的親友及同鄉先輩的傳記關係不甚重要的也有一部分。他生當淸代盛時，對於淸廷並沒有什麼憤恨；但他最樂道晚明仗節死義之士與夫抗志高蹈不事異姓者，眞是『其心好之，不啻若自其口出』試看他關於錢忠介張蒼水黃梨洲王完勛……諸人的記述，從他們立身大節起乃至極瑣碎之遺言佚事，有得必錄，至再至三。像狠怕先輩留下的苦心芳躅從他手裏頭丟掉了。他所作南明諸賢之碑誌記傳等，眞可謂情深文明；其文能曲折盡情，使讀者自然會起同感。所以晚淸革命家，受他暗示的不少（可惜所敘述者只有江浙人獨詳，別個地方不多。但也難怪他。他只是記自己聞見最親切的史蹟。）他最善論學術流派，最會描寫學者面目：集中梨洲亭林二曲季野桴亭繼莊穆堂……諸碑傳，能以比較簡短的文章，包舉他們學術和人格的全部。其識力與技術，眞不同尋常。他性極狷介，不能容物；對於僞學者如錢謙益毛奇齡李光地等輩，直揭破他們的面目，絲毫不肯假借。他的文筆極鋒利，針針見血，得罪人的地方也狠不少。所以有許多人恨他。他對於宋明兩朝「野史」一類書，所見最多；最能用公平銳敏的眼光，評定他們的價值。此外訂正歷代史蹟之傳訛及前人評論史蹟失當者，甚多，性質和萬季野羣書疑辨有點相像。鮚埼亭集內容和價值大略如此。

謝山是陽明蕺山梨洲的同鄉後學，受他們的精神感化甚深，所以他的學術根柢，自然是樹在陽明學派上頭。但他和梨洲有兩點不同：第一，梨洲雖不大作玄談，然究未能盡免；謝山著述，卻眞無一字理障了。第二，梨洲門戶之見頗深；謝山卻一點也沒有。所以我評論謝山，說他：人格的光明俊偉，是純然得力王學，可以與他的朋友李穆堂同稱王門後勁。若論他學術全體，可以說是超王學的；

因爲對王學以外的學問，他一樣的用功，一樣的得力。

宋元學案這部書，雖屬梨洲創始，而成之者實謝山。謝山之業，視梨洲蓋難數倍：梨洲以晚明人述明學，取材甚易；謝山既生梨洲後數十年，而所敍述又爲梨洲數百年前之學，所以極難。（鮚埼亭集卷三十蕺山相韓舊塾記云：『予續南雷宋儒學案，旁搜不遺餘力。蓋有六百年來儒林所不及知而予表而出之者。』）據董小鈍所撰年譜，則謝山之修此書，自乾隆十年起至十九年止，十年間未嘗輟，臨沒尚未定稿，其用力之勤可想。拿這書和明儒學案比較，其特色最容易看出者：第一，不定一尊；各派各家乃至理學以外之學者，平等看待。第二，不輕下主觀的批評：各家學術爲並時人及後人所批評者，廣搜之以入「附錄，」長短得失，令學者自讀自斷，著者絕少作評語以亂人耳目。第三，注意師友淵源及地方的流別：每案皆先列一表，詳舉其師友及弟子，以明思想淵源所自。又對於地方的關係多所說明，以明學術與環境相互的影響。以上三端，可以說是宋元學案比明儒學案更進化了。至於裏頭所采資料，頗有失於太繁的地方，（例如涑水學案之全采潛虛，百源學案之多錄皇極經世……等）我想，這是因爲謝山未能手訂全稿，有許多本屬「長編，」未經刪定。

後有學者，能將這書再修正增删一遍，總算完黃全未竟之志哩。

從永樂大典裏面纂輯佚書，是乾隆開四庫館最初的動機，讀朱筠河間請開四庫館原摺便可知道了。然而這種工作，實由謝山和李穆堂最先發起。本集卷十七有鈔永樂大典記一篇詳述其始末。這件事於謝山學術雖無甚關係，於淸朝掌故卻狠有關係，附記於此。

浙東學風，從梨洲季野謝山起以至於章實齋，釐然自成一系統，而其貢獻最大者實在史學。實齋可稱爲「歷史哲學家，」其著作價値更高了。下文別有一篇詳論他，現在且緩講。

此外要附帶講兩個人，曰無錫二顧

顧祖禹，字景范，江蘇無錫人。生卒年無考。我考了許久，考不出來。尤奇者，連讀史方輿紀要成書年月亦無可考。他自己雖作有幾篇狠長的序，旁人也有幾篇序；但都不署年月。我們所知道者，他父親是一位績學遺老。他和閻潛丘胡東樵交好，同在徐健菴的大淸一統志局中修書。除此以外，他未曾受淸朝一官一祿。他生平著述，只有一部讀史方輿紀要。從二十九歲做起，一日都不歇息，到五十歲纔做成。然而這一部書，已足令這個人永遠不朽了。這書自序中述他父親臨終的話，說道：『及余之身而四海陸沈，九州鼎沸。………嗟呼！園陵宮闕，城郭山河，儼然在望；而十五國之幅員，三百年之圖籍，泯焉淪沒，文獻莫徵，能無悼歎乎？余死，汝其志之！』又自述著書本意道：『………凡吾所以爲此書者，亦重望乎世之先知之也。不先知之，而以惘然無所適從者任天下之事，舉宗廟社稷之重，一但束手而畀諸他人，此先君子所爲憤痛呼號扼腕以至於死也。』可見他著述動機，實含著無限隱痛。這部書凡一百三十卷：首輿圖；次歷代州域形勢；次直隸等十三省封域山川險要；次川瀆異同。這部書體裁狠特別，可以說是一百三十卷幾百萬言合成一篇長論文！每卷皆提挈綱領爲正文，而凡所考證論列，則低一格作爲解釋：解釋之中又有小注；解釋之文，往往視正文十數倍。所以他這書，可以說是自爲書而自注之。因此之故，眉目極清晰，令讀者感覺趣味。依我看：清代著作家組織力之强，要推景范第一了。他自述著述經過，說道：『集百代之成言，考諸家之緒論，窮年累月，矻矻不休。至於舟車所經，亦必覽城郭，按山川，稽道里，問關津。以及商旅之子，征戍之夫，或與從容談論，考覈異同。』其用力之勤，可以推見。然而他並不自滿足。他說：『……按之圖畫，索之典籍，亦舉一而廢百耳。又或了了於胸中，而身至其地，反若瞶瞶焉。……予之書其足據乎？』其虛心又如此。魏冰叔禧最佩服這書。其所作序，稱爲『數千百年絕無僅有之作。』又說：『祖禹貫穿諸史，出以己所獨見，其深思遠識，有在語言文字之外者。』可謂知言。景范這書，專論山川險隘，攻守形勢，而據史蹟以推論得失成敗之故。其性質蓋偏於軍事地理。殆遺老力謀匡復所將有事耶？然而這部書的組織及其研究方法，眞算得治地理學之最好模範。我們若能將這種精神應用到政治地理經濟地理文化地理之各部分，那麼，地理便不至成爲乾燥無味的學科了。

顧棟高，字復初，一字震滄，江蘇無錫人。生卒年無考，大約和全謝山年輩相當。他著有一部好書，名曰春秋大事表。這部書的體例，是將全部左傳拆散，拈出若干個主要題目，把書中許多零碎事實按題搜集起來，列爲表的形式，比較研究。其有用特別眼光考證論列者，則別爲叙說論辨考等。凡爲表五十篇，叙說等百三十一篇。禮記說：『屬辭比事，春秋之敎。』治史的最好方法，是把許多事實連屬起來比較研究這便是『屬辭比事』這些事實，一件件零碎擺著，像沒有什麽意義；一屬一比，便會有許多新發明。用這種方法治歷史的人，向來狠少；震滄這部書，總算第一次成功了。（他研究的結果，雖有許多令我們不能滿足，但方法總是對的，）震滄所著，還有司馬溫公年譜王荆公年譜兩書，體例也極精審。後來如錢竹汀丁儉卿張石洲等做了許多名人年譜，像還沒有那部比得上他。所以我認震滄爲史學界有創作能力的人。

附初期史學家及地理學家表

馬驌 字驄卿，一字宛斯，鄒平人。康熙十二年卒。著繹史一百六十卷：起天地開闢，訖秦之亡。顧亭林見之驚歎，謂爲不可及。此書搜羅極富，可算一部好類書，惜別擇不精耳。驌尚有左傳事緯十二卷，將左傳的編年體改爲紀事本末體，亦便讀者。同時有李鍇，字鐵君，奉天人。著尚史七十卷。體例略同繹史。

吳偉業 字駿公，號梅村，太倉人。康熙十年卒。梅村文學，人人共知，其史學似亦用力甚勤。著有春秋地理志十六卷，春秋氏族志二十四卷，二書吾皆未見，恐已佚。若存，或有價値也。今存綏寇紀略一書，專記明季流寇始末，題梅村撰。但梅村所撰，原名鹿樵野史；今本乃彼一不肖門生鄒漪所竄改，顚倒是非甚多，非梅村之舊也。

九　程朱學派及其依附者

——張楊園　陸桴亭　陸稼書　王白田　附其他——

王學反動，其第一步則返於程朱，自然之數也。因爲幾百年來好譚性理之學風，不可猝易；而王學末流之敝，又已爲時代心理所厭；矯放縱之敝則尙持守；矯空疏之敝則尊博習；而程朱學派，比較的路數相近而毛病稍輕。故由王返朱，自然之數也。

淸初諸大師，夏峯梨洲二曲，雖衍王緒，然而都有所修正；夏峯且大有調和朱王的意味了。至如亭林船山舜水，雖對於宋明人講學形式，都不大以爲然；至其自己得力處，大率近於朱學。讀諸家著作中關於朱王之批評語可見也。其專標程朱宗旨以樹一學派，而品格亦嶽然可尊者，最初有張楊園陸桴亭；繼起則陸稼書王白田。

楊園，名履祥，字考夫，浙江桐鄉縣人。所居曰楊園里，故學者稱楊園先生。生明萬歷三十九年，卒淸康熙十三年，（一六一一—一六七四）年六十四。九歲喪父，母沈氏授以論語孟子，勉厲他說：『孔孟只是兩家無父兒也。』他三十二歲，謁黃石齋問學；三十四歲，謁劉蕺山，受業爲弟子。當時復社聲氣甚廣，東南人士，爭相依附。楊園說：『東南壇坫，西北干戈，其爲亂一也。』又說：『一入聲氣，便長一傲字，便熟一僞字，百惡都從此起矣。』於是斷斷自守，不肯和當時名士來往。甲申聞國變，縞素不食者累日：嗣後便杜門謝客，訓童蒙以終老。晚年德望益隆，有事以師禮者終不肯受。說道：『近見時流講學之風，始於浮濫終於潰敗，平日所深惡也，豈肯躬自蹈之。』黃梨洲方以紹述蕺山鼓動天下。楊園說：『此名士，非儒者也。』楊園雖學於蕺山，而不甚墨守其師說，嘗輯劉子粹言一書，專錄蕺山矯正陽明之語。他極不喜歡陽明的傳習錄。說道：『讀此書使人長傲文過，輕自大而卒無得。』又說：『一部傳習錄，吝驕二字足以蔽之。』他一生專用刻苦工夫，闇然自修。嘗說：『人知作家計須苦喫苦掙；不知讀書學問與夫立身行已，俱不可不苦喫苦掙。』晚年寫寒風佇立圖，自題云：『行已欲淸，恒入於濁。求道欲勇，恒病於怯。噫！君之初志，豈不曰「古之人古之人？」老斯至矣，其彷彿乎何代之民？』他用力堅苦的精神，大略可見了。他所著有經正錄，願學記，問目，備忘錄，初學備忘，訓子語，言行見聞錄，近鑑等書。他居鄉躬耕，習於農事。以爲『學者舍稼穡外別無治生之道。能稼穡則無求於人而廉恥立；知稼穡之艱難，則不敢妄取於人而禮讓興。』補農書這部書，有海昌人范鯤曾刻之。陳梓做的楊園小傳，說這書『不戒於火天下惜之。』據錢林文獻徵存錄說因爲某次文字獄，怕有牽累把板燬了。農書尚且遭此阨，可謂大奇！楊園因爲是清儒中闢王學的第一個人，後來朱學家極推尊他，認爲道學正統，依我看：楊園品格方嚴，踐履篤實，固屬可敬；但對於學術上並沒有什麼新發明，新開拓，不過是一位獨善其身的君子罷了。當時像他這樣的人也還不少，推尊太過，怕反失其眞罷！

陸桴亭，字道威，江蘇太倉人。生卒年待考。早歲有志事功，嘗著論論平流寇方略，語極中肯。明亡，嘗上書南都，不見用；又嘗參人軍事；被清廷名捕。事既解，返鄉居，鑿池十畝，築亭其中，不通賓客，號曰桴亭。故學者稱桴亭先生。所著有思辨錄。全謝山謂其『上自周漢諸儒以迄於今；仰而象緯律歷，下而禮樂政事異同，旁及異端，其所疏證剖析蓋數百萬言，無不粹且醇。……而其最足廢諸家紛爭之說百世俟之而不惑者，尤在論明儒。』（鮚埼亭集陸桴亭先生傳。）桴亭不喜白沙陽明之學，而評論最公，絕不爲深文掊擊。其論白沙曰：

『世多以白沙爲禪宗，非也。白沙曾點之流，其意一主於灑脫曠間以爲受用，不屑苦思力索。故其平日亦多賦詩寫字以自遣，便與禪思相近。……是故白沙「靜中養出端倪」之說，中庸有之矣；然不言戒愼恐懼，而惟詠歌舞蹈以養之，則近於手持足行無非道妙之意矣。……其言養氣，則以勿忘勿助爲要；夫養氣必先集義，所謂必有事焉也。白沙但以勿忘勿助爲要，失卻最上一層矣。……』（思辨錄諸儒異學篇。）

其論陽明曰：

『陽明之學，原自窮理讀書中來。不然，龍場一悟，安得六經皆湊泊？但其言朱子格物之非，謂嘗以庭門竹子試之，七日而病，是則禪家參竹篦之法，元非朱子格物之說，陽明自誤會耳。蓋陽明少時，實嘗從事於禪宗，而正學工夫尙寡。初官京師，雖與甘泉講道，非有深造；南中三載，始覺有得；而才氣過高，遽爲致良知之說，自樹一幟。是後畢生，鞅掌軍旅之中，雖到處講學，然終屬聰明用事；而少時之熟處難忘，亦不免逗漏出來。是則陽明之定論也。要之致良知固可入聖，然切莫打破敬字。乃是壞良知也。其致之亦豈能廢窮理讀書？然陽明之意，主於簡易直捷以救支離之失，故聰明者喜從之。而一聞簡易直捷之說，則每厭窮理讀書之繁，動云「一切放下，」「直下承當。」心粗膽大。祇爲斷送一敬字。不知即此簡易直捷之一念，便已放鬆腳跟也。故陽明在聖門，狂者之流；門人味其苦心以負之耳。」（同上）

此外論各家的話狠多；大率皆極公平極中肯。所以桴亭可以說是一位最好的學術批評家—。倘使他做一部明儒學案，價值只怕還在梨洲之上。因爲梨洲主觀的意見，到底免不掉，桴亭眞算得毫無成心的一面鏡子了。桴亭常說：『世有大儒，決不別立宗旨。譬之國手，無科之精，無方不備，無藥不用。豈有執一海上方而沾沾語人曰：「舍此更無科無方無藥也。」近之談宗旨者，皆海上方也。』這話與梨洲所謂『凡學須有宗旨，是其人得力處亦卽學者用力處』者，正相反了。由此言之，後此程朱派學者，硬拉桴亭爲程朱宗旨底下一個人，其實不對。他不過不宗陸王罷了，也不見得專宗程朱。程朱將「性」分爲二，說『義理之性善，氣質之性惡，』此說他便不贊同。他論性卻有點和顏習齋同調。他教學者止須習學六藝，謂『天文地理河渠兵法之類，皆切於世用，亟當講求。』也和習齋學風有點相類。他又不喜歡講學。嘗說：『天下無講學之人，此世道之衰；天下皆講學之人，亦世道之衰也。』又說：『近世講學，多似晉人清談。清談甚害事，孔門無一語不教人就實處做。』他自述存養工夫，對於程朱所謂「靜中驗喜怒哀樂未發氣象。」者，亦有懷疑他說：『嘗於夜間閉目危坐，屏除萬慮以求其所謂「中，」究之念慮不可屏，一波未平，一波又起。間或一時强制得定，嗒然若忘，以爲此似之矣。然此境有何佳處，而先儒教人爲之？……故除卻「戒愼恐懼」別尋「未發，」不是槁木死灰，便是空虛寂滅。』據此看來，桴亭和程朱門庭不盡相同，顯然可見了。

他的思辨錄，顏習齋李恕谷都很推重。我未得見原本。正誼堂叢書裏頭的思辨錄輯要係馬肇易負圖所輯，張孝先伯行又删訂一番，必須以程朱相合的話始行錄入，已經不是桴亭眞面了。

陸稼書，名隴其。浙江平湖人。生明崇禎三年，卒清康熙三十一年，（一六三〇－一六九二）年六十三。他是康熙間進士出身，曾任嘉定靈壽兩縣知縣，狠有惠政，人民極愛戴他。後來行取御史，狠上過幾篇好奏疏。他是鯁直而恬淡的人，所以做官做得不得意，自己也難進易退。清朝講理學的人，共推他爲正統。清儒從祀孔廟的頭一位便是他。他爲什麼獨占這樣高的位置呢？因爲他門戶之見最深最嚴。他說：『今之論學者無他，亦宗朱子而已。宗朱子爲正學，不宗朱子即非正學。董子云：「諸不在六藝之科孔子之術者皆絕其道勿使並進，然後統紀可一而法度可明。」今有不宗朱子者，亦當絕其道勿使並進。』質而言之，他是要把朱子做成思想界的專制君主，凡和朱學稍持異同的都認爲判逆！他不惟攻擊陸王，乃至高景逸顧涇陽學風介在朱王之間者，也不肯饒！恕所以程朱派的人極頌他衞道之功，比於孟子距楊墨！平心而論，稼書人格極高潔，踐履極篤實，我們對於他不能不表相當的敬意。但因爲天分不高，性情又失之狷狹；或者也因王學末流猖狂太甚，有激而發；所以日以尊朱黜王爲事。在他自己原沒有什麼別的作用。然而那些戴假道學面具的八股先生們，跟著這條走路走，既可以掩飾自己的空疏不學，還可以唱高調罵人。於是相爭捧他捧上天去！不獨淸代學界之不幸，也算稼書之不幸哩。稼書辦事是肯認眞肯用力的，但能力眞平常。程朱派學者大率如此，也難專怪他。李恕谷嘗記他一段軼事道：『陸稼書任靈壽，邵子昆任淸苑，並有淸名，而稼書以子昆宗陸王，遂不相合，刋張武承所著王學質疑相詬厲。及征噶爾旦。撫院將命稼書運餉塞外。稼書不知所措，使人問計子昆。子昆答書云：「些須小事，便爾張皇！若遇宸濠大變，何以處之？速將王學質疑付之丙丁，則僕之荒計出矣。」……』（恕谷著中庸傳註問）我們對於稼書這個人的評價，這種小事，也是該參考的資料哩。

王白田名懋竑，字予中，江蘇寶應人。生康熙八年，卒乾隆六年，（一六六八—一七四一）年七十四。他是康熙間進士出身，改授教官。雍正間以特薦召見授翰林院編修，不久便辭官而歸。他是一位極謹嚴方正的人。王國安（念孫子父）說他：『自處閨門里巷一言一行以至平生出處大節，舉無愧於典型。』（王文肅公集朱子年譜序）他生平只有一部著作曰朱子年譜四卷附考異四卷。這部書經二十多年四易稿然後做成。是他一生精力所聚，也是研究朱學唯一的好書。要知道這部書的價值，先要知道明清以來朱王兩派交涉的形勢。

朱子和陸子是同時講學的朋友，但他們做學問的方法根本不同。兩位見面和通信時已經有不少的辯論，後來兩家門生，越發鬧成門戶水火，這是公然的事實無庸爲諱的。王陽明是主張陸學的人，但他千不該萬不該做了一部書叫做朱子晚年定論！這部書大意說朱子到了晚年也覺得自己學問支離，漸漸悔悟，走到陸象山同一條路上去了。朱子學問是否免得了支離兩個字，朱陸兩家學問誰比誰好，另一問題。但他們倆的出發點根本不同，這是人人共見的。陽明是一位豪傑之士，他既卓然有所自信，又何必依傍古人？晚年定論這部書，明明是援朱入陸，有高攀朱子借重朱子的意義，既失朱子面目，也失自己身分，這是我們不能不替陽明可惜的。這部書出來之後，自然引起各方面反動。晚明時候，有一位廣東人陳清瀾建著一部學蔀通辨專駁他。朱王兩派交換砲火自此始。後來顧亭林的日知錄也有一條駁晚年定論駁得狠中要害。而黃梨洲一派大率左袒陽明，內中彭定求的陽明釋毀錄最爲激烈。爭辯日烈，調停派當然發生，但調停派卻並非第三者，乃出於兩派之自身；一邊是王派出身的孫夏峯，一邊是朱派出身的陸桴亭，都是努力想把學派學說異中求同，省卻無謂的門戶口舌。但這時候，王學正值盛極而衰的末運，朱學則是皇帝喜歡他大臣恭維他，一種烘烘熱熱的氣勢。朱派乘盛窮追，王派的砲火漸漸衰息了。這場戰爭裏頭，依我看，朱派態度狠有點不對；陳清瀾是最初出馬的人，他的書純然破口嫚罵，如何能服人？陸稼書比較穩健些，但太褊狹了，一定要將朱派造成專制的學閥，對於他派要應用韓昌黎『人其人火其書』的手段，如何行得去呢？尤可恨的；許多隨聲附和的人，對於朱陸兩派學說內容並未嘗理會過，一味跟著人吶喊瞎罵！結果當然惹起一般人討厭，兩派同歸於盡。乾嘉以後，「漢學家」這面招牌出來，將所有宋明學一齊打倒；就是為此。在這個時候，朱陸兩派各有一個人將自己本派學說平心靜氣忠忠實實的說明眞相，既不作樸棱的調和，也不作意氣的攻擊。其人為誰？陸派方面是李穆堂，朱派方面是王白田。而白田的成績，就在一部朱子年譜。

「朱子年譜，」從前有三個人做過；一，李果齋晦，朱子門人。其書三卷，魏了翁為之序。二，李古沖默明嘉靖間人。三，洪去蕪璟，清康熙間人。果齋本今不存，因為古沖本以果齋本作底本而改竄一番，後者行而前者廢了。洪本則將古沖本增刪，無甚特識。古沖生王學正盛之時，腦子裏裝滿了朱子晚年定論一派話，援朱入陸之嫌疑，實是無可解免。白田著這部新年譜的主要動機，自然是要矯正這一點。但白田和陳清瀾一派的態度截然不同：清瀾好用主觀的批評，雖然客觀方面也有些白田則盡力搜羅客觀事實，把年月日調查得清清楚楚，令敵派更無強辯的餘地。所以他不用說閑話爭閑氣，自然壁壘森嚴，顛撲不破。我常說：王白田眞是

「科學的研究朱子：」朱子著作注釋纂輯之書無慮數百卷，他鑽在裏頭穰錯幾十年，沒有一個字不經過一番心，而且連字縫間也不放過。此外別派的著作如張南軒呂伯恭陸梭山象山陳同甫陳止齋……等凡和朱子有交涉的，一律忠實研究，把他們的交情關係和學說異同都照原樣介紹過來。他於譜年之外又附一部年譜考異，凡事實有須考證的都嚴密鑑定一番，令讀者知道他的根據何在。又附一部朱子論學切要語，把朱子主要學說都提緊出來。我們要知道朱子是怎樣一個人，我以爲非讀這部書不可，而且讀這部書也足彀了。

白田其他的著述。還有一部白田草堂存稿。內中也是研究朱子的最多。他考定許多僞託朱子的書或朱子未成之書由後人續纂者，如文公家禮通鑑綱目名臣言行錄及易本義前面的九個圖和筮儀等等。都足以廓清障霧爲朱子功臣。此外許多雜考證也有發明，如考漢初甲子因三統曆竄亂錯了四年，也是前人沒有留意到的事。

清初因王學反動的結果，許多學者走到程朱一路，即如亭林船山舜水諸大師，都可以說是朱學者流。自餘如應潛齋（撝謙）刁蒙吉（包）徐俟齋（枋）朱伯廬（用純）……等氣節品格能自異於流俗者不下數十輩，大抵皆治朱學。（別詳附表）故當晚明心學已衰之後，盛清考證學未盛行前，朱學不能不說是中間極有力的樞紐。然而依草附木者流亦出乎其間。故清代初期朱派人獨多而流品亦最雜。

清初依草附木的爲什麼多跑朱學那條路去呢？原來滿洲初建國時候文化極樸陋，他們向慕漢化，想找些漢人供奔走，看見科第出身的人便認爲有學問。其實這些八股先生，除了四書大全五經大全外還懂什麼呢？入關之後，稍爲有點志節學術的人，或與義反抗，或抗節高蹈；其望風迎降及應新朝科舉的又是那羣極不堪的八股先生，除了四書集注外更無學問。清初那幾位皇帝，所看見的都是這些人，當然認這種學問便是漢族文化的代表，程朱。學派變成當時宮廷信仰的中心，其原因在此。古語說：『城中好高髻，四方高一尺。』專制國皇帝的好尚，自然影響到全國，靠程朱做闊官的人越發多，程朱旗下的嘍囉也越發多。況且掛著這個招牌，可以不消讀書，只要口頭上講幾句「格物窮理。」便彀了。那種謬爲恭譁的樣子，又可以不得罪人。恰當社會人心厭倦王學的時候，趁勢打死老虎，還可以博衛道的美名。有這許多便宜勾當，誰也不會幹呢？所以那時候的程朱學家，其間伏處巖穴闇然自修者，雖未嘗沒有可以令我們佩服的人。至於那些「以名臣兼名儒」的大人先生們，內中如湯斌如魏裔介如魏象樞等，風骨尚可欽。但他們都是孫夏峯門生，半帶王學色彩。湯斌並且很受排擠不得志。其餘如熊賜履，張玉書張伯行……等輩不過一羣『非之無舉刺之無刺』的「鄉愿。」此外越愛出鋒頭的人，品格越不可問，誠有如王崑繩所謂：『朝乞食墦間。暮殺越人於貨。而摭拾程朱唾餘縉紳爲言陽明於四達之衢』者，今試舉數人爲例：

一孫承澤。　他是明朝一位闊官，李闖破北京投降李闖，滿洲入關，抗降滿洲。他卻著了許多理學書，擺出一副道貌巖巖的面孔。據全謝山說：淸初排陸王的人，他還是頭一個領袖！（看結埼亭集陳汝咸墓誌）

一李光地　他號稱康熙朝「主持正學」的中堅人物，一雙眼睛常常釘在兩廡的幾塊冷猪肉上頭！他的官卻是賣了一位老朋友陳夢雷換來！他的老子死了，他卻貪做官不肯奔喪，他臨死卻有一位外婦所生的兒子來承受家產！看全祖望鮚埼亭集李文貞遺事，錢文林獻徵存錄李光地條。

一方苞。他是一位「大理學家，」又是一位「大文豪」（？。）他曾替戴南山做了一篇文集的序，南山著了文字獄，他硬賴說那篇序是南山冒他名的！他和李恕谷號稱生死之交，恕谷死了，他作一篇墓志銘說恕谷因他的忠告背叛顏習齋了！看劉辰纂的恕谷年譜。他口口聲聲說安貧樂道，晚年卻專以殖財為事，和鄉人爭烏龍潭魚利打官司！看蕭奭齡著永憲錄

此外像這一類的程朱學家還不少，我不屑多汚我的筆墨，只舉幾位負盛名的為例罷了。我是最尊崇先輩萬分不願意說人壞話的人，但對於這羣假道學先生實在痛恨不過，破口說那麼幾句，望讀者恕我。

總而言之；程朱學派價值如何，另一問題；清初程朱之盛，只怕不但是學術界的不幸，還是程朱的不幸哩！

十　實踐實用主義

——顏習齋　李恕谷　附　王崑繩　程綿莊　惲皋聞　戴子高

有清一代學術，初期為程朱陸王之爭，次期為漢宋之爭，末期為新舊之爭。其間有人焉舉朱陸漢宋諸派所憑藉者一切摧陷廓清之，對於二千年來思想界，為極猛烈極誠摯的大革命運動；其所樹的旗號曰：「復古，」而其精神純為，「現代的。」其人為誰？曰顏習齋及其門人李恕谷。

顏習齋，名元，字渾然。直隸博野縣人。生明崇禎八年，卒清康熙四十三年，(一六三五——一七〇四)年七十。他是京津鐵路線中間一個小村落——楊村的小戶人家兒子。他父親做了蠡縣朱家的養子，所以他幼年冒姓朱氏。他三歲的時候，滿洲兵入關大掠，他父親被擄，他母親也改嫁去了。他二十多歲，纔知道這些情節，改還本姓。正要出關尋父，碰著三藩之亂，蒙古響應，遼東戒嚴，直到五十一歲方能成行，北達鐵嶺，東抵撫順，南出天覆門，困苦不可名狀，經一年餘，卒負骨歸葬。他的全生涯，十有九都在家鄉過活。除出關之役外，五十六七歲時候，曾一度出游，到過直隸南部及河南。六十二歲，曾應肥鄉漳南書院之聘，往設教，要想把他自己理想的教育精神和方法在那裏試驗：分設四齋，曰文事，曰武備，曰經史，曰藝能。正在開學，碰著漳水决口，把書院淹了，他自此便歸家不復出。他曾和孫夏峯李二曲陸桴亭通過信，但都未識面，當時知名之士，除刁蒙吉包王介祺餘佑外，都沒有來往。他一生經歷大略如此。

他幼年曾學神仙導引術，娶妻不近，既而知其妄，乃折節爲學。二十歲前後，好陸王書，未幾又從事程朱學，信之甚篤。三十歲以後，纔覺得這路數都不對。他說唐虞時代的教學是六府——水火金木土穀；三事——正德，利用，厚生。周禮教士以三物：六德——知仁聖義忠和；六行——孝友睦姻任卹；六藝——禮樂射御書數。孔子以四教——文行忠信。和後世學術專務記誦或靜坐冥想者，門庭迴乎不同。他說：『必有事焉，學之要也。心有事則存，身有事則修，家之齊，國之治，皆有事也。無事則治與道俱廢。故正德利用厚生曰事；不見諸事，非德非用非生也。德行藝曰物；不徵諸物，非德非行非藝也。』（李塨著習齋年譜卷上。）他以爲：離卻事物無學問，離卻事物而言學問，便非學問。在事物上求學問，則非實習不可。他說『如天文地志律歷兵機等類，須日夜講習之力，多年歷驗之功，非比理會文字之可坐而獲也。』（存學編卷二性理書評。）所以他極力提倡一個「習」字，名所居曰「習齋」，學者因稱爲習齋先生。他所謂習，絕非溫習書本之謂，乃是說凡學一件事都要用實地練習工夫。所以我叫他做「實踐主義」。他講學問最重效率。董仲舒說：『正其誼不謀其利，明其道不計其功。』他翻這個案，說要：『正其誼以謀其利明其道而計其功。』他用世之心極熱，凡學問都要以有益於人生可施諸政治爲主。所以我又叫他叫「實用主義」。」王崑繩說：『先生崛起無師受。確有見於後儒之高談性命爲參雜二氏而亂孔孟之眞。確有見於先王先聖學教之成法，非靜坐讀書之空腐。確有見於後世之亂皆由儒術之失其傳；而一復周孔之舊，無不可復斯民於三代。……毅然謂聖人必可學，而終身矻矻於困知勉行，無一言一事之自欺自恕。慨然任天下之重，而以弘濟蒼生爲心。……』（居業堂集顏先生年譜序）這話雖出自門生心悅誠服之口，依我看還不算溢美哩。

習齋狠反對著書。有一次，孫夏峯的門生張天章請他著禮儀水政書。他說：

『元之箸存學也，病後儒之箸書也。尤而效之乎？且紙墨功多，恐習行之精力少也。』年譜卷下所以他一生箸書狠少，只有存學存性存治存人四編，都是狠簡短的小冊子。存學編說孔子以前敎學成法，大指在主張習行六藝，而對於靜坐與讀書兩派痛加駁斥，存性編可以說是習齋哲學的根本談，大致宗孟子之性善論，而對於宋儒變化氣質之說不以爲然。存治編發表他政治上主張，如行均田，復選舉、重武事……等等。存人編專駁佛敎，說他非人道主義習齋，一生著述僅此。實則不過幾篇短文和信札筆記等類湊成，算不得著書也。戴子高習齋傳說他：『推論明制之得失所當因革者爲書曰會典大政記；曰，如有用我，舉而錯之。』但這書我未得見，想是失傳了。有四書正誤朱子語類評兩書，今皆存。這書是他讀朱子四書集註及語類隨手批的，門人纂錄起來，也不算什麼著述。他三十歲以後，和他的朋友王法乾養粹共立日記，凡言行善否，意念之欺慊，逐時自勘注之。後來他的門生李恕谷用日記做底本加以平日所聞見，撰成習齋先生年譜二卷。鍾金若鋑又輯有習齋先生言行錄四卷，補年譜所未備。又輯習齋紀餘二卷，則錄其雜文。學者欲知習齋之全人格及其學術綱要，看年譜及言行錄最好。

這個實踐實用學派，自然是由顏習齋手創出來，但習齋是一位闇然自修的人，足跡罕出里門，交遊絕少，又不肯著書，若當時僅有他這一個人，恐怕這學派早已湮滅沒人知道了。幸虧他有一位才氣極高聲氣極廣志願極宏的門生李恕谷，纔能把這個學派恢張出來。太史公說：『使孔子名周聞於天下者，子貢先後之也。』孔子是否賴有子貢，我們不敢說；習齋之有恕谷，卻眞是史公所謂『相得而益彰』了。所以這派學問，我們叫他做「顏李學。」

恕谷，名塨，字剛主。直隸蠡縣人。生順治十六年，卒雍正十一年，（一六五九—一七三三）年七十五。父明性，學行甚高。習齋說生平嚴事者六人，明性居其一。恕谷以父命從習齋遊，盡傳其學，而以昌明之爲己任。習齋足不出戶，不輕交一人，尤厭見時貴。恕谷則常來往京師，廣交當時名下士。如萬季野閻百詩，胡朏明，方靈皋輩，都有往還。時季野負盛名，每開講會，列坐都滿。一日會講於紹甯會館，恕谷也在坐。衆方請季野講「郊社之禮」季野說：且慢講什麼

「郊社，」請聽聽李先生講眞正的聖學。王崑繩才氣不可一世，自與恕谷爲友，受他的感動，以五十六歲老名士，親拜習齋之門爲弟子。程綿莊，惲皋聞，皆因恕谷纔知有習齋，都成爲習齋學派下最有力人物。所以這派雖由習齋創始，實得恕谷然後長成。習齋待人與律己一樣的嚴峻，恕谷說：交友須令，可親，乃能收羅人才，廣濟天下。論取與之節，習齋主張非力不食，恕谷主張通功易事。習齋絕對的排斥讀書，恕谷則謂禮樂射御書數等，有許多地方非考證講究不可，所以書本上學問也不盡廢。這都是他對於師門補偏救弊處，然而學術大本原所在，未嘗與習齋有出入。他常說：『學施於民物，在人猶在己也。』又以爲：『教養事業，惟親民官乃能切實辦到。』他的朋友郭金湯做桐鄉知縣，楊勤做富平知縣，先後聘他到幕府，舉邑以聽。他欣然前往，政教大行。但闊人網羅他，他卻不肯就：李光地做直隸巡撫，方以理學號召天下，託人示意他往見。他說，民不可以妄見長官，竟不往。年羹堯開府西陲，兩次來聘，皆力辭以疾。其自守之介又如此。

恕谷嘗問樂學於毛奇齡，毛推爲蓋世儒者，意欲使恕谷盡從其學。恕谷不肯。毛遂作大學逸講箋以攻習齋。方苞與恕谷交厚，嘗遣其子從學恕谷，又因恕谷欲南遊，擬推其宅以居恕谷。然方固以程朱學自命者，不悅習齋學。恕谷每相見，侃侃辨論，方輒語塞。及恕谷卒，方不俟其子孫之請，爲作墓志，於恕谷德業一無所詳，而唯載恕谷與王崑繩及方論學同異，且謂恕谷因方言而改其師法。恕谷門人劉用可調贊說方純搆虛辭，誣及死友云。

恕谷承習齋教，以躬行爲先，不尙空文著述。晚年因問道者衆，又身不見用，始寄於書。所著有小學稽業五卷，大學辨業四卷，聖經學規纂二卷，論學二卷，周易傳注七卷，詩經傳注八卷，春秋傳注四卷，論語傳注二卷，大學中庸傳注各一卷，傳注問四卷，經說六卷，學禮錄四卷，學樂錄二卷，擬太平策一卷，田賦考辯宗廟考辯禘祫考辯各一卷，閱史郄視五卷，平書訂十四卷，平書爲王崑繩所著，已佚，此書爲恕谷評語。恕谷文集十三卷。其門人馮辰劉調贊共纂恕谷先生年譜四卷。

顏李的行歷，大略說過，以下要說他們學術的梗概。

顏李學派，在建設方面，成蹟如何，下文別有批評。至於破壞方面，其見識之高，膽量之大，我敢說從古及今未有其比。因爲自漢以後二千年所有學術，都被他否認完了！他否認讀書是學問，尤其否認注釋古書是學問，乃至否認用所有各種方式的文字發表出來的是學問！他否認講說是學問，尤其否認講說哲理是學問！他否認靜坐是學問，尤其否認內觀式的明心見性是學問！我們試想：二千年來的學問，除了這幾項更有何物？都被他否認得乾乾淨淨了！我們請先看他否認讀書是學問的理由。習齋說：

『以讀經史訂羣書爲窮理處事以求道之功，則相隔千里。以讀經史訂羣書爲卽窮理處事而曰道在是焉，則相隔萬里矣。……譬之學琴然：書猶琴譜也；爛熟琴譜，講解分明，可謂學琴乎？故曰，以講讀爲求道之功，相隔千里也。更有一妄人指琴譜曰，是卽琴也：辨音律，協聲韻，理性情，通神明，此物此事也。譜果琴乎？故曰，以書爲道，相隔萬里也。……歌得其調，撫嫻其指，絃求中音，徽求中節，是之謂學琴矣，未爲習琴也。手隨心，音隨手，淸濁疾徐有常功，鼓有常規，奏有常樂，是之謂習琴矣，未爲能琴也。絃器可手製也，音律可耳審也，詩歌惟其所欲也，心與手忘，手與絃忘。於是乎命之曰能琴。今手不彈，心不會，但以講讀琴譜爲學琴，是渡河而望江也；故曰千里也。今目不覩，耳不聞，但以譜爲琴，是指薊北而談滇南也；故曰萬里也。』（存學篇卷二性理書評）

這種道理，本來一說便明。若說必讀書纔有學問，那麼，許多書沒有出現以前，豈不是沒有一個有學問的人麼？後儒解釋論語『博學於文，』大率說是『多讀書，』習齋說：『儒道之亡，亡在誤認一「文」字。試觀帝堯「煥乎文章，」固非大家帖括，抑豈四書五經乎？周公監二代所制之「郁郁，」孔子所謂「在茲，」顏子所謂「博我」者，是何物事？後事全然誤了。』（言行錄學須篇）又說：『漢宋儒滿眼只看得幾册文字是「文，」然則虞夏以前大聖賢皆鄙陋無學矣！』（四書正誤卷三）又說：『後儒以文墨爲文，將博學改爲博讀博講博著，不又天淵之分耶？』（習齋年譜卷下）可謂一針見血語了。

「讀書卽學問」這個觀念從那裏發生呢？習齋以爲：「漢宋諸儒，但見孔子敘書傳禮刪詩正樂繫易作春秋，誤認纂修文字是聖人，則我傳述注解便是賢人，讀之熟講之明而會作書文者皆聖人之徒矣。遂合二千年成一虛花無用之局。……」（四書正誤卷三）孔子曾否刪書詩定禮繫易等等，本來還屬歷史上一個疑問，就令有之，也斷不能說孔子之所以爲孔子者專在此，這是顯而易見之理。據習齋的意思，以爲『孔子是在强壯時已學成內聖外王之德，敎成一班治世之才，不得用乃周遊，又不得用乃刪述，皆大不得已而爲之者。其所刪述，不過編出一部「習行經濟譜，」望後人照樣去做。戰國說客，置學敎而學周遊，是不知周遊爲孔子之不得已也；宋儒又置學敎及行道當時，而自幼卽學刪述，敎弟子亦不過如是，是不知刪述爲孔子之尤不得已也。如效富翁者，不學其經營治家之實，而徒效其凶歲轉移及遭亂記產籍以遺子孫者乎？』（存學編卷三，年譜卷下）這些話說孔子說得對不對，另一問題；對於後儒誤認讀書卽學問之心理，可謂洞中癥結了。

習齋爲什麼恨讀書恨到這步田地呢？他以爲專讀書能令人愚，能令人弱。他有一位門生把中庸『好學近乎知』這句話問他。他先問那人道：『你心中必先有多讀書可以破愚之見，是不是呢？』那人道：『是。』他說：『不然。試觀今天下秀才曉事否？讀書人便愚；多讀更愚。但書生必自智，其愚卻益深。……』（四書正誤卷二）又說：『讀書愈多愈惑，審事機愈無識，辦經濟愈無力。』（朱子語類評）朱子曾說：『求文字之工，用許多工夫，費許多精神，甚可惜。』習齋進一步說道：『文家把許多精神費在文墨上誠可惜矣，先生輩舍生盡死，在思讀講著四字上做工夫，全忘卻堯舜三事六府，周孔六德六行六藝，不肯去學，不肯去習，又算什麼？千餘年來，率天下入故紙堆中，耗盡身心氣力，作弱人病人無用人者，皆晦庵為之也。』（朱子語類評）恕谷說：『讀閱久則喜靜惡煩，而心板滯迂腐矣。……故予人以口實，曰「白面書生，」曰「書生無用，」曰「林間咳嗽病獼猴。」世人猶謂誦讀可以養身心，誤哉！……顏先生所謂：讀書人率習如婦人女子，以識則戶隙窺人，以力則不能勝一匹雛也。』（恕谷後集與馮樞天論讀書）這些話不能說他太過火。因為這些「讀書人」實在把全個社會弄得糟透了。恕谷說：

『後世行與學離，學與政離。宋後二氏學興，儒者浸淫其說，靜坐內視，論性談天，與孔子之言一一乖反。至於扶危定傾，大經大法，則拱手張目授其柄於武人俗士。當明季世，朝廟無一可倚之人，坐大司馬堂批點左傳，敵兵臨城，賦詩進講；覺建功立名，俱屬瑣屑；日夜喘息著書，曰此傳世業也！卒至天下魚爛河決，生民塗炭，嗚呼！誰生厲階哉！』恕谷文集與方靈皋書，

習齋恨極這種學風，所以咬牙切齒說道：

『率古今之文字，食天下之神智。』四書正誤卷四

他拿讀書比服砒霜！說道：

『僕亦吞砒人也。耗竭心思氣力，深受其害，以至六十餘歲，終不能入堯舜周孔之道。但於途次聞鄉塾羣讀書聲，便歎曰，可惜許多氣力！但見人把筆作文字，便歎曰，可惜許多心思！但見場屋出入人羣，便歎曰，可惜許多人才！故二十年前，但見聰明有志人，便勸之多讀；近來但見才器，便戒勿多讀書。……………噫！試觀千聖百王，是讀書人否？雖三代後整頓乾坤者，是讀

書人否？吾人急醒！』朱子語類評

這些話可謂極端而又極端了咳。，我不曉得習齋看見現在學校裏成千成萬青年，又當作何歎息哩！但我們須要牢牢緊記：習齋反對讀書，並非反對學問，他因爲他認定讀書與學問截然兩事，而且認讀書妨害學問，所以反對他。他說：

『人之歲月精神有限，誦說中度一日，便習行中錯一日，紙墨上多一分，便身世上少一分。』存學編卷一。

恕谷亦說：

『紙上之閱歷多，則世事之閱歷少。筆墨之精神多，則經濟之精神少。宋明之亡以此。』恕谷年譜

觀此，可知他反對讀書，純爲積極的而非消極的他只是叫人把讀書的歲月精神騰出來去做學問。至於他所謂學問是什麼，下文再說。

習齋不惟反對讀書，而且反對著書，看上文所引的話多以讀著並舉，便可見。恕谷比較的好著書。習齋曾告誡他，說道：『今即著述盡是，不過宋儒爲誤解

之書生，我爲不誤解之書生耳。何與儒者本業哉？』（年譜卷下）總而言之，凡紙上學問，習齋無一件不反對！

反對讀書不自顏李始，陸王學派便已反對，禪宗尤其反對。顏李這種話，不是助他們張目嗎？不然不然。顏李所反對不僅在讀書，尤在宋明儒之談玄式的講學。習齋說：

『近世聖道之亡，多因心內惺覺口中講說紙上議論三者之間見道，而身世乃不見道。學堂輒稱書院，或曰講堂，皆倚論語『學之不講』一句爲遂非之柄。殊不思孔門爲學而講，後人以講爲學，千里矣。』（年譜卷下）

習齋之意，凡學而注重講，不論講什麼，不論講得對不對，總之已經錯了路數了。他說：『孔子說「予欲無言，」「無行不與，」當時及門皆望孔子以言，孔子惟率之下學而上達。非吝也，學教之成法固如是也。道不可以言傳也，言傳者有先於言者也。』（存學編卷一由道。）可見無論何種學問，決非一講所能了事了。何況宋明所講之學，開口總是什麼性咧，命咧，天咧，理咧，氣咧。習齋以爲：『性命之理，不可講也。雖講，人亦不能聽也；雖聽，人亦不能醒也；雖醒，人亦不能行也。』（存學編卷一總論講學，）論語說：『夫子之言性與天道不可得而聞。』宋儒都說是顏曾以下彀不上「聞」。」習齋說：『如是，孔子不幾爲千古拙師，七十子竟成愚徒乎？』（年譜卷下）他的意思以爲這些本來是不應聞的不必聞的，並沒有彀得上彀不上的問題。論語：『民可使由之，不可使知之。』習齋以爲：由便彀了，何必要知？要「使知」便都枉用心力還會鬧毛病。（存學編由道章大意）孟子說：『行之而不著焉，習矣而不察焉，終身由之而不知其道者衆也。』習齋說：近世講學家正做得這章書的反面：『著之而不行焉，察矣而不習焉，終身知之而不由其道者衆也。』（這話是刁蒙吉說的，習齋引他。）所以他說：

『漢宋諸先生，只要解惺；教人望世，亦祇要他解惺；故罄一生心力去作注疏作集註。聖人只要人習行，不要人解惺。天下人盡習行，全不解惺，是道之明於天下也。天下人盡解惺，全不習行，是道之晦於天下也。道明於天下，堯舜之民不識不知；孔門三千徒衆，性道不得聞。道晦於天下，今世家講而人解。』

（四書正誤卷三）

總之習齋學風，只是教人多做事，少講話；多務實際，少談原理。他說：『宋儒如得一路程本，觀一處又觀一處，自喜爲通天下路程，人人亦以曉路稱之。其實一步未行，一處未到，周行蕪榛矣。』（年譜卷下）又說：『有聖賢之言可以引路。今乃不走路，只效聖賢言以當走路。每代引路之言增而愈多，卒之蕩蕩周道上鮮見人也。』（存學篇卷三）又說：『專說話的人，便說許多堯舜話，終無用。即如說糟粕無救於飢渴，說稻粱魚肉亦無救於飢渴也。』（朱子語類評）他反對講學之理由，太略如此。

宋明儒所講個人修養方法，最普通的爲主靜主敬窮理格物……等等。顏李學派對於這些法門，或根本反對，或名同實異。今分述如下：

主靜是顏，根本反對的。以，陸兩派論，向來都說，主敬陸主靜，其實『主靜立人極』這句話，倡自周濂溪；程子見人靜坐，便歎爲善學；朱子教人『半日靜坐，』教人『看喜怒哀樂未發之中；』程朱派何嘗不是主靜。所以「靜」之一字，雖謂爲宋元明七百年間道學先生們公共的法寶，亦無不可。習齋對於這一派話，最為痛恨。他說：『終日危坐以驗未發氣象為求中之功，此眞孔子以前千聖百王所未嘗聞也。』存學編卷二　朱子口頭上常常排斥佛學，排斥漢儒，習齋詰問他：『你教人半日靜坐半日讀書，是半日當和尚，半日當漢儒，試問十二個時辰，那一刻是堯舜周孔？』朱子語類評　顏李書中，像這類的話狠多，今不備引了。但他們並非用空言反對，蓋從心理學上提出極強的理由，證明靜中所得境界實靠不住。習齋說：

『洞照萬象，昔人形容其妙曰境花水月，宋明儒者所謂悟道，亦大率類此。吾非謂佛學中無此境也；亦非謂學佛者不能致此也。正謂其洞照者無用之水鏡，其萬象皆無用之花月也。不至於此，徒苦半生為腐朽之枯禪；不幸而至此，自欺更深。何也？人心如水，但一澄定，不濁以泥沙，不激以風石，不必名山巨海之水能照百態，雖溝渠盆盂之水皆能照也。今使竦起靜坐不擾以事為，不雜以旁念，敏者數十日，鈍者三五年，皆能洞照萬象如鏡花水月，功至此，快然自喜，以為得之矣。或邪妄相感，人物小有徵應，愈隱怪驚人，轉相推服，以為有道矣。予戊申前亦嘗從宋儒用靜坐工夫，故身歷而知其為妄，不足據也。存學編卷二有一段大意與此同而更舉實例為證云：『吾聞一管姓者，與吾友汪魁楚之伯同學仙於秦山中，止語三年。汪之離家十七年，其子往視之。管能豫知，以手畫字曰：「汪師今日有子來。」既而果然。未幾其兄呼還，則與鄉人同也，吾游燕京，遇一僧敬軒。不識字，坐禪數月，能作詩。既而出關，則仍一無知人也……』天地間豈有不流動之水不著地不見泥沙不見風石之水？一動一著，仍是一物不照矣。今玩鏡裏花，水中月，信足以娛人心目；若去鏡水則花月無有矣。即對鏡水一生，徒自欺一生而已矣。若指水月以照臨，取鏡花以折佩，此必不可得之數也。故空靜之理，愈談愈惑；空靜之功，愈妙愈妄。……』存人編

這段話眞是饜心切理之談。天下往往有許多例外現象，一般人認為神秘不可思議，其實不過一種變態的心理作用：因為人類本有所謂潛意識者，當普通意識停止時，他會發動，——做夢便是這個緣故。我們若用人為的工夫將普通意識制止令潛意識單獨出鋒頭，則「鏡花水月」的境界，當然會現前。認這種境界為神秘而驚異他歆羨他，固屬可笑；若咬定說沒有這種境界，則亦不足以服迷信者之心，因為他們可以舉出實例來反駁你。習齋雖沒有學過近世心理學，但這段話確有他

的發明。他承認這種變態心理是有的，但說他是靠不住的，無用的從來儒家闢佛之說，沒有比習齋更透徹的了。

主靜若僅屬徒勞無功，也可以不管他。習齋以爲主靜有大害二。其一，是壞身體。他說：『終日兀坐書房中，萎惰人精神，使筋骨皆疲軟，以至天下無不弱之書生，無不病之書生，生民之禍，未有甚於此者也。』朱子語類評 其二，是損神智。他說：『爲愛靜空談之學久，則必至厭事，遇事即茫然。賢豪且不免，況常人乎？故誤人才敗天之事者，宋人之學也。』年譜卷下 這兩段話從生理上心理上分別說明主靜之弊，可謂博深切明。

習齋於是對於主靜主義，提出一個正反面曰「主動主義。」他說：『常動則筋骨竦，氣脈舒。故曰「立於禮，」故曰「制舞而民不腫。」宋元來儒者皆習靜，今日正可言習動。』行言錄卷下世性編 又說：『養身莫善於習動，夙興夜寐，振起精神，尋事去做。行之有常，並不困疲，日益精壯。但說靜息將養，便日就惰弱了。故曰君子莊敬日強，安肆日偷。』同上學人篇 這是從生理上說明習動之必要。他又說：『

人心動物也；習於事則有所寄而不妄動。故吾儒時習力行，皆所以治心。釋氏則寂室靜坐，絕事離羣以求治心，不惟理有所不可，勢亦有所不能，故置數珠以寄念。……』（言行錄卷上剛峯篇）又說：『吾用力農事，不遑食寢，邪妄之念，亦自不起。信乎「力行近乎仁」也。』（同上理欲篇）這是從心理上說明冒動之必要。尤奇特者，昔人多以心不動爲貴，習齋則連心也要他常動！他最愛說『提醒身心一齊振起』二語。怎樣振起法呢？『身無事幹，尋事去幹；心無理思，尋理去思。習此身使勤，習此心使存。』（言行錄卷下鼓琴篇）他篤信這個主動主義，於是爲極有力之結論道：

『五帝三王周孔，皆教天下以動之聖人也；皆以動造成世道之聖人也。漢唐襲其動之一二以造其世也。晉宋之苟安，佛之空，老之無，周程朱邵之靜坐，徒事口筆，總之皆不動也，而人才盡矣，世道淪矣！吾嘗言：一身動則一身強，一家動則一家強，一國動則一國強，天下動則天下強。自信其考前聖而不繆，俟後聖而不惑矣。』（言行錄卷下學須篇）

宋儒修養，除主靜外，還有主敬一法。程朱派學者常拿這個和陸王派對抗。

顏李對於主敬，是極端贊成的；但宋儒所用的方法卻認爲不對。習齋說：『宋儒拈窮理居敬四字，以文觀之甚美，以實考之，則以讀書爲窮理功力，以恍惚道體爲窮理精妙，以講解著述爲窮理事業；以儼然靜坐爲居敬容貌，以主一無適爲居敬工夫，以舒徐安重爲居敬作用。……』（存學編卷二）習齋以爲這是大錯了。他引論語的話作證。說道：『曰「執事敬，」曰「敬事而信，」曰「敬其事，」曰「行篤敬，」皆身心一致加功，無往非敬也。若將古人成法皆舍置，專向靜坐收攝徐行緩語處言主敬，則是儒其名而釋其實，去道遠矣。』（存學編卷三）恕谷說：『聖門不空言敬。「敬其事，」「執事敬，」「行篤敬，」「修己以敬，」孟子所謂必有事焉也。程子以「主一無適」訓敬。粗言之猶可通，謂爲此事則心在此事不又適於他也。精言之則「心常惺惺」「心要在腔子裏，」（案此皆程朱言主敬法門。）乃離事以言敬矣。且爲事之敬，有當主一無適者，亦有未盡者。瞽者善聽，聾者善視，絕利一源，收功百倍，此主一無適也。武王不泄邇，不忘遠，劉穆之五官並用，則神明肆應，敬無不通，又非可以主一無適言也。』又說：『宋儒講主敬，皆主靜也。「主一無適，」乃靜之訓，非敬之訓也。』（論語傳注問）是則同爲講主敬，而顏李與程朱截然不同。總之謂離卻事有任何學問，顏李絕不承認也。

宋儒之學自稱曰道學曰理學，其所標幟者曰明道曰窮理。顏李自然不是不講道理的人，但以爲宋儒所講道理都講錯了，而且明道窮理的方法也都不對。宋儒最愛說道體，其說正如老子所謂『有物混成先天地生字之曰道』者。習齋說：『道者，人所由之路也。故曰「道不遠人。」宋儒則遠人以爲道者也。』（四書正誤四）恕谷說：『路從足，道從辵，皆言人所共由之義理，猶人所由之街衢也。中庸言行道，論語言適道，尚書言遵道，皆與孟子言由道由路同。遂亦可曰「小人之道，」「小人道消，」謂小人所由之路也。若以道爲定名爲專物，則老莊之說矣。』（恕谷年譜卷五）恕谷更從初民狩獵時代狀況說明道之名所由立，而謂道不出五倫六藝以外。他說：『道者，人倫庶物而已矣。奚以明其然也？厥初生民，渾渾沌沌。既而有夫婦父子，有兄弟朋友，朋友之盡乃有君臣。誅取禽獸茹毛飲血事軌次序爲禮；前呼後應鼓舞相從爲樂；挽強中之爲射；乘馬隨徒爲御；歸而計件鍥於册爲書數。

因之衣食滋吉凶備。其倫爲人所共由；其物爲人所共習；猶達衢然，故曰道。倫物實實事也；道虛名也。異端乃曰「道生天地，」曰「有物混成先天地生，」是道爲天地前一物矣。天地尚未有，是物安在哉？且獨成而非共由者矣，何以謂之道哉？……』（恕谷後集原道篇）這段話所說道的範圍，舉例或不免稍狹；然大指謂社會道德起原在於規定人與人及人與事物之關係，不能不算是特識。因此他們不言天道，只言人道。恕谷說：『人，天之所生也；人之事卽天之道也。子父母所出也；然有子於此，問其溫淸定省不盡，問其繼志述事不能，而專思其父母從何而來，如何坐蓐以有吾身，人孰不以妄駴目之耶！』（周易傳注序）宋儒所謂明道傳道乃至中外哲學家之形而上論皆屬此類，所以顏李反對他們。

宋儒說的理及明理方法有兩種。一，天理—卽天道：指一個髣髴空明的虛體。下手工夫在『隨處體認天理；』結果所得是『人欲淨盡天理流行。』二，物理：指客觀的事物原理。下手工夫在『卽凡天下之物莫不因其已知之理而益窮之以求至乎其極；』結果所得是『一旦豁然貫通則衆物之表裏精粗無不到而吾心之全體大用無不明。』其實兩事只是一事，因爲他們最高目的，是要從心中得著一種虛明靈覺境界，便是學問上抓住大本大原，其餘都是枝葉。顏李學派對於這種主張極力反對。習齋說：『理者，木中紋理也，指條理言。』(四書正誤卷六)又說：『前聖鮮有說理者。孟子忽發出。宋人遂一切廢棄而倡爲明理之學！不知孟子所謂理義悅心，有自己註腳，曰「仁義忠信樂善不倦。」仁義等又有許多註腳。……今一切抹殺，而心頭玩弄，曰「孔顏樂處，」曰義理悅心。使前後賢豪皆籠蓋於釋氏極樂世界中。……』(同上)恕谷說：『後儒改聖門不言性天之矩，日以理氣爲談柄，而究無了義。……不知聖經無在倫常之外而別有一物曰道曰理者。……在人通行者名之曰道，故小人別有由行，亦曰小人之道。理字則聖經甚少。中庸。「文理」與孟子「條理」同：言秩然有條，猶玉有脉理地有分理也。……今乃以理置之人物以前，則鑄鐵成錯矣。……』(中庸傳注問)訓「理」爲條理，而以木之紋理玉之脈理爲喻，最合古義。後此戴東原孟子字義疏證，即從這個訓詁引出許多妙義來。理之界說已定，那麼，不能於事物之外求理，甚明。故恕谷說：『事有條理，理卽在事中詩曰：「有物有則，」離事物何所為理乎？』論語傳注問既已除卻事物無所謂理，自然除卻應事接物無所謂窮理。所以習齋說：『凡事必求分析之精，是謂窮理。』存學編卷二怎樣分析纔能精呢？非深入事中不可。朱子說：『豈有見理已明而不能處事者？』習齋駁他道：『見理已明而不能處事者多矣。有宋諸先生便謂還是見理不明，只教人再窮理孔子則只教人習事，迨見理於事，則已徹上徹下矣。此孔子之學與程朱之學所由分也。』同上卷三又說：『若只憑口中所談紙上所見心內所思之理義養人，恐養之不深且固也。』同上顏李主張習六藝，有人說：『小學於六藝已粗知其槩，但不能明其所以然，故入大學又須窮理，』恕谷答道：『請問窮理是閣置六藝專為窮理之功乎？抑功卽在於學習六藝，年長則愈精愈熟而理自明也？譬如成衣匠學鍼黹，由粗及精，遂通曉成衣要訣。未聞立一法曰，學鍼黹之後又閣置鍼黹而專思其理若何也。』聖經學規纂這段譬喻，說明習齋所謂「見理於事」眞足令人解頤。夫使窮理僅無益，猶可言也，而結果必且有害。恕谷說：『道學家敎人存誠明理，而其流每不明不誠。蓋高坐空談，捕風捉影，諸實事概棄擲爲粗迹，惟窮理是務。離事言理，又無質據；且執理自是，遂好武斷。』（恕谷文集惲氏族譜序）這話眞切中中國念書人通病。戴東原說『宋儒以理殺人，』顏李早論及了。

然則朱子所謂「即物窮理」工夫對嗎？朱子對於這句話自己下有注解道：『上而無極太極，下而至於一草一木一昆蟲之微，亦各有理。一書不讀，則缺了一書道理；一事不窮，則缺了一事窮理；一物不格，則缺了一物道理。須逐著一件與他理會過。』恕谷批評他說：『朱子一生功力志願皆在此數言，自以爲表裏精粗無不到矣。然聖賢初無如此教學之法也。論語曰：「中人以下，不可語上；」「夫子之言性與天道，不可得聞；」中庸曰：「聖人有所不知不能；」孟子曰：「堯舜之知而不徧物；」可見初學不必講性天，聖人亦不能徧知一草一木也。朱子乃如此浩大爲願能乎？（大學辨業）朱子這類話，荒唐極了！天下那裏能彀有這樣窮理的人？想要無所不知，結果非鬧到一無所知不可。何怪陸王派說他「支離？」習齋嘗問一門人自度才智何取？對云：『欲無不知能。』習齋說：『誤矣。孔門諸賢，禮樂兵農各精其一；唐虞五臣，水火農教，各司其一。後世菲資，乃思兼長，如是必流於後儒思箸之學矣。蓋書本上見，心頭上思，可無所不及，而最易自欺欺世。究之莫道一無能，其實一無知也。』（言行錄過之篇）所以宋明儒兩種窮理方法，在顏李眼中，都見得一無是處。

顏李學派，本重行不重知。他們常說「可使由不可使知，」是古人敎學良法，看起來，像對於知識方面太忽視了。實亦不然。他們並不是不要知識，但以爲必從實行中經驗得來纔算眞知識。前文引恕谷成衣匠之喻，已略見一斑了。習齋解大學的「格物，」說明知識之來源如下！

『李植秀問「格物致知。」予曰：知無體，以物爲體。猶之目無體，以形色爲體也。故人目雖明，非視黑視白，明無由用也；人心雖靈，非玩東玩西，靈無由施也。今之言致知者，不過讀書講問思辨己耳。不知致吾知者皆不在此也。譬如欲知禮，任讀幾百遍禮書，講問幾十次，思辨幾十層，總不算知；直須跪拜周旋親下手一番，方知禮是如此。譬如欲知樂，任讀樂譜幾百遍，講問思辨幾十層，總不能知，直須搏拊擊吹口歌身舞親下手一番，方知樂是如此。是謂「物格而后知至。」……格即「手格猛獸」之格。……且如這冠，雖三代聖人，不知何朝之冠也；雖從聞見而知爲某種之冠，亦不知皮之如何煖也。必手取而加諸首，乃知如此取煖。如這服蔬，雖上智老圃，不知爲可食之物也；雖從形色料爲可食之物，亦不知味之如何辛也。必箸取而納之口，乃知如此味辛。故曰手格其物而后知至。』（四書正誤卷一）

大學格物兩字，是否如此解法，另爲一問題。但他的主張以爲從聞見而偶得的知識靠不住，從形色上揣料而得的知識也靠不住。知識之到來，(知至)須經過一定程序，即『親下手一番』便是換而言之：無所謂先天的知識，凡知識皆得自經驗習齋又說：『今試予生知聖人以一管，斷不能吹。』（言行錄世情篇）這種「唯習主義」的知識論，正是顏李派哲學的根本立場。

王陽明高唱「知行合一。」從顏李派看來，陽明派還是偏於主知，或還是分知行爲二。必須如習齋所說見理於事因行得知，纔算眞的知行合一。陽明說。『

不行只是不知，』習齋翻過來說不知只是不行。所以他不教人知，只教人行。行又不是一蹴過便了，最要緊是「習。」他說：

『自驗無事時種種雜念，皆屬生平聞見言事境物。可見有生後皆因「習。」作主。』年譜上卷

又說：

『心上想過，口上講過，書上見過，都不得力；臨事依舊是所習者出。』存學編卷一

又說：

『吾嘗談天道性命，若無甚扞格；一著手算九九數便差。年譜卷下又云：『書房習算，入市便差。』以此知心中惺覺，口中講說，紙上敷衍，不由身習，皆無用也。』存學編卷二

習齋以「習」名其齋，因為他感覺「習」的力量之偉大，因取論語「習相遠」和「學而時習」這兩句話極力提倡。所以我說他是「唯習主義。」習齋所講的「習，」一函有兩義：一是改良習慣，二是練習實務。而改良習慣的下手方法又全在練習實務，所以兩義還只是一義。然則習些什麼呢？他所最提倡的就是六藝——禮樂

射御書數。他說：『習行禮樂射御之學。健人筋骨，和人血氣，調人情性，長人神智一時習行，受一時之福；一日習行，受一日之福。一人習之，錫福一人；一家習之，錫福一家；一國天下皆然。小之卻一身之疾，大之措民物之安。』（言行錄習過之篇）

他的朋友王法乾，和他辨論，說這些都是粗跡。他答道：

『學問無所謂精粗喜精惡粗，此後世之所誤蒼生也。』（存學編卷一）

法乾又說：『射御之類，有司事，不足學。須當如三公坐論。』他答道：

『人皆三公，孰爲有司？學正是學作有司耳。譬之於醫：素問金匱，所以明醫理也；而療疾救世，則必診脉製藥鍼灸摩砭爲之力也。今有妄人者，止務覽醫書千百卷，熟讀詳說，以爲予國手矣；視診脉製藥鍼灸摩砭以爲術家之粗不足學也。一人倡之，舉世效之。岐黃盈天下，而天下之人病相枕死相藉也！可謂明醫乎？若讀盡醫書而鄙視方脉藥餌鍼灸摩砭，不惟非岐黃，並非醫也。尙不如習一科驗一方者之爲醫也。……』（存學編卷一學辨一）

習齋年譜記他一段事道：

『返鄗陵，訪李乾行等論學。乾行曰：「何須學習？但須操存功至，即可將百萬兵無不如意！」先生悚然，懼後儒虛學誣罔至此，乃舉古人兵間二事扣其策。次日問之。乾行曰：「未之思；亦不必思。小才小智耳。」先生曰：「小才智尙未能思，大才智又何在？豈君操存未至耶？」乾行語塞。

習齋這些話，不但爲一時一人說法。中國念書人思想籠統……作事顢頇，受病一千多年了。人人都好爲闊大精微的空論，習齋專教人從窄狹的粗淺的切實練習去。他說：『寧爲一端一節之實，無爲全體大用之虛。』存學編卷一何只當時，在今日恐怕還是應病良藥罷！

我們對於習齋不能不稍爲觖望者：他的唯習主義，和近世經驗學派本同一出發點，本來與科學精神極相接近。可惜他被「古聖成法」四個字縛住了，一定要習唐虞三代時的實務：未免陷於時代錯誤。即如六藝中「御」之一項，在春秋車戰時候，誠爲切用，今日何必要人人學趕車呢？如「禮」之一項，他要人習儀禮十七篇裏頭的昏禮冠禮士相見禮……等等，豈不是唱滑稽戲嗎？他這個學派不能盛行，未始不由於此。倘能把這種實習工夫：移用於科學，豈非大善。雖然，以此責備習齋，畢竟太苛了。第一，嚴格的科學，不過近百餘年的產物，不能責望諸古人。第二，他說要如古人之習六藝，並非說專習古時代之六藝。如學技擊便是學射，學西洋算術便是學數，李恕谷已屢屢論及了。第三，他說要習六藝之類的學問，並特專限於這六件，所以他最喜歡說「兵農禮樂水火工虞。」總而言之，凡屬於虛玄的學問，他無一件不反對；凡屬於實驗的學問，他無一件不贊成。使習齋恕谷生在今日，一定是兩位大科學家。而且是主張科學萬能論者；我敢斷言！

雖然，顏李與科學家，正自有別：科學家之實驗實習，其目的專在智識之追求；顏李雖亦認此爲增進智識之一法門，其目的實在人格全部之磨練。他們最愛說的話，曰：『身心一齊竦起。』曰：『人己事物一致。』曰：『身心道藝一致加功。』以習禮論，有俯仰升降進退之節，所以勞動身體；習行時必嚴恭寅畏，所以振竦精神；講求節文度數，所以增長智慧。每日如此做去，則身心兩方面之鍛練，常平均用力而無間斷。拿現代術語來講：則體育德育智育。「三位合一。」也。顏李之理想的教育方針，實在如此。他們認這三件事缺一不可；又認這三件事非同時齊著力不可。

他們鍛練心能之法。務在『提竦精神，使心常靈活。』（習齋年譜卷上）習齋解孟子『操則存舍則亡』兩句話說道：『識得「出入無時」是心，操之之功始有下落。操如操舟之操：操舟之妙在舵，舵不是死操的。又如操兵操國柄之操：操兵必要坐作進退如法；操國柄必要運轉得政務。今要操心，卻要把持一個死寂，如何謂之操？』（四書正誤卷六。案此錢緒山語。習齋取之。）蓋宋儒言存養之法，主要在令不起一雜念，令心中無一事。顏李則『不論有事無事有念無念皆持以敬。』（恕谷年譜卷三）拿現在的話來講，則時時刻刻集中精神便是孔子說：『居處恭。執事敬。與人忠。』習齋說：『此三語最爲賅切詳備：蓋執事與人之外皆居處也，則凡非禮勿視聽言動具是矣。居處與人之外皆執事也，則凡禮樂射御書數之類具是矣。居處執事之外皆與人也，則凡君禮臣忠父慈子孝兄友弟恭夫義婦順朋友先施皆具是矣。』（言行錄學人篇）做一件事，便集中精神於一件事；接一個人，便集中精神於一個人；不做事不接人而自己獨處的時候，便提起一種嚴肅的精神令身心不致散漫無歸著。這是顏李學派修養的不二法門。

顏李也可以說是功利主義者。習齋說：

『以義爲利，聖賢平正道理也。尙書明以利用與正德厚生並爲三事；利貞，利用安身，利用刑人，無不利，利者義之和，易之言利更多。……後儒乃云「正其誼不謀其利，」過矣。宋人喜道之以文其空疏無用之學。予嘗矯其偏，改云：正其誼以謀其利，明其道而計其功。』（四書正誤卷一）

恕谷說：

『董仲舒曰：「正其道不謀其利，修其理不急其功。」語具春秋繁露。本自可通，班史誤易「急」爲「計。」宋儒遂酷遵此一語爲學術，以爲「事求可功求成」則取必於智謀之末而非天理之正。後學迂弱無能，皆此語誤之也。請問行天理以孝親而不思得親之歡，事上而不欲求上之獲，有是理乎？事不求可，將

任其不可乎？功不求成，將任其不成乎……』（論語傳註問）

這兩段話所討論，實學術上極重要之問題。老子說的『爲而不有，』我們也認爲是學者最高的品格。但是，把效率的觀念完全打破，是否可能？況且凡學問總是要應用到社會的；學問本身可以不計效率，應用時候是否應不計效率？這問題越發複雜了。我國學界，自宋儒高談性命鄙棄事功，他們是否有得於『爲而不有』的眞精神，且不敢說，動輒唱高調把實際上應用學問抹殺，其實討厭。朱子語類有一段：『江西之學（陸象山）只是禪；浙學（陳龍川）卻專是功利。……功利，學者習之便可效，此意甚可憂。』你想：這是什麼話！習齋批評他道：

『都門一南客曹蠻者，與吾友王法乾談醫，云「惟不效方是高手。」殆朱子之徒乎！朱子之道，千年大行，使天下無一儒，無一才，無一苟定時，因不願見效故也。宋家老頭巾，羣天下人才於靜坐讀書中，以爲千古獨得之秘，指幹辦政事爲粗豪爲俗吏，指經濟生民爲功利爲雜霸。究之使五百年中平常人皆讀講集註揣摩八股走富貴利達之場，高曠人皆高談靜敬著書集文貪從祀廟庭之典。

莫論唐虞三代之英，孔門賢豪之士，世無一人，並漢唐傑才亦不可得。世間之德乃眞亂矣，萬有乃眞空矣！……』（朱子語類評）

宋儒自命直接孔孟，何止漢唐政治家，連孔門弟子都看不起！習齋詰問他們說：

『……何獨以偏缺微弱兄於契丹臣於金元之宋，前之居汴也，生三四堯孔六七禹顏！後之南渡也，又生三四堯孔六七禹顏！而乃前有數聖賢，上不見一扶危濟難之功，下不見一可相可將之材，拱手以二帝畀金以汴京與豫矣！後有數十聖賢，上不見一扶危濟難之功，下不見一可相可將之才，推手以少帝赴海。以玉璽元矣！多聖多賢之世乃如此乎？噫！』（存學編卷二）

這話並不是尖酸刻薄。習齋蓋深有感於學術之敝影響到社會，痛憤而不能已於言。他說：『吾讀甲申殉難錄，至「愧無半策匡時難惟餘一死報君恩，」未嘗不泣下也至覽尹和靖祭程伊川文「不背其師有之有益於世則未」二語，又不覺廢卷浩歎爲生民愴惶久之。』（存學編卷二）旣屬一國中智識階級，則對於國之安危盛衰，自當負絕對責任。說我自己做自己的學問不管那些閑事，到事體敗壞之後，只歎息幾句了事，這種態度如何要得？所以顏李一派常以天下爲己任，而學問皆歸於致用。專提倘書三事——正德，利用，厚生，爲標幟。習齋說：『宋人但見料理邊疆便指爲多事；見理財便指爲聚歛；見心計材武便憎惡斥爲小人。此風不變，乾坤無甯日矣。』（年譜卷下）又說：『兀坐書齋人無一不脃弱，爲武士農夫所笑。』（存學編卷三性理評）又說：『儒元來儒者卻習成婦女態，甚可羞。「無事袖手談心性，臨危一死報君王，」即爲上品矣。』（同上卷一學辯）又說：『白面書生，微獨無經天緯地之略兵農禮樂之才，率柔脃如婦人女子求一豪爽倜儻之氣亦無之。間有稱雄卓者，則又世間粗放子。……』（習齋記餘卷一泣血集序）恕谷說：『道學家不能辦事，且惡人辦事。』（恕谷年譜卷上）又說：『宋儒內外精粗，皆與聖道相反：養心必養爲無用之心，致虛守寂。修身必修爲無用之身，徐言緩步。爲學必爲無用之學，閉門誦讀。不盡去其病，世道不可問矣。』（同上）

宋儒亦何嘗不談經世？但顏李以爲：這不是一談便了的事　習齋說：『陳同甫謂：「人才以用而見其能否，安坐而能者不足恃。兵食以用而見其盈虛，安坐而盈者不足恃。」吾謂：德性以用而見其醇駁，口筆之醇者不足恃；學問以用而見其得失，口筆之得者不足恃。」（年譜卷上）又說：『人不辦天下事，皆可為無弊之論。』（言行錄杜生篇）有人說：一統志廣輿記等書，皆書生文字，於建國規模山川險要未詳。習齋說：『豈惟是哉；自帖括文墨遺禍斯世，卽間有考纂經濟者，總不出紙墨見解可嘆！』（年譜卷下）李二曲說：『吾儒之學，以經世為宗。自傳久而謬，一變訓詁，再變詞藝，而儒名存實亡矣。』習齋評他道：『見確如此。乃膺當路尊禮，集多士景從，亦祗講書說話而已。何不舉古人三事三物之經世者使人習行哉？後儒之口筆，見之非，固無用；見之是，亦無用。此益傷吾心也。』（同上）嗚呼！倘使習齋看見現代青年日日在講堂上報紙上高談什麼主義什麼主義者：不知其傷心更何如哩！

想做有用之學，先要求為可用之人。恕谷說：『聖學踐形以盡性，今儒墮形以明性。耳目但用於聽讀，耳目之用去其六七；手但用於寫，手之用去其七八；足惡動作，足之用去九；靜坐觀心而身不喜事，身心之用亦去九。形既不踐，性何由全？』年譜卷上 這話雖然是針對當時宋學老爺們發的；但現代在學堂裏所受的教育，是否能盡免此弊，恐怕還值得一猛醒罷！

習齋好動惡靜，所以論學論政，皆以日日改良進步爲鵠。他有一天鼓琴絃斷，解而更張之，音調頓佳。因嘆道：『爲學而惰，爲政而懈，亦宜思有以更張之也。彼無志之人。樂言還就憚於更張死而後已者，可哀也。』言行錄鼓琴篇 又說：『學者須振萎惰，破因循，每日有過可改。有善可遷，即日新之學也。改心之過，遷心之善，謂之正心；改身之過，遷身之善，謂之修身；改家國天下之過，遷家國天下之善，謂之齊治平。學者但不見今日有過可改有善可遷，便是昏惰了一日；爲政者但不見今日有過可改有善可遷，便是苟且了一日。』言行錄王次亭篇 總之常常活著不叫他死，常常新著不叫他舊，便是顏李主動之學。他們所謂身心內外一齊振起者指此。

習齋不喜歡談哲理。但是對於「性」的問題，有自己獨到的主張，他所主張我認爲在哲學上很有價值，不能不稍爲詳細敘述一下！

中國哲學上爭論最多的問題就是性善惡論，因爲這問題和教育方針關係最密切，所以向來學者極重視他。孟子告子荀子董仲舒揚雄各有各的見解。到宋儒程朱，則將性分而爲二；一，義理之性，是善的；二，氣質之性，是惡的。其教育方針，則以「變化氣質」爲歸宿。習齋大反對此說，著存性編駁他們。首言性不能分爲理氣；更不能謂氣質爲惡。其略曰：

『……若謂氣惡，則理亦惡；若謂理善，則氣亦善。蓋氣即理之氣，理即氣之理，烏得謂理純一善而氣質偏有惡哉？譬之目矣：眶皰睛，氣質也；其中光明能見物者性也。將謂光明之理專視正色，眶皰睛乃視邪色乎？余謂更不必分何者爲義理之性氣質之性。……能視即目之性善；其視之也則情之善；其視之詳略遠近則才之強弱。（啓超案：孟子論性善，附帶著論「情」論「才」。說：『乃若其情則可以爲善矣；』又說：『若夫爲不善，非才之罪也。』習齋釋這三個字道：『心之理曰性，性之動曰情，情之力曰才』見年譜卷下。存性編亦有專章釋此三字，今不詳引）皆不可以惡言。蓋詳且遠固善；即略且近亦第善不精耳，惡於何加？惟因有邪色引動障蔽其明，然後有淫視而惡始名焉。然其爲之引動者性之咎乎？氣質之咎乎？若歸咎於氣質，是必無此目然後

可全日之性矣。……』（存性篇駁氣質性惡）

然則性善的人爲什麼又會爲惡呢？習齋以爲皆從「引蔽習染」而來，而引蔽習染皆從外入，絕非本性所固有。程子說：『淸濁雖不同，然不可以濁者不爲水。』朱子引申這句話，因說：『善固性也，惡亦不可不謂之性。』主張氣質性惡的論據如此。習齋駁他們道：

『請問濁是水之氣質否？吾恐澂澈淵湛者水之氣質，其濁者乃雜入水性本無之土，正猶吾言性之有引蔽習染也 其濁之有遠近多少，正猶引蔽習染之有輕重深淺也。若謂濁是水之氣質，則濁水有氣質，淸水無氣質矣；如之何其可也？』（同上借水喻性）

程子又謂『性本善而流於惡。』習齋以爲也不對。駁他道：

『原善者流亦善，上流無惡者下流亦無惡。……如水出泉，若皆行石路，雖自西海達東海，絕不加濁。其有濁者，乃虧土染之，不可謂水本淸而流濁也。知濁者爲土所染非水之氣質，則知惡者是外物染乎性非人之氣質矣。』（同上性理書評）

習齋論引蔽習染之由來，說得極詳盡，今爲篇幅所限，不具引了。（看存性篇性說）習齋最要的論點，在極力替氣質辯護。爲什麼要辯護呢？因爲他認定氣質爲各個人做人的本錢他說：

『盡吾氣質之能，則聖賢矣。』（言行錄卷下）又說：

『昔儒視氣質甚重。習禮習樂習射御書數，非禮勿視聽言動，皆以氣質用力，即此爲存心，即此爲養性。故曰「志至焉，氣次焉，持其志無暴其氣；」故曰「養吾浩然之氣；」故曰「唯聖人然後可以踐形。」魏晉以來，佛老肆行，乃於形體之外別狀一空虛幻覺之性靈；禮樂之外別作一閉目靜坐之存養。佛者曰入定，儒者曰吾道亦有入定也；老者曰內丹，儒者曰吾道亦有內丹也。借五經語孟之文，行楞嚴參同之事。以躬習其事爲粗迹，則自以氣骨血肉爲分外；於是始以性命爲精，形體爲累，乃敢以有惡加之氣質矣。』（存性編性理書評）

氣質各有所偏，當然是不能免的；但這點偏處，正是各人個性的基礎，習齋以爲教育家該利用他不該厭惡他他說：『偏勝者可以爲偏至之聖賢，……宋儒乃以偏爲惡。不知偏不引蔽，偏亦善也。』（同上）又說：『氣稟偏而即命之曰惡，是指刀而坐以殺人也。庸知刀之能利用殺賊乎？』（同上）習齋主張發展個性的教育，當然和宋儒「變化氣質」之說不能相容。他說：

『人之質性各異，當就其質性之所近心志之所願才力之所能以爲學，則無齟齬扞格終身不就之患。故孟子於夷惠曰不同道，惟願學孔子，非止以孔子獨上也；非謂夷惠不可學也。人之質性近夷者自宜學夷，近惠者自宜學惠。今變化氣質之說，是必平丘陵以爲川澤，塡川澤以爲丘陵也，不亦愚乎！且使包孝肅必變化而爲龐德公，龐德公必變化而爲包孝肅，必不可得之數，亦徒失其爲包爲龐而已矣。』（四書正誤卷六）

有人問他：你反對變化氣質，那麼尚書所謂『沈潛剛克高明柔克』的話不對嗎？他說：『甚剛人亦必有柔處，甚柔人亦必有剛處。只是偏任慣了。今加學問之功，則吾本有之柔自會勝剛，本有之剛自會勝柔。正如技擊者好動脚，教師教他動手以濟脚，豈是變化其脚？』（言行錄卷下王次亭篇）質而言之，程朱一派別氣質於義理，明是襲荀子性惡之說，而又必自附於孟子，故其語益支離。習齋直斥之曰：

『耳目口鼻手足五臟六腑筋骨血肉毛髮秀且備者，人之質也；雖蠢猶異於物也。呼吸充周榮潤運用乎五官百骸粹且靈者，人之氣也；雖蠢猶異於物也。故曰「人爲萬物之靈；」故曰「人皆可以爲堯舜。」其靈而能爲堯舜者即氣質也。非氣質無以爲性，非氣質無以見性也。今乃以本來之氣質而惡之，其勢不並本來之性而惡之不已也。以作聖之氣質，而視爲汙性壞性害性之物。明是禪家「六賊」之說之說，能不爲此懼乎。』存性篇正性理評

習齋之斷斷辨此，並非和程朱論爭哲理，他認爲這問題在教育關係太大，故不能已於言。他說：

『大約孔孟以前責之習。使人去其所本無；程朱以後責之氣，使人憎其所本有，是以人多以氣質自諉，竟有「山河易改本性難移」之諺矣！其誤世豈淺哉？』同上

他於是斷定程朱之說。『蒙晦先聖盡性之旨，而授世間無志人以口實。』存學編卷一上孫鍾元先

生書

他又斷言：凡人『爲絲毫之惡，皆自玷其光瑩之體，極神聖之善，始自踐其固有之形』（同上上陸桴亭先生書）習齋對於哲學上和教育上的見解，這兩句包括盡了。

以上所講，顏李學派的主要精神，大略可見了。這種議論，在今日還有許多人聽見了搖頭咋舌，何況二百年前？他們那時作這種主張，簡直可以說大著膽冒天下之不韙！習齋說：

『宋儒，今之堯舜周孔也！韓愈闢佛，幾至殺身，況敢議今世之堯舜周孔乎？季友著書駁程朱之說，發州決杖，況敢議及宋儒之學術品詣乎？此言一出，身命之虞，所必至也。然懼一身之禍而不言，委氣數於終誤，置民物於終壞，恐結舌安坐不援溝瀆與強暴橫逆納人於溝瀆者，其忍心害理不甚相遠也。』（上陸桴亭書）

又說：

『予未南遊時，尚有將就程朱附之聖門之意。自一南遊，見人人禪子，家家虛文，直與孔門敵對。必破一分程朱，始入一分孔孟，乃定以爲孔孟與程朱判然兩途，不願作道統中鄉原矣。』（年譜卷下）

他並非鬧意氣與古人爭勝。他是一位心地極光明而意志極强毅的人，自己所信，便以百折不撓的精神赴之，絲毫不肯遷就躲閃。他曾告誡恕谷道：

『立言但論是非，不論異同。是，則一二人之見不可易也；非，則雖千萬人所同不隨聲也。豈惟千萬人？雖百千年同迷之局，我輩亦當以先覺覺後覺，不必附和雷同也。』（言行錄學問篇）

試讀這種話，志節何等卓犖！氣魄何等沈雄！他又說：『但抱書入學，便是作轉世人，不是作世轉人。』（存學編卷三）他臨終那年，有幾句話囑付恕谷道：『學者勿以轉移之權委之氣數。一人行之爲學術，衆人從之爲風俗，民之瘼矣！忍度外置之乎？』（恕谷年譜卷下）恕谷聞言，泣數行下。嗚呼習齋！非天下之大仁大勇者其孰能與於斯。

習齋恕谷抱這種宏願，想要轉移學風別造一個新社會。到今日二百年了，到底轉移了沒有？唉！何止沒有轉移？只怕病根還深幾層哩！若長此下去嗎？那麼，習齋有一番不祥的預言，待我寫來。他說：

『文盛之極則必衰。文衰之返則有二：一是文衰而返於實。則天下厭文之心，必轉而爲喜實之心，乾坤蒙其福矣。………一是文衰而返於野。則天下厭文之心，必激而爲滅文之念，吾儒與斯民淪胥以亡矣。如有宋程朱黨僞之禁，天啟時東林之逮獄，崇禎末張獻忠之焚殺，恐猶未已其禍也！而今不知此幾之何向也。易曰：「知幾其神乎！」余曰：知幾其懼乎！』（存學編卷四）

嗚呼！今日的讀書人聽啊！自命智識階級的人們聽啊！滿天下小百姓厭惡我們的心理一日比一日厲害，我們還在那裏做夢！習齋說。『未知幾之何向，』依我看：「滅文。」之幾早已動了！我們不。「知懼，」徒使習齋恕谷長號地下耳！

同時服膺顏氏學且能光大之者，北有王崑繩，南有惲皋聞，程綿莊。而其淵源皆受自恕谷。

崑繩，名源，一字或庵。順天大興人。卒康熙四十九年，（一七一〇）年六十三。他當是時一位老名士。他少年從梁鳴林（以樟）遊，鳴林教以宋儒之學，他不以爲然。最喜談前代掌故及關塞險隘攻守方略。能爲文章，魏冰叔（禧）極推重他。

他說自韓愈以後而文體大壞，故其所作力追先秦西漢。自言：『生平性命之友有二：一曰劉繼莊，二曰李恕谷。此二人者實抱天人之略，非三代以下之才。』（文集復姚梅友書）後來繼莊死了，他做一篇狠沈痛的傳文，我們因此纔能知道繼莊的人格和學術。三藩平後，京師壇坫極盛，萬季野閻百詩胡東樵諸人各以所學提倡後進。崑繩也是當中一位領袖。他才氣橫溢，把這些人都看不在眼內，獨傾心繼莊和恕谷。他讀了恕谷的大學辨業和習齋的存學編過後，大折服。請恕谷爲介，執贄習齋之門，年已五十六了。自此效習齋作日記糾身心得失，晚年學益進。恕谷批評他道：『王子所謂豪傑之士者非耶！迹其文名遠噪，公卿皆握手願交，意氣無前；且半百耆儒，弟子請業者滿戶外；乃一聞聖道，遂躬造一甕牖繩樞潛修無聞之士，傴僂北面，惟恐不及！非誠以聖賢爲志，其能然乎？』（恕谷後集王子傳）他早年著有兵法要略輿圖指掌等書；受業習齋後更著有平書十卷，讀易通言五卷；皆佚。其集曰居業堂文集二十卷，今存。他好遊，晚年棄妻子徧遊名山大川，卒客死淮上。

崑繩未從學習齋以前，最服膺陽明學。對於當時借程朱做招牌的人深惡痛絕；曾有幾篇極痛快的文字罵他們。節錄如下：

『源生平最服姚江，以爲孟子之後一人。……蓋宋儒之學，能使小人肆行而無所忌，束縛沮抑天下之英雄不能奮然以有爲。……宸濠之亂，……不終日而談笑平之，此豈徒恃語言文字者所能辦。乃今之謗之者，謂其事功聖賢所不屑也；其學術爲異端不若程朱之正也。其心不過欲蔑其事功以自解其庸闒無能爲之醜；尊程朱以見己之學問切實而陰以飾其卑陋不可對人之生平；內以自欺，而外以欺乎天下。孰知天下之人之不可欺，而祇自成其爲無忌憚之小人也哉？……』（文集與李中孚先生書）

又：

『今天下之尊程朱詆姚江侈然一代大儒自命而不僞者幾人哉？行符其言者眞也，言不顧行者僞也，眞則言或有偏不失爲君子，僞則其言愈正愈成其爲小人。有人於此，朝乞食墦間，暮殺越人於貨，而掇拾程朱緒論狺狺焉詈陽明於五達之衢，遂自以爲程朱也，吾子許之乎？……且夫對君父而無慚，置其身於貨利之場死生禍福之際而不亂，其內行質之幽獨而不愧，播其文章議論於天下而人人信其無欺，則其立說程朱可也，陸王可也，不必程朱不必陸王而自言其所行亦可也。否則尊程朱即程朱之賊，尊陸王即陸王之賊，僞耳況大言欺世而非之不勝舉刺之不勝刺者哉？嘗聞一理學者力詆陽明，而遷官稍不滿其欲，流涕不能止。一識者譏之曰：「不知陽明謫龍場時有此淚否？」其人慚沮無以答。又一理學者見其師之子之妻之美，悅焉；久之，其夫死，約以爲妻，未小祥而納之。而其言曰：「明季流賊之禍皆陽明所釀！」嗚呼！若輩之行如此類者豈堪多述。……故今之詆姚江者，無損於姚江毛髮；則程朱之見推，實程朱萬世之大阨爾。……」（文集與朱字綠書）

這兩段話可以看出崑繩早年面目和當時所謂程朱學派者之品格何如，故錄之。此外闡發顏李學術與夫談經濟考史蹟之文倘多，恕不錄了。

惲皋聞，名鶴生，江蘇武進人。生卒年無考。嘗在秦中晤謝野臣，語以習齋爲學大旨，心善之。後至蠡縣訪習齋，則已沒。乃從恕谷求所著各書徧讀之，自稱私淑弟子。仿恕谷立日譜考究身心功過。每相見輒互證得失。其與恕谷往復切磋之語，見於恕谷年譜者甚多。臯聞每自南方寄書至，恕谷再拜然後啟讀，其重之如此。臯聞書言『南旋以存學示人，雖倔強者亦首肯，知斯道之易行。』恕谷喜曰，『顏先生之道南矣。』臯聞所著書有詩說及春秋附筆。晚歸常州，爲一鄉祭酒，故家子弟多從之遊。其後常州學術大昌，戴子高謂皆自臯聞開之。

程綿莊，名廷祚，字啟生，江蘇上元人。卒乾隆三十二年，（一七六七）年七十七。少篤於治經，後從惲臯聞聞顏李之學，上書恕谷，致願學之意。康熙庚子，恕谷南遊金陵，他屢過問學。讀習齋存學編，題其後云：『古之害道出於儒之外，今之害道出於儒之中。習齋先生起燕趙，常四海倡和翕然同風之日乃能折衷至當而有以斥其非，蓋五百年間一人而已。』綿莊之學，以習齋爲主而參以梨洲亭林，故讀書極博而皆歸於實用。所著有易通六卷，大易擇言三十卷，彖爻求是說六卷，晚書訂疑若干卷，尙書通議三十卷，青谿詩說二十卷，論語說周禮說各四卷，禘說二卷，春秋識小錄三卷。其集曰靑谿居士集，詩文各二十卷。今惟晚書訂疑有刻本；論語說則戴子高採若干則入顏氏學記中。精到語頗多。

習齋之學，雖不爲時流所喜，然而經恕谷極力傳播，崑繩皋聞縣莊相與左右之，當時有志之士聞風興起者也狠不少。諸公既沒，而考證學大興，掩襲天下，學者差不多不知有習齋恕谷了；其遺書亦什九散佚不可見，近代頭一位出來表章他們的曰戴子高。

子高，名望。浙江德清人。卒同治十二年，（一八七三）年三十七。他所遭極人生不堪之境遇。趙撝叔之謙替他作的墓表說道：『君生四歲，父歿。曾祖八十餘，祖五十餘，尚存，母及諸母皆寡。三世煢煢，抱一孺子而泣。……無何，曾祖與祖相繼奄忽，家貧歲饑，無所依賴。君挾册悲誦，寡母節衣縮食資君以學……庚申亂作，君奉母避入山，大困無所得食。有至戚官閩中，母數命君往，不獲已。……自閩歸，將迎其母，聞湖州已陷，則仰天長號僵仆絕氣，復忍死出入豺虎之叢求母所在，迄無所遇。……君至痛在心，未壯而殁。……然處顛頓狠狽呻吟哭泣中，終不廢學，學日益進。……』他一生困阨的大概，略可見了。他於同治八年輯成顏氏學記十卷。據自序所述：他之學顏李學，得力於他的朋友程履正貞。他費了好多年工夫，纔把顏李的著述次第搜得，中間又經亂散失。當時每舉顏李姓氏問人，人無知者。他於是發憤輯成這部學記。卷一至卷三記習齋，卷四至卷七記恕谷，卷八記崑繩，卷九記緜莊，卷十則爲顏李弟子錄。自序曰：

『……其言憂患來世，正而不迂，質而不俗，以聖爲軌，而不屑詭隨於流說，其行則爲孝子，爲仁人於乎！如顏氏者，可謂百世之師已！其餘數君子，亦皆豪傑士也。同時越黃氏，吳顧氏，燕秦間有孫氏李氏，皆以耆學碩德負天下重望；然於聖人之道，猶或沿流忘原，失其指歸。如顏氏之摧陷廓清比於武事，其功顧不偉哉？世乃以其不事述作，遂謂非諸公匹，則吾不知七十子之徒與夫孟荀賈董諸子其視後儒著書動以千百計者何如也？語曰：『淫文破典。』孔子曰：『天下有道，則行有枝葉；天下無道，則辭有枝葉。』敢述聖者之言，用告世之知知德君子。』（謫麐堂遺集）子高說戴東原作孟子緒言，其論性本自習齋，最爲有識。他對於方望溪之誣恕谷，極爲不平。又說皖北某鉅公序程緜莊書顚倒白黑，不知其人爲誰也。這部學記體裁全仿梨洲兩學案。能提要鈎玄，價値不在黃書下。

子高嘗從陳碩甫（奐）宋于庭（翔鳳）遊，於訓詁學所造甚深，又好西漢今文家言。著有論語注二十卷，管子校正二十四卷。趙撝叔輯其遺文曰謫麐堂遺集。子高晚年被曾文正聘任校書。然其學與流俗異，終侘傺以死。

自子高學記出，世始稍稍知有顏李學。而近人徐菊人（世昌）亦提倡之屬其門客爲顏李語要各一卷，顏李師承記九卷。語要破觚爲圓，誣顏李矣，不逮學記遠甚。師承記搜采甚勤，可觀也。又彙刻顏李遺書數十種，亦徐氏行事之差强人意者。

十一　科學之曙光——王寅旭　梅定九　陳資齋　附其他——

做中國學術史，最令我們慚愧的是：科學史料異常貧乏。其中有記述價値的，，只有算術和曆法方面。這類學問，在清代極發達，而間接影響於各門學術之治學方法也很多。

曆算學在中國發達甚古；然每每受外來的影響而得進步：第一次爲唐代之婆羅門法，第二次爲元代之回回法，第三次則明清之交耶蘇會士所傳之西洋法。西洋法傳來之初期，學者如徐文定李涼庵輩，以絕對信仰的態度迎之。研習其法而喚起一種自覺心。求中國歷算學之獨立者，則自王寅旭梅定九始。

寅旭名錫闡，一號曉庵，又號天同一生，江蘇吳江人。生卒年無考。惟知其明亡後二十餘年猶存。（見丁子復所作傳）而年僅中壽。（見杭世駿所作傳）與張楊園顧亭林潘力田友善；又嘗與萬充宗徐圃臣往復論學。亭林廣師篇說：『學究天人，確乎不拔，吾不如王寅旭。』可見其傾倒之至了。嘗作天同一生傳云：『天同一生者，帝休氏之民也。治詩易春秋，明歷律象數，學無師授，自通大義。與人相見，終日緘默，若與論古今，則縱橫不窮。家貧不能多得書，得亦不盡讀，讀亦不盡憶：間有會意，輒大喜雀躍，往往爾汝古人。……帝休氏衰，乃隱處海曲，冬絺夏褐，日中不褻，意泊如也。惟好適野，悵然南望，輒至悲欷。人皆目爲狂生。生曰，我所病者未能狂耳。因自命希狂，號天同一生。「天同一」云者，不知其所指，或曰卽莊周齊物之意，或曰非也。……』（曉庵文集卷三）讀這篇寓言短傳，可想見他的品格和理想了。他又自書這傳後云：『天同一生挾過人之才，不獲當帝休之隆與時偕行，徒使志擬天地，跡近佯狂，以詭祕貽譏。……』可見他才氣不可一世，而對於明清興亡抱憾痛；志節狷介，不肯媚世；和顧亭林絕相類。不獨學問能自立名世也

寅旭之生，正當曆議爭鬨時！利徐翻譯書既盛行，學者轉相誦習，或未研其理法而摭拾以自炫。舊派則楊光先爲領袖，作枝辭游辭與之爭。寅旭少卽嗜此學，潛心測實。『每夜輒登屋臥鴟尾間，仰觀星象，竟夕不寐。復發律算書玩索精思，於推步之理宏亮而不滯。久之則中西兩家異說皆能條其原委考鏡其得失。』（文獻徵存錄卷三）他自述實測之經歷道：『……每遇交會，必以所步所測課較疏密，疾病寒暑無間，……于茲三十年所。而食分求合于秒，加時求合于分，戞戞乎其

難之。……』（推步交朔敍）他自立新法測日月食，據阮芸臺（元）疇人傳說他『不爽杪忽。』我們是門外漢，不惟不敢下批評，而且不能述要領，但舉其論治學方法之言，以見其學之所自而已。他說：『……當順天以求合，不當為合以驗天法所以差，固必有致差之故；法所吻合，猶恐有偶合之緣。測愈久則數愈密，思愈精則理愈出。』（曆測）又說『：……其合其違，雖可預信；而分杪遠近之細，必屢經實測而後可知。合則審其偶合與確合；違則求其理違與數違；不敢苟焉以自欺而已。』（推步交朔敍）又說：『專術之賾，糾繆萬端，不可以一髮躁心浮氣乘於其間。』（測日小記敍）又說：『天運淵元，人智淺末，學之愈久而愈知其不及，入之彌深而彌知其難窮。……若僅能握觚而即以創法自命，師心任目，撰為鹵莽之術，約略一合，傲然自足，胸無古人，其庸妄不學未嘗艱苦可知矣。』（同上）讀這些話，可以知道寅旭的學問是怎樣得來的了。我們常說：治科學能使人虛心，能使人靜氣，能使人忍耐努力，能使人忠實不欺。寅旭便是絕好模範。曆算學所以能給好影響於清學全部者亦即在此。

寅旭對於當時新舊之爭，當然不以守舊爲然，然亦非一味的盲從新法。他說：『近代西洋新法，大抵與土盤曆同原，而書器尤備，測候加精。……徐文定以爲：欲求超勝，必須會通。會通之前，先須翻譯。翻譯有緒，然後令深知法意者參詳考定。其意原欲因西法求進，非盡更成憲也。文定既逝，繼其事者僅能終翻譯之緒，未遑及會通之法。至矜其師說，齮齕異己，廷議紛紛。……今西法且盛行，向之異議者亦詘而不復爭矣。然以西法有驗於今可也；如謂不易之法無事求進不可也。……』（曆說一）他批評當時所謂西法有不知法意者五，當辨者十。他自著曉庵新法六篇，自言：『會通若干事，考正若干事。表明若干事，增葺若干事。舊法雖舛而未遽廢者兩存之。理雖可知而非上下千年不得其數者闕之。雖得其數而遠引古測未經目信者別爲補遺。』（曉庵新法自序）他那種不設成見實是求事的精神，大略可見了。

寅旭著述除曉庵新法六卷外，尚有大統西歷啟蒙：隱括中西歷術，簡而不遺。有丁未歷稿：寅旭每歲皆推歷，而丁未年與潘次耕布算特著其說。有推步交朔及測日小記：辛酉八月朔當日食，以中西法及己所創新法預定時刻分杪，至其時與徐圃臣輩以五家法同測，而己法最密合，故志之。有三辰志略：則寅旭自創一儀器，可兼測日月星，自爲之說，自爲之解，其文倣考工記。有圜解：解句股割圜之法，繪圖立說，詳言其所以然。梅定九序之，謂『能深入西法之堂奧而規其缺漏。』定九嘗評：『近代歷學以吳江爲最，識解在青州（薛鳳祚）以上。』見杭世駿道古堂集本傳徐敬可曾勸定九爲寅旭歷書補作圖注以發其深湛之思，定九亦說『王先生書用法精簡，好立新名，驟讀不能解。』銳意欲注之，惜因老病未成。見定九績學堂文鈔書徐敬可圜解序後我們看這種故實，不獨知寅旭，益可以知定九了。

錢東生說林：『歷算之學，王氏精核，梅氏博大，各造其極，未可軒輊。』所以清代治此學者必曰王梅，而梅學尤盛行於時。

梅定九，名文鼎，字勿菴。安徽宣城人。卒康熙六十年，（一七二一）年八十九。他二十七歲時，從遺獻倪觀湖問歷法，著歷學駢枝二卷，倪爲首肯。自此便畢世委身此學。中年喪偶，不再娶，閉戶覃思，謝絕人事。値書之難讀者，必欲求得其說，往往至廢寢食。格於他端中輟，耿耿不忘。或讀他書無意中若然有觸而積疑冰釋，乘夜秉燭亟起書之。或一夕枕上所得累數日書不盡。每漏四五下，猶篝燈夜讀，昧爽則已興矣。數十年如一日。其精力過人如此。聞有通茲學者，雖在遠道，不憚褰裳往從。人有問者，亦詳告之無隱。（節錄毛際可撰傳方苞撰墓表杭世駿撰傳阮元撰疇人傳原文。）所著歷算書八十餘種，其要目如下：

(甲)歷學之部

(一)闡明古歷法者：

歷經圖注二卷。　元史所載歷經，爲許衡郭守敬等合著。其文簡古，故釋之。

古今歷法通考七十卷。　自洛下閎射姓之歷起；以次論劉洪姜岌，張子信何承天祖沖之劉焯諸歷；李淳風之麟德歷；僧一行之大衍歷；晚唐宣明歷；王朴之欽天歷，宋之統天歷；耶律楚材之庚午元歷；迄郭守敬之授時歷止。所校論者凡七十餘家。實中國歷學史之大觀也。

春秋以來冬至考一卷。

庚午元歷考一卷。元太祖時，有西域人與耶律楚材爭月蝕，西法並絀。楚材乃作西征庚午元歷。此書專考之。

元歷補注二卷。根據郭守敬歷草以注授時歷。

明大統歷立成注二卷

（二）研究西域歷法者：唐九執歷，爲西法輸入之始。其後復有婆羅門十一曜經及都聿利斯經，皆九執之屬。元則有札馬魯丁之西域萬年歷，明則有馬沙亦黑馬哈麻之回回歷。此皆印度及阿剌伯之學說，在千年前即已與中法參用者。定九推究其術，著歐羅巴法淵源所自。

回回歷補注三卷。

西域天文書補注二卷。

三十雜星考一卷

四省表景立成一卷。陝西河南北直江南四省之回教寺中，各有表景，據之以說明里差。

周髀算經補注一卷。　以周髀釋西域歷家蓋天之說。

渾蓋通憲圖說訂補一卷。　研究元史札馬魯丁傳中之蓋天儀，謂爲周髀遺法流入西方。

西國日月考一卷。　研究太陽歷。

（三）批評崇禎歷書者：　崇禎歷書百餘卷，利徐所編，卽所謂歐羅巴之新西法也。定九發明或訂正之爲以下各書。

歷書細草補注三卷。　歷書中有細草以便入算。定九以歷指大意隱括而爲之注。

交食蒙求訂補二卷，附說二卷。　此書已佚，補其細草。

交食圖訂誤一卷。

求赤道宿度法一卷。　用弧三角法訂正歷書中細草。

交食管見一卷。　言各地所見日月食何故不同，並立隨地測驗之捷法。

日差原理一卷。

火緯本法圖說一卷。

七政前均簡法一卷。

上三星軌跡成繞日圓象一卷。

黃赤距緯圖辯一卷。

太陰表影辯一卷。

二星經緯考異一卷。

星晷眞度一卷。

（四）手訂歷志及關於歷學之意見：

宣城分野志。

江南通志分野志。

明史歷志。　明史之歷志，本由吳志伊專任，徐善劉獻廷楊文言各有增定。最後則請正於黃梨洲及定九。定九爲訂正訛舛五十餘處。

歷志贅言一卷。　大意謂：明朝的大統歷，實即元朝的授時歷，故明歷志應該對於元歷志敘述授時歷闕略之處詳爲訂補。又回回歷爲授時所自出，亦當敘其淵源。其餘如鄭載堉袁黃等學說，皆當備載。尤當特詳於利徐改法之沿革。

歷學疑問一卷。歷學入門簡明之書。淸聖祖極賞之。

學歷說一卷。大意謂：古代歷家，因法疏多誤，乃附會機祥之說以文飾其誤，最爲不當。

（五）所創製之測算器及其圖說：

測器攷二卷。

自鳴鐘說一卷。

壺漏考一卷。

日晷備考三卷。

赤道提晷說一卷。

以上皆對於舊器之考訂及說明。

勿菴揆日器圖說一卷。

諸方節氣加時日軌高度表一卷。

揆日淺說一卷。

測景捷法一卷。

璇璣尺解一卷。

測星定時簡法一卷。

勿菴側望儀式一卷。

勿菴仰觀儀式一卷。

勿菴渾蓋新式一卷。

勿菴月道儀式一卷。

以上皆自製器及自創法之說明

分天度理一卷。

陸海鍼經一卷。（一名里差捷法）

以上二書，應用歷算學以繪地圖。

仰觀覆矩一卷。

勿菴籌算七卷。

勿菴筆算一卷。　以上二書，皆改橫爲直，便中上書寫。

勿菴度算二卷。　當時西法用兩比例尺，定九祗用一尺。又有矩算法。

比例數解四卷。　說明「對數」之理。

三角法舉要五卷。　以西法之三角與古法之句股合論。

方程論六卷。

幾何摘要三卷。　因幾何原本行文古奧，故易爲顯淺之文且刪繁補遺以便學者。

句股測量二卷。　摭拾周髀算經海島算經測圓海鏡等書之言割圓術者發明之。

九數存古一卷。　釋九章算術。

以上九書，合爲中西算學通。

少廣拾遺一卷。

方田通法一卷。

幾何補編四卷。利徐所譯幾何，僅成前六卷，止於測「面。」此書以意推演其量「體」之法，妙悟極多。

西鏡錄訂注一卷。西鏡錄不知誰作，惟其書成於天學初函以後，多加精之法，故爲之注。

權度通幾一卷。說重學原理。

奇器補詮二卷。補王徵奇器圖說。

正弦簡法補一卷。

弧三角舉要五卷。

塹堵測量一卷

用句股解幾何原本之根一卷。謂：『幾何不言勾股，然其理並勾股也。故其最難通者以勾股釋之則明。』

（乙）算學之部：

方圓冪積二卷。

麗澤珠璣一卷。　最錄與朋友論算資益之語。

古算器考一卷。

數學星槎一卷。　專爲初學算者之嚮導。

我在這裏講王梅學術，自己覺得狠慚愧；因爲我是完全一個門外漢，實在不配講。以上所列許多書目，我連極簡單的提要也作不出來——內中偶湊幾句，恐怕也是外行話。至於批評，那更不用說了。但依我最粗淺的推測，則梅定九在學界所貢獻之成績大略如下：

第一，自來言歷法者，多雜以占驗迷信，看漢書藝文志之數術略及各史歷志便知。雖唐元兩代所輸入之西域學亦所不免。歷學脫離了占驗獨立而建設在眞正科學基礎之上，自利徐始啟其緒，至定九纔把這種觀念確定。學歷說講得最透快。

第二，歷學之歷史的研究，自定九始。——恐怕直到現在，還沒有第二個人比他研究得更博更通。凡一種學問經過歷史的研究，自然一不會儱侗，二不會偏執。定九所以能成爲斯學大家者以此。

第三，向來治歷學者，多認爲一種單純技術。雖黃梨洲王寅旭似尙不免（？）定九認定歷學必須建設在數學基礎之上。所以明末淸初因歷學發生爭議，其結果僅能引起學者社會對於歷學之興味。自梅氏歷算全書出世，始引起多數人對於算學之興味。老實說：從前算學是歷學附庸，定九以後纔「蔚爲大國，」一旦「取而代之」了。

第四，定九並不是專闡發自己的。「絕學，」打「藏諸名山。」的主意，他最努力於斯學之普及。他說：『吾爲此學，皆歷最艱苦之後而後得簡易。從吾遊者，坐進此道，而吾一生勤苦，皆爲若用矣。吾惟求此理大顯，使古人絕學不致無傳，則死且無憾，不必身擅其名也。』疇人傳本傳。觀此可以見大學者之態度及願力。歷算能成爲淸代的顯學，多由定九的精神和方法濬發出來。

第五，定九生當中西新舊兩派交鬨正劇時，他雖屬新派的人，但不盲從，更不肯用門戶之見壓迫人。專採「求是」的態度。對於舊派不惟不抹殺，而且把許多古書重新解釋，回復其價值。令學者起一番自覺，力求本國學問的獨立。後此戴東原震焦里堂循李尙之銳汪孝嬰萊等輩，皆因研究古算書得有新發明。這種學風，不能不說是定九開闢出來。

自崇禎歷書刊行以後，治歷學者驟盛。若黃梨洲及其弟晦木，若毛西河，若閻百詩，皆有所撰述。青年史實潘力田亦與王寅旭共學，有往復討論書，見曉庵遺書中；其弟次耕，事寅旭有，著書。明史館中專任歷志之人如吳任臣志伊等，並有名於時。而其間專以歷算名家者，則有：

薛鳳祚，字儀甫，淄川人。作天學會通，以對數立算。定九謂其書詳於法而無快論以發其趣。其全書嘗刻於南京，尙有寫天新語氣化遷流，四線新比例等。

揭宣，字子宣，廣昌人。深明西術，而又別有悟入。謂七政之小輪，皆出自然，亦如盤水之運旋，而周遭以行，急而生旋渦，遂成留逆。當時共指爲創論。

方中通，字位伯，桐城人。以智子。著數度衍二十五卷。於九章之外蒐羅甚富。嘗與揭宣相質難，著揭方問答。

孔興泰，字林宗，睢州人。著大測精義，求半弧正弦法。與梅氏正弦簡法補之說不謀而合。

杜知耕，字端甫，柘城人。著幾何論約及數學鑰圖注。梅氏謂其釋九章頗中肯綮。

毛乾乾，字心易。與定九論周徑之理，因復推論及方圓相容相變諸率。

梅文鼏，字和仲。文鼏字爾素。俱定九弟。與兄同治歷算。文鼐著步五星式六卷。文鼏著經星同異考一卷。文鼏善製圖。梅氏書中各圖多出其手。

這幾位都是定九同時人，學有心得，而薛儀甫最名家。時亦稱梅王薛云。清聖祖喜歷算，故揣摩風氣者亦往往學之。李光地輩是也。然不能有所發明。同時有楊光先者，專著書難西術，名不得已書。然不解數理，弇陋強辯，徒爭意氣，非學者也。

自王梅提倡斯學之後，許多古算書漸漸復活，經學大師大率兼治算。戴東原校算經十種，大闢町畦。而李尙之汪孝嬰董方立能爲深沈之思，發明算理不少。晚清則西歐新算輸入，而李壬叔華若汀輩能名家。蓋有清一代，作者繩繩不絕。當別爲專篇論列之。

十二 清初學海波瀾餘錄

從第五講到第十一講，把幾個重要學派各列舉幾位代表人物敍述其學說梗概。淸初學界形勢大略可見了。然而順康間承晚明之敝，反動猛起，各方面有許多瑰奇之士，不相謀，不相襲，而各各有所創獲。或箸作失傳，或無門弟子恢張其業，故世罕宗之。又或行誼可訾議，或本非純粹的學者，而所見殊有獨到處。總之那時候學界氣象，如久經嚴冬，一但解凍啟蟄，萬卉抽萌，羣動蠕躍，煞是可愛。本講要把這些人——爲我現在記憶所及者提出十來位來講講。

一　方密之附黃扶孟

方以智，字密之，安徽桐城人。明崇禎庚辰進士，官翰林院檢討。國變後從永歷帝於雲南。永歷亡，出家爲僧，號藥地。他著有通雅五十二卷，考證名物象數訓詁音聲。其目錄爲音義雜論，讀書類略，小學大略，詩說，文章薪火，疑始，釋詁，天文，地輿，身體，稱謂，姓名，官制，事制，禮儀，樂曲，樂舞，器用，衣服，宮室，飲食，算術，植物，動物，金石，諺原，切韻聲原，脉考，古方解。四庫提要狠恭維這部書，說道：「明之中葉以博洽著者稱楊愼；而陳耀文起而與爭。然愼好僞說以售欺，耀文好蔓引以求勝。次則焦竑亦喜考證，而習與李贄游，動輒牽綴佛書，傷於蕪雜。然以智崛起崇禎中，考據精核，迴出其上。風氣既開，國初顧炎武，閻若璩朱彝尊等沿波而起，始一掃懸揣之空談……」

顧閻輩是否受密之影響，尙難證明。要之密之學風，確與明季之空疏武斷相反而爲淸代考證學開其先河，則無可疑。他的治學方法有特徵三端：一曰尊疑他說「……吾與方伎游，卽欲通其藝也。欲物，欲知其名也。物理無可疑者，吾疑之，而必欲深求其故也。以至於頹墻敗壁之上有一字爲吾未之經見，則必詳其音義考其原本；既悉矣，而後釋然於吾心。……』（通雅錢澄之序述密之語）又說：『學不能觀古今之通，又不能疑，焉貴書簏乎？……』又說：『因前人備列以貽後人，因以起疑。……』（俱自序）又說：『副墨洛誦，推至疑始。（案：此用莊子語。）始作此者，自有其故；不可不知，不可不疑也。』（卷一葉一）可見他的學問，全由疑入。「無問題則無學問，」此理他見得極透。二曰尊證他說：『攷究之門雖卑，然非比性命可自悟；常理可守經而已。必博學積久，待徵乃決。』（凡例）又說：『是正古文，必籍他證，乃可明也，……智每駁定前人，必不敢以無證妄說。』（卷首之一葉五至六）立論要舉證，是清儒最要的信條，他倡之最力而守之最嚴。三曰尊今。他說：『古今以智相積而我生其後，考古所以決今。然不可泥古也，古人有讓後人者：韋編殺青，何如雕板；龜山在今，亦能長律；河源詳於闊闊，江源詳於緬志；南極下之星，唐時海中占之，至泰西入，始為合圖，補開闢所未有。……』（卷首之一葉一）又說：『後人因考辨而積悟之，自詳於前。前人偶見一端；而況有傳訛強爭者乎？』（卷五十葉二）又說：『世以智相積而才日新。學以收其所積之智也。日新其故，其故愈新。』（卷首之三葉二十二）又說：『先輩豈生今而薄今耶？時未至也。其智之變，亦不暇及也。不學則前人之智非我有矣。學而徇迹引墨，不失尺寸。則誦死人之句耳。』（同上）所以他雖極博古而亦不賤今，他不肯盲從古人，全書千數百條，每條都有自己獨創的見解。

依我看，通雅這一部書，總算近代聲音訓詁學第一流作品。清代學者除高郵王氏父子以外，像沒有那位趕得上他。但乾嘉諸老，對於這部書狠少徵引，狠少稱道。不知是未見其書，抑或有什麼門戶之見？（清儒是看不起明儒的。密之純屬明人，這書又成於崇禎年間，也許清儒狠少人讀過）。密之最大的發明，在以音求義。他說：『音有定，字無定，隨人塡入耳各土各時有宜，貴知其故。』（卷五十葉一）因此他最注意方言和諺語，書中特闢諺原一篇，其小序曰：『叔然作反切，本出於俚里常言。宋景文筆記之，加「鯽溜」爲就，「突欒」爲團，「鯽令」爲精，「窟籠」爲孔，不可勝舉。訛失日以遠矣。然相沿各有其原；考之於古，頗有闇合。方音乃天地間自然而轉者，上古之變爲漢晉，漢晉之變爲宋元，勢也。』（卷四十九葉一）故以爲欲做辨當名物的工作，『須足跡徧天下，通曉方言，方能核之。』（凡例）又不惟地方差別而已，他以爲：『天地歲時推移而人隨之，聲音亦隨之，方言訓詁相傳，遂爲典實。』同上『鄉談隨世變而改。不考世變之言，豈能通古今之詁而是正名物乎？』卷首之一葉二十一他說：『古今之音，大槩五變，』凡例『歲差自東而西，地氣自南而北。方言之變，猶之草木移接之變也。歷代訓詁讖緯歌謠小說，即具各時之聲稱。』卷首之一葉二十二『上古之音，見於古歌三百。漢晉之音，見於鄭應服許之論注。至宋漸轉。元周德清始起而暢之。洪武正韻，依德清而增入聲也。』卷五十葉二十他說：『古字簡少通用。』卷二葉十五所以『古人解字，皆屬借義，如賦詩斷章。』卷二葉十八『周末至漢，皆以韻爲解。』同上其於形亦然：『漢碑字見形相似，即借用之。』同上葉二十有許多字因：『事變義起，不得不分別，故未分字先分音，取其易記。』卷一葉五其後則『因有一音，則借一字配之。』同上葉十八他以爲文字孳乳寖多之故，皆由於此。『世變既繁，不得不爾。所以合所以分皆當知之。』同上葉五他以爲後人將古字增減或造新字，好古者動詆爲俗。不知『六書之道，原以適用爲主，未可謂後人必無當也。』卷二葉三十二他最能辨別僞書。但以爲雖僞亦復有用。他說：『書不必盡信，貴明其理。或以辨名當物，或以驗聲音稱訓之時變。則秦漢以降之所造所附，亦古今之徵也。』（卷首之一葉五）他對於古言古訓，爬羅剔抉，費了多少心血；眞算得中國文字之功臣了。但他卻有一句極駭人的話！說道：『字之紛也，即緣通與借耳。若事屬一字，字各一義，如遠西因事乃合音，因音而成字，不重不共，不尤愈乎？』（卷一葉十八）創造拚音文字之議，在今日纔成爲學界一問題，多數人聽了還是咋舌撟耳！密之卻已在三百年前提起。他的見識氣魄如何，可以想見了。

密之所造的新字母，乃斟酌古韵，華嚴字母，神珙譜，邵子衍，沈韵，唐韵，徽州所傳朱子譜，中原音韻，洪武正韻，郝京山譜，金尼閣譜，而成。分爲三十六韵十六攝而統以六餘聲。自爲旋韵圖表之。具見通雅卷五十切韻聲原中。可惜我於此學毫無研究，不惟不會批評，並且不會摘要。有老斯道者請看原書。

密之所著書，尙有經學編，有易圖說，似皆佚。又擬著方域圖官制圖，似尙未成。他早年才氣英發，爲復社領袖。晚年間關萬里，奔走國難。石爛海枯，乃自逃於禪悅。錢飲光說：『今道人既出世矣，然猶不肯廢書。獨其所著書好作禪語，而會通以莊易之旨。……若所謂通雅，已故紙視之矣。』讀此可知密之學術之變遷及其究竟了。

桐城方氏，在全清三百年間，代有聞人。最初貽謀之功，自然要推密之。但後來桐城學風並不循著密之的路走而循著靈皋方苞的路走，我說這也是很可惜的事。

同時皖人中有黃生字扶孟，歙縣人，明諸生，入清不仕。著有字詁一卷、義府一卷。四庫全書著錄。亦專主以聲音通訓詁。其族孫承吉說道：『公年差少於顧亭林，顧書公所未見，公書顧亦弗知。顧撰音學五書，厥功甚偉，惟尚未能得所會通。……公實有見於聲與義之相因而起，遂濬及於義通則聲通，為古今小學家之所獨獲。』又說：『此學喻之者惟高郵王氏，引申觸類，為從古之所無；即先後乎王氏及與王氏同時者亦皆不得而與，蓋他儒以韻求聲，王乃言聲而不言韻，可謂窮本知歸。公生於王氏百數十載之前，非有來者相謀，而所造若是。…………』（重刻字詁義府後序）雖子孫誦芬之辭，或未免稍過其實。總之字詁這部書在清代聲音訓詁學裏頭占有重要位置，我們是要承認的。

二　陳乾初

陳確，字乾初，浙江海甯人。卒康熙十六年，（一六七七）年七十四。他是劉蕺山門生，卻極不喜歡理學。黃梨洲作他的墓志銘說道：『乾初讀書卓犖，不喜理學家言。嘗受一編讀之，心弗善也，輒棄去。遂四十年不閱。其後……問學於山陰先師，深痛末學之支離，見於辭色。……先師夢奠，得其遺書而盡讀之，憬然而喻。取其四十年所不閱者重閱之，則又格格不能相入』（南雷文約）他這個人的氣象，大略可見了。梨洲又說；

『乾初深痛「樂記人生而靜以上不容說，才說性便已不是性」之語。（案：此是程子語）謂：從懸空卜度至於心行路絕，自是禪門種草。宋人指商書「維皇降衷」中庸「天命之謂性」爲本體；必欲求此本體於父母未生以前，而過此以往卽屬氣質。則工夫全無著落。當知「盡其心者知其性也」之一言，卽是孟子道性善本旨。蓋人性無不善，於擴充盡才之後見之。如五穀不藝植不耔耘，何以見其種之美耶？……性之善不可見，分見於氣，情，才。故中庸以喜怒哀樂明性之中和，孟子以惻隱羞惡辭讓是非明性之善，皆就氣情才言。後儒言。「既發謂之情」「才出於氣有善有不善」者非也。』（同上）

又說：

『乾初謂：人心本無所謂天理；人欲恰到好處卽天理。其主於無欲者非也。』（同上）

讀這兩段話，前一段何其與顏習齋存性篇辨氣質性惡之說酷相類；後一段何其與戴東原孟子字義疏證順情養欲之說酷相類也！顏戴二君，並非蹈襲乾初，因爲我相信他們並沒有讀過乾初的書。但乾初以蕺山門人而有這種見地，眞算得時代精神之先驅者了。

乾初不信大學爲孔曾所作，著大學辨以辨之。其略曰：

『子言之矣：「下學而上達」易稱「蒙養卽聖功。」何小大之有？論語二十篇中，於易詩書禮樂三致意焉，而無一言及大學。小戴置其篇於深衣投壺之後，垂二千餘年，莫有以爲聖經者。而程子始目爲孔氏之遺書；又疑其錯簡而變易其文！朱子又變易程子之文且爲之補傳！以絕無證據之言，强以爲聖經，尊之論語之上！卽其篇中兩引夫子之言。一引曾子之言，則自「十目」一節之外，皆非曾子之言可知。……』（朱彝尊經義考引。）

這是他用考證眼光證明大學之晚出。但他所以斷斷致辨者，不徒在其來歷而尤在其內容。他以爲：『大學言知不宣行，格致誠正之功先後失其倫序。』（經義考引。）所以不得不辨。讀者須知：大學這篇書經程朱捧場之後，他的身分高到何等地步！七八百年間爲「格致」兩個字打的筆墨官司，也不知糟蹋天地間幾多紙料！乾初這種怪論，當然是冒天下之大不韙。所以當時學者如張楊園，黃梨洲，劉伯繩，沈甸華等——都是乾初學友，都紛紛移書責他，他卻毅然不顧。他臨死前一年，還有書和梨洲往復大旨謂：『世儒習氣，敢於誣孔孟，必不敢倍程朱，可爲痛心。』（吳騫著陳乾初先生年譜引。）他的獨立不懼精神，可概見了。

乾初對於社會問題，常爲嚴正的批評，與實踐的改革：深痛世人惑於風水暴棺不葬，著葬論喪實論諸篇，大聲疾呼：與張楊園共倡立葬親社，到處勸人實行。屠爌陸圻徵文壽母，他說：『世俗之事，非所當行。』當時東南社集講會極盛，他說：『衎衎醉飽，無益身心。』一切不赴。甲申以後，起義死事的人甚多，好名依附者亦往往而有。乾初說『非義之義大人弗爲。人之賢不肖，生平具在。故孔子謂「未知生焉知死。」今人動稱末後一著，遂使奸盜優倡，同登節義，濁亂無紀；死節一案。眞可痛也。』黃撰墓志引。他又嘗著書潘烈婦碑後說道：『吾以爲烈婦之死非正也。某嘗怪三代以後，學不切實，好爲激烈之行，寖失古風；欲一論辯其非。……』吳著年譜引。他立論不徇流俗，大略如此。

他和梨洲同門，但生前論學，往往不合，梨洲也不深知他。南雷集中他的墓志銘兩篇，第一篇泛泛叙他的庸德而已，第二篇纔把他學術要點摘出。自言：『詳玩遺稿，方識指歸。有負良友多矣。因理其緒言以識前過。』梨洲服善之誠，實可敬。乾初遺著，世罕傳本，不知尚存否。得梨洲一文，我們可以知道一位拔俗學者的面影，也算幸事了。

三　費燕峯

費密，字此度，號燕峯，四川新繁人。生明天啟五年卒清康熙三十七八年（？，）（一六二五—一六九八或九九）年七十四五（？。）當張獻忠荼毒全蜀時，他團鄉兵拒賊，賊不能犯。永歷在滇，蜀人楊展據叙州嘉定永甯為明守。燕峯以中書舍人參其軍，屯田積穀為一方保障。吳三桂入蜀，燕峯避亂陝西，尋即東下，自是流寓江淮間四十徐年。四十九歲，詣蘇門謁孫夏峯。夏峯年九十矣，與談學甚契。（見夏峯年譜。）嘗游京師，交李恕谷，為作大學辨業序。（見恕谷年譜。）工詩，為王漁洋所推服。（見池北偶談。）遺著三種：曰弘道書，曰荒書，曰燕峯詩鈔。近年大關唐氏始刻之。荒書記明清間蜀亂，為極翔實之史料，徐立齋萬季野在明史館，以不得見為恨。弘道書成於晚年，為書三卷十五篇：曰統典論，曰弼輔錄論，曰道脈譜論，曰古經旨論，曰原教，曰聖人取人定法論，凡六篇，為上卷；祀典議五篇及先王傳道述，聖門傳道述，吾道述，凡八篇，為中卷；聖門定旨兩變序記一篇，為下卷；其間復以表十一篇分附焉。

驟看這部書名和目錄，狠像是一部宋明道學先生們理障的著作。其實大大不然。燕峯是對於宋元學術革命的急先鋒；這部書驚心動魄之言，不在顏習齋四存編之下。其最不同之點。則習齋連漢唐學派一概排斥，燕峯則提倡注疏。就這點論，燕峯不能如習齋之澈底，其學風實與後此乾嘉學派頗接近。（但乾嘉學者並未受燕峯影響，不可不知。）燕峯和同時的顏習齋毛西河雖同爲反宋學的健將，而燕峯之特色，則在研究歷史上學術變遷之跡，能說明宋學所自出。他以爲：中國學術自三國六朝以後分爲南北兩派，而宋學則從南派衍來。其論南北派曰：

『……迨於魏晉，王弼何晏，習爲清談，儒學始變，朝野相尙，損實壞政。中原淪沒，宋齊梁陳，偏安江左，諸儒談經，遂雜玄旨：何承天，周弘正，雷次宗，劉瓛，沈麟士，明山賓，皇侃，虞喜，周捨，伏曼容，張緒諸君子，緇素並聽，受者甚廣。北方舊族，執經而言聖人之道：盧玄，王保安，刁冲，劉蘭，張吾貴，李同軌，徐遵明，熊安生，劉焯，劉炫，諸儒，弟子著錄千萬計，古經得傳，深有賴焉。……』原教他續論自唐迄宋學術變遷大勢。說道：

『唐啖助王玄感陸淳以來，詁經已出意見，尙未大變亂也。經旨大變，創於王軫，和以賈昌朝；而劉敞爲說，始異古注疏，然不著天下。王安石自昌朝發，獨任己私，本劉敞七經小傳，盡改古注爲新義，……誣辨幽誕，以爲道德性命之徵。……安石言之則爲新義，行之則爲新法，天下騷然，宋遂南渡。當是時不守古經言「足兵足食」「好謀而成，」從生聚教訓實處講求，思以立國；而朝士所爭，乃王安石程頤之學術。上殿專言「格物，」道德性命之說益熾。呂祖謙，陸九淵，朱熹，張栻陳亮論各不同，而九淵與熹尤顯。……熹爲集注，力排七十子古今諸儒，獨取二程。然二程與安石稍異者，不過「靜坐」「體驗」「會活潑潑地」氣質之性耳，一切道德性命臆說，悉本安石焉。……今之非安石者皆是也；安石程朱，小殊而大合，特未嘗就數家遺書細求耳。……明永樂專用熹說四書五經大全，命科擧以爲程式，生徒趨時，遞相祖受，七十子所遺漢唐相傳共守之實學殆絕。……王守仁雖以熹窮理格物爲非，而復溯九淵本心

之說，改九淵接孟軻。自此窮理良知二說並立，學者各有所好，互相仇敵。…………』（道脉譜論）

他又論宋儒之學乃剽竊佛道兩家而來，歷舉邵雍之出於陳搏，周敦頤之出於壽厓，其考證雖不逮黃晦木胡朏明之詳博，而論斷尤痛切。謂：

『諸儒闢二氏，謂其惑世誣民，若不可令一日容於斯世。而陰竊其說以自潤，又何以服二氏。』（聖門定旨兩變序記）

又謂：

『羲文周孔至宋，乃託二氏再生於天地之間！吾道受辱至此，百爾君子，欲不憤得乎？』（道脉譜論）

他以爲：『凡宋儒所自詡爲不傳之秘者，皆彷彿爲見，依倚成理。昔儒非不知之也，但不以爲學。』（古經旨論）所以不以爲學之故，他以爲一因其不能普及，二因其不能應用。所謂不能普及者，他說：

『聖人立教，十人中五人能知五人不能知五人能行五人不能行，不以爲教也。

……今大郡十餘萬家，長老子弟秀傑者，雖上下不齊，而常千百人於孝弟忠信詩書六藝之文可以與知也。浸泪敷衍於後儒性理新說，多者五六人或二三人，或千里無一人焉。道不遠人，說何艱深若此。』原教

所謂不能應用者，他說：

『清談害實，起於魏晉，而盛於宋南北。……齊逞臆見，專事口舌。又不降心將人情物理平居處事點勘離合；說者自說，事者自事，終爲兩段；即有好議論，美聽而已矣。……後儒所論惟深山獨處乃可行之；城居郭聚有室有家，必不能也……無論其未嘗得而空言也，果靜極矣，活潑潑地會矣，坐忘矣，沖漠無朕至奧，心無時不在腔子裏，性無不復，卽物之理無不窮，本心之大無不立而良知無不致矣，亦止與達摩面壁天台止觀同一門庭何補於國？何益於家？何關於政事？何救於民生？……』聖門定旨兩變序記

他又極論空言高論之有害政治，說道：

『論政當以身所當者爲定。……井田封建先王之善政也；郡縣阡陌，後王之

善政也。……專言三代，欲以爲治，不過儒生飾辭耀世。苟實行之，誤國家而害民生，必如社會青苗空竭四海而後止也。……自宋以來，天下之大患，在於實事與議論兩不相侔，故虛文盛而實用薄儒生好議論，然草野誦讀，未嘗身歷政事，執固言理，不達世變；滯古充類，責人所難。……』（先王傳道述）

他又反對宋儒之禁欲主義，說道：

『飲食男女，人之大欲存焉。衆人如是，賢哲亦未嘗不如是也。……欲不可縱，亦不可禁者也。不可禁而强禁之，則人不從。遂不禁任其縱，則風俗日壞。聖人制爲禮樂，因人所欲而以不禁禁之也。』（統典論）

又說：

『生命人所共惜也，妻子人所深愛也，產業人所至要也，功名人所極慕也，饑寒困辱人所難忍也，憂患陷阨人所思避也，義理人所共尊也，然惡得專取義理，一切盡舍而不合量之歟？論事必本於人情，議人必兼之時勢。功過不相掩，而得失必互存。不當以難行之事徒侈爲美談，不當以必用之規遂指爲不肖。』

弼輔
錄論

燕峯學術的要點大略如右。我們拿來和亭林，習齋，乾初，東原，諸家之說並讀，當可發見其相同之點甚多，蓋明學反動的結果，一時學風不期然而然也。但燕峯於破壞方面，不能如習齋之徹底；於建設方面，不能如亭林之健實。又沒有弟子以張其軍，遺書亦湮晦罕得，所以這樣精悍的思想家，三百年間幾乎沒人知道。最初表張他的爲同治間之戴子高。他的謫麐兩集中有費舍人別傳一篇，但亦語焉不詳。最近遺箸出世，這位大學者漸漸復活起來了。

四　唐鑄萬　胡石莊附易堂九子

同時四川還有一位怪人曰唐鑄萬。但費唐兩位，雖屬蜀產，然中年以後都流寓江淮，我們是要注意的。

唐甄，原明大陶，字鑄萬，號圃亭，四川達州人。生明崇禎三年，卒清康熙四十三年，（一六三〇—一七〇四）年七十五。與閻百詩顏習齋同年卒順治丁酉舉人，曾任山西長子縣知縣，僅十個月便去官，在任內勸民植桑八十萬株。他早年因蜀亂避地居蘇州，遂游長終老於蘇。家計赤貧，常常斷炊，採廢圃中枸杞葉爲飯，衣服典盡，敗絮藍縷，陶陶焉振筆著書不輟。他學無師授，我們讀他的書知道他曾與王崑繩魏冰叔顧景范爲友。他著書九十七篇，初名曰衡書晚乃改名潛書。魏冰叔初見潛書，大驚曰：『此周秦之書也，今猶有此人乎？』梅定九一見便手錄全部，曰：『此必傳之作，當藏之名山以待其人耳。』（俱見王聞遠著圃亭先生行略）潘次耕爲之序曰：『古之立言重世者，必有卓絕之識，深沈之思蘊積於中，多不可制，吐而爲辭，風發泉湧。若先秦諸子之書，醇駁不同，奇正不一，要皆獨抒己見，無所蹈襲，故能歷千載而不磨。……斯編遠追古人，貌離而神合。不名潛書，直名「唐子可矣。」（本書卷首）鑄萬品格高峻，心胸廣闊，學術從陽明入手，亦帶點佛學氣味，確然有他的自得。又精心研究事務條理，不爲蹈空鶩高之談。這部潛書，刻意摹追周秦諸子想要成一家之言。魏潘恭維的話，未免過當。依我看，這部書，有粗淺語卻無膚泛語；有枝蔓語卻無蹈襲語『在古今著作之林，總算有相當位置。大約王符潛夫論荀悅申鑒徐幹中論顏之推家訓之亞也。

鑄萬宗陽明心學，其自得處頗類心齋東崖父子之以樂爲學。嘗自述其下手法門道：

『甄晚而志於道，而知即心是道，不求於外而壹於心；而患多憂多恚爲心之害。有教我以主靜者，始未嘗不靜，久則復動矣；有教我以主敬者，始未嘗不敬，久則復縱矣。從事於聖人之言，博求於諸儒之論，爲之未嘗不力，而憂恚之疾終不可治。因思心之本體虛而無物者也：時有窮達，心無窮達；地有苦樂，心無苦樂；人有順逆，心無順逆。三有者世之妄有也，三無者心之本無也。奈何以其所妄有加之於其所本無哉？心本無憂恚，而勞其心以治憂恚，非計之得也。……吾今而知疾之所由來矣；吾之於人也，非所好而見之，則不宜於其人；名之於食也，非所好而進焉，則不宜於其味。……卽此一人，卽此一事，或宜於朝不宜於夕，或不宜於朝而宜於夕，其所不宜者，必當吾之不悅時也；其所宜者，必當吾之悅時也。然則宜在悅不在物也；悅在心不在宜也。故知不悅爲戕心之刃，悅爲入道之門。……於是舍昔所爲，從悅以入。……無強制之

勞，有安獲之益。……』（悅入篇）

這段話大概是鑄萬一生得力所在。他以爲：『不悅則常懷煩懣，多見不平，多見非理。所以一切怨天尤人不相親愛，皆由此生。悅則反是。』我認爲這話是很好的，我自己的修養也是向這條路上走。他又說：『古人教亦多術矣，不聞以悅教人。而予由此入者何？予蜀人也，生質如其山川，湍急不能容而恒多憂恚，細察病根，皆不悅害之。悅爲我門，非衆之門。』這段話更好；講學專標一宗旨，此如指獨步單方以療百病，陸桴亭嘗非之。鑄萬主張各自搜尋自己病根，各自找藥，最爲通達。他說地理關係影響到人的生質，（書中屢說這種話。）亦極有理致。

鑄萬雖極力提倡心學，然與宋明儒明心見性之說不同，他養心專爲治事用，所以心學只算手段，不算目的。他說：『事不成，功不立，又奚貴無用之心，不如委其心而放之。』（辨儒篇）所以他對於客觀的事物條理認爲必須詳實研究。他說：『顧景范語唐子曰：「子非程子朱子，且得罪於聖人之門。」唐子曰：「是何言也！二子古之賢人也，吾何以非之？乃其學精內而遺外。……顧子曰：「

內盡即外治。」唐子曰：「然則子何爲作方輿書也？但正子之心，修子之身，險阻戰備之形，可以坐而得之！何必討論數十年而後知居庸雁門之利崤函洞庭之用哉？」……』有爲篇

讀此可以知他對於客觀研究的態度如何了。潛書下篇所講，都是他對於政治上的意見；大抵按切事勢，不爲迂談，亦可見他用力所在。

鑄萬對於社會問題，亦有許多特見：備孝篇說愛子者當無分男女愛之若一。內倫篇夫婦篇說男女平等之理。鮮君篇抑尊篇室語篇力言君主專制政體之弊。破崇篇痛斥自殺之非。大命篇痛歎貧富不均之現象謂天下之亂皆從此起。皆驚心動魄之言。今錄其一二：

『自秦以來，凡爲帝王者皆賊也。……今也有負數匹布或擔數斗粟而行於塗者，或殺之而有其布粟，是賊乎？非賊乎？……殺一人而取其匹布斗粟猶謂之賊，殺天下之人而盡有其布粟之富乃反不謂之賊乎？三代以後有天下之善者莫如漢。然高帝屠城陽屠潁陽光武屠城三百。……古之王者，有不得已而殺

者二：有罪不得不殺，臨戰不得不殺。……非是奚以殺爲：若過里而墟其里，過市而竄其市，入城而屠其城，此何爲者。大將……偏將……卒伍……殺人，非大將偏將卒伍殺之，天子實殺之；官吏殺之，非官吏殺之，天子實殺之。殺人者衆手，天子實爲之大手！……百姓死於兵與因兵而死者十五六，暴骨未收，哭聲未絕，於是乃服袞冕乘法駕坐前殿受朝賀高宮室廣苑囿以貴其妻妾爲肥其子孫，彼誠何心而忍享之？若上帝使我治殺人之獄，我則有以處之矣。……』（室語篇）

這些話與黃梨洲的原君篇不謀而合。三百年前有此快論，不能不說是特識。當清聖祖時天下驅歌聖明，這種議論，也算大膽極了。（他的存言篇有一段說當時社會困窮彫敝之實狀，亦是絕好史料，可爲官書粉飾謳歌之反證。）他又說：

『天地之道故平，平則萬物各得其所。及其不平也，此厚則彼薄，此樂則彼憂。爲高臺者必有洿池，爲安乘者必有繭足。王公之家一宴之味，費上農一歲之穫，猶食之而不甘。吳西之民，非凶歲，爲麩蔱粥雜以稈之灰，無食者見之，以爲是天下之美味也。人之生也，無不同也；今若此，不平甚矣。提衡者權重於物則墜，負擔者前重於後則傾，不平故也。……嗚呼！吾懼其不平以傾天下也。……』（大命篇）

這話雖短，現代社會主義家之言汗牛充棟，只怕也不過將這點原理發揮引伸罷了。

鑄萬的哲學——人生觀，也有獨到之處。他論人死而不死之理，頗能將科學的見解和宗教的見解調和起來。他說：

『唐子見果蠃，曰，果蠃與天地長久也。見桃李，曰，桃李與天地長久也。見鸜鵒曰，鸜鵒與天地長久也。天地不知終始，而此二三類者見儆不越歲月之間，而謂之同長而並久，其有說乎？百物皆有精，無精不生。旣生旣壯。練而聚之，復傳爲形形非異，即精之成也；精非異，即形之初也。收於實，結於彈，禪代不窮。自有天地，即有是果蠃鸜鵒以至於今。人之所知，限於其目。今年一果蠃生，來年一果蠃死；今日爲鸜鵒之子者生，來日爲鸜鵒之母者死；何其速化之可哀乎？察其形為精，精為形，萬億年之間，雖易其形為萬億果蓏，實萬億果蓏而一蔓也；雖易其形而為萬億鸜鴒，實萬億鸜鴒而一身也。果鳥其短忽乎？天地其長久乎？……人所欲莫如生，所惡莫如死。雖有高明之人，亦自傷不如龜鶴，自歎等於蜉蝣，不察於天地萬物之故，反諸身而自昧焉。是故知道者朋酒羔羊以慶友朋而不自慶；被衰圍絰以致哀於親而不自哀。蓋察乎傳形之常，而知生非創生死非卒死也。……物之絕續衆矣，必有為絕為續者在其中，而後不窮於絕續也；人之死生多矣，必有非生非死者在其中，而後不窮於生死也。……仲尼觀水而歎逝者……時之逝也，日月迭行，晝夜相繼，如馳馬然。世之逝也，自皇以至於帝王，自帝王以至於今茲，如披籍然。人之逝也，少焉而老至，老矣而死至，如過風然。此聖人與衆人同者也。聖人之所以異於衆人者，有形則逝，無形則不逝；順於形者逝，立乎無形者不逝。無古今，無往來，無生死，其斯為至矣乎？』（博觀篇）

這篇上半所講，就是莊子說『萬物皆種也，以不同形相禪。』的道理。近代生物學家講細胞遺傳，最足以爲他所說「傳形不窮」的明證。但他所說『有非生非死者在其中，』又非專指物質的細胞而言。細胞之相禪，人與果蓏鸛鴿所同精神，之相禪，則人所獨。精神之順應的相禪，盡人所同，精神之自主的相禪，則聖賢豪傑所獨。鑄萬之人生觀，大概如此。

然則儒家聖賢何故不談這種哲理耶？即潛書中亦何故狠少談這種哲理耶？鑄萬以爲實在是不該談。他說：

『……如徒以身而已，一年十二月一月三十日一日九十六刻，一刻之間萬生萬死。草木之根枝化爲塵土；鳥獸之皮骨化爲塵土；人之肢體化爲塵土；忽焉而有，忽焉而無。……而謂其滅則俱滅焉，必不然矣。不知，不智；知而不言，不仁。孔孟豈有不知，何爲不言？非不言也，不可言也。聖人治天下，治其生也。生可治，死不可治；故生可言，死不可言也，……聖人若治死，必告人以死之道；則必使露電其身，糞土富貴，優偶冠裳；則必至政刑無用，賞罰無施。……夫天下之智者一二，愚者千萬；爲善者少，爲惡者多，而生死之理又不可以衆著。……是故聖人以可言者治天下，以不可言者俟人之自悟。……甄也生爲東方聖人之徒，死從西方聖人之後矣。』（有歸篇）

這話說得極平允。他對於佛法的信仰和徹悟，亦可想見了。他又說：『老養生，釋明死，儒治世。三者各異，不可相通。合之者誣，校是非者愚。』（性功篇）這種見地，比向來攘斥佛老或會通三教等學說又高明得多了。

同時復有著書成一家言者曰胡石莊

胡承諾，字君信，號石莊，湖北天門人。明崇禎舉人。生卒年無考。著繹志六十一篇三十餘萬言。其篇目如下：

志學	明道	立德	養心	修身	言行	成務	辨惑	聖王	睿學	至治
治本	任賢	去邪	大臣	名臣	諫諍	功載	吏治	選舉	朋黨	辨姦
敎化	愛養	租庸	雜賦	導川	救法	治盜	三禮	古制	建置	祲祥
兵略	軍政	武備	名將	興亡	凡事	立敎	論交	人道	出處	取與
愼動	庸行	父兄	宗族	夫婦	祀先	奉身	養生	經學	史學	著述

文章　雜說　彙采　尙論　廣徵　自叙

石莊這個人和他這部書，從前幾乎沒有人知道。李申耆（兆洛）家藏有石莊的讀書錄寫本四冊，有柴虎臣（紹炳）的跋。申耆說他『文體類淮南抱朴，鱗雜細碎，隨事觀理而體察之。』這部書被人借觀失掉，申耆大以爲恨。其後申耆又從舊書攤裏得看這部繹志，託人刋刻，又失去多年，最後乃復得。道光十七年，纔託顧竹泉（錫麒）刻出。申耆批評他說是：『貫通古今，包合宇宙；不敝之纂述也。』竹泉說：『有說苑新序法言申鑒人物志潛夫論中說之宏肆，而精粹過之。有正蒙近思錄讀書錄呻吟語之醇明，而條貫過之』毛嶽生說：『自前明來書之精博有益於理道名實決可見諸施設者，惟顧氏日知錄與先生是書爲魁傑。』（俱見本書卷首）譚仲修（獻）說：『讀繹志覺胡先生視亭林更大，視潛齋更實，視梨州更碻，視習齋更文。遺編晚出，知者蓋鮮。顯晦之數，豈有待耶？』（復堂日記）諸君對於這部書，可謂推崇極了。依我看：這書雖沒有什麼創獲的見解，然而他的長處在能通貫：每闡一義，四方八面都引申到，又廣取歷史上事蹟做印證。實爲一有系統之著作；可惜陳腐空廓語往往不免。價值雖在日知錄思問錄潛書下，比後來桐城派的「載道之文」卻高十倍了。毛嶽生說欲「少删其繁近，」可惜沒有著手。若經删汰一番，或者倒能增長他的價値。

鑄萬石莊都是想「立言不朽」的人。他們的工作總算不虛，留下的書確能在學術界占相當位置。當時打這種主意的人也不少，如王崑繩劉繼莊輩皆是。此外有所謂易堂九子者，學問路數有點和唐胡相近，名聲遠在唐胡上，而成就不及他們。今在這裏附論一下。

易堂九子皆江西人，甯都魏善伯祥 魏冰叔禧 魏和公禮 邱邦士維屏 李力負騰蛟 彭中叔任 曾靑藜傳燦 南昌彭躬菴士望 林确齋時益 也。他們當明末亂時，相約隱居於甯都之翠微山，其共同討論學問之所名曰易堂，因以得名。九子中以三魏爲領袖，次則邱邦士彭躬菴。三魏中又以冰叔爲魁，世所稱魏叔子也。他們的學風，以砥礪廉節講求世務爲主。人格都很高潔。冰叔當康熙己未舉鴻博時，被薦不至。時江西有謝秋水文洊 闢程山學舍集同志講程朱學。病易堂諸人「言用而遺體，」貽書冰叔爭之。冰叔復書道：『今之君子，不患無明體者，而最少適用。學道人當練於世務，否則試之以事則手足錯亂，詢之以古則耳目茫昧；忠信謹守之意多，而狹隘杓牽之病作。非所以廣聖賢學也。』（魏叔子文集復謝程山書）易堂學風，觀此可見一斑了。但他們專以文辭為重，頗有如顏習齋所謂『考纂經濟總不出紙墨見解』者。他們的文章也帶許多帖括氣。最著名的魏叔子集，討厭的地方便很多。即以文論，品格比潛書繹志差得遠了。

五　劉繼莊

劉獻廷字君賢，號繼莊，順天大興人。生順治五年，卒康熙三十四年，（一六四八—一六九五）年四十八。『先世本吳人，以官太醫遂家順天。繼莊年十九，復寓吳中，其後居吳江者三十年，晚更遊楚，尋復至吳，垂老始北歸，竟反吳卒焉。』（鮚埼亭集劉繼莊傳文）他為萬季野所推重，引參明史館事。又嘗與顧景范黃子鴻閻百詩胡東樵同修大清一統志。嘗游湖南，交王船山，當時知有船山者，他一人而已。王崑繩說生平只有兩個朋友，第一個是劉繼莊，第二個纔是李恕谷（恕谷後集王子傳）全謝山說：『予獨疑繼莊出於改步之後，遭遇崑山兄弟（徐乾學元文）而卒老死於布衣。又其栖栖吳頭楚尾間，漠不爲枌榆之念，將無近於避人亡命者之所爲？是不可以無稽也，而竟莫之能稽。』（劉繼莊傳文下並同。）又說：『蓋其蹤跡非尋常遊士所閱歷，故似有所諱而不令人知。』謝山所提出這個悶葫蘆，我們生幾百年後，史料益缺乏，更無從猜度。總之知道繼莊是一個極奇怪人便了。他的著作或未成或散佚，現存的只有一部廣陽雜記。謝山從那部書裏頭摘出他的學術點要如下：

『繼莊之學，主於經世。自象緯律歷以及邊塞關要財賦軍器之屬，旁而岐黃者流，以及釋道之言，無不留心。深惡雕蟲之技。其生平自謂於聲音之道別有所窺，足窮造化之奧，百世而不惑。嘗作新韻譜：其悟自華嚴字母入，而參之以天竺陀羅尼泰西蠟頂話小西天梵書暨天方蒙古女眞等音，又證之以遼人林益長之說而益自信。同時吳修齡自謂蒼頡以後第一人；繼莊則曰是其於天竺以下書皆未得通，而但略見華嚴之旨者也。繼莊之法，先立鼻音二，以鼻音爲韻本，有開有合，各轉陰陽上去入之五音。陰陽即上下二平，共十聲，而不歷喉腭舌齒唇之七位，故有橫轉無直送。則等韻重疊之失去矣。次定喉音四，爲諸韻之宗。而後知泰西蠟頂話女直國書梵音尙有未精者。以四者爲正喉音，而從此得半音轉音伏音送音變喉音，又以二鼻音分配之，一爲東北韻宗，一爲西南韻宗，八韻立而四海之音可齊。於是以喉音互相合，凡得音十七；喉音與鼻音互相合，凡得音十；又以有餘不盡者三合之，凡得音五；共三十二音，爲韻父。而韻歷二十二位爲韻母。橫轉各有五子。而萬有不齊之聲攝於此矣。嘗聞康甲夫家有紅毛文字，惜不得觀之以合泰西臘頂語之異同。又欲譜四方土音以窮宇宙元音之變，乃取新韻譜爲主，而以四方土音塡之，逢人便可印正。蓋繼莊是書，多得之大荒以外者，囊括浩博，學者驟見而或未能通也。

『其論向來方輿之書，大抵詳於人事，而天地之故槩未有聞。當於疆域之前別添數則：先以諸方之北極出地爲主，定簡平儀之度制，爲正切線表。而節氣之後先，日蝕之分杪，五星之陵犯占驗，皆可推矣。諸方七十二候各各不同，如嶺南之梅十月已開，桃李臘月已開，而吳下梅開於驚蟄，桃李開於淸明，相去若此之殊。今世所傳七十二候，本諸月令，乃七國時中原之氣候。今之中原已與七國之中原不合，則曆差爲之。今於南北諸方細考其氣候，取其核者詳載之爲一則，傳之後世，則天地相應之變遷可以求其微矣。燕京吳下，水皆東南流，故必東南風而後雨，衡湘水北流，故必北風而後雨，諸方山水之向背分合，皆當按籍而列之，而風土之剛柔暨陰陽燥濕之徵，又可次第而求矣。諸方有土音，又有俚音，蓋五行氣運所宣之不同，各譜之爲一則，合之土產，則諸方人民性情風俗之徵，皆可推而見矣。此固非一人所能爲，但發其凡而分觀其成，良亦古今未有之奇也。

『其論水利，謂西北乃二帝三王之舊都，二千餘年未聞仰給於東南何則？溝洫通而水利修也。自劉石雲擾以訖金元，千有餘年，人皆草草偸生，不暇遠慮，相習成風，不知水利爲何事，故西北非無水也，有水而不能用也。不爲民利，乃爲民害，旱則赤地千里，潦則漂沒民居，無地可瀦，無道可行。人固無如水何，水亦無如人何。虞學士始奮然言之，郭太史始毅然行之，未幾竟廢，三百年無過而向者。有聖人者出，經理天下，必自西北水利始，水利興而後足食教化可施也。西北水利莫詳於水經酈注，雖時移勢易，十猶可得其六七。酈氏略於東南，人以此少之，不知水道之當詳，正在西北。欲取二十一史關於水利農田戰守者各詳考其所以，附以諸家之說以爲之疏，以爲異日施行者之攷證。

『又言朱子綱目非其親筆，故多迂而不切，而關係甚重者反遺之。當別作紀年一書。

『凡繼莊所撰著，其運量皆非一人一時所能成，故雖言之甚殷而難於畢業，是亦其好大之疵也。』

觀此，則繼莊學術之大概可見了。內中最重要的是他的新韻譜。音韻學在明清之交，不期而到處興起。但其中亦分兩派：一派以韻爲主，顧亭林毛西河柴虎臣等是。一派以音爲主。方密之吳修齡及繼莊等是。以音爲主者，目的總在製造新字母，又極注重方言。密之繼莊同走這一條路。繼莊自負如此，其書必有可觀，——最少也足供現在提倡字母的人參考——今失傳，眞可惜了。次則他的地理書；

所注重者爲地文地理人文地理。在那時候有這種見解，實可佩服；可惜沒有著成。又他想做的水經注疏，雖像沒有著手，然而在趙東潛全謝山戴東原以前早已認識這部書的價值，也不能不說是他的特識。要之繼莊是一位極奇怪的人。王崑繩說：『生死無關於天下者，不足爲天下士；即爲天下士，不能與古人爭雄長，亦不足爲千古之士，若處士者，其生其死，固世運消長所關，而上下千百年中不數見之人也。』又說：『其心廓然大公，以天下爲己任。使得志行乎時，建立當不在三代下。』（居業堂集劉處士獻廷墓表）崑繩義氣不可一世，而推服繼莊到這步田地。繼莊眞成了一個「謎的人物」了。

六　毛西河　附朱竹垞　何義門　錢牧齋

毛奇齡，字大可，浙江蕭山人。其徒稱爲西河先生。卒康熙四十一年，年九十四。他本是一位有才華而不修邊幅的文人。少爲詩詞，頗得聲譽。然負才佻達，喜臧否人物，人多怨之。嘗殺人，亡命淮上有年。施閏章爲營救，幸免。康熙己未舉鴻博授檢討。時京師治經學者方盛，他也改行爲「經師。」所著經學書凡五十種，合以其他著述共二百三十四卷；四庫全書著錄他的書多至四十部。（皇清經解所收亦不少）晚年門弟子頗多，李恕谷也從他問樂，儼然「一代儒宗」了。他自己說有許多經學書是早年所著，因亂遺失其稿，晚年重行補訂，這話不知是否靠得住，姑妄聽之。

西河有天才而好立異，故其書往往有獨到處。有河圖洛書原舛編太極圖說遺議：辨圖書之僞，在胡東樵易圖明辨前。（但在黃晦木後。）有仲氏易：自稱是他哥哥的遺說。是不是且不管他；這部書駁雜的地方也很多；但提倡漢儒——荀爽虞翻諸人的易學，總算由他開創，後來惠定宇之易漢學，卻受他的影響。有春秋毛氏傳：雖然武斷地方甚多，但對於當時著爲功令的胡傳嚴爲駁辨，廓清之功也不少。有竟山樂錄：自言家藏有明代宗藩所傳唐樂笛色譜，因得以推復古樂。這些話是否靠得住且不管他；他的音樂造詣何如也非我們門外漢所能批評；但研究音樂的人，他總算很早，所以能引動李恕谷從他問業。有蠻司合誌：記雲南四川各土司沿革。雖其中錯謬不少，卻是前此所無之書。以上幾部書，我們不能不認他相當的價值。他對於宋儒猛烈攻擊，有大學知本圖，中庸說，論語稽求編等，但常有輕薄嫚罵語，不是學者態度。還有一部四書改錯，罵朱子罵得最利害。後來聽見淸聖祖要把朱子升祀大成殿，趕緊把板燬了！他因爲要立異和人爭勝，所以雖然敢於攻儀禮攻周禮，卻因閻百詩說古文尙書是假的、他偏翻過來說是眞的，做了一部古文尙書寃詞！這回投機卻失敗了，沒有一個人帮他。

這個人品格是無足取的。全謝山作了一篇毛西河別傳，臚列他好些劣跡，我也懶得徵引了，但舉篇中論他學術的一段。謝山說西河著述中，『有造爲典故以欺人者。如謂大學中庸在唐時已與論孟並列於小經 有造爲師承以示人有本者。如所引釋文舊本，考之宋槧釋文，亦並無有，蓋捏造也。 有前人之誤已經辨正而尙襲其誤而不知者。如邯鄲淳寫魏石經，洪盤洲胡梅磵已辨之，而反造爲陳壽魏志原有邯鄲寫經之文。 有信口臆說者。如謂後唐曾立石經之類。 有不考古而妄言者。如熹平石經春秋，並無左傳，而以爲有左傳。 有前人之言本有出而妄斥爲無稽者。如伯牛有疾章集注出於晉欒肇論語駁，而謂朱子自造，則並或問語類亦似未見者，此等甚多， 有因一言之誤而誣其終身者。如胡文定公曾稱秦檜，而遂謂其父子俱附和議，則籍溪致堂五峯之大節，俱遭含沙之射矣。 有貿然引證而不知其非者。如引周公朝讀書百篇以爲書百篇之證，周公卽見冏命甫刑耶？ 有改古書以就己者。如漢地理志回浦縣乃今台州以東而謂在蕭山之江口，且本非縣名，其謬如此 謝山性太狷急，其抨擊西河或不免過當。要之西河是「半路出家的學生，」與其謂之學者。毋寧謂之文人也。

同時「文人的學者，」有兩個人應該附論：這兩人在學術界的衝動力不如西河，品格卻比他高。——一是朱竹垞，一是何義門。

朱彝尊，字竹垞浙江秀水人。卒康熙四十八年（一七〇九）年八十一。他也是康熙己未鴻博的檢討。他的詩和王漁洋齊名。但他在學問界也有很大的貢獻。他著有日下舊聞四十二卷，專考京城掌故。有經義考三百卷，把自漢至明說經的書大概都網羅齊備，各書序跋目錄都錄入，自己更提要批評，私人所撰目錄學書，沒有比他更詳博的了。又有瀛洲道古錄若干卷，專記翰林院掌故。五代史注若干卷。禾錄若干卷，記秀水掌故。鹾志若干卷，記鹽政。竹垞之學，自己沒有什麼心得，卻是搜集資料極爲淹博，所以在淸學界該還他一個位置。

何焯，孟屺瞻，號義門，江蘇長洲人。卒康熙六十一年（一七二二）年六十二。他早年便有文名。因爲性情伉直，屢遭時忌，所以終身潦倒。他本是翁叔元門生，叔元承明珠意旨參劾湯斌而奪其位，他到叔元家裏大駡，把門生帖子取回。他喜歡校書，生平所校極多，因爲中間曾下獄一次，家人怕惹禍，把他所有著作稿都焚燬了。現存的只有困學紀聞箋義門讀書記兩種。他所校多半是小節，又並未有用後來校勘家家法。全謝山說他不脫帖括氣，誠然。但清代校勘學，總不能不推他爲剏始的人。

更有一位人格極不堪而在學界頗有名的人曰錢牧齋。錢謙益，字牧齋，晚號蒙叟，江蘇常熟人。他是一位東林老名士，但晚節猖披已甚：清師渡江，首先迎降，任南禮部尙書。其後因做官做得不得意，又冒充遺老。論人格眞是一無可取。但他極熟於明代掌故，所著初學集有學集中，史料不少。他嘗親受業於釋憨山德清，人又聰明。晚年學佛，著楞嚴蒙鈔，總算是佛典注釋裏頭一部好書。他因爲是東林舊人，所以黃梨洲歸元恭諸人都敬禮他，在清初學界有相當的勢力。

七 潘用微 此項應改爲第三，在陳乾初之後費燕峯之前。

潘平格，字用徵，（學案小識作用徵，誤。）浙江慈谿人。他的學術像沒有師承，也沒有傳授。他所著有求仁錄一書，我未得見，僅從唐鑑國朝學案小識所引觀其崖略。（以下都是從唐著轉引。）大概說：『孔門之學以求仁爲宗。仁者，渾然天地萬物一體，而發見於吾人日用平常之事者也。……故曰：「有能一日用其力於仁矣乎？我未見力不足者。」……』又說：『學者之患，在於不知眞心見在日用，而別求心，故有種種弊病以各成其學術。』他反對主敬主靜之養心法，以爲養心用操持法總是不對。說道：『操持者，意也，識也。操持此心，是以意識治意識也。』所以他說：『敬即是心，而非敬以治心；心即是敬，而非主敬持敬。』而結論歸到『本體工夫非有二。』說道：『工夫二字，起於後世佛老之徒。蓋自倫常日用之外另有一事，故說是工夫。若主敬之學，先立體以使致用之本，窮理之學，先推極知識以爲遇事之用，亦是另有一事可說是工夫。……這便是學養子而後嫁了。』又說：『晦庵不信大學而信伊川之改大學，不格物而補格物之傳；以至象山陽明不信曾思孟而謂顏子沒而聖學亡。今敢於悖先聖而不敢以悖後世諸賢。……總由學者讀註聽講，先入於近儒之說，故意見偏陂，窠臼難拔。某常說：「不得看註，不得看諸賢語錄。」蓋嘗深中其病，確知其害。』用微之學，我未見其全書，不敢輕下批評。約略看來，大率也是從宋明學上狠用過苦功而力求解放者。歸元恭文集裏頭有上潘先生書兩通，第一通狠尊仰他，第二通很詆毀他。像是元恭曾游用微之門，後來不以爲然，又退出來。李恕谷記萬季野自述道：『吾少從黃先生遊。聞四明有潘先生者，曰：「朱子道。陸子禪。」怪之。往詰其說，有據。同學因轟言予畔黃先生；先生亦怒。……』（恕谷後集萬季野小傳。）然則季野亦頗心折其學了。可惜他生在浙東，浙東正是蕺山梨洲勢力範圍，不容他有發展餘地，這個人便成爲「中道而殤」的學者了。

八　呂晚村　戴南山

初期學者有爲文字獄所犧牲的兩位：曰呂晚村，戴南山。這兩位都因身罹大禍，著作什九被燒燬，我們無從見其眞相。據現在流傳下來的遺書而論，兩都像不過是帖括家或古文家，不見得有很精深學問。但他們總是和清代學術有關係的人，雖然資料缺乏，也得記一記。

呂留良，字用晦，號晚村，浙江石門人。卒康熙二十二年，（一六八三）年壽待考。他是一位廩生，康熙間曾薦舉山林隱逸，博學鴻儒，皆不就。篤守程朱學說，著書頗多，學風和朱舜水像有點相近。對於滿洲征服中國，憤慨最深。嘗說：『孔子何以許管仲不死公子糾而事桓公甚至美爲仁者，是實一部春秋之大義也。君臣之義固重，而更有大於此者。所謂大於此者何耶？以其攘夷狄救中國於被髮左衽也。』他的著述中像這樣的論調大概甚多。他卒後，他的門生嚴鴻逵沈在寬誦法其學。康熙末年有湘人曾蒲潭（靜）因讀晚村所批時文有論「夷夏之防」等語，大感動。到他家中求其遺書盡讀之，因與嚴沈及晚村之子葆中使密友，自是思想大變。雍正初年，對於功臣猜忌特甚，川陝總督岳鍾琪有點不自安。蒲潭乃派他的門生張熙上書鍾琪勸他革命。後來事情鬧穿了，將蒲潭及沈張等，提京廷訊，鬧了幾年，結果將晚村剖棺戮屍，子孫族滅。門生故舊，株連無數。晚村所有著述，焚燬都盡。只有雍正御撰駁呂留良四書義一書，今尚流傳，因此可見晚村學說之一二。（吾家中有此書，待檢出後擇要徵引。）又據雍正上諭，知晚村有日記。有文集。文集中有致吳三桂書。上諭說：『其所著文以及日記等類，或鐫板流傳，或珍藏秘密，皆人世耳目所未經，意想所未到者。朕繙閱之餘，不勝惶駭。蓋其悖逆狂噬之詞，凡爲臣子者所不忍寓之於目，不忍出之於口，不忍述之於紙筆者也。』據此則晚村之言論如何激烈，可以想見。雍正所著大義覺迷錄，專爲駁晚村學說而作。內中辨夷夏的話最多，次則辨封建，據此亦可略見晚村著作內容如何了。（雍正七年四月上諭引晚村文集有『今日之窮爲羲皇以來所僅見』語。以與唐鑄萬潛書存言篇對照，可想見所謂「康熙全盛」時民生狀況如何。實極重要之史料。）雍正因晚村之故痛恨浙江人。說道：『朕向來謂浙江風俗澆漓，人懷不逞。如汪景祺查嗣庭之流，皆謗訕悖逆。甚至民間氓庶，亦喜造言生事。皆呂留良之遺害也。』（七年上諭）浙中學者自舜水梨洲以至謝山，皆民族觀念極盛，本非倡自晚村。然晚村在當時浙學界有不小的勢力，我們倒是因讀雍正上諭纔得知道哩。

戴名世，字田有，號南山，安徽桐城人。康熙五十二年下獄論死，年六十一。他本是一位古文家。桐城派古文，實應推他爲開山之祖。他從小喜讀左傳史記。

有志自撰明史。同縣方孝標嘗游雲南，著滇黔紀聞，述永歷間事。南山好其書。（或說方孝標嘗受吳三桂偽職，似不確。）後有永歷宦官出家為僧號犁支者與南山門人余石民湛談永歷遺事頗多，南山采以入其集。康熙五十年為都御史趙申喬所劾，大獄遂起。其獄牽連至數百人，（方苞韓菼等皆在內。）因康熙帝從寬處置，論死者僅南山一人而止。南山集在當時為禁書，然民間傳本不絕。集中並無何等奇異激烈語。看起來南山不過一位普通文士，本絕無反抗清廷之意。（他是康熙四十八年榜眼，時年已五十七歲了。）但他對於當時官修明史，確有所不滿。他說：

『昔者宋之亡也，區區海島一隅，僅如彈丸黑子，不踰時而又已滅亡。而史得以備書其事。今以弘光之帝南京，隆武之帝閩越，永歷之帝兩粵帝滇黔，地方數千里，首尾十七八年，揆以春秋之義，豈遽不為昭烈之在蜀，帝昺之在崖洲？而其事漸以滅沒！……老將退卒，故家舊臣，遺民父老，相繼漸盡；而文獻無徵，凋殘零落，使一時成敗得失與夫孤忠效死流離播遷之情狀，無以示於後世，豈不可歎也哉？終明之世，三百年無史，金匱石室之藏，恐終淪散放失而當世流布諸書缺略不詳。毀譽失實。嗟乎！世無子長孟堅，不可聊且命筆。鄙人無狀，竊有志焉……余夙者之志，於明史有深痛。輒好問當世事，而身所與士大夫接甚少，士大夫亦無以此爲念者。……』（南山集與余生書）

讀這篇書，南山對於明史的感想，略可概見；而其身遘大禍亦卽以此。康熙中葉，文網極寬，思想界很有向榮氣象。此獄起於康熙倦勤之時，雖辦理尚屬寬大，然監謗防口之風已復開矣。跟著就是雍正間幾次大獄，而乾嘉學風，遂由此確立了。

本講所列舉的不倫不類十幾個人，論理，不應該在一塊兒評論。但因此益可見清初學術方面之多與波瀾之壯闊凡。學界之「黎明期運動，」大率都是這種氣象。乾嘉以後，號稱清學全盛時代，條理和方法雖比初期緻密許多；思想界卻已漸漸成爲化石了！

十三　清代學者整理舊學之總成績（一）

經學　小學及音韻學

以乾嘉學派爲中堅之清代學者，一反明人空疏之習，專從書本上鑽研考索，想達到他們所謂『實事求是』的目的。依我們今日看來，他們的工作，最少有一半算是白費。因爲他們若肯把精力用到別個方向去，成就斷不止此。但這是爲時代性所限，我們也不能太過責備。至於他們的研究精神和方法，確有一部分可以做我們模範的；我們萬不可以看輕他。他們所做過的工作，也確有一部分把我們所應該的已經做去，或者替我們開出許多門路來，我們不能不感謝。今將他們所表現的總成績略分門類擇要敍述，且評論其價値。我個人對於繼續整理的意見，也順帶發表一二。

一　經學

自顧亭林高標『經學卽理學』之徽幟以與空談性命之陋儒抗，於是二百年來學者家家談經，著作汗牛充棟。阮氏皇淸經解王氏皇淸經解續編所收作者凡百五十七家，爲書都三百八十九種，二千七百二十七卷，亦云盛矣。而未收及續出者尚不在其列。幾部古經，是否値得費那麼大工夫去硏究，另爲一問題。他們費這些工夫到底把這幾部古經研究清楚沒有？以下請逐部說明：

（甲）易經。易經是一部最帶神秘性的書。孔子自稱『假年以學』相傳還有『韋編三絕』的故事，可見得這書自古已稱難懂了。漢代今文博士有施孟梁邱三家，又有費氏的古文，又有京焦的別派。自王弼注出，盛行江左，唐人據之以作正義，自是漢易諸家俱廢。今官書之十三經注疏，所宗者，弼學也。而五代北宋間道士陳摶始以道教中丹鼎之術附會易文，展轉傳至邵康節周濂溪，於是有先天太極諸圖，易益棼亂不可理。程伊川作易傳，少談天道，多言人事，稍稱絜淨。朱晦庵又綜合周邵程之說作易本義，爲明清兩朝功令所宗。蓋自王韓康伯以後，易學與老莊之道家言混合；自周邵以後，易學與後世矯誣之道教混合。清以前易學之重要流別變遷大略如此。

清代易學第一期工作，專在革周邵派的命。黃梨洲的易學象數論，首放一矢，其弟黃晦木宗炎著圖書辨惑把濂溪太極圖說的娘家——即陳摶自稱從累代道士傳來的無極圖——找出來了。同時毛西河有河圖洛書原舛，大致與二黃之說相發明。其後胡朏明著易圖明辯，引證詳博，把所有一切怪誕的圖——什麼無極太極，什麼先天後天，什麼太陽少陽太陰少陰，什麼六十四卦的圓圈方位一概打掃得乾乾淨淨。一千年蒙罩住易經的雲霧算是開光了。這不能不說是清初學者的功勞。

他們對於周邵派的破壞算是成功了，建設的工作怎麼樣進行呢？論理，他們專重注疏，自應歸到王韓一派。但王注援老莊以談名理，非他們所喜，而且『輔嗣易行無漢學，』前人已經說過，尤爲漢學先生們所痛恨。所以他們要另闢一條新路來。

清儒說易之書收入皇清經解者，最先的爲毛西河之仲氏易。但這部書專憑個人臆見，學無淵源，後來學者並不重視他，所以影響也甚小。可以代表清儒易學者不過三家，曰惠定宇，曰張皋文，曰焦里堂。

惠定宇所著書，曰周易述。二十一卷，易漢學七卷，易例。二卷。其九經古義中關於易者亦不少。定宇的見解，是：愈古愈好，凡漢人的話都對，凡漢以後人的話都不對。然則漢人的易說一部無存，怎麼辦呢？幸而有唐李鼎祚的周易集解內中徵引許多漢儒各家遺說。定宇把他們都搜集起來，爬梳整理一番，用的勞力眞不小。我們讀這幾部書，纔知道漢人易學的內容如何，這便是惠氏在學界一大成績。然成績亦止於此而已；若說他已經把這部易經弄通了，我們絕對不敢附和。爲什麼呢？因爲漢儒說易是否合於易旨，我們先已根本懷疑漢儒講的什麼「互體，」什麼「卦變，」什麼「半象」「兩象，」什麼「納甲」「納音」「爻辰，」什麼「卦氣六日七分，」依我們看來，都是當時燕齊方士矯誣之說，和陳邵太極先天等圖沒有什麼分別；王輔嗣把他們廓淸辭闢，一點都不寃枉。定宇輩因爲出自漢人，便認做寶貝，不過盲從罷了。而且定宇還有一個大毛病，是不知家法。同爲漢儒，而傳受淵源不同，彼此矛盾的地方便不少。定宇統而名之曰「漢學，」好像漢人只有此學，又好像漢人個個都是此學，這便大錯了。定宇說的不過東漢末年鄭康成荀慈明虞仲翔等幾個人之學，頂多可以代表一兩派，而且各人所代表的派也不能相通。惠氏凡漢皆好的主張，只怕漢儒裏頭先自打起架來，他已無法和解了。

張臯文所著書，主要的是周易虞氏義。九卷。還有虞氏易禮，易言，易事，易候，及荀氏九家義易義別錄等。臯文憑藉定宇的基業，繼長增高，自然成績要好些。他的長處在家法明瞭，把虞仲翔一家學問，發揮盡致。別家作爲附庸，分別蒐擇，不相雜廁。我們讀這幾部書，可以知道漢易中最主要的部分——虞氏易有怎樣的內容，這是臯文的功勞。若問臯文的易學是否眞易學，便要先問仲翔的易學是否眞易學。可惜這句話我是回答不出來的。

焦里堂所著書，有易章句十二卷，易通釋二十卷，易圖略。八卷，統名雕菰樓易學三書。阮芸臺說他：『石破天驚，處處從實測而得。聖人復起，不易斯言。』王伯申說他：『鑿破混沌，掃除雲霧，可謂精銳之兵。』阮王都是一代大儒，不輕許可；對於這幾部書佩服到如此，他的價値可推見了。里堂之學，不能叫做漢學。因爲他並不依附漢人。不惟不依附，而且對於漢人所糾纏不休的什麼「飛伏」「卦氣」「爻辰」「納甲」……之類一一辨斥，和黃胡諸人辨斥陳邵易圖同一摧陷廓淸之功。里堂精於算理，又精於聲音訓詁，他靠這種學問做帮助，而從本經中貫穴鉤稽，生出妙解。王伯申說：『要其法，則比例二字盡之。所謂比例者，固不在他書而在本書也。』里堂這幾部書，是否算得易經眞解，雖不敢說。但他確能脫出二千年傳注重圍，表現他極大的創作力。他的創作卻又非憑空臆斷，確是用考證家客觀研究的方法得來，所以可貴。他發明幾個重要原則，曰旁通，曰相錯，曰時行，曰當位失道，曰比例，都是從彖象繫辭所說中推勘出來。我細繹里堂所說明，我相信孔子治易確曾用這種方法。我對於里堂有些不滿的，是嫌他太鶩於旁象而忽略本象。「旁通」「相錯」等是各卦各爻相互變化孳衍出來的義理，是第二步義理，本卦本爻各自有其義理，是第一步義理。里堂專講第二步，把第一步幾乎完全拋棄，未免喧賓奪主了。

此外說易之書，雖然還有許多，依我看，沒有什麼價値，一概不論了。專就這三家看來，成績還不算壞。易經本是最難懂的一部書，我們能否有方法徹底懂他，很是問題。若問比較上可靠的方法嗎？我想：焦里堂帶我們走的路像是不錯。我們應用他以本書解本書法，把他所闕略的那部分——即本卦本爻之薑義，重新鈎稽一番，發現出幾種原則來駕馭他，或者全部可以徹底眞懂也未可知。這便是我對於整理易經的希望及其唯一方法了。

（乙）尙書　尙書是一部最囉唣。——問題最多的書。相傳本有三千餘篇，孔子删成百篇，已算得駭人聽聞的神話了。所謂百篇者，在漢初已有人見過，只傳得二十八篇。卻是有百篇的序文見於史記。不久又有什麼河內女子得着一篇泰誓，變成二十九篇。那篇泰誓是眞是假，當時已成問題、然而不管眞假，他只是曇花一現，忽然又隱身不見了。二十八篇或二十九篇正立於學官人人誦習了二百年，到西漢末忽然有所謂古文尙書者出，說是孔安國家藏，獻入中秘，比原家的今文尙書多出十六篇來。因此惹起今古文之爭，學界生出絕大波瀾，西漢末的古文尙書是否靠得住，已成千古疑案。到東漢末這新出的十六篇又隱身不見了。經一百多年到東晉之初，忽然又說古文尙書復活轉來！卻是由十六篇變成三十五篇，還帶着一部孔安國的注！離奇怪誕，莫此爲甚了。今文的二十八篇，到最近還有人對於他發生眞假問題，這是後起之義，姑且不說。至所謂古文尙書者，僞中出僞，至再至三，說起來便令人頭眩！內中夾着一個書序眞假問題，越發麻煩極了。自唐人撰諸經正義，采用東晉晚出的古文尙書及孔安國傳，自是這部書著爲功令立於學官者一千多年！直到淸初，然後這種囉唕問題纔解決十之八九了。

淸初學者對於尙書第一件功勞，在把東晉僞古文尙書和僞孔安國傳宣告死刑。這件案最初的告發人，是宋朝的朱子，其後元吳澄明梅鷟等繼續控訴，到淸初黃梨洲當原告律師做了一部授書隨筆給閻百詩，百詩便自己充當裁判官，著成古文尙書疏證八卷，宣告那部書的死刑。還有一位姚立方際恒可以算做原告律師，他做一部尙書通論，關於這問題搜出許多證據。其書似已失傳，但一部分已被閻氏采入疏證了。同時被告律師毛西河不服判決，做了一部古文尙書寃詞提起上訴。再審的裁判官便是惠定宇，著了一部古文尙書考，把被告的罪名越發弄確實了。還有兩位原告律師，一是程緜莊廷祚做一部晚書訂疑，一是段茂堂做一部古文尙書撰異，把毛律師强辯的話駁得落花流水！於是這件案總算定讞了。到光緒末年有一位洪右臣良品想再替被告上訴，卻是「時效」已過，沒有人受理了。這件案的決定，算是淸儒在學術史上極有價値的事業。

假的部分剔出了，眞的部分如何整理呢？今文尙書二十八篇，本屬春秋以前的語體文，佶屈聱牙，最稱難讀。自僞孔傳通行之後，漢儒傳注一概亡佚，更沒有一部完書可爲憑籍，怎麼辦呢？乾隆中葉的學者，費了不少的勞力，著成三部書：一是江艮庭聲的尙書集注音疏十二卷，一是王西莊鳴盛的尙書後案三十卷，一是孫淵如星衍的尙書今古文注疏三十卷。他們三位是各不相謀的同時分塗去著自己的書；他們所用的方法也大致相同：都是拿史記尙書大傳當底本，再把唐以前各種子書及箋注類的書以至太平御覽以前之各種類書凡有徵引漢儒解釋尙書之文慢慢搜集起來，分綴每篇每句之下，成爲一部漢儒的新注。三部書裏頭江艮庭的比較最壞。艮庭是惠定宇的派，一味的好古，沒有什麼別擇剪裁。王西莊蒐羅極博，但於今古文學說分不清楚，好爲調和，轉成矛盾，是其短處。孫淵如算是三家之冠了。他的體例，是『自爲注而自疏之。』注文簡括明顯，疏文纔加詳，疏出注文來歷，加以引申，就組織上論，已經壁壘森嚴。他又注意今古文學說之不同，雖他的別擇比不上後來陳樸園的精審，但已知兩派不可强同，各還其是，不勉强牽合，留待讀者判斷從違，這是淵如極精愼的地方，所以優於兩家。

江孫王三家都是絕對的墨守漢學，非漢儒之說一字不錄。他們著書的義例如此，本也甚好。但漢儒所說一定就對嗎？怕未必然。僞孔傳雖僞，但都是采錄魏晋人舊說而成，安見所解沒有過於漢人處？宋儒經說，獨到之處甚多，時亦可以補漢人之闕失。乾嘉間學者對於他們一概排斥，也未免墮門戶之見。光緒末年簡竹居朝亮補救這種缺點，著一部尙書集注述疏。也仿淵如例，自注自疏。惟漢宋兼采，旁及僞孔。這書成於江孫王之後，自然收功較易；他的內容也稍嫌過繁。但采擇漢宋各家說狠有別裁，不失爲一良著。

漢代今古文之爭，本由尙書而起。東晉僞古文不必論矣，即所謂西漢眞古文者來歷已狠不分明。嘉道以降，今文學興，魏默深著書古微，提出古文尙書根本曾否存在之問題。是爲閻百詩以後第二重公案，至今未決。（互見辨僞書條。）西漢晚出古文，眞僞且勿論，其學說傳於東漢而爲馬融鄭玄所宗述，則甚明也。其與西漢今文博士說牴牾殊多，又甚明也。江孫王之書，以輯采馬鄭注爲中堅，只能代表古文說，不能代表今文說。（鄭君雖云兼通今古擇善而從，但仍祖古文爲多。）道咸間陳樸園喬樅著今文尙書經說考三十三卷，歐陽夏侯遺說考一卷，狠費些勞力纔蒐集得來。我們從此可以知尙書最古的解釋了。

尙書裏頭的單篇，最複雜的是禹貢。胡朏明著禹貢錐指十卷，是爲清代研究古地理之首。雖其書許多疏舛經後人補正，（最著者成芙卿蓉鏡禹貢班義述丁儉卿晏禹貢錐指刊誤等。其餘單篇及筆記中此類著作甚多。）然創始之勞，應該紀念的。

尙書大傳，爲漢初首傳尙書之伏生所著，而鄭康成爲之注，這書在尙書學裏頭位置之重要自不待言。但原書在宋時已殘缺不完，明時全部亡佚了。清篇先後搜輯的數家，最後陳左海壽祺的尙書大傳輯校最稱完善。而皮鹿門錫瑞繼著尙書大傳疏證更補其闕失而續有發明。也算尙書學中一附帶的成功了。互見輯佚書條。

書序問題，亦至今未決。別於辨僞書條敘其經過，此不述。

總括起來，清儒之於尙書學，成績總算不壞。頭一件功勞，是把東晉僞古文打倒了，撥開無限雲霧。剩下眞的二十八篇，也經許多人費狠大的勢力，解釋明白了什之六七。我稍爲不滿意的，是他們有時拘守漢儒說太過。例如『粵若稽古，』鄭注訓「稽古」爲「同天，」甚可笑。但以出於鄭而強從之。關於校勘文字，時或缺乏判斷的勇氣。例如『在治忽』之或作「七始詠」或作「來始滑」『心腹賢腸』之或作「優賢揚，」諸家往往好爲穿鑿曲護致晦眞意。關於研究制度，好引異代之書強爲比附。例如釋『六宗』附會月令之明堂，或周官大宗伯之日月星辰司中司命風師雨師等。這類都是多數清儒公共的毛病，後有治此經者，專從訓詁上平實解釋，不要穿鑿，不要貪多。制度有疑則闕之。能瀏成一部簡明的注。或者這部書有人人能讀的一天了。

（丙）詩經。詩經和尙書相反，算是問題最少的書。三百篇本文，幾乎絕無疑議之餘地。其最爲聚訟之鵠者惟一毛詩序。詩序問題，別詳辨僞書條下，現在暫且少講。但略講清朝以前詩學變遷形勢。而漢十四博士，詩經惟魯齊韓三家。毛氏則哀平間晚出古文，來歷頗不分明。自鄭康成依毛作箋，此後鄭學孤行，而三家俱廢。六朝經學，南北分派，惟詩則同宗毛鄭無異辭，唐初正義因之，鄭學益成統一之局。惟自唐中葉以後，異論寖生，其發難大率由詩序。馴至『程大昌之妄改舊文，王柏之橫刪聖籍。』（四庫提要語）猖披極矣。朱晦翁亦因不滿於詩序而自作集傳。元明以還，朱傳立於學官，而毛鄭亦幾廢。清儒則乘此反動，以光復毛鄭之學爲職志也。

清儒在詩學上最大的功勞，在解釋訓詁名物。康熙間，有陳長發（啓源）的毛詩稽古編，有朱長孺（鶴齡）的毛詩通義當時稱爲名著。由今觀之，乾隆間經學全盛，而專治詩者無人。戴東原輩雖草創體例，而沒有完書。到嘉道間，纔先後出現三部名著：一胡墨莊（承珙）的毛詩後箋，二馬元伯（瑞辰）的毛詩傳通釋；三陳碩甫（奐）的詩毛氏傳疏。胡馬皆毛鄭並釋，陳則專於毛；胡馬皆有新解方標專條，無者闕焉；陳氏則純爲義疏體，逐字逐句訓釋。三書比較，胡馬貴宏博而陳尙謹嚴，論者多以陳稱最。陳所以專毛廢鄭者，以鄭固箋毛，而時復破毛，嚴格繩之，亦可謂爲「不守師法。」又鄭本最長於禮，恒喜引禮解詩，轉生轇轕，孔沖遠並疏毛鄭，疏家例不破注，故遇有毛鄭衝突之處，便成了「兩姑之間難爲婦，」勉强牽合打完場，那疏便不成片段了。碩甫專宗其一，也可以說他取巧。但毛傳之於訓詁名物，本極矜愼精審，可爲萬世注家法程；碩甫以極謹嚴的態度演繹他，而又常能廣采旁徵以證成其義。極絜淨而極通貫，眞可稱疏家模範了。

名物訓詁之外，最引人注意的便是作詩的本事和本意。講到這一點，自然牽連到詩序問題了。淸學正統派，打著「尊漢」「好古」的旗號，所以多數著名學者，大率羣守毛序。然而舉判旗的人也不少：最凶的便是姚立方著有詩經通論；次則崔東壁述著有讀風偶識。次則方鴻濛玉潤著有詩經原始。這三部書並不爲淸代學者所重，近來纔漸漸有人鼓吹起來。據我們看，詩序問題早晚總須出於革命的解決，這三部書的價値，只怕會一天比一天漲高罷。詩經通論我未得見，僅從詩經原始上看見片段的徵引，可謂精悍無倫。讀風偶識謹嚴肅穆，純是東壁一派學風。詩經原始稍帶帖括氣，訓詁名物方面殊多疏舛，但論詩旨卻有獨到處。

今文學復活，古文的毛氏詩，當然也在排斥之列。最初做這項工作者，則爲魏默深之詩古微。詩古微不特反對毛序而且根本反對毛傳說全是僞作。我以爲序和傳要分別論：序呢，無疑是東漢人妄作。傳呢，我並不敢說一定出自『子夏所傳，』漢書儒林傳述毛氏語 也許是西漢末年人造出來。但他對於訓詁名物解釋得的確好，雖以我向來崇尙今文的人也不敢鄙薄他。老實說。我是厭惡毛序而喜歡毛傳的。因爲年代隔遠的人作序，瞎說某篇某篇詩的本事本意萬不會對的，這種作品當然可憎。至於訓釋文句，何必問他子夏不子夏毛公不毛公，我們現在悉心研索還可以做一部好極的來哩！所以我對於攻擊毛傳認爲不必。但默深這部書，偏激的地方不少，但亦有許多嶄新有見解，可以供將來「新詩學」之參考。

齊魯韓三家學說，漢以後便亡了。宋王應麟有三家詩考一卷，是爲搜輯之始。到淸嘉道以後。繼起漸多。馮柳東登府有三家詩異文疏證九卷，有三家詩異義遺說二十卷。陳樸園有三家詩遺說考十五卷，四家詩異文考五卷，齊詩翼氏學疏證二卷。嚴鐵橋可均有輯韓詩二十一卷。這都是興滅繼絕不無微勞的了。

總括起來，淸儒的詩學，訓詁名物方面，我認爲成績狠優良。詩旨方面，卻不能滿意，因爲受毛序束縛太過了。但研究詩旨，卻不能有何種特別的進步的方法．大約索性不去研究倒好。戴東原說：『就全詩考其字義名物於各章之下，不必以作詩之意衍其說。蓋字義名物，前人或失之者，可以詳覈而知，古籍具在，有明證也。作詩之意，前人旣失其傳者，難以臆見定也。』詩補傳自序。我想，往後研究詩經的人，只好以東原這話自甘。那麼，淸儒所做工作，已經給我們不少的便利了。

(丁)三禮　三禮依普通的次序，是一周禮二儀禮三禮記。有時加上大戴禮亦叫做「四禮」　這幾部書的時代眞僞，都狠有問題，留着在辨僞書條下再討論，今且不說。　三禮都是鄭康成作的注，在康成畢生著述中，也可說是以這三部注爲最。所以「三禮學」和「鄭學，」幾成爲不可分的名詞。　雖然，自古說：『議禮之家紛如聚訟。』自孔門諸子，已經有許多交鋒爭辯；秦漢以後更不必說了。一部白虎通義，便是漢儒聚訟的小影。　一部五經異義，是鄭康成和許愼對壘；一部聖證論，是王肅和鄭康成對壘。　這種筆戰，我們一看下去便頭痛。六朝隋唐，的也爭不少。　昔戰國諸子詆斥儒家，大都以『窮年不能究其禮』爲口實，何況在千餘年異論更多之後？　所以宋學興起，把這些繁言縟語擺脫不談，實是當然的反動。　中間雖經朱子晚年刻意提倡，但他自己既沒有成書，門生所做又不對，提倡只成一句空話。　宋元明三朝，可以說是三禮學完全衰熄的時代了。

這門學問是否有研究的價值，俟下文再說，現在且說清朝禮學復興的淵源。自黃梨洲顧亭林懲晚明空疏之弊，提倡讀古書，讀古書自然觸處都感覺禮制之難懂了。　他們兩位雖沒有關於禮學的專門著作，但亭林非張稷若治禮便贊歎不置，他的外甥徐健庵便著有讀禮通考。梨洲大弟子萬充宗季野兄弟經學的著述，關於訓詁方面的甚少，而關於禮制方面的最多。禮學蓋萌芽於此時了。其後惠戴兩家，中分乾嘉學派，惠氏父子著禘說，明堂大道錄等書，對於某項的禮制，專門考索。戴學出江愼修，愼修著禮書綱目，對於禮制爲通貫的研究，而東原所欲著之七經小記中禮學篇雖未成，而散篇見於文集者不少，其並時皖儒如程易疇金檠齋淩次仲輩，皆篤嗜名物數制之學。而績谿涇縣兩胡（竹村 景莊）以疏禮名其家，皆江戴之遺風也。自玆以往，流風廣播，作者間出，而最後則孫仲容黃儆季稱最善云。

今先分經學其最有名之著述，而關於貫通的研究次於後。

（一）周禮 清儒禮學雖甚昌，然專治周禮的人狠少。（兩經解所收如江永周禮疑義舉要，沈彤周官祿田考，段玉裁周禮漢讀考，莊存與周官記 周官說，徐養原周官故書考 王聘珍周禮學不過寥寥數部，又皆屬於局部的研究，未貫有穴全書者。）惟一的周禮專家就是孫仲容詒讓，他費二十年工夫成周禮正義八十六卷。這部書可算清代經學家最後的一部書，也是最好的一部書。其價值留待下文論新疏條下另行批評。

考工記本另爲一部書，後人附入周禮。清儒對於這部書狠有幾種精深的著作。最著者爲戴東原之考工記圖注，阮芸臺之考工記車制圖考，乃其少作，亦精核。次則王宗涑之考工記考辨。

（2）儀禮　清儒最初治儀禮者爲張稷若爾岐，著儀禮鄭注句讀。顧亭林所稱「獨精三禮卓然經師」也。乾嘉間則有淩次仲廷堪的禮經釋例十三卷，將全部儀禮拆散了重新比較整理貫通一番，發現出若干原則。凡通例四十，飲食之例五十有六，賓客之例十有八，射例二十，變例（即喪例）二十有一，祭例三十，器服之例四十，雜例二十有一。其方法最爲科學的，實經學界一大創作也。次則有張皋文惠言的儀禮圖先爲宮室衣服之圖，宮室七，衣服十三，次則十七篇每篇各爲之圖，士冠十，士昏十二，士相見一，鄉飲酒九，鄉射十三。燕十七，大射十二，聘三十，公食大夫十二，覲八，喪服三十九，既夕十一，士虞六，特牲饋食十七，少牢饋食八，有司徹十八。其不能爲圖者則代以表。凡六篇。每圖每表皆綴以極簡單之說明。用圖表方法說經亦可謂一大創作。宋人有三禮圖等書，僅圖器物。且多臆揣。不能援以爲比。道咸間，則有邵位西懿辰禮經通論，專明此經傳授源流，斥古文逸禮之僞。有這三部書振裘挈領，把極難讀的儀禮變成人人可讀，眞算得勞苦功高了。其集大成者則有道光間胡竹村培翬之儀禮正義，爲極佳新疏之一。當於新疏條下別論之。與竹村同時合作者，有胡墨莊胡承珙之儀禮今古文疏義。但主於辨正文字，非爲全書作新疏也。勿混

(3)禮記　淸儒於禮記，局部解釋之小書單篇不少，但全部箋注，尙未有人從事。其可述者僅杭大宗世駿之續禮記集說。其書仿衞湜例，爲錄前人說，自己不下一字。所錄自宋元人迄於淸初，別擇頗精審，遺佚之說多賴以存。例如姚立方的禮記通論，我們恐怕沒有法子再得見，幸而要點都采擷在這書裏頭，纔能知道立方的奇論和特識，這便是杭書的功德。次則郭筠仙嵩燾的禮記質疑，對於鄭注所匡正不少。將來有著禮記新疏的人，這兩部書總算最好的資料了。朱彬的禮記訓纂未見，不敢批評。

禮記單篇別行之解釋，有皮鹿門錫瑞之王制箋，康長素有爲之禮運注，劉古愚光蕡之學記臆解各有所新發明。

(4)大戴禮　大戴禮舊惟北周盧辯一注，疏嗬殊甚，且文字譌脫亦不少。乾嘉間戴東原盧抱經從事校勘，其書始稍稍可讀。阮芸臺欲重注之，未成，

而孔巽軒廣森著大戴記補禮注汪少山照著大戴禮記補注。二君蓋不相謀，而其書各有短長，汪似尤勝也。孔書刻於乾隆五十九年，有自序及阮元序，汪書年代無考，然有王昶序，自稱同學弟。則汪年輩或稍先於孔也。

大戴禮單篇別行之解釋，則有黃相圃模之夏小正分箋夏小正異義。書中曾子立事等十篇，清儒以爲卽漢書藝文志曾子十八篇中之遺文。阮芸臺元把他抽出單行，爲曾子注釋四卷。

(5)禮總　禮學家往往不專一經。因這門學問的性質本貫通群經也。通貫群經的禮學著作有幾部書應該論列者：最初的一部爲徐健庵乾學的讀禮通考。百二十卷。這部書是健庵居喪時編的，爲言喪禮最詳備之書。雖題健庵著，其實全出萬季野，所以甚好。健庵爲亭林之甥，也有相當的學問。禮學尤其所好。觀憺園集論禮制諸篇可知。中間的一部是秦味經蕙田的五禮通考二百六十二卷。這書爲續補讀禮通考而作，我很疑心有一大部分也出萬季野手，但未得確證，不敢斷言。看第 講論萬季野著述曾滌生大佩服此書說他：『體大物博，歷代典章具在三禮之外，得此而四。』俞蔭甫則說他『按而不斷，無所折衷，可謂禮學之淵藪，而未足爲治禮者之藝極。』俱見禮書通故俞序此書之短長，這兩段話盡之了。此書成於衆手，非味經自著。分纂的人確實可考者有戴東原，王蘭泉；也許錢竹汀王西莊都在裏頭；其餘二三等學者當更不少。所以全書各篇，價值不同，有狠好的，有較次的，不如讀禮通考之畫一謹嚴。依我看，這書是一部狠好的類書，價值在文獻通考上。（專指禮制一部分言。文獻通考範圍比更廣，他所無的門類自無從比較。）或者也可以說是中國禮制史的長編。『按而不斷，無所折衷』，固然是他的毛病。但我總覺得：「折衷」這句話是空的，自己以爲折衷，別人看來不過多一重聚訟爲公案。（漢代的石渠奏議，白虎觀討論，何嘗不是想折衷？況且在場的人都是第一流學者了。你看算不算空論？）所以案而不斷，或者也是此書的最好處哩？最後的一部是黃儆季以周的禮書通故一百卷。儆季爲薇香（式三）之子，傳其家學，博而能精。又成書最晚，（草創於咸豐庚申，告成於光緒戊寅。）先輩所蒐輯所考證，供給他以極豐富的資料。所以這部書可謂爲集清代禮學之大成。他對於每項禮制都博徵古說而下以判斷，正和五禮通考的性質相反。他的判斷總算極矜慎極通明，但能否件件都算爲定論，我卻不敢說了。

以上三種，是卷帙最浩博材料最豐富的。此外禮學重要著作，在初期則有惠天牧士奇的禮說，江愼修永的禮書綱目，算是這門學問中篳路藍縷的書。禮書綱目的體例，爲後來秦黃兩家所本。雖後起者勝，而前人之功萬不容沒。在中葉則任幼植大椿程易疇瑤田金輔之榜凌次仲廷堪都有精到的著作。檠齋的禮箋，易疇的通藝錄最好。他們純粹是戴東原一派的學風，專做窄而深的研究，所選的題目或者是狠小的，但在這個題目的範圍內，務把資料搜齊；類書式的案而不斷，他們是不肯的，但判斷總下得極審慎。所以他們所著雖多屬小篇，但大率都極精銳。東原集中考諍禮制之文有十幾篇，正是如此。又焦里堂之群經宮室圖，雖標題「群經」而所重在三禮，考證宮室最通贍之書也。此外則孔巽軒的禮學卮言武虛谷億的三禮義證金誠齋鶚求古錄禮說，凌曉樓曙的禮說，陳樸園的禮說性質大略相同，都各有獨到處。又如凌曉樓之公羊禮疏，侯君模之穀梁禮證等，雖擇他經，然專明彼中禮制一部分，亦禮學之流別也，其餘各家文集筆記論禮精覈之專篇極多，不能具錄。

試總評清代。學之成績：就專經解釋的著作論，儀。算是最大的成功，凌張胡邵四部大著，各走各的路，各做到登峰造極，合起來又能互相爲用。這部經總算被他們把所有的工作都做盡了。周禮一向狠寂寞，最後有孫仲容一部名著，忽然光芒萬丈。賸下的就是禮記，我們很不滿意。大戴禮本來是殘缺的書，有好幾位學者替他捧場，也還罷了。

就通貫研究的著作論，有徐秦黃三部大著，分量總算很重，其餘碎金式的零册數篇，好的也不少。用從前經學家的眼光看，成績不能不算十分優良了。但這門學問到底能否成立，我們不能不根本懷疑。頭一件：所根據的幾部經，先自有無數問題。周禮之難信不必說了；儀禮成立的時代也未有定論；禮記則各篇之眞僞及時代，亦糾紛難理。萬一所憑藉的資料或全部或一部分是假的，那麼，所研究的豈非全部或一部分落空？第二件，就讓一步說都是眞的，然而幾部書成立年代有很大的距離，總不能不承認。如說周禮儀禮是周公作，禮記是七十子後學者所記，首尾便一千多年了，然而裏頭所記各項禮制。往往東一鱗西一爪，非互勘不能說明，互勘起來，更矛盾百出。例如五等封建的里數，井田的畝數，孟子和周禮和王制何等矛盾？五帝的祀典，月令和帝繫姓何等矛盾？國學鄉學的制度及所在地，禮記各篇中相互何等矛盾？此類悉舉不下數十事。學者對於那部經都不敢得罪，共好四方八面彌縫會通，根本不能全通的東西，越會通越弄到一塌糊塗。儀禮所以紛如聚訟就是爲此。從古已然，墨守漢學的淸儒爲尤甚。解釋專經時稍爲好些，儀禮問題比較的少，所以儀禮獨多好書。所以他們的成績雖然很好，我恐怕這些成績多半是空的。

禮學的價値到底怎麼樣呢？幾千年很瑣碎很繁重的名物、宮室衣服飲食之類。制度，井田封建學校軍制賦役之類。禮節，冠昏喪祭之類。勞精敝神去研究他，實在太不値了。雖然，我們試換個方向，不把他當做經學，而把他當做史學。那麼，都是中國法制史風俗史。：：史：：史的第一期重要資料了。所以這門學問不必人人都學，自無待言；說他沒有學問的價値，卻大大不對。淸儒的工作，最少也替算後人把所需的資料蒐集在一處，而且對於各種資料相互的關係，和別擇資料的方法，有許多意見足供後人參考，這便是他們不可沒的功勞。我們若用新史家的眼光去整理他，可利用的地方多着哩。

（戊）春秋三傳　春秋是是孔子惟一的著作，孟子董仲舒司馬遷說得如彼其鄭重，這部書地位之尊不待言了。但文字簡單到如彼，非傳不能明白，所以治春秋者不能舍傳而專言經。西漢博士，只有公羊底下嚴顏兩家，也可以說春秋只有一傳。後來穀梁出來，又後來左氏出來。東漢時便三傳並行，各有專家，然終以公羊爲最盛。六朝以後，公穀日廢，左氏孤行。唐代便漸漸的『春秋三傳束高閣，獨抱遺經究終始』了。啖助趙匡之流，把三傳都攻擊得一錢不値！自此以後，紛紛奮臆作傳，而宋人胡安國的傳盛行，明永樂將胡傳立於學官，三傳眞皆廢了。間有治左傳者，不過拿來做策論的資料。淸以前春秋學的形勢大略如此。淸儒刻意復古，三傳之學漸漸的都恢復轉來。今分論之。

（一）左氏傳　左傳的眞僞及著作年代，狠有問題，等到辨僞書條下再說。這部書本是史的性質而編在經部，所以學者對於他也有「史的研究」「經的研究」之兩派。史的研究派有一部極好的書，是顧震滄棟高的春秋大事表，其內容及價値，前文已經說過。看第八講末段經的研究派，大抵對於杜注孔疏摭拾糾補。乾隆以前，未有專治此傳之人。到嘉道間劉孟瞻文淇伯山毓崧父子繼續著一部左傳正義，可惜迄未成書。當於新疏條下別論之。

（2）公羊傳　清儒頭一位治公羊傳者爲孔巽軒廣森，著有公羊通義，當時稱爲絕學。但巽軒並不通公羊家法，其書違失傳旨甚多。公羊學初祖，必推莊方耕存與，他著有春秋正辭，發明公羊微言大義。傳給他的外孫劉申受逢祿，著公羊何氏釋例，於是此學大昌。龔定庵自珍，魏默深源，凌曉樓曙，戴子高望，都屬於這一派，各有散篇的著述。而陳卓人立費畢生精力，成公羊義疏七十六卷，實爲董何以後本傳第一功臣。其內容及價值，別於新疏條下論之。晚清則王壬秋闓運著公羊箋然拘拘於例，無甚發明。其弟子廖季平平關於公羊著述尤多，然穿鑿過甚，幾成怪了。康先生有爲從廖氏一轉手而歸於醇正，著有春秋董氏學孔子改制考等書，於新思想之發生，間接有力焉。

（3）穀梁傳　穀梁學自昔號稱孤微，清中葉以後稍振。其著作有鍾朝美文烝之穀梁補注。有侯君謨康之穀梁禮證。有柳賓叔興恩之穀梁大義述柳書較佳。

綜校清代春秋學之成績，左穀皆微微不足道。劉氏左傳正義若成，則左氏重矣。惟公羊極優良，諸經除儀禮外便算他了。今文學運動以公羊爲中心，開出晚清思想界之革命，所關尤重。

(巳)四書　「四書」之名，是朱子以後纔有的。明人及清的理學家關於四書的著作頗多；清的漢學家卻狠少。最著名的，前有閻百詩之四書釋地，後有翟晴江灝的四書考異。但都是局部的考證，無關宏旨。清儒有價値的著作，還是將大學中庸璧回禮記，論語孟子各別研究。

(1)論語　論語有一部名著，曰劉楚楨寶楠叔俛恭冕繼續著成的論語通義。其價値及內容，在新疏條下別論之。今文派有戴子高的論語注引公羊爲解，雖多新見，恐非眞義。別有焦里堂的論語通釋雖寥寥短册，發明實多。而簡竹居之論語集注述疏，則疏解朱注，宋人經注之有疏，此爲創見云。

論語單篇別行之解釋，則有江愼修之鄉黨圖考，蓋禮學之流。

(2)孟子　孟子也有一部名著，曰焦里堂循的孟子正義。別於新疏條論之。戴東原的孟子字義疏證，爲清代第一流著述。但其目的不專在釋孟子別於戴氏學專篇論之。

（庚）諸經新疏合評：現在之十三經注疏其注出漢人者六，毛詩，周禮，儀禮，禮記，公羊傳。孟子。出魏晉人者五，周易，左傳，穀梁傳，論語，爾雅。僞託漢人者一，尚書。出唐人者一。孝經。其疏出唐人者九，自周易至穀梁傳。出宋人者四。孝經，論語，孟子，爾雅。清代提倡經學，於是注疏之研究日盛，然愈研究則愈發見其缺點。就疏的方面論，唐人孔賈諸疏，本成於衆手，別擇不精，牴牾間出。且六朝經學，本分南北兩派，北尊實詁，南尚空談，初唐諸疏，除三禮外，率宗南派，大爲清儒所不喜。宋人四疏，更不足道了。就注的方面論，除漢人六種外，其於七種，皆大爲漢學家所不滿意。以此之故。他們發憤另著新疏，舊注好的便疏舊注，不好的便連注一齊改造。自邵二雲起到孫仲容止，作新者十餘家。十三經中，有新疏者已得其十。這些新疏的作者，都是竭畢生之力，鎔鑄幾百種參考書纔成一稿，眞算得清朝經學的結晶體了。今列學各書，稍爲詳細點說明，備將來彙刻「新十三經注疏」者采擇焉。（一經有兩部以上之新疏者只采一部，餘部附論）次第以著作年代先後爲序。

爾雅正義二十卷。餘姚邵晉涵二雲著。乾隆四十年屬稿。五十年成。凡經十年。

附 爾雅義疏二十卷。棲霞郝懿行蘭皋著。

邵二雲是頭一位作新疏的人，這部爾雅正義在清學史中應該特筆記載。舊注疏本爾雅爲晉郭璞注，宋邢昺疏。『邢疏多遮拾毛詩正義，掩爲已說，南宋人已不滿其書．後采列諸經之疏，聊取備數而已，』原序語。二雲此書，仍疏郭注。但舊本經文有譌舛，注亦多脫落，二雲先據唐石經及宋槧本，詳爲增校。又博采漢舍人，姓名也，舊認爲官名誤。劉歆，樊光，李巡，孫炎，梁沈旋，陳顧野王，唐裴瑜諸君佚注，以郭爲主，而分疏諸家於下。郭注云未詳者，則博徵他經之漢人注以補之。爾雅緣音訓義者頗少，二雲更取聲近之字，旁推交通，申明其說。書凡三四易稿乃定。

郝氏義疏成於道光乙酉，後邵書且四十年。近人多謂郝優於邵。然郝自述所以異於邵者不過兩點：一則『於字借聲轉處詞繁不殺，』二則『釋草木蟲魚異舊說者皆由目驗。」胡培翬撰郝墓表引。然則所異也狠微細了。何況這種異點之得失還狠要商量呢？因前人成書增益補苴，較爲精密，此中才以下盡人而可能。郝氏於發例絕無新發明，其內容亦襲邵氏之舊者十六七，實不應別撰一書。其有不以邵爲然者，著一校補或匡正誤等書善矣。義疏之作，剿說掠美，百辭莫辨。我主張公道，不能不取邵棄郝。

尚書今古文注疏。三十卷。陽湖孫星衍淵如著。乾隆五十九年屬稿，嘉慶二十年成。凡經二十二年。

附　尚書集注音疏十二卷。吳縣江聲艮廷著。

尚書後案三十卷。嘉定王鳴盛西莊著。

尚書集注述疏三十五卷。順德簡朝亮竹居著。

自僞古文尚書定案之後，舊注疏裏頭的僞孔傳跟着根本摧翻，孔穎達疏也自然「樹倒猢猻散」了。於是這部經需要新疏，比別的經更形急切。孫江王三家和段茂堂的古文尚書撰異都是供給這種需要的應時著述，但這件事業甚難，因爲別的疏都是隨注詮釋有一定範圍；這部經現行的注既要不得，而舊注又皆散佚，必須無中生有造出一部注來，纔可以做疏的基本。孫江王段年輩相若，他們着手著述，像是不相謀，而孫書最晚成。四家中除段著專分別今古文字罕及義訓外，餘三家皆詮釋全經，純屬疏體。江氏裁斷之識較薄，其書用篆體寫經文，依說文改原字，其他缺點甚多。王氏用鄭注而兼存僞傳，又不載史記及大傳異說，是其所短。孫書特色，一在辨清今古文界限，二在所輯新注確立範圍。他認定史記爲古文說，（因司馬遷從孔安國問故。）尚書大傳及歐陽大小夏侯爲今文說，（因皆伏生所傳。）馬融鄭玄爲孔壁古文說，（因出自衛宏賈逵，）他名之曰「五家三科，」這些人的遺說都升之爲注。其餘先秦諸子及緯書白虎通等之今古說，許氏說文中之古文說，皆附之疏中。取材矜愼，樹例謹嚴，故最稱善本。（據錢衎石記事稿（卷十）說淵如的經學書大半由李次白貽德續成。此書當亦在其列。）現在尙書新疏中，誠無出孫著之右；但孫著能令我們滿足否？還不能。漢人注也有許多不對的地方，我在前段尙書條已經論過。但這一點姑且不管。即以漢注論，馬鄭注和歐陽夏侯遺說，孫氏蒐集未到而再經後人輯出者也很不少。所以我想現在若有位郝蘭皋倒有一樁買賣可做：試把孫江王以後續輯的尚書注古重新審定一番，仍區畫今古文製注新新疏，一定可駕諸家之上而不算蹈襲。可惜竟無其人哩！

簡竹居就是想做這椿買賣的人。可惜他學問不甚博，見解又迂滯一點，他的集注述疏，枝辭太多，還不能取孫淵如而代之哩。

孟子正義三十卷。（江都焦循里堂著。嘉慶二十年始爲長編，二十三年屬稿，二十四年成，）

孟子有趙岐注，實漢經師最可寶之著作。惟今注疏本之孫奭疏，純屬僞撰，錢竹汀及四庫提要已辨之。其書蕪穢蹖駁處不可悉數，與孔賈諸疏並列，眞辱沒殺人了。所以新注之需要，除尚書外，則孟子最爲急切。里堂學問方面極多。其最用力者爲易學三書。注易既成，纔着手做此書，已經垂老，書纔成便死了。他說：『爲孟子作疏者十難。』（見本書卷末文繁不錄。）但又說生在他的時代許多難工夫都經前人做過，其難已減去七八。他備列所引當代人著述從顧亭林毛大可起到王伯申張登封止凡六十餘家，可見他蒐采之勤與從善之勇了。他以疏解趙注爲主，但『於趙氏之說或有所疑，不惜駁破以相規正。』卷三十葉九 是於唐人「疏不破注」之例，也並未嘗墨守。這書雖以訓釋訓詁名物爲主，然於書中義理也解得極爲簡當。里堂於身心之學，固有本原，所以能談言微中也。總之此書實在後此新疏家模範作品，價值是永永不朽的。

詩毛氏傳疏三十卷。長洲陳奐碩甫著。嘉慶十七年屬稿，道光二十年成。凡經二十八年。

這部書和並時胡馬兩家書的比較，前在詩經條下已略爲說明。孔潁達毛詩正義，合毛傳鄭箋而並疏之。碩甫以爲鄭康成本治韓詩，後改從毛，而作箋又時雜魯說，實爲不守家法。他自序雖未明斥鄭，言外實含此意。所以舍鄭而專疏毛。他自述撰著方法說道：『初仿爾雅，編作義類。凡聲音訓詁之用，天地山川之大，宮室衣服制度之精，鳥獸草木魚蟲之細，分別部居，各爲探索。久乃剗除條例章句，揉成作疏。』原書自序 可見他這部書先有一番分類的草稿，後來纔通貫成書，所以全書沒有一點矛盾罅漏。碩甫是段茂堂弟子，最長於訓詁，毛傳是最古最好的訓詁書，所以此書所疏訓詁，最爲精粹。至於禮數名物，則毛傳闕而不詳，鄭箋所補，以這部分爲多。 而碩甫不滿於鄭，他『博引古書，廣收前說，大抵用西漢以前之說，而與東漢人不苟同。』原書條例十九。 這一點是他狠用力的地方，但成功如何，我卻未敢十分相信。 總之這部書碩甫『畢生思慮，會萃於茲，』自序語 其價值與毛詩同懸天壤，可斷言也。

儀禮正義四十卷。 續谿胡培翬竹村著。此書屬稿及告成年月難確考。惟卷首有道光己酉十月羅惇衍序，稱『先生力疾成書，書甫成而遽歸道山。』己酉爲道光二十九年，竹村正以其年七月卒，然則書亦成於其年也。羅序又言此書『覃精研思積四十餘年。』然則嘉慶十年前後已屬稿矣。

竹村爲胡樸齋匡衷之孫，樸齋著有儀禮釋官甚精洽，故儀禮實其家學。 竹村又受業淩次仲，盡傳其禮學。 所以著儀禮新疏的資格，他總算最適當了。 他以爲『儀禮爲周公所作，有殘闕而無僞託。鄭注而後，惟賈公彥疏盛行，然賈疏疏略失經注意。』於是發憤著此書。 自述『其例有四：曰補注，補鄭君所未備也。 曰申注，申鄭君注義也。 曰附注，近儒所說雖異鄭指，義可旁通，廣異聞袪專己也。 曰訂注，鄭君注義偶有違失，詳爲辨正，別是非明折衷也。』（胡培系著族兄竹村先生事狀引。見研六室文鈔卷首。）我們看這四個例，就可以知道此書內容大概了。

春秋公羊傳義疏七十六卷。（句容陳立卓人著。此書著作年月無考，因我僅見經解續編本，序例皆失載，無從考定。惟據句溪雜著卷六論語正義序云：『道光戊子秋，立隨劉孟瞻梅蘊生兩師劉楚楨包孟開兩先生赴鄉闈。孟瞻師楚楨先生病十三經舊疏多踳駁，欲仿江氏孫氏尚書，邵氏郝氏爾雅，焦氏孟子，別作義疏。孟瞻師任左氏傳楚楨先生任論語，而以公羊屬立。……』則是書發意著述，當在道光八年。時卓人年僅二十耳，惟雜著有劉文淇（孟瞻）癸卯七月敍，語意全在敦促卓人之著此書，則似癸卯時尚未有端緒。雜著自序稱庚申出守滇南不克履任。以後蹤蹟道路，不能著述，又遭亂，藏書盡燬云云。論語正義序又言『近宙樹成稿本，復橐筆游楚越。』劉叔俛為作墓志銘，則其遊楚越正在授雲南曲靖府不克到任之後。然則是書當成於癸卯（道光二十三年）之間。前後可十八年。惟戊子至癸卯間，預備工夫亦當不少耳。）

注公羊的何邵公與鄭康成齊名，自然是諸經注中之最好者。但徐彥的舊疏空言敷衍，毫無發明，因為唐時公羊之學久絕，也難怪他。然疏之當改造，則學界所同認了。凌曉樓嘗銳意以此自任，晚年病風，精力不逮，僅成公羊禮疏十一卷。（據劉孟瞻句溪雜著序。孟瞻曉樓外甥也。）卓人為曉樓弟子，繼師志以成此書。此書嚴守。「疏不破注」之例，對於邵公只有引申絕無背畔。蓋深知公羊之學專重口說相承，不容出入也。其所徵引，自董仲舒司馬遷以下凡漢儒治公羊家言者殆網羅無遺。清儒自孔莊劉以下，悉加甄採而施以嚴正的裁斷，禮制一部分，則多採師（凌）說而篤宗鄭氏，程易疇金輔之駁正最多。其於公羊家三世九旨諸說——邵公所謂『非常異義可之怪論』者，闡發無餘蘊。不獨非巽軒所夢見，卽方耕申受亦遜其精銳。在公羊學裏頭，大約算登峰造極的著作了。此書序例失傳，不能知其義例要點。我是二十七八年前曾讀過一徧，久已忘記。這段批評總不能寫出原書的特色。

論語正義二十四卷。寶應劉寶楠楚楨著，子恭冕叔俛續。叔俛後序云：『道光戊子先君子與劉先生文淇，梅先生植之，包先生慎言，柳先生興思，陳丈立，約各治一經，先君子發策得論語。先爲長編數十巨冊，次乃薈萃折衷之。……旣而精力就衰。後所闕卷畀恭冕使續成。咸豐乙卯將卒業而先君子不起。又十年及乙丑之秋而後寫定。』某某部分有叔俛所續難確考。李蒓客越縵堂日記謂所續爲雍也篇以後，當有據。然蒓客又指出公冶篇以前所引書，有爲楚楨未見及者。然則全書殆皆經叔俛增訂矣。

附論語集注補正述疏十卷。順德簡朝亮竹居著。

論語學在漢有齊魯古三家。自張禹合齊於魯，鄭康成復合齊魯於古，師法不可復辨。何晏集解，自言『集諸家之善其不安者頗爲改易。』然去取多乖義蘊犕略。皇邢二疏，益無所發明。皇疏近人已疑其僞。劉氏此書，仍疏何注。叔俛所述凡例云：『注用集解者，所以存魏晉人著錄之舊。而鄭君遺注，悉載疏內。至引申經文，實事求是，不專一家。故於注義之備者則據注以釋經，略者則依經以補疏，其有違失未可從者則先疏經文次及注義。』據此可知他對於何平叔集解實深致不滿，不過不得已而用之。故各章之疏，破注居半，在諸疏中算是最例外的了。凍卓人說：『視江孫邵焦諸疏義有過之無不及。』我未細讀，不敢多評，大概總不錯吧？

竹居疏晦翁集注，當然與漢學家不同調。但平心而論，晦翁集注實比平叔集解强。若把漢宋門戶擱在一邊，則疏他也何嘗不可。只是竹居的疏，我總嫌他空話太多一點。

左傳舊注疏證八十卷（儀徵劉文淇孟瞻著，子毓崧伯山孫壽曾恭甫續。未成）這部書始終未成，眞是學界一件憾事？孟瞻伯山父子之學，我們讀青溪舊屋通義堂兩集可以想見一斑。這部書之發起，據凍卓人說是道光八年和論語正義公羊義疏同時動議的。（見前）據伯山說：『草創四十年，長編已具，然後依次排比成書。』（通義堂集卷六先考行略。）但左傳卷帙如彼其繁卒重，業自屬大難。孟瞻未及寫定而卒；伯山繼之，時值亂離，年僅五十卒，迄未能成；恭甫又繼之，年四十五卒，至襄公而絕筆，三世一經，齎志踵沒，可哀矣。（據國史儒林傳稿。）此書既未得見，自無從妄下批評，但據伯山所述，知道他是革杜注的命。左傳自劉歆創通義訓後，賈逵服虔兩注盛行，自杜預剽竊成今注，而舊注盡廢。預助司馬氏篡魏，許多姦邪之說夾在注中，所謂『飾經術以文訐言』者，前人論之甚多，大概不爲寃枉？這些且不管他，至於盜竊成書，總不能不說是破壞著述家道德。孟瞻父子，就是要平反這重公案。此書體例：『先取賈服鄭三君之注疏通證明，凡杜氏所排擊者糾正之，所剿襲者表明之。其沿用韋氏國語注者，亦一一疏記。他如五經異義所載左氏說，皆本左氏先師；說文所引左傳，亦是古文家說；漢書五行志所載劉子駿說，實左氏一家之學。又如經疏史注及御覽等書所引左傳注不載姓名而與杜注異者，亦是賈服舊說。凡若此者皆稱爲舊注而加以疏證。其顧惠補注及洪稚存焦里堂沈小宛等人專釋左氏之書以及錢戴段王諸通人說，有可采咸與登列。末始下以己意，定其從違。上稽先秦諸子，下考唐以前史書旁及雜家筆記文集皆取爲證佐。期於實事求是，俾左氏之大義炳然復明。』（伯山先考行略。）此事若成，價値或爲諸家新疏之冠也未可知。今旣不得見，所以我不嫌繁重把伯山的話全錄如右。劉家子弟聞尙有人，不審能把家藏稿本公之於世否？就是缺了昭定哀三公也無妨呀。

周禮正義八十六卷。瑞安孫詒讓仲容著。同治季年草創，光緒二十五年成。

此書和黃儆季的禮書通故，眞算得淸代經師殿後的兩部名著了。此書重要的義例有如下諸點：其一，釋經語極簡釋注語極詳。就這點論，和劉楚楨的論語正義正相反。蓋楚楨本不信任何氏集解，仲容則謂『鄭注詳博淵奧，注明卽經明義本一貫也。』其二，多存舊疏，聲明來歷。蓋賈疏在諸舊疏中本較好，原非孟子僞孫疏公羊徐疏尙書僞孔傳之孔疏等可比也。唐疏多乾沒舊義，近儒重修，時亦不免，如胡竹村儀禮正義襲用賈疏處蓋不少，而每沒其名。仲容則絕不攘善，於著述家道德守之最嚴。其三，雖極尊鄭注而不墨守迴護他說：『唐疏例不破注，六朝義疏家原不盡然。』且康成對於杜（子春）鄭（衆）亦時有糾正。所以他竊比斯義，『尋澤經文，博稽衆家，注有牾違，輒爲匡糾。』其四，嚴辨家法，不强爲牽合。清儒治禮，嗜博太過，每揉雜群書。强事會通。仲容謂『周禮爲古文學，與今古師說不相同，曲爲傅合，非惟於經無會，彌復增其紛糾。』所以他主於以本書解本書，他書不合之處。疏通別白使不相淆。就這點論，最合守約之法。綜而論之，仲容斯疏，當爲淸代新疏之冠，雖後起者勝，事理當然，亦其學識本有過人處也。周禮本書價値問題，迄未解決，仲容極端的尊信，是否適當，原很有商榷的餘地。但這部書最少也是西漢末一種古籍，就令出於漢人理想的虛構，也很値得細心研究。仲容這部疏，總算替原書做一個大結束了。

以上所舉九部新疏，（附見四部）十三經中已得九經了。餘下四經還要附帶一講：

一，孝經： 有善化皮鹿門錫瑞的孝經義疏。 但我未見，不敢批評。 孝經價值本來僅等於禮記之一篇，我想有無不甚足爲輕重的。

二，穀梁傳： 這部傳可謂「數奇：」 據我所知，邵二雲曾著一部穀梁正義，像是未成？洪稚存邵學士家傳說他著有穀梁古注。錢竹汀邵君墓志銘說他著有穀梁正義。我想或是古注已成，正義正在屬稿？蓋二雲以五十四誤藥暴卒，著作多未成也。 其後梅蘊生植之又擬著穀梁集解正義，亦未成而卒。薛壽學詁齋文集卷下稽庵集後序云：『丁亥戊子間先生欲仿孫氏尚書焦氏孟子例撰穀梁集解正義，草創疏證而書未成。』案：蘊生爲劉孟瞻劉楚楨之友，陳卓人之師。卓人述道光戊子與蘊生二劉及包孟開赴鄉闈時相約著各書。（看前文公羊義疏條注）當時楚楨任論語，孟瞻任左氏，卓人任公羊，蘊生則任穀梁。蘊生稽庵集中有贈薛子壽詩云：『泛舟及包劉，遂結著書約，』即指此事也。蘊生中年咯血，壽僅五十。（見孟瞻所爲梅君墓志銘）故此書獨不成。 大概邵著擬另集古注，如孫氏尚書例。 梅著擬仍疏范甯集解，如焦氏孟子例。 但都未成不必多講了。

三，禮記： 這部書始終未有人發心做新疏總算奇事。

四，易經： 做這部書的新疏，我想怕是不可能的。 因爲疏王韓舊注，不獨清儒所不肯。且亦沒有什麼引申發明的餘地。 除非疏李鼎祚的集解或另輯一注。但漢儒異說紛歧，偏疏亦窮於術。在我們看是「一邱之貉，」在尊崇漢學的清儒看是「兩姑之間難爲婦。」所以或如焦里堂之空諸依傍，獨抒己見，毛奇齡之仲氏易姚配中之周易姚氏學等亦近此類。或如張皋文之專釋仲翔，抱殘守缺。皋文之周易虞氏義亦全經通釋，但非疏體。若要作一部「惠氏易漢學式」之新疏，恐怕誰也沒有這種勇氣。

以上所舉諸家新疏，是否算已經把這幾部經完全弄明白，這幾部經是否值得下恁麼大的工夫，都是別問題，我不敢輕下判斷。但和現行的十三經注疏比較，最少有兩種優異之點：第一，每一部疏由一人獨力做成，不像舊疏成於衆手。第二，每人只做一部疏，不像孔賈輩之「包辦的」「萬能的。」此專指唐疏言，幾部惡劣的宋疏，更不足齒論。我們對於幾位著作家不能不十二分感服。因爲他們的忠實和努力是狠不容易學的。他們不爲名，不爲利，只是爲學問而學問，把全生涯費在一部書，卒能貫徹初志。他們的學問有用無用另一問題。但他們做學問的方法眞可學。做一門學問便要把他的內容徹底了解，凡一切關係的資料搜集一無遺漏，着手著述之時，先定計畫，各有別裁。每下一判斷，必待衆證都齊之後。判斷對不對，另一問題。也許證據博而斷仍錯，但待證乃斷，便是忠實於學。所以這幾部書，無論如何，總是在學術史上有紀念的價值。至於他們所以能著成這幾部書，也非專靠他們個人之力。九部之中，兩部成於乾隆末年，七部在嘉道以後。實由先輩已經做過許多工作，他們纔利用而集其成。倘使他們生於明代或清初，也不能有這種成績。所以我名之爲「清代經學的結晶體。」有好事者能把諸書彙刻爲一編，亦一佳話也。

（辛）其他通釋群經之著作：清儒以經學爲學問中心，凡筆記類如日知錄，十駕齋養新錄，東塾讀書記……等；文集類如戴段阮錢……諸集等，說經之文占大部分。想完全了解清人經學，這類書實極重要。但內容既不盡屬於經，我只得別標一題評他們的價值。這裏有幾部書應該特提：

一朱竹垞彝尊的經義考三百卷：這部書把竹垞以前的經學書一概網羅，簿存目錄，實史部譜錄類一部最重要的書。研究「經史學」的人最不可少。還有謝蘊山啓昆的小學考，也是踵朱書而成。其內容價值當於譜錄條下論之，今互見於此。

一臧玉林琳的經義雜記三十卷：這書若出在乾嘉以後，並不稀奇，因爲他（這書久藏於家，嘉慶間纔由他的玄孫臧在東庸刻出）是康熙初年作品，而饒有乾嘉學派精神，所以要另眼看待。（有人說內中一部分是在東所著，歸美先人。但無確據，不敢遽認爲事實。）

一王伯申引之的經義述聞三十二卷：王石臞伯申父子，爲清學第一流大師，人人共知。這書名爲「述聞」，蓋伯申自言聞於石臞者。其實他們以父子而兼師友，此書亦可稱父子合作也。這部書最大的價值，在校勘和訓詁方面。許多難讀或前人誤解的文句，讀了他便渙然冰釋。王氏父子理解直湊單微，下判斷極矜愼，所以能爲一代所宗。（試留心讀嘉道以後著作，罕有能引經義述聞而駁之者）世所稱「王氏四種」者，乃此書與經傳釋詞讀書雜志廣雅疏證合稱。實則四種合起來，纔見得出王氏經學之全豹。今爲敍述方便起見，那幾部在小學及子書兩條下別論。

一俞蔭甫樾的群經平議十卷：此書全應用經義述聞的方法，繼續有所發明。價値也僅下經義述聞一等。

平心論之，清代風尙所趨，人人爭言經學，誠不免漢人『碎義逃難』說三字至二十餘萬言」之弊。雖其間第一流人物，尙或不免，承流望風者更不待言。所以在清末已起反動，現在更不消說無人過問了。他們若能把精力和方法用到別的方面，成就或者可以很大。僅用之幾部古經，已覺十分可惜。即以經學論，講得越精細，越繁重，越令人頭痛，結果還是供極少數人玩弄光景之具。豈非愈尊經而經愈遭殃嗎？依我看：這種成績，只好存起來算做一代學術的掌故；將來有專門篤嗜此學之人，供他們以極豐富的參考。至於整理經學，還要重新闢一條路，令應讀之經。（非全數都應讀也，注意。）人人能讀而且樂讀。我雖然還沒有具體方法，但大概在用簡明的方法解釋其文句，而用有趣味有組織的方法發明其義理。義理方面且另說，文句方面則清儒替我們做過的工作實不少。大約清儒經學諸書，名物制度一類聚訟不結者尙很多，訓詁一類，工夫已經做到八九成。這便是各位經師對於一般人最大的貢獻了。

（二）小學及音韻學

小學本經學附庸，音韻學又小學附庸。但清儒向這方面用力最勤，久已「

蔚爲大國」了。方纔說：他們最大的貢獻在訓詁。他們爲什麼能有這種貢獻？就因爲小學音韻學成爲專門之業。今爲敘述方便起見，所以於經學之外別立一節論他。

「小學」是襲用漢人的語術，實際上應該叫做文字學。這門學問，可以分爲兩大類：一，是研究一個字或一個辭的意義；二，是研究字和辭的聯綴用法。我爲下文說明便利起見，杜撰兩個新術語：第一類叫做「字義學，」第二類叫做「字用學。」音韻學也是字義學的一部分。所有小學書，什有九是字義學；字用學現在還幼稚得狠哩。

字義學即是字典之學。我國古來之字典有三種組織法：一，以各字（或辭）所含意義分類組織。爾雅方言釋名廣雅等書便是。二，以各字的形體及所從偏旁分類組織。說文玉篇等書便是。三，以各字的讀音分類組織。切韵集韵廣韵等書便是。本節所講，以第一二類歸入小學，以第三類歸入音韵學。

崇禎十五年出版之方密之以智通雅五十卷，實爲近代研究小學之第一部書。體例略仿爾雅，而門類稍有增減看第十二講方密之條。此書有許多新理解，先乾嘉學者而發明，但後來人徵引很少，不知何故。

爾雅一類書之專門的研究，蓋始於戴東原。他著有爾雅文字考十卷，其書成而未刻，今恐已佚，據自序所說，原係隨手劄記之書，大約於舍人劉歆樊光李巡鄭康成孫炎舊注多所蒐輯，補郭注之漏正邢疏之失。至於『折衷前古使爾雅萬七百九十一言合之羣經傳記靡所扞格，則俟諸異日。』據此，知東原對於整理爾雅尚有許多計畫，此書尚非滿意之作也。

其此類書現存者則有：

方言疏證十三卷。休寧戴震東原著。互見本節音韵條。

楊雄方言爲西漢最好的小學書，東原首先提倡他。但這部書雖名爲疏證，然而注重校勘，詮釋的工作尚少。自序說：『廣按群籍之引用方言及注者交互參訂，改正僞字二百八十一，補脫字二十七，刪衍字十七，逐條詳證之，』蓋自得此校本，然後方言可讀。四庫所著錄，聚珍版所印行，即此本也。段茂堂著東原年譜稱：「東原曾將方言分寫於說文每字之上，』亦是一種整理法。次則：

爾雅正義二十卷。邵晉涵著。見前。

爾雅釋義十卷。釋地以下四篇注四卷。嘉定錢坫獻之著。

爾雅義疏二十卷。郝懿行著。見前。

此爲疏釋爾雅之專書，皆乾嘉間作品。爾雅這部書，淸儒認定他是周公所作，把他捧得很高。依我們看，不過西漢末劉歆一派人將漢儒傳注采輯而成，年代也許在方言之後。但他把各字的性質意義分類排，纂又不但解釋單字而且兼及二字以上連綴而成的「辭」。在當時確是一種很進步的字典或辭典，價値當然不朽。淸儒提倡小學，於是這部書的研究日盛。邵二雲的正義，就是把戴東原所計畫的事業賡續成功，在這門學問裏頭算是創作。郝蘭皋補綴一番，愈益精密，這兩部書的比較價値，前節已論過，不再贅了。錢著未細讀不敢妄評 此外有專釋爾雅名物之書，如程瑤田通藝錄中釋宮釋草釋蟲諸小記任大椿之釋繒洪亮吉之釋舟劉寶楠之釋穀錢大昕之釋人。有專輯爾雅古注之書，如臧庸之爾雅漢注，黃奭之爾雅古義等 有釋爾雅著作體例之書。王國維之爾雅草木鳥獸蟲魚釋例甚好，惜僅限於一部分。 這部書經二百年學者之探索，大概已發揮無餘蘊了。又次則：

釋名疏證八卷，補遺一卷，續釋名一卷。鎮洋畢沅秋帆著。

釋名爲漢末劉熙撰，時代較說文稍晚這書體例和爾雅略同，但專以同音爲訓，爲以音韵治小學之祖。釋名疏證，題畢秋帆著，實則全出江艮庭聲之手。舊本譌脫甚多，畢江據各經史注唐宋類書及道釋二藏校正之，復雜引爾雅以下諸訓詁書證成其義。雖尙簡略，然此二書自是可讀。其最博洽精覈者則：

廣雅疏證十卷。高郵王念孫石臞著。

廣雅爲魏張揖著，出爾雅方言釋名之後，搜集更博。石臞本著，先校正其譌舛，繼詮釋其義訓。校正譌字五百八十，脫者四百九十，衍者三十九，先後錯亂者百二十三，正文誤入音內者十九，音內字誤入正文者五十七，自序其著作宗旨及體例云：『訓詁之旨本於聲音。故有聲同字異，聲近義同，雖或類聚群分，實亦同條共貫。……此之不寤，則有字別爲音，音別爲義，或望文虛造而違古義，或墨守成訓而尟會通。……今則就古音以求古義，引申觸類，不限形體。……其或張君誤采，博考以證其失。先儒誤說，參酌而寤其非。』所謂「就古音以求古義引申觸類。』實清儒治小學之最大成功處；而這種工作；又以高郵王氏父子做得最精而最通。廣雅疏證，實爲研究「高郵學」者最初應讀之書，讀了他再讀讀書雜誌經傳釋詞經義述聞，可以迎刃而解。石臞七十六歲纔着手著此書，每日限定注若干個字，一日都不曠課，到臨終前四年纔成，石臞年八十九。所以這部書可算他晚年精心結撰之作。昔酈道元作水經注，論者咸謂注優於經。廣雅原書雖尙佳，還不算第一流作品；自疏證出，張稚讓倒可以附王石臞的驥尾而不朽了。以石臞的身分，本該疏爾雅纔配得上；因爲邵疏在前，恥於蹈襲，所以走偏鋒，便宜了張稚讓。然和郝蘭皋相比，蘭皋也算笨極了！此外應附記者有：

小爾雅訓纂六卷。長洲宋翔鳳于庭著，

小爾雅疏證五卷。嘉定葛其仁鐵生著，

小爾雅義證十三卷。涇縣胡承珙墨莊著。

小爾雅本是僞孔叢子中之一篇，淸儒因他存輯漢人訓詁不少，抽出來單行研究。

以上三書，同時所著，不相謀而各有短長。也算是走偏鋒而能成家的。

以上各書，都是清儒把漢魏以前分義編纂的字典用極綿密的工作去解釋，成績眞可佩服。至於他們新編的字典則有：

經籍纂詁一百六十卷。儀徵阮元芸臺編。互見類書條。

這部書是阮芸臺任浙江學政時候，手創義例，命詁經精舍學生藏在東庸、臧禮堂和貴、洪筠軒頤煊、洪百里震煊、陳仲魚鱣、周鄭堂中孚等二十幾位分途編輯的。各字依佩文韻府的次序排列，每字的解釋專輯集古書成說，所收者約爲下列各種：一，古經古子本文中之訓詁，如「仁者人也義者宜也」「元者善之長也，亨者嘉之會也」之類。所收子書最晚者爲顏氏家訓。二，各經注。以十三經注疏爲主，佐以唐儒所輯古佚注。三，漢魏以前子書及古史注。自國語韋注戰國策呂覽淮南子高注，下至列子張注管子房注荀子楊注等。四，古史部集部注。限於史記，裴解集司馬索隱，張正義，漢書顏注後漢書李注，三國志裴注，楚辭王注，文選李注。五，小學古籍。爾雅，方言，說文，廣雅，釋名，小爾雅，字林埤蒼，聲類，通俗文，匡謬正俗，經典釋文，一切經音義，華嚴經音義，翻譯名義，隸釋，隸讀等。唐以前訓詁，差不多網羅具備，眞是檢查古訓最利便的一部類書。這書雖依韻編次，但目的並非在研究韻學，所以我不把他編在音韻條而編在本條。

最簡朴的古字典，（出在爾雅，方言以前。）爲漢書藝文志所述的秦時李斯的蒼頡七章，趙高的爰歷六章，胡母敬的博學七章。（漢志說史籀十五篇，周宣王時書，我們不相信。）漢興閭里書師把這三種揉合起來，每章六十字，共五十五章，名爲蒼頡篇。其後司馬相如的凡將，史游的急就，揚雄的訓纂，班固的續訓纂相繼而起。這類字典，狠像後世的千字文，百家姓。又像醫家的湯頭歌訣，挑選幾百或幾千個單字編成韻語，意義聯貫，專備背誦之用，並沒有什麼訓釋。西東漢之交，研究日趨細密，便把所有的字分起類來——指事，象形，會意，形聲，轉注，假借，謂之六書。（六書兩字始見周禮，其六種名則首載漢志，次爲說文序。東漢人說是起自周公時，我們不相信。大概是揚雄劉歆杜林這班小學家研究出來的。）和帝永元間許叔重根據六書義例；以各字的形體及所從偏旁分類著成一部說文解字，遂爲秦漢以來小學一大結束，又爲後來字書永遠模範。

說文這部書，淸以前的人，並不十分作興他。唐宋間徐鉉徐鍇李燾吾邱衍等雖間有撰述，然發明甚少，或反把他紊亂了。明末有一群文學家好用僻字，拿來當枕中鴻秘。但並不了解他的價値和作用。（趙光宧著說文長箋，顧亭林極攻擊他。）明淸之交，方密之算是最初提倡說文的人，在通雅中常常稱引或解釋。康熙一朝經學家雖漸多，但對於說文也並沒有人十分理會。乾隆中葉，惠定宇著讀說文記十五卷，實清儒說文專書之首。而江慎修戴東原往復討論六書甚詳盡。東原對於這部書，從十六七歲便用功起，雖沒有著作，然傳授他弟子段茂堂。自是說文學風起水湧，占了清學界最主要的位置。謝蘊山啓昆小學考說當時關於說文的名著有三部：

說文解字注三十卷。金壇段玉裁茂堂著。小學考作「說文解字讀。」想是原名，後來很少人知道。

說文統釋六十卷。嘉定錢大昭晦之著。

說文解字正義三十卷。海寧陳鱣仲魚著。

茂堂的說文注盧抱經序他說：『自有說文以來未有善於此書者。』小學考卷十引。王石臞序他說：『千七百年來無此作。』本書卷首。百餘年來，人人共讀，幾與正經正注爭席了。說文自唐宋以來，經後人竄改，或傳鈔漏落顚的倒不少。茂堂以徐鍇本爲主，而以己意推定校正的狠多，後人或譏其武斷，所以段注訂鈕樹玉著八卷。段注匡謬徐承慶著八卷。）段注考正（馮桂芬，十六卷。）一類書繼續出得不少。內中一部分誠足爲茂堂諍友；茂堂此注，前無憑藉，在小學界實一大創作。小有舛誤，毫不足損其價值。何況後人所訂所匡也未必盡對呢？茂堂又最長韻學，訂古韻爲十七部，每字注明所屬之部，由聲音以通訓詁。王石臞序最稱贊他這一點。我想這點自然是他的好處，但未足以盡之。

錢涑兩書未見，不知有無刻本？錢書有自序述十例：『一，疏證以佐古義：二，音切以復古音：三，考異以復古本；四，辨俗以證譌字；五，通義以明五借；六，從母以明孳亂；七，別體以廣異義；八，正譌以訂刊誤；九，崇古以知古字；十，補字以免漏落。』（小學考引，）晦之爲竹汀弟，其書應有相當價值。陳仲魚書，阮芸臺謂其『以聲爲經，偏旁爲緯。』（論語古訓序小學考引。）果爾，則當與後此姚文田朱駿聲各書同體例。（參看次段。）但書名「正義，」似是隨文疏釋，頗不可解。

自段注以後關於說文之著作，如嚴鐵橋（可均）之說文校議（三十卷。）錢獻之（坫）之說文斠詮（十四卷）皆主於是正文字，而嚴著號稱精核。其通釋之書最著者，則：

說文義證五十卷。曲阜桂馥未谷著。

說文釋例二十卷。安邱王筠箓友著。

說文句讀三十卷。同上

桂書與段書不同之處：段氏勇於自信，往往破字創義，然其精處卓然自成一家言。桂書恪守許舊，無敢出入。惟博引他書作旁證，又皆案而不斷。桂之識力不及段，自無待言。但每字羅列羣說，（頗似經籍纂詁。）觸類旁通，令學者細索而自得。（不爲著者意見所束縛。）所以我常覺得桂書比段書更爲適用。王箓友釋例，爲斯學最閎通之著作。（價值可與凌次仲禮經釋例劉申受公羊釋例相埒。）凡名家著書，必有預定之計畫。然後駕馭材料，即所謂義例是也。但義例狠難詳細臚舉出來，（近人著述方法進步，大率自標凡例以便讀者。然終不能十分詳盡。古人則用此法者尚少。）令在好學者通觀自得，說文自然也是如此。又說文自大徐（徐鉉）以，後竄亂得一塌糊塗，已爲斯學中人所公認。怎麼樣纔能全部釐整他呢？必須發見出原著者若干條公例，認定這公例之後，有不合的便知是竄亂，纔能執簡御繁。戴東原之校水經注即用此法。段茂堂之於說文，雖未嘗別著釋例，然在注中屢屢說「通例」

如何如何，（我們可以稱一部「說文段注例」。）他所以敢於校改今本，也是以他所研究出的「通例」爲標準。篆友這部釋例就是專做這種工作。他所發見的例是否都對，我不敢說（但我覺得六七成對的。）但他的創作力足與茂堂對抗，灼然無疑了。說文句讀成於釋例之後，隨文順釋全書。自然與段氏不盡同者五事。一刪篆，二一貫，三反經，四正雅，五特識。（見自序，文繁不錄。）此書最後出而最明通，最便學者。

學者如欲治說文，我奉勸先讀王氏句讀，因爲簡明而不偏詖。次讀王氏釋例可以觀其會通。（未讀過說文原書驟讀釋例，不能了解。）段注呢，他是這門學問的「老祖宗，」我們不能不敬重他。但不可爲他意見所束縛。（或與句讀並讀亦可。）桂氏義證，擺在旁邊當「顧問，」有疑義或特別想求詳的字便翻開一查，因爲他材料最豐富。其餘別家的書，不讀也罷了。（用我的方法，三箇月足可以讀通說文，我狠盼望青年們送一箇暑假的精力給這部書，因爲是中國文字學的基礎。）

清儒之治說文，本由古韻學一轉手而來。所以段注後頭附一部六書音韻表，注中各字於韻特詳。戴東原的轉注二十章序說：『昔人既作爾雅方言釋名，余以爲猶闕一卷書。……』這「一卷書」是什麼呢？就是以音韻爲主的新字典。陳仲魚的說文正義『以聲爲經，偏書爲緯，』像是就想做這一卷書。後來姚秋農文田錢溉亭塘各著說文聲系，（姚十四卷，錢二十卷。）苗仙簏夔著說文聲讀表，（七卷）嚴鐵橋可均著說文聲類，（二卷）張皋文惠言著說文諧聲譜。（二十卷。）其他同類的作品尚不下十餘家。最後則有：

說文通訓定聲十六卷。（吳縣朱駿聲允倩著。）

這些人都像是因東原的話觸發出來，想把說文學向聲韻方面發展。而朱氏書最晚出，算是這一羣裏頭最好的。這部書把全部說文拆散了從新組織，『舍形取聲貫穿聯綴，』（凡例語，下同。）各字分隸於他所立古韻十八部之下。『每字本訓外，列轉注借假二事。』『凡經傳及古注之以聲爲訓者，必詳列各字之下，標曰聲訓。』雙聲字『命之曰轉音。』總算把說文學這一片新殖民地開闢差不多了。可惜少了一張表。（姚秋農是這一派的先登者，他的書全部是表，但做得不好。）

此外尚有對於說文作部分的研究者。如：因說文有徐氏新附入之字往往與本文混亂，於是有說文新附考一類書。（鄭珍著，六卷，）因說文引經多與今本有異同，於是有說文引經考一類書。（吳玉搢著二卷，陳瑑著，八卷。臧禮堂著，二卷，）因鐘鼎文字學發達的結果，對於說文中之籀文引起研究興味，於是有說文古籀疏補一類書。（莊述祖著，六卷。潘祖蔭著，一卷。）此外這種局部的著述還不少，眞算燦爛極了，

恁麼多關於說文的書，這門學問被他們做完了沒有？我說還不會。第一件：從姚秋農到朱允倩所做聲系一類書，我都認爲不滿意；因爲他們都注重收音，忽略發音，還不配戴東原所謂「那一卷書」。我對於這項意見，曾發表過從發音上研究中國文字之源一篇短文（見梁任公近著，第一輯下。）第二件：說文的會意字，還沒有人專門研究。說文標明「會意」的字雖不多，但凡云『从某，从某，』或云『从某，从某省，』都是會意；云『从某，从某，某亦聲』者，都是形聲兼會意；而且依着『聲系一派』（如我所說的發音來源，纔算徹底。）的主張，每字所諧的聲都有意義，然則形聲字的全部都是形聲兼會意了。會義字既如此其多我們用社會學的眼光去研究，可以看出有史以前的狀況不少。這是文字學上一件大事業。這項意見，我二十年前曾發表過國民語原解一篇短文。（見飲冰室叢書。）可惜我的見解都未成熟，（國文語原解尤其要不得。）近

來學問興味，又不向這方面發展，大概不會再往前研究了。但我確信這兩條路是可走的，很願意推薦給後起的青年們。

以上把字義學的成績大概說過了，附帶着要說說『字用學。』最初的字，總是從實物或實象純客觀的一定之象，如方位數目之類。造起；漸漸到人類的動作，人類和外界發生關係。兼主客兩體而成。漸漸到人類的心理；漸漸到純抽象的名詞；文字發展的次第大概如此。動作心理等已經有大部分來不及造，用舊字假借。還有所謂「語詞」的一部分發語詞接續詞感歎詞停頓詞疑問詞等等。最初純用口語或手勢表現，根本就沒有這類字。書本上這類字，都是假借同音之字來充數的。然而音是古今時時變化地方各又各不同，既沒有一定之字，便隨人亂用。例如「乎」「無」「麼」「嗎」本是一個音變化出來，但現在讀去，音已經狠不同，字形更是渺不相屬。而且用法擺在一句話中間的位置之類。也常常因時而異，因地而異因人而異。古書所以難讀最主要的就是這部分。不獨古書白話亦然。所以有眼光的小學家發心做這部分工作，替後人減除困難。清儒頭一部書是：

助字辨略五卷。確山劉淇南泉著。

南泉是素不知名的一位學者。這部書從錢警石（曝書雜記。）劉伯山（通義堂集，）先後表章，纔漸漸有人知道。書成於康熙初年，而和王伯申暗合的極多，伯山都把他們比較列出。（伯申斷不是剽竊的人，當然是沒有見過這部書，）清初許多怪學者，南泉也算其一了。至於這門學問的中間，自然要推：

經傳釋詞十卷。（高郵王引之伯申著。）

伯申以爲：「自漢以來，說經者宗尙雅訓，凡實義所在既明著之矣，而語詞之例則略而不究，或即以實義釋之，遂使其文扞格而意亦不明。」（自序語下同。）他拿許多古書比較研究，發見出於許多字是：「其爲古之語詞較然甚著，揆之本而協，驗之他卷而通，雖舊說所無，可以心知其意者。」他於是「引而伸之以盡其義類，自九經三傳及周秦西漢之書凡助語之文徧爲搜討，分文編次，」成了這十卷書。我們讀起來，沒有一條不是渙然冰釋怡然理順：而且可以學得許多歸納研究方法。眞是益人神智的名著了。後此從伯申脫化出來而範圍更擴大者則有：

古書疑義舉例七卷。（德淸俞樾蔭甫著。）

蔭甫發見出許多古人說話行文用字之例，（卷一至卷四）又發見出許多後人因誤讀古書而妄改或傳鈔譌舛以致失眞之例，（卷五至卷七。）上半部我們可以叫他做『古代文法書，』下半部可以叫他做「校勘秘訣。」王俞二書，不過各兩小册，我想凡有志讀秦漢以前書的人，總應該一流覽的。最後則有：

文通。十卷。丹徒馬建忠叔眉著。

叔眉是深通歐文的人。這部書是：把王俞之學融會貫通之後，仿歐人的文法書把語詞詳密分類組織而成的。著書的時候是光緒二十一二年，他住在上海的昌壽里，和我比隣而居，每成一條，我便先覩爲快，有時還承他虛心商榷。他那種研究精神，到今日想起來還給我狠有力的鞭策。至於他創作的天才和這部書的價値，現在知道的人甚多，不用我贊美了。

音韵學爲淸儒治經之副產物，然論者或謂其成績爲諸學之冠。我素來沒有研究，完全外行，對於內容得失不敢下半句批評。只把這門學問的來歷和經過說說，還怕會說錯哩。

清代的音韻學，從一個源頭上分開兩條支路發展：一是古韻學。一是切韻學。

古韻學怎樣來歷呢？他們討論的是那幾樁問題呢？稍有常識的人，總應該知道現行的佩文韻府把一切字分隸於一百零六個韻。（上下平聲合三十，上聲二十九，去聲三十，入聲十七。）韻府本於南宋的禮部韻略，（韻略百。七部比韻府多一部。）韻略本於唐的廣韻。廣韻卻是分爲二百零六部。現在韻書最古而最完備的莫如廣韻，所以研究此學都以廣韻爲出發點。爲什麼由二百零六變爲一百零七，這是唐宋後音變的問題，古韻家懶得管他。廣韻二百六部分得對不對，這是唐音的問題，古韻家也懶的管他。他們所討論者專在三代秦漢時候韻之分部如何。古書中如易經詩經楚辭老子等幾乎全書都協韻；然而拿廣韻和韻略比對起來，卻什有九並不同韻。宋以來儒者沒有法子解釋這緣故，只好說是「借叶。」（本不同韻，勉強借來叶的。）清儒以爲漫無範圍的亂借亂叶，豈不是等於無韻嗎？所以他們反對此說，一定要找出古人用韻的規律來。換句話說，就是想編一部「古佩文韻府。」

清代音韻學的鼻祖共推顧亭林。他著有音學五書。（一音論。二易音，三詩本音，四唐韻正，五古音表。）

為生平得意之作。凡經三十年，五易其稿。自言：「據唐人以正宋人之失，據古經以正沈氏（約）唐人之失，而三代以上之音，部分秩如。至賾而不可亂。」同時柴虎臣（紹炳）毛稚黃（先舒）等皆治此學有著述，而理解遠不逮亭林。毛西河喜立異爭名，專著書和亭林作對。（書名古今通韻，凡十二卷。）然而所說話毫無價值，沒有人理他。亭林以後中興此學者為江愼修，著古韻標準愼修弟子戴東原著聲類表聲韻考。東原復傳其弟子段茂堂，王石臞，孔巽軒。茂堂著六書音韻表，據以注說文。石臞巽軒都各有撰述。（石臞書未刻，巽軒書名曰詩聲類。）而段王後輩有江晉三（有誥）著音學三書，亦頗多創獲。要之乾嘉以後言古韻者雖多，而江戴門下薪火相傳，實為其中堅。

他們最主要的工作是研究古韻分部。他們以為廣韻二百六部乃唐以後聲音繁變派衍出來的，古代沒有那麼複雜。所以要把他歸併成若干部以求合古人所用之韻。

這種工作，不始於清儒。宋朝的鄭庠是最先研究的，他把二百六部歸併成六部。亭林拿他作研究基礎，析爲十部；愼修又析爲十三部；茂堂又析爲十七部；東原析爲十八部；巽軒析爲十九部；石臞析爲二十一部；晉三也是二十一部，而和石臞又微不同。東原所謂『以漸加詳』也。後人雖於諸家互有從違，然狠少能出其範圍。

我想讀者一定要發問：『二百六部規定爲六部十部……不太少嗎？怎樣歸併法呢』？

勿驚！廣韵的二百六部係兼包平上去入四聲的。四聲雖有淸濁高底舒促之別，韵總是一貫。所以拿平聲可以代表上去入。廣韵的平聲也只有五十七部。將五十七歸併爲六或二十一，並非不可能之事。歸併到怎樣程度纔能和古書所用的韵脗合，便是他們苦心研究的第一個問題。

平聲和上聲去聲是容易印合的，「東」「凍」「動」一讀下去，當然知道是同部。惟有入聲最囉嗦，每每調不出來，廣韵平聲有五十七韵，入聲只得三十四韵，對照起來，便有二十二韵只有平上去而無入。到底這三十四個入聲韵該如何分配，最足令講古韻的人頭痛。 這是他們苦心研究的第二個問題，許多辨難都從此起。

讀以上所講，大概可以知道他們問題焦點所在了。 爲力求明晰起見，將鄭庠 顧炎武 江永 段玉裁 四家所分類列出一張表，把這表說明之後，再說戴孔王諸家所以異同之故。

鄭顧江段古韻分部比較表

鄭氏六部		顧氏十部		江氏十三部		段氏十七部	
平聲	入聲	平聲	入聲	平聲	入聲	平聲	入聲
1 東多江陽庚青蒸	屋沃覺藥陌錫職	1 東冬鍾江	無	1 東冬鍾江	無	9 東冬鍾江	無
		7 陽唐	無	8 陽唐	無	10 陽唐	無
		8 耕庚清青	無	9 庚耕清青	無	11 庚耕清青	無
		9 蒸登	無	10 蒸登	無	6 蒸登	無

2	3	4	5	6
支微齊佳灰	魚虞歌麻	眞文元寒刪先	蕭宵尤豪	侵覃鹽咸
無	無	質物月曷黠屑	無	緝合葉洽

2	3	6	4	5	10
支脂之微齊皆灰咍	魚虞模侯	歌戈麻	眞諄臻文欣元魂痕寒極刪山先仙	蕭宵肴豪尤幽	侵覃談鹽添咸銜嚴
質術櫛物迄月沒曷末黠鎋屑薛麥昔錫職德	藥鐸陌	無	無	屋沃燭覺	緝合盍葉怗洽狎業乏

2	3	7	4	5	6	11	12	13
支脂之微齊皆灰咍	魚虞模	歌戈麻	眞諄臻文欣魂痕	元寒桓刪山先仙	蕭宵肴豪	尤侯幽	侵	覃談鹽添咸銜嚴凡
麥昔錫職德	藥鐸陌	無	質術櫛物迄沒	月曷末黠鎋屑薛	無	屋沃燭覺	緝	合盍業怗狎業乏

1	15	16	4	5	17	12	13	14	2	3	7	8
之咍	脂微齊皆灰	支佳	侯	魚虞模	歌戈麻	眞臻先	諄文欣魂痕	元寒桓刪山仙	蕭宵肴豪	尤幽	侵鹽添	覃談咸銜嚴凡
職德	術物迄月沒曷末黠鎋薛	陌麥昔錫	無	藥鐸	無	質櫛屑	無	無	無	屋沃燭覺	緝業怗	合盍洽狎業乏

（表的說明）

一：將廣韻五十七個平聲韻挑出三十個當代表。此三十個就是現行佩文韻府所采用。再將他分成六部。這是鄭氏作始之功。

二：把鄭氏的第一部東冬江陽庚青蒸析爲四部。一東冬鍾江，二陽唐，三庚耕清青，四蒸登。是顧氏的發明。江段無改。

三：鄭氏的第二部支微齊佳灰顧江無改。段氏把他析爲三部一之咍，二脂齊皆灰，三支佳。這是段氏的大發明，東原石臞都拍案叫絕。「之」「脂」「支」現在讀起來毫無分別，茂堂從古書中考出他分別甚明，但亦沒有法子讀成三種音。晚年以書問江晉三云。『足下能知其所以分爲三乎？僕耄倘得聞而死，豈非大幸。』

四：鄭氏的第三部，魚虞歌麻顧氏析爲二，一魚虞模侯，二歌麻。江氏因之，但把「侯」剔出歸併「尤幽」部。段氏則既不以「侯」合「魚虞模，」也不以合「尤幽，」完全令他獨立，所以共析成三部。這部分的問題。以「侯」之分合爲最主要。

五：鄭氏的第四部，眞文元寒删先顧氏因之。江氏析爲二。一眞諄臻文欣魂痕，二元寒桓删山先仙。段氏復將江氏第一類析爲二，變成三部。又將江氏第三類的「先」移入第一類的「眞臻」「眞」和「文」之分，是段氏特點。

六：鄭氏的第五部，蕭宵尤豪顧氏因之。江氏析爲二一蕭宵肴豪，二尤侯幽。段氏因之。但將「侯」剔出另立部。「侯」和「尤」之分，是段氏特點。

七：鄭氏的第六部，侵覃鹽咸顧氏因之。江氏析爲二，一侵，二覃談鹽添咸銜嚴凡。段氏因之。但割「鹽添」合於侵。

以上爲平聲五十七部之分合變遷，比較的還容易了解。最麻煩的是入聲分配問題。另加說明。

八：鄭氏六部，有入聲者僅三。顧氏十部，有入聲者四。江氏十三部有入聲者七。段氏十七部有入聲者八。這是將入聲性質剖析逐漸精密的表徵。

九：顧氏入聲的分配，和鄭氏幾乎全相反。除鄭第六部與顧第十部相同外，鄭第一第四部有入聲，顧無；鄭第二第三第五部無入聲，顧有。

十：顧江段公認爲無入聲者五部：一東冬鍾江。二陽唐，三庚耕清青，四蒸登，五歌戈麻。　江段認爲無入聲者一部：蕭宵肴豪。

十一：入聲中問題較少者：「緝合」以下九韻配「侵覃」以下九韻；「質櫛」配「眞臻，」「屑」配「先。」　其餘皆有問題。

以上把四家異同之點大概說過，以下把餘人改正的部分略說。

一，戴東原之特點：　戴雖爲段之師，然其聲類表實作於段氏六書音韻表之後，進一步研究。　他最主要的發明：(一)將段氏的「脂」部再剖析，立「祭泰夬廢」一部。　此部有去聲而無平上。　(二)將「緝合」以下九韻另爲一部。　此部有入聲而無上去。　蓋四聲之分，本起六朝，古人無此。　戴氏分部，不限平聲，是其通識。　其餘入聲之分配各部亦頗有異同，不具述。

二，孔巽軒之特點：　巽軒對於段析「東」「冬」爲二，併「眞文」爲一，亦別出「緝合」等九韻爲一部共十八部。

三，王石臞之特點：石臞工作，專在剖析入聲。他別立「質」「月」「緝」「盍」四部，合諸段氏所分共爲二十一部。（「質」「月」二部，皆有去而無平上；「緝」「盍」二部，則無平上而並無去。）

四，江晉三之特點：晉三亦分二十一部，但不與王氏同。其分「東」「冬」爲二，同孔氏；「祭」部獨立，同戴氏；入聲則別立「葉」「緝」兩部。晉三於戴孔之書皆未見（據段茂堂信上說。）蓋暗合，非蹈襲也。

以上重要之古韻說略具。此後尚有莊葆琛之十九部、張皋文之二十部，乃至近人之二十三部二十六部等，大抵衍江戴段王之緒稍事補苴，不復述。至於各家所說誰是誰非，我完全外行，不敢參加討論。

古韻學研究的對象，在各字的收音。還有專從發音方面研究的，名爲切韻學。（用舊話來比附，也可以說古韻學是研究疊韻，切韻學是研究雙聲。）

切韻之學，起於東漢孫炎。以兩字切成一字之音，實我國音學初祖。後來魏李登作聲類，（書已佚，見隋書經籍志。）始整齊而衍其緒。隋陸法言作切韻，（書已佚，近在燉煌石室發見唐寫殘本）爲後此廣韻所自本。自梵語隨佛典入中國，中唐以後釋神珙釋守溫仿之創立字母，爲斯學別創一蹊徑，即「見溪羣疑」等三十六母是也。宋人用之以治舊有之反切，則爲等韻學。直到今日，創立注音字母及其他新字母之種種研究，皆從孫炎陸法言守溫所走的線路逐漸發展出來。

清代切韻學，也是顧亭林提倡起。他的音論，論發音原理的不少。但亭林最大的成績還在古韻學。其對於切韻學的貢獻，像還比不上方密之。（看第十二講。）亭林弟子潘次耕（耒）著類音；四庫提要述其內容云：『耒受業於顧炎武，炎武之韻學欲復古人之遺，耒之韻學則務窮後世之變。其法增三十六母爲五十母。每母之字，橫播爲開口，齊齒，合口，撮口，四呼。四呼之字，各縱轉爲平上去入四聲。四聲之中，各以四呼分之。……』據此可知次耕的工作全在創新字母。尤當注意者，字母和四聲的關係，實近來新字母學一個頗費討論的問題，次耕已顧及了。類音這書我未得見，但遂初堂集裏頭有聲音元本論，南北音論，古今音論，全分音論反切音論等篇，讀之可見其學說大概。他說：『聲音先文字而有。聲止於一，字則多寡不論，或一音而數字，或有音而無字。後世字書韻書，不得其天然條貫，則如散錢亂卒而不可整齊，『他極贊字母爲發天地之密，但以爲舊行三十六母『有複有漏。』他把複的删去，（例如「知徹澄孃」之與「照穿牀泥」。）而別增其缺漏者十餘母。他最注重「無字之音。」說道：『今所釐正，皆出乎天然。天然者，人所本有之音也。本有之音而不能盡出，則以習誦有字之音罕道無字之音也。』大抵次耕的目的，在把中國人口裏所說得出的音都搜齊，改造一套科學的合理的字母。他的成績如何我不敢說，眼光總算高極了。同時吳修齡喬亦治此學，『以二合翻切收盡諸法，立二十四條以盡諸聲之變。』斥守溫爲『無知妄作貽毒後人。』（見廣陽雜記卷四。）其書今不傳。

康熙末則劉繼莊獻廷治此學。他曾從幾位怪僧研究等韻，又曾見過吳修齡。但他說『修齡於天竺陀羅尼泰西蠟頂（即羅馬字）天方蒙古女直諸書皆未究心，特震旦一隅之學耳。』他創的新字母，以三十二音爲韻父，二十二音爲韻母，橫轉各有五子。又可以用來譜四方土音。他的書名新韻譜可惜久已失傳了。（看他所著廣陽雜記及鮚埼亭集中劉繼莊傳。）

乾嘉大師之音韻學，全部精力耗在古韻上頭。但江愼修的音學辨微。講切韻的地方也不少。戴東原著轉語二十章，已佚。其自序曰：『人之語言萬變，而聲氣之微，有自然之節限。……今各從乎聲以原其義。聲自微而之顯，言者未終，聞者已解，辨於口不繁，則耳治不惑。人口始喉下抵脣末，按位以譜之，其爲聲之大限五，小限各四。於是互相參伍，而聲之用蓋備矣。……凡同位則同聲，同聲則可以通乎其義。……』此書專由聲音以究訓詁，爲戴氏獨得之學。後此王氏父子卽應用此法卓著成績。然固是切韻之學，非古韻之學也。此外則錢竹汀亦極意切韻，考證沿革及新創理解頗多。（看十駕齋養新錄卷五。）

專門研究古代切韻（孫炎至陸法言。）當以吾鄉先輩陳蘭甫先生澧的切韻考爲絕作。書凡六卷，附外篇三卷。自言『僕考切韻無一字漏略，蓋專門之學必須如此。但恐有武斷處，如段茂堂之於說文耳。僕爲此甚辛苦。若有證誤，亦猶亭林先生之古韻，後人因而加密可耳』（東塾集卷四與趙子韶書。）其書取廣韻中所錄陸法言切韻之反切語，（如『東，德紅切；』『同，德紅切。』……等。）綜合剖析爲科學的研究。『切韻之法，以二字爲一字之音。上字與所切之字雙聲，下字與所切之字疊韻。』（原書條例語，見卷一。）他把上字即雙聲字分爲四十類。他說切韻最要緊是辨清濁（引孫愐唐韻序後論語。）切語上字即清濁所由定。故四十類中復分爲清聲二十一類濁聲十九類。他說這四十類所用字，『實孫叔然（炎）以來師師相傳以爲雙聲之標目，無異後世之字母。』（卷六葉七。）我曾用英語拼音印證他的四十類。其發音如d者一，如ch者四，如chi者三，如s者三，如g者一，如k者二，如B者二，如j者二，如ph者一，如y者三，如n者二，如Js者三，如Js者二，如x者二，如uh者二，如p者三，如hs者一，如sh者一，如j者一，如m者一，如qu者一，如e者一，如n者二，如xh者一，共爲二十種發音。其重複者，當是從前實有分別而現在已經分不出來。漢至唐的發音，大約盡於此了。以上都是說上一字的雙音。至於下一字的疊韻，則依廣韻，以四聲爲類。（我們若用江段諸人古韻分部爲韻的標準亦得。如段茂堂所謂的「支」「之」「脂」。）他於是做成一篇表分爲兩卷。『取廣韻每一音之第一字，以其切語上字聲同類者直寫之；下字韻同類者橫寫之平上去入，相承編排。』（卷四葉一。）守溫以前中國固有有的字母及其用法大略可考見了。

這部書除對於切韻本身嚴密研究發明外，還有附帶的價值：他對於切韻學發達的歷史敘述得詳贍而有體要。他的外篇有一張表切韻和守溫字母對照。對於守溫的長短得失批評得最爲公平。

唐以後韻學，專門研究的狠少。亭林唐韻正以後像沒有幾部書。宋（也許是我固陋。）以後更不必說了。依我看，倒是越近越要緊。我們研究這門學問的目的，是要想知道現在中國話的來歷。秦漢以前古韻雖講得甚明，中間已脫去一截了。人的口音，日日轉變，古有今無古無今有的不知凡幾。若能仿錢竹汀研究「古無輕唇音。」的法子。（看十駕齋養新錄卷五。）研究得若干個原則眞是學界之寶！依我想，做這種工作有兩條路可走：用廣韻及經典釋文之音和禮部韻略洪武正韻佩文韻府之音和現在讀音逐一比較，此其一。隋唐以來，翻譯佛典盛行，元代和中亞細亞及歐洲皆來往頻繁，明中葉以後則歐人東來譯語輸入。累代所譯名詞，現在尙有大部分有原語可以對照。從這裏面最可以調查出各時代的讀音。知道讀音之後，便可以求出變化的原則。例如 Bhuda ，用現在話該譯作「布達，」而佛經卻譯作「佛陀。」 因這個「佛」字，我們可以推定唐時還沒有F發音，竹汀所謂「古無輕唇音，」至唐猶然。 因這個「陀」字，我們可以推定唐時。「歌」「麻」不分，或者只有歌韻而無麻韻。 又如gibraltor譯作「直布羅陀，」（明代職方外紀譯名。） 我們可以推定明代已有輕唇音而歌麻仍未分。從這方面用心研究，或者有意外收穫也未可知，此其二。 此外在各家筆記詩集中也許有零碎而可寶的資料。 例如蘇東坡的雙聲詩：（或稱口吃詩。）『江干孤居高關扃，』『皓鶴下浴紅荷湖』用廣東話讀起來，前一句都是K發音，後一句都是b發音，煞是可笑。 當時以此作游戲，可見其發音必同一。 用現在北京話讀，便是好幾個字不同發音了。 某種音某時失掉，從這些地方都可以看得出來。（例如法國話h發音已經失掉，許多字頭一母為h者都省卻不念。我們亦然。原來的h發音，多變為ch。拿廣東話和北京話比對。可見廣東話多唐宋舊音也。） 我想、這是音韻學的新殖民地，清儒還未有開闢，有志的青年不妨試試。

方言學是音韻學極重要一部門，所以最古的小學家揚雄便注意到他。清儒這方面用力狠少。次耕繼莊雖知到注重，但他的成績如何今已不可考了。直到章太炎炳麟纔特別提倡。太炎是現代音韻學第一人。他的文始。由音衍訓，直湊單微。他還有一部新方言極有價值。但這件事總算各地方人分擔研究，纔能得相當資料。恐怕非組織學會不可。

研究方言學主要目的，要發見各地方特別發音的原則。像陳蘭甫先生的廣州音說東塾集卷一，把廣東話和北京話不同的那幾點提出綱領來，纔算學者的著述。

十四　清代學者整理舊學之總成績（二）

——校注古籍　辨僞書　輯佚書

（三）　校注先秦子書及其他古籍

自清初提倡讀書好古之風，學者始以誦習經史相淬厲，其結果惹起許多古書之復活。內中最重要者爲秦漢以前子書之研究。此種工作，頗間接影響於近年思想之變化。次則古史書地理書等之研究。足以補助文獻學的也不少。

關於子書研究的最後目的，當然是要知道這一家學說的全部眞相，再下嚴正的批評。但是，想了解一家學說，最少也要把他書中語句所含意先看得明白。然而這些先秦古書都是二千年前作品，所用的字義和語法多與今不同，驟讀去往往不能索解。而且向來注家甚少，或且並沒有人注過，不像那幾部經書經許多人揣摩爛熟。所以想研究子書，非先有人做一番注釋工夫不可。注釋必要所注所釋確是原文，否則『舉燭』『鼠璞，』動成笑話，而眞意愈晦。不幸許多古書，展轉傳鈔傳刻，譌舛不少。還有累代妄人，憑臆竄改，越發一塌糊塗。所以要想得正確的注釋，非先行。（或連帶着）做一番校勘工夫不可。清儒對於子書（及其他古書）之研究，就順着這種程序次第發展出來。

注釋之學，漢唐以來已經發達的狠燦爛；清儒雖加精密，也不能出其範圍。所以不必多講。校勘之學，爲清儒所特擅，其得力處眞能發蒙振落；他們注釋工夫所以能加精密者，大半因爲先求基礎於校勘。所以我在論次他們所校注的古書以前，先把『前代校勘學的特質。』說說。（次段所說，不限於校勘古子，凡經史等一切校勘都包在內，請注意。）

校勘之意義及範圍有多種，方法當然隨之而異。第一種。校勘法，是拿兩本對照，或根據前人所徵引，記其異同，擇善而從。因爲各書多有俗本傳刻因不注意或妄改的結果發生譌舛，得着宋元刻本或精鈔本，或舊本雖不可得見而類書或其記古籍所引有異文，便可兩兩勘比，是正今謬。這種工作淸初錢遵王曾何義門焯等人漸漸做起。元和惠氏父子也狠用功。乾嘉以後學者個個都喜歡做。而最專門名家者莫如盧抱經。文弨顧澗蘋廣圻黃蕘圃丕烈次則盧雅雨見曾丁叔衢杰陳仲魚鱣吳兎牀騫鮑以文廷博錢警石泰吉王小米遠孫蔣生沐光煦張叔未廷濟陸存齋心源繆小仙荃孫……等。這種工作的代表書籍，則義門讀書記何焯著援鶉堂隨筆姚範著群書拾補盧文弨著士禮居題跋黃丕烈著思適齋文集顧廣圻著讀書叢錄洪頤煊著經籍跋文陳鱣著斠補隅錄蔣光煦著札迻孫詒讓著……雅雨堂叢書盧見曾刻經訓堂叢書畢沅刻士禮居叢書黃丕烈刻別下齋叢書蔣光煦刻十萬卷樓叢書陸心源刻……各書所附校勘記及題跋，武英殿板十三經注疏校勘記阮元及其弟子著……等。這種工作的成績也有高下之分下等的但能校出『某本作某，』稍細心耐煩的人便可以做。高等的能判斷『某本作某是對的，』這便非有相當的學力不可了。這種工作，狠瑣碎，狠乾燥無味，非有特別嗜好的人當然不必再去做他。但往往因一兩字的校正，令全段的正確解釋，他們費畢生心血留下這點成績，總値得我們敬服感謝。

第二種校勘法，是根據本書或他書的旁證反證校正文句之原始的譌誤。前文所說第一種法，是憑善本來校正俗本。倘若別無善本或所謂善本者還有錯誤，那便無所施其技了。第二種法再進一步，並不靠同書的板本，而在本書或他書找出憑證。這種辦法又有兩條路可走：第一條路是本書文句和他書互見的：例如荀子勸學篇前半和大戴禮記勸學篇全同；韓非子初見秦篇亦見戰國策；禮記月令篇亦見呂氏春秋，淮南子；韓詩外傳和新序說苑往往有相重之條；乃至史記之錄尙書，戰國策；漢書之錄史記。像這類，雖然本書沒有別的善本，然和他書的同文便是本書絕好的校勘資料。例如荀子勸學篇據大戴記可以校出脫句脫字譌字七八處．因此可推想其他諸篇譌脫也不少，可惜無別部的同文．這種校法雖比第一種已稍繁難，但只須知道這一篇在他書有同文，便可拿來比勘，方法還是和第一種同樣。更有第二條路是：並無他書可供比勘，專從本書各篇所用的語法字法注意，或細觀一段中前後文義，以意逆志，發見出今本譌誤之點。（這種例不能徧舉，把讀書雜志等書看一兩卷便知其概。）這種工作，非眼光極銳敏心思極縝密而品格極方嚴的人不能做。清儒中最初提倡者爲戴東原；而應用得最純熟矜愼卓著成績者爲高郵王氏父子，這種方法好是好極了；但濫用他可以生出武斷臆改的絕大毛病。所以非其人不可輕信。

第三種校勘法是：發見出著書人的原定體例，根據他來刊正全部通有的譌誤。第一第二兩種法，對於一兩個字或一兩句的譌誤當然有效。若是全部書鈔刻顛倒紊亂，以至不能讀；或經後人妄改，全失其眞；那麼，唯一的救濟法只有把現行本未紊未改的部分精密研究，求得這書的著作義例，（見一部有價值的著作，總有他的義例，但作者自己寫定凡例的不多，而有亦不詳。）然後根據他來裁判全書、不合的便認爲譌誤。這種辦法，例如酈元道水經注，舊刻本經文注文混亂的狠多。戴東原研究出經注異同的三個公例，（看下文本書條）把他全部釐正。又如墨子的經上下經說上下四篇，原書寫法和後來刻本寫法不同，每條的上下文往往相亂。我著的墨經校釋發明『經說首字牒經』之例，（看下文本書條。）也把他全部釐正。又如說文解字經徐鉉及別的人增補竄亂，多非許氏之舊。段茂堂王菉友各自研究出許多通例，也把他全部釐正。此等原屬不得已辦法，卻眞算極大膽的事業。所研究出的義例對嗎，那麼，撥雲霧而見青天，再痛快沒有了。不對嗎，便是自作聰明，强古人以就我，結果把原書鬧得越混亂，墮入宋明人奮臆改書的習氣。所以這種方法的危險程度比第二種更大，做得好比他成績亦更大。萬不輕易用。段氏的說文還被後人攻擊得身無完膚哩！其他可想了。

第四種校勘法，是：根據別的資料，校正原著之錯誤或遺漏。前三種法，都是校正後來傳刻本之錯誤，力求還出原書的本來面目。校勘範圍總不出於文句的異同和章節段落的位置。然而校勘家不以此自足，更進一步對於原書內容校其闕失。換言之，不是和鈔書匠刻書匠算帳，乃是和著作者算帳。這種校法，也分根據本書根據他書兩種。根據本書者，例如史記記戰國時事，六國表和各世家各列傳矛盾之處便不少，便據世家列傳校表之誤、或據表校世家列傳之誤。根據他書者，例如三國志和後漢書記漢末事各有異同，或據陳校范誤，或據范校陳誤。又如元史最惡劣，據元秘史聖武親征錄等書校其誤。這種工作，限於史部，經子兩部卻用不着。這種工作，若把他擴大，便成獨立的著述，不能專目爲校勘。但目的若專在替一部名著拾遺補闕，則乃屬校勘性質。淸儒這種工作的代表著述，其徧校多書者，則如錢竹汀二十一史考異，王西莊十七史商榷之類。其專校一書者，則如梁曜北玉繩史記志疑施研北國祁金史詳校之類。

以上四種，大概可以包括淸儒校勘學了。別有章實齋校讎通義裏頭所討論，專在書籍的分類簿錄法，或者也可以名爲第五種。但旣與普通所謂校勘不同，故暫不論。

右五種中，前三種算是狹義校勘學，後兩種算是廣義校勘學。狹義校勘學經淸儒一二百年的努力和經驗，已造成許多百公認的應用規律。俞蔭甫古書疑義舉例。的末三卷。便是這種公例的集大成。欲知此學詳細內容，宜一讀，此種所舉規律，還是專屬第一二種，因第三種無一般的規律可言。

淸儒之校勘學，應用範圍極普徧。本節所舉成績，專重先秦諸子及幾部重要古籍。其正經正史等已詳彼部，此不多述。

凡校勘諸子多帶着注釋。所以下文論列各書，校釋雜學不復細分。

校釋諸子（或其他古籍）之書薈萃成編最有價值者，其一爲盧抱經之羣書拾補。抱經所校各書。有多種已將新校本刻出。（其目大概部見下文）牘下未刻者有許多校語批在書眉把他彙成此書。大率用第一種墨法爲多，用第二種者亦間有。其二爲王石臞之讀書雜誌。所校爲逸周書，戰國策，史記，漢書，管子，晏子春秋，墨子，荀子，淮南內篇；共九種，末附以漢隸拾遺。石臞應用第二種校法最精最愼，隨校隨釋妙解環生，實爲斯學第一流作品。其三，爲俞蔭甫之諸子平議。所以爲管，晏，老，墨，荀，列，莊，商，韓，呂，董，賈，淮南，揚，共十五種。，蔭甫私淑石臞父子，刻意模仿。（羣經平議模仿經義述聞，諸子平義摸仿讀書雜志。）但他並非蹈襲，乃應用王家的方法，補其所未及。所以這部書狠足以上配石臞。

以下把他們校釋過的書分部敘論，

荀子

荀子與孟子同爲儒家兩大師，唐以前率皆並稱。至宋儒將孟子提升爲經，而荀子以『異端』見斥，其書黯味了七八百年了。乾隆間汪容甫著荀卿子通論，荀卿子年表（俱見述學內篇。）於是荀子書復活，漸成爲淸代顯學。其書舊注只有唐楊倞一家，尙稱簡絜，而疏略亦不少。刻本復有譌奪。容甫蓋校正多條，然未成專書。專書自謝金圃（墉）盧抱經之合校本始。今浙刻二十二子本所採是也。（書中列輯校名氏，除盧謝外尙有容甫及段茂堂吳兎牀（騫）趙敬安（曦明）朱文游（奐）五人。）此本雖謝盧並名，然校釋殆皆出抱經。（謝序云『援引校讎，悉出抱經，參互考證，遂得蕆事，』然則此書眞盧校而謝刻耳，）在咸同以前，洵爲最善之本。盧校出後，顧澗蘋復校所得宋本續校若干條爲荀子異同一卷，附輯荀子佚文。郝蘭皋亦爲荀子補注一卷，劉端臨（台拱）爲荀子補注一卷，陳碩甫（奐）爲荀子異同，陳觀樓（昌齊）荀子正誤（卷數俱未詳，）皆有所發明而王石臞。讀荀子雜誌（八卷）較晚出，精闢無倫。諸家之說時亦甄採。（惟陳觀樓似未見採（？）觀樓極爲石臞所推，其書己佚，可惜也。）次則兪蔭甫荀子平議（四卷）體例同石臞。自顧郝至王兪，皆條釋別行不附本書。最後乃有王益吾（先謙）著荀子集解二十卷。自楊倞至淸儒諸家說網羅無遺。而間下己意，亦多善解。計對於此書下工夫整理的凡十五家。

所得結果令我們十分滿意。

2 墨子

戰國時儒墨同稱顯學。漢後墨學之廢既二千年了。鄭樵通志藝文略載有樂臺注，久佚。乾隆四十一二年間，汪容甫最初治此學，有校本及表微一卷，今不傳。見述學墨子敍及後敍。而盧抱經孫淵如畢秋帆同時治之，秋帆集其成為墨子注。十六卷以乾隆四十八年成，今經訓堂叢書本是也。浙刻二十二子本采以。畢注前無所承，其功蓋等於茂堂之注說文。秋帆自序稱『盧孫互校此書，略有端緒。沅始集其成。……』大約淵如自有校本，而秋帆所校則抱經相助為多。又淵如為畢注作敍稱翁覃谿（方綱）亦有校本。但畢序未及之。其後顧澗薲又據道臧本重校寫定一通，專務是正文字。繼則王石臞摘條校注為讀墨子雜志六卷。俞蔭甫著墨子平議。三卷。蘇爻山時學著墨子刊誤。若干卷爻山廣西滕縣人。不聞有他種著作。此書陳蘭甫先生為之序，稱其『正譌字改錯簡，渙就冰釋，怡然理順。』（東塾集卷三）孫仲容已采其說入間詁，不知原書今尚存否。而洪筠軒頤煊戴子高望亦各有所校釋。據孫氏間詁序所稱。其書吾皆未見。洪著殆指散見讀書叢錄中者。至光緒間十九年癸巳刻成。孫仲容詒讓『覃思十年』原序語。集諸家說，斷以己所心。得成墨子間詁十四卷。復輯墨子篇目考，墨子佚文，墨子舊敍合為附錄一卷，復撰墨子傳略，墨子年表。墨學傳授考，墨子緒聞，墨學通論，墨家諸子鈎沈各一篇，合爲墨子後語二卷。俞蔭甫序之，謂其『整紛剔蠹，衇摘無遺，旁行之文，盡還舊觀。訛奪之處，咸秩無紊自有墨子以來，未有此書。』誠哉然也。大抵畢注僅據善本讐正，（即吾所謂第一種校勘法）略釋古訓。蘇氏始大膽刊正錯簡。仲容則諸法並用，識膽兩皆絕倫，故能成此不朽之作。然非承盧畢孫王蘇俞之後，恐亦未易得此也。仲容於修身親士當染諸篇能辨其僞，則眼光遠出諸家主了。其附錄及後語，考訂流別，精密閎話，尤爲向來讀子書者所未有。蓋自此書出，然後墨子人人可讀。現代墨學復活，全由此書導之。（此書初用活字版印成，承仲容先生寄我一部。我纔二十三歲耳。我生平治墨學及讀周秦子書之興味皆自此書導之。附記誌感。）古今注墨子者固莫能過此書；而仲容一生著述亦此書爲第一也。

同時有王壬秋亦爲墨子注。鮮所發明，而輕議盧畢所校，斥爲『淺率陋略。』徒自增其忘而已。惟對於經說四篇，頗有新解，是其一節之長。他又將大取篇分出一半，別自爲篇，名爲語經。可謂大膽已極。要之壬秋頗有小慧而學無本原。學問已成的人，讀他的書有時可以助理解，初學則以不讀爲妙。

墨子七十一篇中最宏深而最難讀者莫如經上下經說上下大取小取之六篇。晉魯勝曾爲墨辯注，惜久佚。隋書經籍志已不著錄。其敍僅見晉書隱逸傳。畢注於他篇雖多疏略，爲尙有所發明；獨此六篇，則自稱『不能句讀。』惟彼據經上篇有『讀此書旁行』一語，於篇末別爲新考定經上篇，分上下兩行橫列。最初發見此經舊本寫法，不能不算畢氏功勞。其後丁小雅杰許周生宗彥皆提出經說四篇特別研究，今皆不傳。見孫志祖讀書脞錄。次則張皋文作墨經說解二卷，用魯勝『引說就經』之例，將四篇逐條拆開，各相比附，眉目朗然。這是張氏功勞。自畢秋帆與孫淵如函札往復，已發見此四篇多言名學。看畢注本經上篇後孫星衍跋語。而鄒特夫伯奇則言墨子中有算術有光學有重學，以告陳蘭甫而著其說於所著學計一得中。自是墨經內容之豐富，益爲學界所注視。孫氏間詁，於他篇詮釋殆已十得八九；獨四篇者，所釋雖較孫張稍進步，然遺義及誤解仍極多。章太炎炳麟國故論衡中有原名明見諸篇始引西方名學及心理學解墨經，其精絕處往往驚心動魄。而胡適之適著中國哲學史大綱惟墨辯一篇最精心結撰，發與實多。適之又著小取篇新詁，亦主於以西方名學相引證。我自已也將十來年隨時劄記的寫定一編名曰墨經校釋。其間武斷失解處誠不少，然亦像有一部分可供參考。其後有欒調甫著讀梁任公墨經校釋，雖寥寥僅十數條，然有卓識，明於條貫。其最大發明在能辨墨學與惠施一派名學之異同。最近則章行嚴士釗常爲討論墨經之短文，時有創獲。而伍非百著墨辯解故，從哲學科學上樹一新觀察點將全部墨經爲系統的組織。吾雖未細讀其書，然頗信其爲斯學大創作也。蓋最近數年間，墨經諸篇爲研究墨學之中心，附庸蔚成大國。不久此諸篇將發揮無餘蘊，墨學全部復活了。

3 管子

管子舊有尹知章注，譌題爲房玄齡。其注頗淺陋。明劉績頗有糾正，亦得失參半。嘉慶初，王石臞伯申父子初校此書，時與孫淵如商榷。淵如亦自有所校，而以稿屬洪筠軒頤煊。筠軒采孫王校刪其重復。附以已說，成管子義證八卷。嘉慶十七年成。其後石臞又續有所校，更采及洪書，成讀管子雜志二十四卷，凡六百四十餘條。嘉慶二十四年成。在全部讀書雜志中，此種卷帙最浩博了。同光間則戴子高纂的管子校正二十六卷，兪蔭甫的管子平議六卷，同時先後成書。這幾部校釋本部算很有價値。有丁士涵者，陳碩甫門人，著管子案四卷。碩甫手定義例且助其捜輯。但其書不見傳本，想未刻耶。但管子古文古訓太多；錯字錯簡亦不少；又其中關於理財一部分之文，尤多特別術語，索解爲難。今後若有好學之士，能采集以上各本，更悉心研究補其所未及，別成『管子集解』，」庶幾本書漸漸可讀了。

弟子職爲管子中一篇。淸儒多提出專釋。莊葆琛述祖有集解，洪稚存亮吉有箋釋，王菉友，有正音各一卷。

4 韓非子

韓非子未大經整理。現行最佳者爲吳小尊鼒之仿宋乾道本。有顧澗蘋識誤三卷。此外則盧氏群書拾補所考證僅一卷；王氏讀書雜志僅十四條；兪氏平議亦僅一卷；孫仲容札迻中若干條；此外則更無聞（？）。近王先愼有韓非子集解二十卷，薈集衆說，較稱善本，但比諸乃兄之荀子集解差多了，因此書先輩遺說可憑藉者不如荀子之多，而先愼學識又凡庸也。所以這部書還希望有人重新整理纔好。嘗見日本人宮內鹿川所著韓非子講義校勘譌錯者不少。但未注明所據以校者爲何本。他說別有韓非子考異一書，惜未得見。

5 老子　莊子　列子

這三部書清儒沒有大用過工夫。盧氏拾補老莊無，有列一卷。王氏雜志則老四條莊三十五條，列無有。俞氏平議則老列各一卷莊三卷。其他專釋者殆不見。其校本稍可觀者則：老子有畢秋帆之老子道德經考異二卷，用唐傅奕本校通行僞河上公注本，間下訓釋。列子有任幼植大椿汪蘇潭繼培校張湛注本；有秦敦夫恩復校盧重元注本。莊子除明世德堂本別無新校本。

莊子郭注剽自向秀，實兩晉玄談之淵藪，後此治此學者罕能加其上。清儒於此種空談名理之業，既非所嗜，益非所長。故新注無足述者。王益吾亦有莊子集解，比諸所解荀子相去霄壤了。郭孟純慶藩的莊子集釋；用注疏體，具錄郭注及陸氏經典釋文，而搜集晉唐人逸注及清儒盧王諸家之是正文字者間附案語以爲之疏。在現行莊子諸注釋書中算最好了。馬通伯（其昶）的莊子故亦頗簡明。

章太炎的齊物論釋是他生平極用心的著作。專引佛家法相宗學說比附莊旨，可謂石破天驚。至於是否即莊子原意，只好憑各人領會罷。

6 晏子春秋

此書依我看純屬僞書，沒有費力校釋的價值，但清儒多信爲眞。盧王俞各有校釋。王二卷 俞一卷 畢氏經訓堂本依明沈啟南本重校，又從太平御覽補輯末章所缺。秋帆自爲音義二卷，用力頗勤。就本書論，也算善本了。

7 呂氏春秋

呂氏春秋有漢高誘注。先秦諸子中注家，此其最古。現行最善者爲畢氏經訓堂本。蓋據元大字本精校，盧抱經實董其事。此後梁曜北玉繩有呂子校補二卷，陳觀樓昌齊有呂氏春秋正誤二卷；俞蔭甫有呂氏春秋平議三卷；王氏雜志有三十八條。皆出畢本後。此書還狠有整理餘地。我盼望有一部新的『呂氏春秋集解』出來。

以上幾部子書——都是漢書藝文志諸子略所著錄的——就清儒整理成績之高下我所認的爲次第。其他沒有經過什麼校釋工夫者——如平津館本之商君書守山閣本之慎子尹文子公孫龍子等，雖間附有校勘記或輯佚文，但其細已甚故不論列。又久佚重輯之本——如尸子等，歸入輯佚條。又確知其爲僞書——如鬼谷子關尹子等，雖有校釋，亦從屏棄。

諸子路以外之先秦古書曾經整理者如下；

8 逸周書

逸周書七十一篇見漢志。或以爲孔子刪書所餘者，信否且勿論；要之總算先秦一部古書，殆不容疑。舊注爲晉孔晁著，亦算得一部古注。清乾嘉間校理此書者有惠定宇，沈果堂彤，趙敬夫曦明，張芑田坦，段茂堂沈朗仲景熊，梁曜北，梁處素履繩陳省衷雷等。俱見盧本校目 而盧抱經集諸家說寫定重刻。即抱經堂本是。其後王石臞洪筠軒各有所釋。讀逸周書雜志四卷居王書之首，道光間，則陳逢衡著逸周書補注二十四卷。道光五年刻成 朱亮甫右曾著周書集訓校釋十卷。道光二十六年成 陳著翔實明暢，可爲此書最善讀本。朱著稍晚出，蓋未見陳著，但亦有所發明。又有丁宗洛逸周書管箋十六卷。未見。丁與朱同治此書，朱朱白序。

9 國語

國語韋昭注爲漢注古書之一。現行者以士禮居仿宋刻本爲最善，由黃蕘圃顧澗薲合校，附校勘記。其專門校注之書，則汪小米遠孫有國語三君注輯存四卷，國語考異四卷。國語發正二十一卷。已疏證無遺義。昔人稱國語爲『春秋外傳，』而清儒整理之勤，實視左傳所謂內傳有過之無不及也。，若有人薈萃諸家作一新韵『國語集解』便更好了。

10 戰國策

戰國策高誘注，價值等於韋注國語。士禮居仿宋本，亦黃顧合校，有校勘記，與國語可『稱姊妹書。』校而兼釋者則有王石臞讀戰國策雜誌三卷。

戰國爲我國文化史極重要時代，而史料最缺乏，所存惟國策一書，又半屬『縱橫家言，』難據爲信史，學者所最苦痛但。於是有將此書爲局部分析的研究者。則程春海思澤國策地名考二十卷，極博洽翔實。張翰風（琦）的戰國策釋地二卷，目的亦同程書，但遠不逮其博贍。而林鑑塘春溥之戰國紀年六卷，考證詳愼，校正通鑑之誤不少。林氏竹柏山房十一種中，此書最有價值。

11竹書紀年及穆天子傳（互見辨僞輯佚兩章）

竹書紀年乃晉太康間在汲郡（今河南汲縣。）魏安釐王冢中所得。當時學者荀勗，束皙，王接，和嶠，衛恒，王庭堅，摯虞，謝衡，相與討論辨難，學者起一極有趣味之波瀾，其始末具見晉書束皙王接衛恒諸傳，及杜預左傳後序和嶠穆天子傳序。但其書已佚於兩宋之際。今本紀年二卷，乃元明人蒐輯傳雜采史記，通鑑外紀，路史諸書而成。清儒嗜古，研究此書者極盛。大約可以分四派；一，並汲冢原書亦指爲晉人僞撰者。（錢大昕王鳴盛等。）二，並今本亦信爲眞者。（徐文靖等。）三，以古本爲眞今本爲僞者。（郝懿行章學誠朱右曾王國維等。）四。雖不認今本爲眞，然認爲全部皆從古本輯出者。（洪頤煊，陳逢衡，林春溥等）我個人的意見，則完全主張第三派。

關於此書的著述，據我所知者有徐位山（文靖）之竹書紀年統箋。有孫晴川之騄之考定竹書紀年。有董（豐垣）之竹書紀年辨證。有雷瞻叔（學淇）之考訂竹書紀年，竹書紀年義證。有洪筠軒之校正竹書紀年。有武授堂（億）之竹書紀年補注。有郝蘭皋之竹書紀年校正。有陳逢衡之竹書紀年箋證。集證凡例中稱張宗泰有校補紀年，陳詩有紀年集注，趙紹祖有紀年校補，韓怡有紀年辨正，鄭環有竹書考證皆未見。有朱亮甫之汲冢紀年存眞。有林鑑塘竹書紀年補證，有董覺軒沛之竹書紀年拾遺。有王靜安國維之古本竹書紀年輯校今本竹書紀年疏證。我所曾讀者徐洪陳林王五家。徐氏統箋爲治斯學之嚆矢，然書成於康熙間，考證學未興，故所箋駁雜無義法，徒爲僞書助談。洪氏校正林氏補證皆頗絜淨，而識斷尙欠精擇。陳氏集證積十年之功乃成，浩博詳贍。書凡五十卷。卷首集說一篇，敘原來歷及前人批評，搜羅至博，足爲治此學之最好資料。惟調停古今本，時復進退失據，王氏輯校疏證二書最晚出，最謹嚴，但未及疏注。學者據王著以求汲冢眞面目，據陳著以解釋此書內容，則這書可以全部弄明白了。

穆天子傳與紀年同出汲冢，其眞僞有連帶關係，信古本紀年者則亦信之。其書出郭璞注，洪筠軒嘗據諸本精校，自是此書始可讀。而丁益甫謙作穆天子傳地理考證篤信歐洲少數學者所倡中國人種西來之說，而援本傳爲證。其所比附往往新奇可喜。是否眞相，則更俟論定耳。

12 山海經

山海經有漢郡縣名，其書或出漢人手最少亦經漢人竄附蓋無可疑。然其中大部分含神話性質，蓋自先秦傳來。應認爲我族最古之半小說體的地理書。書有郭璞注，與所注爾雅同爲後世所重。清儒初治此者有吳志伊任臣山海經廣注。然濫引路史及六朝唐宋人詩文以至晚明惡劣類書，殊無義法。乾隆末畢秋帆始爲山海經所秋注。一考正篇目，二考正文字，三考正山名水道。自言歷五年乃成。蓋其生平得意之作。（有孫淵如後序，自言曾爲山海經音義見畢書乃自毀其稿。）其後郝蘭皋爲山海經箋疏，與其爾雅義疏同爲郭注功臣。

13 孫子　吳子　司馬法

右三書爲最古之兵家言，漢志以冠兵書略。今傳本惟孫子尙可信，餘二書恐出漢人依託，但亦一古籍矣。孫淵如有精校本，刻於平津館。其自序言屬顧澗薲作音義，未知成否。

14 周髀算經

此書爲最古不算學書，是否必出先秦。則不敢斷言。戴東原有精校本，爲戴校算經十書之首。

15 黃帝內經素問

此書爲最古之醫學書。殆出漢人手，而清儒皆以爲先秦舊籍。錢錫之（熙祚）有精校本。胡荄甫（澍）又有內經校義。

以下叙述清儒對於漢以後要籍之校釋事業。

16 淮南子

淮南鴻烈爲西漢道家言之淵府，其書博大而有條貫，漢人著述中第一流也。有東漢高誘注，亦注家最善者，許愼亦嘗注之，但久佚。清儒首治此書者爲莊伯鴻（逵吉）當乾隆末用道藏本校俗本，而以案語申己見，雖名校實兼注也。（浙刻二十二子所采即此本。）自莊書出而誦習本書者認爲唯一之善本蓋百餘年。然同時盧抱經別有拾校。嘉慶間則王石臞伯申父子之讀淮南內篇雜志二十二卷出。亦以道藏本爲主，參以羣書所引，訂正俗本九百餘條。書既成而顧澗蘋以所得宋本新校各條示之。伯申得輯爲補遺一卷，同時陳觀樓昌齊著淮南子正誤十二卷，石臞亟稱之。見石臞集中賜書樓集序。但雜志中似未徵引，殆書成後乃見陳書耶。此書在賜書樓叢書中，吾未見。又胡澍有淮南子校義，亦未見。又劉端臨台拱王南陔紹蘭亦有斷片的發明。在晚淸則有俞蔭甫淮南內篇平議四卷。有陶子珍方琦淮南許注異同詁若干卷。而孫仲容亦間有札記。經諸家校理之後。書中徵文闕義蓋已什得八九。最近則劉叔雅文典著淮南鴻烈集解二十一卷。民國十年刻成。博採先輩之說，劉端臨陳觀樓胡荄甫之書皆未見徵引。參以已所心得。又從御覽選注等書采輯佚文佚注甚備。價値足與王氏荀子集解相埒。

淮南單篇之訓釋，則有錢溉亭塘之淮南天文訓補注。以高誘不通天文學，所注多疏舛，故補正之。

17 尚書大傳（互見輯佚章）

尚書大傳爲漢初第一位經師伏生所著，而漢末第一位經師鄭玄爲之注。固宜爲治經者所重。然其書自宋時已殘缺，至明遂亡。淸儒先後蒐輯，則有仁和孫氏之騄本，德州盧氏見曾本，曲阜孔氏廣森本孔本較善，然譌漏猶不免。嘉道間陳左海壽祺更輯校爲三卷，附辨譌一卷。又加案語甚多。此書始漸可讀。光緒間皮鹿門錫瑞尙書大傳疏證七卷。所輯又增於陳氏。而其疏釋專采西漢今文經說，家法謹嚴。

18 韓詩外傳

韓氏爲西漢今文三家詩之一。其詩內傳四卷詩故三十六卷，詩說四十一卷，久亡 存者惟外傳六卷。乾隆前通行本以毛刻最善，然譌脫亦不少。盧抱經曾有校本，未勒專書。其門人趙億孫懷玉於乾隆五十二年成新校本。明年周霽原廷采復採趙書附以已意爲校注本。此書益易讀了。

19 春秋繁露

董子春秋繁露爲西漢儒家言第一要籍，不獨公羊學之寶典而已。其書宋時已有四刻，多寡不同；樓鑰校正，始爲定本。然明代所翻樓本，又訛脫百出。乾隆開四庫館乃取永樂大典中樓本詳校。補一千一百餘字，刪一百十餘字，改字一千八百二十餘字。提要所謂：『海內不見完本三四百年。……神明煥然，頓還舊觀。雖曰習見之書，實則絕無僅有之本也。』三十八年校定進。越十二年盧抱經依聚珍板所刻四庫本重校，間下案釋，是爲抱經堂本。浙刻二十二子采此本。繁露正文，此爲最善本了。原書向無專注。嘉慶間二十年凌曉樓曙創爲春秋繁露。注十七卷。曉樓傳莊劉之學，諳熟公羊家法，故所注獨出冠時，與段氏說文同功矣。畿輔叢書所刻凌注本，每卷有張駒賢校正，所校將二百條。亦凌氏功臣也。其後魏默深源有董子春秋發微七卷。原書未見，古微堂集有序及目錄。吾師康長素先生有春秋董氏學八卷。皆析擘原書，分類以釋微言大義，非箋注體。最近則蘇厚庵輿著春秋繁露義證十七卷。精審又析凌注之上了。

20 列女傳 附新序 說苑

劉向列女傳爲現存最古之傳記書。清代爲之注者有王照圓郝懿行妻。梁端汪遠孫妻。兩家。而王石臞伯申父子及王南陔亦各有條校。

21 法言 太玄

劉向新序說苑，今所行皆舊本。陳左海各有新校本，未刊。

楊雄這兩部書，本沒有什麽價值。但因屬西漢人書，所以「過而存之。」法言李軌注有徐新田養原校本。而俞氏諸子平議，兩書亦各占一卷。

22 潛夫論　鹽鐵論　附論衡

王符潛夫論，俗本譌奪至不可讀。汪蘇潭繼培據元刻及他書所引校正甚多。又依採經書，疏證事辭，爲潛夫論箋十卷。此書自是始可讀。

桓寬鹽鐵論專記漢代民獻議政一場公案，詔帝始元六年。詔丞相御史大夫與所舉賢良文學詣，問民間所疾苦。賢良文學請罷鹽鐵酒榷，昭帝從之。此書即記當時代表政府之丞相等與代表民意之賢良等兩造辨論語。實歷史上最有關係最有趣味的一部書。今通行者明張氏本，篇第字句，割裂增易不少。盧抱經嘗以永樂大典本及他本是正若干條。其後陽城張氏有重校本，顧澗蘋爲作考證三卷。今本題張敦仁著。實顧代作。見思適齋集九。汪蘇潭箋潛夫後擬續洽此書，未成而卒。見潛夫論箋王紹蘭序。王益吾覆刻張本，將盧顧所校，散入正文，又以所自校別爲小識一卷。而俞蔭甫孫仲容亦各有所校，自是此書漸可讀。最近門人楊遇夫樹達創爲鹽鐵論校注若干卷。算是本書空前作品了。

王充論衡實漢代批評哲學第一奇書。盧王皆未校及，俞蔭甫孫仲容所校約

數十條。蔣生沐光煦從元刻本校補今本脫文三百餘字。但全書應加董治之處尚不少，我很盼好學之士能做這件工作，

23 白虎通義 五經異義附 風俗通

東漢章帝建初四年，詔諸儒會白虎觀講議五經同異，帝親稱制臨決。實學術上一種公開討論。白虎通義即記其討論結果也。此書舊惟漢魏叢書本最通行。乾隆間莊葆琛始有校本，且釐定目錄蒐輯闕文。盧抱經續校定為今抱經堂本。卷首列舊校名氏，除葆琛外，尚有趙曦明，秦鑒，梁同書，孫志祖，周廣業，吳騫，朱型，梁履繩，汪繩祖等。道光間陳卓人著白虎通證疏十二卷。卓人本受公羊學及禮學於淩曉樓。此書實足與淩注繁露並美。

五經異義為許慎撰鄭玄駁，東漢兩大經師精力所集也。隋志著錄十卷。宋時已佚。清四庫館始有輯本，次則莊葆琛，錢晦之大昭孔叢伯廣森續輯。最後則陳左海續輯，詳為箋注，成五經異義疏證三卷。此書遂復活。

應劭風俗通義亦漢人一名著。清儒整理尚少。惟盧氏群書拾補中有條校及補遺。其後張介侯澍則有補風俗通姓氏篇一卷。我盼望有人對於此書再做

一番工作。

24越絕書　華陽國志

漢袁康越絕書，有價値的記載頗不少。例如分古代所用兵器爲用石用銅用鐵三時代。惜刻本譌舛極多。盧抱經有校本，未刻。其略僅見孫仲容籀膏述林中。

晉常璩華陽國志爲方志之祖。其書有義法有條貫，卓然著作之林。惟通行明刻本缺兩卷，他刻雖補足，至訛譌殆不可讀，嘉慶間廖氏刻本，乃顧澗蘋據宋元豐呂氏嘉泰李氏兩本精校，自此始有善本。

25抱朴子

以漢以後方士家言附會先秦道家，始於晉葛洪抱朴子，實學術嬗變一關鍵也。此書乾隆前無善本。自孫淵如據道藏本精校，盧抱經顧澗蘋復參合諸本助之，重刻平津館本自是此書可讀。

26水經注

漢桑欽水經北魏酈道元注，爲現存最古之地理書，乾隆以前惟明朱謀㙔箋稱最善。顧亭林所謂「有明一部書」也。然而譌舛已不一而足。後項絪覆刻，掩爲已有，又多刪削，書愈不可讀。趙戴等皆校朱書，然楊星吾謂其皆未見朱氏原本。入清考古學勃興，此書太爲世所重。據趙東潛所述則有錢遵王曾，黃梨州，孫潛夫潛，顧亭林，顧景范，閻百詩，黃子鴻儀，劉繼莊，胡朏明，姜西溟宸英。何義門焯，沈繹旃炳巽，杭大宗，齊次風召南諸本。內中二顧閻胡皆於自著書中徵引詮解，並非專校原書。梨洲則刪去注文中無豫水經者，欲復唐李氏刪水經十卷之舊，又自爲今水經，蓋有所不慊於酈氏。子鴻則依酈注每卷各寫一圖，是爲作圖之始。繼莊則欲作水經注疏而未就，發其義例於廣陽雜記中。自餘諸家皆依通行朱本各自簽校。此乾隆以前斯學大略形勢也。

乾隆中葉趙東潛一清戴東原震全謝山祖望同時治此書，其著作先後發表。東原在四庫館，實手校此書，校成首由聚珍板印行。自是酈氏本來面目，釐然大明，學者稱快。然而三家精詣，同符者十而七八。於是發生蹈襲問題——即著述家道德問題。三家子弟及鄉里後學各有所袒，成爲近百年來學界一樁公案。至今未决。今略述其眞相如下：

謝山自其先代三世治此書，有雙韭山房舊校本，謝山曾七度手校，集中有五校本題詞，自訂雙韭山房書目有七校水經注四十卷。（趙本卷首亦引全氏七校本。）蓋全部於乾隆十七年在粵寫定。然卒後遺著散佚，將越百年，其同里後學王艧軒始釐正其稿。又數十年至光緒十四年薛叔耘（福成）徇董覺軒（沛）之請始刻之。今寗波崇實書院東是也。故全書最先成而最晚出。

東潛爲趙谷林子，梨洲再傳，其學蓋有所受。又與謝山爲摯友，日夕商榷。其書成於乾隆十九年。（有自序）四庫館開，采以進，被著錄。然未有刻本行世。乾隆五十一年畢秋帆從東潛子載元索得原稿，刋之於開封，趙書始顯。

東原治此書，始於乾隆三十年。至三十七年刋於浙東，未及四之一，而被召入四庫館。在館中據永樂大典本校此書，明年成，以聚珍板印行。復自理舊業，成書四十卷，以三十九年刋行。卽孔氏微波榭本是也。故戴書最晚成而最先出。

因此糾纏出許多問題。其一，爲趙戴問題：盧抱經謂梁曜北處素兄弟校刋趙書，參取東原書爲之。（梁氏兄弟仁和人爲東潛同里後輩，畢刋趙書由彼校定。）東原弟子段茂堂因移書曜北詰問。（看經韵樓集與梁曜北書。）梁氏淸白士集中未有答書，不知是否慚伏？然張石舟魏默深，則謂趙書未刋以前，先收入四庫全書，今刋本與四庫本無二，明非梁氏勦戴改作。（看徐時棟烟嶼樓集記抗董浦篇。又周壽昌思益堂日札卷四。又薛刻全校本董沛著例言。又楊守敬著水經注疏要删凡例。）實爲戴在四庫館先覩預竊之明證。但據段茂堂說，戴未入四庫館以前，曾以所著示紀曉嵐，錢竹汀，姚姬傳及茂堂，皆錄有副本。（看段著東原年譜。）似此，則戴非勦趙又甚明。

其二，全問題：趙全本至交，相約共治此學，全爲趙書作序，趙書引全說不一而足。兩書同符什九，本無嫌疑。然張石舟則謂東潛子宦於鄂，畢秋帆時爲鄂督索觀舊稿時，以巨資購謝山本以應。此說若信，則現行趙本實勦全。（看全本例言。）而林頣山則斥現行全本爲僞出，謂不惟襲趙，兼又襲戴，疑出王艧軒輩手。（看王先謙合校本序錄及楊氏注疏要删凡例。）

吾今試平亭此獄：三君皆好學深思，治此書各數十年；所根據資料又大略相同。（東原謂從永樂大典本校正。據後人所考證，則戴本與大典不合者正多。然則其精思獨得，非盡有依據也。　謝山首與李穆堂鈔大典，然所鈔僅及平韻，水經注收入上聲水字，是在萬一千卷以外，故謝山不及見。東潛未入翰林，更無從見矣。故大典本非三家所據。）則閉門造車出門合轍，並非不可能之事。東原覃精既久，入館後覩趙著先得我心，即便采用，當屬事實。其所校本屬官書，不一一稱引趙名，亦體例宜爾。此不足為戴病也　趙氏子弟承制府垂盼，欲益榮其親；曜北兄弟以同里後學董其事，亦欲令趙書盡美無復加。趙全本世交，則購采全稿潤益之；時戴本既出，則亦從而攟采。凡此恐皆屬事實。全氏本為斯學開山之祖，然趙戴本既盛行，全本乃黯沒百餘年，其同里後學王董輩深為不平。及得遺稿，亦欲表章之使盡美，其間不免采彼兩本以附益其所未備。恐亦屬事實。要而論之，三家書皆不免互相勦而皆不足為深病，三家門下，各尊其先輩，務欲使天下之美盡歸於我所崇敬之人，攘臂迭爭甚無謂也。

右所記繁而不殺，誠非本書篇幅所許。但此事實清代學一大公案，可以見一時風氣之小影，亦治史者所宜知　故論列如右。

以下略評三家特點：

戴氏治學，精銳無前，最能發明原則，以我馭書，水經注舊本，經注混淆不可讀。戴氏發見經注分別三例：一，經文首云某水所出，以下不更舉水名；注則詳及所納群川更端屢擧。二，各水所經州縣，經但云某縣；注則年代既更，舊縣或湮或移，故常稱某故城，三，經例云「過，」注例云「逕。」（看段氏東原年譜。）此三例戴氏所獨創，發蒙振落 其他小節，或襲趙氏，不足爲輕重。

全趙此肩共學，所得原不以自私。故從同者滋多。趙本博引清初諸說，辨證最詳晰，非戴所及。且凡引他說皆著所出，體例亦嚴。全氏分別注有大小。——注中有注，是其特識，餘與趙氏同之。

三家以前諸校本，吾皆未見。惟謝山最服沈繹旃，謂『其校定此書幾三十載，最能抉摘善長（酈道元）之疏略。』（五校本題詞。）當是最佳之作。

以後諸校本，則畢秋帆孫淵如各有成書。然兩君皆非地學專家，似無足以增益三家者。道咸以後則有沈欽韓（文起）水經注疏證，汪梅村（士鐸）著水經注提綱，水經注釋文。皆未刊，不審內容如何。汪復有水注經圖胡文忠爲刻之，則續黃子鴻之緒而補其逸也。

陳蘭甫先生澧以酈氏當時，滇黔之地淪於爨謝，故注記東北諸水詳而確，西南則略而譌。乃為水經注西南諸水考補而糾之。在本書諸家著作中最為別裁。但先生於西南諸水亦未經實測，恐不能多優於酈氏也。

王益吾為合校本，以聚珍板（即戴本）及趙本為主，參以諸家。雖無新發明，而最便學者。（王氏所著書大率如此。）但進孫淵如絀全不無遺議。

最後有楊星吾守敬為水經注疏八十卷。以無力全刻，乃節為要刪若干卷。其書頗為朱謀㙔訟直，而不肯作趙戴輿臺。謂：『此書為酈氏原誤者十之一二，為傳刻之誤者十之四五，為趙戴改訂及誤者亦十之二三。』（凡例語。）此亦乾嘉以來一反動也。

吾向未治此學，不敢以門外漢評各家得失，但述此學經過狀況如右。治之者多，故敘述不避詞費。惟此書值得如此用功與否，實一問題。以吾觀之，地理不經實測，總是紙上空談。清儒併力治水經注，適以表現清代地學內容之，貧乏而已。

27 顏氏家訓

隋顏之推家訓，爲現存六朝人著述最有價值者。舊本譌脫不少。乾隆間趙敬夫曦明爲之注，而盧抱經校補之，自是此書有善本。

28 經典釋文

唐陸德明經典釋文，爲治訓詁音韵者所宗。而除散在諸經注疏之外，單行本殆絕。盧抱經將通志堂經解本細校重雕，附考證三十卷。此是此書有善本。

29 大唐西域記　慈恩法師傳

唐僧元奘歸自印度，綜其行歷著大唐西域記十二卷，其弟子彥悰爲之箋，慧立亦奘弟子，爲奘作傳，曰大唐慈恩法師傳十卷。此二書實世界的著作，近今歐洲各國咸有譯注。而本國治之者闕如。最近有丁益甫謙著大唐西域記考證。引據各史外國傳，旁采西人地理家言，實此書之篳路藍縷也。慈恩傳則有最近支那內學院所刻精校本。除校字外，頗引他書紀載有異同者校出若干條。在現行本中總算精善。但此二書之整理，尙有待於將來。

30 困學紀聞

宋王應麟困學紀聞爲淸代考證學先導。故淸儒甚重之。閻百詩何義門全謝山皆爲作注而翁載靑元圻集其大成。一宋人書而注之者四家，其尊尙幾等古子矣。

右所舉三十幾種書，專注重校勘的成績，而注釋則其副產也。書以屬於秦漢以前子部者爲多，而古史傳之類間附焉。不及羣經者，經書累代承習者衆，訛錯較少，其有異文校讎，率附見諸家注疏中，不爲專業也。諸史之刋誤糾謬補遺等，屬於吾所謂第四種校勘。別於史學章述其成績，此不更贅。

其他古書尊經各家校勘而未有重刻本者不能具舉。今將幾部最精善之校勘家著作列其所校書目供參考：

盧抱經羣書拾補

五經正義表，易經注疏，周易略例，尚書注疏，春秋左傳注疏，禮記意疏，儀禮注疏，呂氏讀詩記，史記惠景間侯者年表，讀漢書志注補，晉書，魏書，宋史，孝宗紀，金史，資治通鑑序，文獻通考經籍，史通，新唐書糾繆，山海經圖讚，水經序，鹽鐵論，新序，說苑，申鑒，列子張湛注，韓非子，晏子春秋，風俗通義，劉書新論，潛虛，春渚紀聞，嘯堂集古錄，鮑照集，韋蘇州集，元微之集，白長慶集。林和靖集

王石臞讀書雜誌

逸周書，戰國策，史記，漢書，管子，晏子春秋，墨子，荀子，淮南內篇，漢隸拾遺，後漢書，老子，莊子，呂氏春秋，韓子。法言，楚辭，文選。

蔣生沐斠補隅錄：

尚書全解，爾雅 續通鑑，東漢會要，吳越春秋，錢塘遺事，宣和奉使高麗圖經，管子，荀子。意林，酉陽雜俎，唐摭言，蘆浦筆記。陳后山集。

俞蔭甫諸子平議讀書餘錄：

管子，晏子春秋，老子，墨子，荀子，列子，莊子，商子，韓非子，呂氏春秋，董子春秋繁露，賈子。淮南內經。楊子太元經，楊子法言，內經素問，鬼谷子，新語，說苑。

孫仲容札迻：

易乾鑿度鄭康成注，易稽覽圖鄭注，易通卦驗鄭注，易是類謀某氏注，易坤靈圖鄭注。易乾元序制記鄭注，韓詩外傳，春秋繁露，春秋釋例，急就篇顏師古注，方言郭璞注，釋名戰國策高誘鮑彪注，越絕書，吳越春秋徐天祜注，漢舊儀，列女傳，山海經郭璞注，山海經圖讚，水經酈道元注，管子尹知章注，晏子春秋，老子河上公王弼注，文子徐靈府注，鄧析子，列子張湛盧重元注，商子，莊子郭象注，尹文子鶡冠子陸佃注，公孫龍子謝希深注，鬼谷子陶宏景注，荀子楊倞注，呂氏春秋高誘注，韓非子，燕丹子，新語，賈子新書，淮南子許慎高誘注，鹽鐵論，新序，說苑，法言李軌注，太玄經范望注，潛夫論，白虎通德論，風俗通義，獨斷，申鑒，中論，抱朴子，金樓子，新論袁孝政注，六韜，孫子曹操注，吳子，司馬法，尉繚子，三略，素問王冰注，周髀算經趙爽甄鸞李淳風注，孫子算經，術數記遺甄鸞注，夏侯陽算經，易林，周易參同契，穆天子傳郭璞注。漢武帝內傳，列仙傳，西京雜記，南方草木狀，竹譜，楚辭王逸注，蔡中郎集，琴操，文心雕龍。

晚清『先秦諸子學』之復活，實爲思想解放一大關鍵。此種結果，原爲乾嘉所學者所不及料。然非經諸君下一番極乾燥極麻煩的校勘工夫，則如墨子管子一類書，並文句亦不能索解，遑論其中所含義理？所以清儒這部分工作，我們不能不竭誠感謝。現在這部分工作已經做得差不多了。以後進一步研究諸家學術內容求出我國文化淵源流別之所出所演，發揮其精詣，而批評其長短得失，便是我們後輩的責任。

（四）辨僞書

無論做那門學問，總須以別僞求眞爲基本工作，因爲所憑藉的資料若屬虛僞，則研究出來的結果當然也隨而虛僞，研究的工作便算白費了。中國舊學，什有九是書本上學問；而中國僞書又極多。所以辨僞書爲整理舊學裏頭狠重要的一件事。

中國僞書何以如此其多呢？僞書種類和作僞動機到底有多少種呢？請先說說：

『好古』爲中國人特性之一，什麼事都覺得今人不及古人。因此出口動筆，都喜歡借古人以自重。此實爲僞書發達之總原因。歷代以來，零碎間作之僞書不少，而大批製造者則有六個時期。其一，戰國之末，百家各自立說，而託之於古以爲重。孟子所謂『有爲神農之言者許行，』何獨許行？諸家皆然。其始不過稱引古人之說，其徒變本加厲，則或專造一書而題爲古人所著以張其學。漢書藝文志所列古書，多有注『六國時人依託』者，此類是也。其二，西漢之初，經秦火後，書頗散亡。漢延『廣開獻書之路，』史記儒林傳語，懸賞格以從事收集。希望得賞的人有時便作僞以獻。漢書所注『後人依託』者，此類是也。隋唐以後，此種事實亦常有。其三，西漢之末，其時經師勢力極大。朝政國故，皆引經義爲程式。王莽謀篡，劉歆助之，他們做這種壞事，然而腦筋裏頭又常常印上『事必師古』這句話。所以利用劉歆校『中秘書』的地位，贋造或竄亂許多古書以爲後援。所謂經學今古文之爭，便從此起。其四，魏晉之交，王肅注經，務與鄭康成立異爭名，爭之不勝，則僞造若干部古書爲後盾。其五，兩晉至六朝，佛教輸入，道士輩起而與之角，把古來許多名人都拉入道家，更造些怪誕不經的書嫁名古人，編入他的『道藏，』和『佛藏』對抗。其六，明中葉以後，學子漸厭空疏之習，有志復古而未得正路，徒以雜博相尙。於是楊愼豐坊之流。

利用社會心理，造許多遠古之書以譁世取名。　自餘各朝代都有僞書，然不如這六個時期之盛。　大抵宋元間僞書較少，（自然不是絕無。）因爲他們喜歡自出見解，不甚借古人爲重。（其中如太極圖之類，性質雖像僞書，但他們說是自己推究出來，並不說從那部書上有傳下來伏羲寫定的圖。）唐代僞佛典甚多，僞儒書較少，因爲當時佛學占學界最重要位置。

古今僞書，其性質可分爲下列各類：（一）古書中偶見此書名其書曾否存在渺無可考，而後人依名僞造者。　例如隋劉炫之僞三墳，元吾衍之僞晉乘，楚檮杌。　此等作僞最笨，最容易發現。　（二）本有其書，但已經久佚，而後人竊名僞造者。　例如漢志『孔子家語二十七篇。』顏師古曰：『非今所有家語』。僞書中此類最多，最不易辨。　（三）古並無其書而後人嫁名僞造者。　例如隋張弧僞子夏易傳，明豐坊僞子貢詩傳之類。　（四）僞中出僞者。　例如列禦寇本莊子寓言中人物，漢志有列子八篇，已屬周末或漢初人僞撰，而今存之列子，又屬晉張湛僞撰，並非漢舊。　僞書中此類亦不少，子部尤多。　（五）眞書中雜入僞文者。　例如韓非子不僞，而初見秦篇決僞；史記不僞，而武帝紀決僞；論語不僞，而『佛肸』『公山弗擾』等章决僞；左傳不僞，而『其處者爲劉氏』等句必僞。古書中如此者極多，極不易辨。（六）書不僞而書名僞者。例如左傳確爲先秦書，然標題爲春秋左氏傳認爲解釋春秋之書則僞。（七）書不僞而撰人姓名僞者。例如管子商君書確爲先秦書，但指爲管仲商鞅所作則僞。（八）原書本無作者姓名年代，而後人妄推定爲某時某人作品，因以成僞或陷於時代錯誤者。例如周髀本一部古書，指爲周公作則僞；素問本一部古書，指爲黃帝作則僞。此類書亦甚多，不易辨別。（九）書雖不全僞然確非原本者。例如今本竹書紀年，汲冢遺文多在其中，然指爲即汲冢本則僞。（十）僞書中含有眞書者。例如孔叢子確爲晉人僞作，然其中小爾雅一篇則爲漢志舊本。

辨僞的工作由來已久，漢書藝文志明注『依託』者七，『似依託』者三，『增加』者一。隋僧法經著衆經目錄別立『疑僞』一門。此皆有感於僞書之不可不辨；可惜怎樣辨法未得他們說明。宋人疑古最勇，如司馬光之疑孟子，歐陽修之疑易十翼，疑周禮，儀禮，朱熹之疑周禮，疑古文尙書，鄭樵之疑詩序，

疑左傳　皆爲後世辨僞學先河。　其他如郡齋讀書志，直齋書錄解題等，指斥僞書亦不少。　晚明胡應麟著四部正譌始專以辨僞爲業。僞入清而此學益盛。

清儒辨僞工作之可貴者，不在其所辨出之成績，而在其能發明辨僞方法而善於運用。　對於古書發生問題，清儒不如宋儒之多而勇；然而解決問題，宋儒不如清儒之愼而密。　宋儒多輕蔑古書，其辨僞動機往往由主觀的一時衝動。　清儒多尊重古書，其辨僞程序常用客觀的細密檢查。　檢查的重要方法如下：

(一)從著錄傳授上檢查：　古書流傳有緒，其有名的著作，在各史經籍志中都有著錄，或從別書記載他的淵源。　若突然發現一部書，向來無人經見，其中定有蹊蹺。　如先秦書不見漢書藝文志，漢人書不見隋書經籍志，唐以前不見崇文總目，便十有九靠不住。　試舉其例：

(例一)古三墳，晉乘，楚檮杌，除左傳孟子一見其名外，漢隋等志從未見過，亦未有人徵引過，　隋和元時候忽然出現，不問而知爲僞。

(例二)東晉古文尚書和漢書藝文志所載的篇數，及他書所載的篇名都不同，故知非原本。

（例三）如毛詩序，史記漢書兩儒林傳漢書藝文志皆未言及，故可決爲西漢前所無。

（例四）隋書經籍志明言『魯詩亡』明末忽出現申培詩說，當然是僞。

（二）從本書所載事蹟制度或所引書上檢查：書中與事實文句只有後人徵引前人，不會前人徵引後人，這是顯而易見的犯這類毛病的書當然靠不住。試舉其例：

（例一）管子記毛嬙西施，商君書記長平之役，是管仲商鞅萬看不見的事。故知兩書決非管商作：最少亦有一部分爲後人竄亂。

（例二）史記載元帝成帝時事，司馬遷無論如何長壽，決不能見。故知史記有一部分靠不住。

（例三）左傳記智伯事可知作者決非與孔子同時。

（例四）月令有『太尉』官名，可見是秦人作，決非出周公。

(例五)山海經有漢郡縣名，可見決非出伯益。

(例六)易林引左傳，左傳自東漢始傳布，可知作者決非西漢的焦延壽。

(三)從文體及文句上檢查；　文體各時代不同，稍多讀古書的人，一望便知，這種檢查法雖不必有枝節證據，然而不會錯的。　試舉其例。

(例一)黃帝素問長篇大段的講醫理，不獨三代以前，即春秋間亦無此文體，用論語老子等書便可作反證。　故此書年代可定爲漢，最早亦不過戰國末。

(例二)尙書二十八篇佶屈聱牙，而古文尙書二十五篇文從字順，什九用偶句，全屬晉人文體。　不獨三代前所有，並非漢以前所有。

(例三)現行關尹子，全屬唐人翻譯佛理文體。　不獨非與老聃同時之關尹所能做，又不獨非劉歆校定七略以前的人所能做，乃至並不是六朝以前人所能做。

(四)從思想淵源上檢查：　各時代有各時代的思想，治學術史的人自然會看出，作僞的瞞不過明眼人。　試舉其例；

（例一）管子裏頭有駁「兼愛」「駁寢兵」之說，非墨翟宋鈃以後，不會發生這種問題。故知這書決非春秋初年管仲所作。

（例二）列子裏頭有『西方之聖人』等語，其中和佛教教理相同者甚多。故知決爲佛教輸入後作品，決非莊子以前的列禦寇所作。

（例三）大乘起信論舊題馬鳴菩薩造。　其書全屬和會龍樹世親兩派學說，和藏中馬鳴別的著述思想不同，故知決非龍樹以前馬鳴所造。

（例四）楞嚴經雜入中國五行說及神仙家甚多，故知決非印度人著作。

（例五）近人輯黃梨洲遺著內有鄭成功傳一書，稱清兵爲大兵，指鄭氏爲畔逆，與梨洲思想根本不相容，故知爲後人影射梨洲的臺灣鄭氏始末而作。

（五）從作僞家所憑藉的原料上檢查：　造僞書的人，勢不能一個一個字憑空創造。　況且他既依託某人，必多采某人之說以求取信。　然而割裂擄撦，很難「滅盡針線迹，」不知不覺會露出馬脚來，善於辨僞的人自能看出。　試舉其例：

(例一)古文尙書把荀子引道經的『人心之危道心之微』和論語的『允執其中』連湊起來，造成所謂「十六字心傳。」但意義毫不聯屬。

(例二)毛詩序鈔襲樂記和論語的話，斷續支離，完全不通。

(六)從原書佚文佚說的反證上檢查：已佚的書，後人僞造，若從別的書發現所引原書佚文爲今本所無，便知今本靠不住。試舉其例：

(例一)晉書束皙王接摯虞等傳言竹書紀年有『太甲殺伊尹，文丁殺季歷』等事，當時成爲學界討論一問題。今本無之，可知今本決非汲冢之舊。

(例二)司馬遷從孔安國問故，史記釋尙書皆用孔義。東晉晚出古文尙書孔傳，文字和釋都不同史記，故知決非安國作。

(例三)崔鴻十六國秋春其體例略見魏書及史通。明代所出本與彼不符，便靠不住。

以上所述各種檢查眞僞的方法，雖未完備，重要的大率在此。舉例皆隨注拈起，亂雜不倫，讀者諒之。清儒辨僞書，多半用這些方法。嚴密調查，方下斷語。其中武斷的當然也不少。他們的態度比宋儒穩健多了。所以結果也較良好。

有一事應該特別注意：辨僞書的風氣，清初很盛，清末也很盛，獨乾嘉全用時代，做這種工作的人較少。乾嘉諸老好古甚篤，不肯輕易懷疑。他們專用綿密工夫在一部書之中，不甚提起眼光超覽一部書之外。他們長處在此，短處也在此。

清初最勇於疑古的人應推姚立方際恒。他著有尚書通論辨僞古文，有禮經通論辨周禮和禮記的一部分，有詩經通論辨毛序。其專爲辨僞而作的則有：

古今僞書考。

這書從孔子的易繫辭傳開起刀來，把許多僞書殺得落花流水。其所列書目如下：

易傳（即十翼）　子夏易傳　關朗周易　麻衣正易心法　焦氏易林　易乾鑿度　古文尚書　尚書漢孔氏傳　古三墳書　詩序　子貢詩傳　申培詩說　周禮　大戴記　孝經　忠經　孔子家語　小爾雅　家

禮儀節（以上經部） 竹書紀年 汲冢周書 穆天子傳 晉乘書 楚檮杌 漢武故事 飛燕外傳 西京雜記 天祿閣外史 元經 十六國春秋 隆平集 致身錄（以上史部） 鬻子 關尹子 子華子 亢倉子 晏子春秋 鬼谷子 尹文子 公孫龍子 商子 鶡冠子 愼子 於陵子 孔叢子 文中子 六韜 司馬法 吳子 尉繚子 李衞公問對 素書 心書 風后握奇經 周髀算經 石申星經 續葬書 撥沙錄 黃帝素問 神異經 十洲記 列仙傳 洞冥記 靈樞經 神農本草 秦越人難經 脈訣

博物志 杜律虞注（以上子部）

以上認爲全部僞作者。

儀禮 禮記 三禮考注 文子 莊子 列子 管子 賈誼新書 傷寒論 金匱玉函經

以上認爲眞書雜以僞者。

爾雅 韵書 山海經 水經 陰符經 越絕書 吳越春秋

以上認爲非僞而撰人名氏僞者。

春秋繁露 東坡志林

以上認爲書不僞而書名僞者。

國語 孫子 劉子新論 化書

以上認爲未能定其著書之人者。

立方這部書，體例頗凌雜；重要的書和不重要的書夾在一起。篇帙亦太簡單，未能盡其辭；所斷亦不必盡當。但他所認爲有問題的書，我們總有點不敢輕信罷了。此後專爲辨證一部或幾部僞書。著爲專篇者，則有：

閻百詩的古文尙書疏證。惠定宇的古文尙書考。

萬充宗斯大的周官辨非。

孫頤谷志祖的家語疏證。

劉申受逢祿的左氏春秋疏證。

康長素先生的新學僞經考。

王靜安國維的今本竹書紀年疏證

崔觶甫適的史記探原

閻惠兩家書專辨東晉僞古文尙書及僞孔安國傳。後來像這類書還狠多，有點近於「打死老虎，」不多舉了。萬書辨周禮非周公作，多從制度與古書不合方面立論。孫書辨家語爲王肅所僞撰。他還有一部孔叢子疏證，和這書是「

姊妹書，」但未著成。劉書守西漢博士『左氏不傳春秋』之說，謂左傳解經部分皆劉歆僞撰，康先生書總結兩漢今古文公案，對於劉歆所提倡的周官左傳毛詩逸禮古文尙書（非東晉晚出者。）爾雅等書皆認爲僞。王書專辨明人補撰之竹書紀年用閻惠孫之法一一指出其剽竊湊附之贓證。崔書則宗康先生說，謂史記有一部分爲劉歆所竄亂，一一指明疑點。清儒專爲辨僞而作的書，我所記憶者只此數部，餘容續訪。

其非專辨僞而著書而書中多辨僞之辭者則有：魏默深詩古微之辨毛詩，邵位西（懿辰）禮經通論之辨逸禮。方鴻濛（玉潤）詩經原始之辨詩序等。而其尤嚴正簡絜者則：

崔東壁（述）的考信錄。

此書雖非爲辨僞而作，但他對於先秦的書除詩書易論語外幾乎都懷疑；連論語也有一部分不相信。他的勇氣眞可佩服。此外諸家筆記文集中辨僞的著作不少，不能盡錄。

四庫著錄之書，提要明斥其僞或疑其僞者則如下：次序依原書。

子夏易傳　全僞

古文尚書及孔安國傳　全僞

尚書大傳　疑非伏生著

詩序　疑撰人

古文孝經孔安國傳　全僞

方言　疑撰人

竹書紀年　今本僞古本未定

晏子春秋　疑撰人及年代

孔子家語　斷爲王肅依託

孔叢子　同上

陸賈新語　斷爲後人纂集

王通文中子說　疑其書並疑其人

風后握奇經　全僞

太公六韜　全僞
司馬穰苴司馬法　隨疑
黄石公三略及素書　全僞
管子　疑非管仲作
商子　疑非商鞅作
黄帝素問　斷爲周秦間人作
靈樞經　疑唐王氷依託
帝黄宅經　全僞
郭璞葬書　全僞
鬻子　全僞
墨子　疑非墨翟作
子華子　全僞
鬼谷子　全僞
劉歆西京雜記　斷爲梁吳均依託
山海經　斷爲非夏禹伯益所作

東方朔神異經及海內十洲記　全僞
班固漢武故事及武帝內傳　全僞
干寶搜神記陶潛搜神後記　全僞
張華博物志　全僞
任昉述異記　全僞
黃帝陰符經　全僞
關尹子　全僞
河上公老子注　全僞
列子　疑撰人
劉向列女傳　全僞

四庫提要爲官書，間不免敷衍門面；且成書在乾隆中葉，許多問題或未發生或未解決。總之提要所，認爲眞的未必便眞，所指爲僞的一定是僞，我敢斷言。

今將重要之僞書已定案未定案全部僞部分僞人名僞書名僞等分別總括列表如

下。所錄限於漢以前書或託名漢以前書者，其術數方伎等書，雖託名漢以前者亦不錄。其未定案者間附鄙見。

(甲)全部僞絕對決定者。

古文尚書及孔安國傳，問題起自宋代，到清初完全解決，公認爲魏王肅僞撰。

古文孝經孔安國傳。僞撰人未定。

孔子家語及孔叢子。乾隆中葉問題完全解決，公認爲魏王肅僞撰。

陰符經， 六韜。漢以後人僞撰。

鬻子， 關尹子， 子華子， 文子， 亢倉子， 鶡冠子， 鬼谷子。 於陵子，

尉繚子。各書著錄漢書藝文志者已不可盡信，今本又非漢志之舊，大率皆至唐所陸續依託。

老子的河上公注。皆以後人僞撰。

陸賈新語 賈誼新書。皆以後人僞撰。

(乙)全部僞大略決定者。

周禮。此書問題最大，從初出到現今是二千年爭論不決。據現在趨勢，則不認爲周公制作書居多。大概此趨勢愈往後愈明瞭。應認爲漢劉歆雜采戰國政書附以己意僞撰。

孝經。春秋時無「經」之名，大約漢人所撰，託諸孔子曾子。

晏子春秋。大約西漢人僞撰。

列子。此問題發生不久，但多數學者已漸漸公認爲晉張湛所僞撰。

吳子　司馬法。大約西藏人僞撰。

毛詩序。此亦宋以來宿題，撰人名氏擬議蠭起。今多數學者漸認爲後漢衞宏撰，與孔子子夏毛公無涉。

（丙）全部僞否未決定者：

尚書百篇序。是否伏生孔安國時已有？何人所作？完全未決。

古本竹書紀年及穆天子傳。古本紀年之僞不特言，但有人謂晉太康汲郡發冢事根本靠不住。如此則北兩書純屬晉人。撰僞但我頗信其眞。

逸周書。有人指爲僞，但清儒信爲眞者居多，我雖不認爲周初書；但謂非漢以後人撰，其中或有一部分附益則不可知。

申子，尸子，愼子，尹文子，公孫龍子。此五書已佚。今存者或不全，或由近人輯出，原書是否本人所作，抑秦漢以後人依託，問題未決。

（丁）部分僞絕對決定者：

老子中『夫佳兵者不祥』一節。無舊注，是知後人加入。

墨子中親士修身所染三篇。後人采儒家言掩飾其書。

莊子外篇，雜篇之一部分。內篇爲莊生自作，無問題。外篇則後人僞續者甚多，雜篇亦間有。

韓非子中初見秦篇，由戰國策混入。

史記中記昭宣元成以後之文句。褚少孫至劉歆等多人續入。

楚辭中之屈原大招。漢人摹仿招招魂而作。

(戊)部分僞未決定者

今文尙書二十八篇中之虞夏書。二十八篇爲孔子時所有，蓋無疑。但虞夏書是否爲虞夏時書則大有問題。恐是周切或春秋時人所依託

左傳中釋經語。今文學家不承認左氏爲解釋春秋之書，謂此部分皆漢人僞託。

論語二十篇中後五篇。有人謂漢張禹所竄亂。

史記中一部分。有人謂劉歆竄改。

荀子，韓非子之各一部分。有人謂後人誤編。

禮記及大戴禮記之一部分。有人指爲漢人僞撰，然兩書本題『七十子後學者所記，』其範圍包及漢儒。有漢人作不能謂爲作僞。

(已)撰人名氏及時代錯誤者：

易彖傳，象傳，繫辭，文言，說卦，序卦，雜卦。相傳爲孔子作。有人攻其非。但原。並未題爲孔子作。不得遂爲後人依託孔子

儀禮。相傳爲周公作，亦後人臆推，大抵應爲西周末春秋初之作。

爾雅小爾雅。後人指爲周公作，純屬臆推。大抵爲西漢人最集訓詁之書。

管子，商君書。漢書藝文志題爲管仲商鞅作。乃漢人說推。大抵屬戰國末年法家者流所編集。

孫子十三篇。舊題孫武作，不可信。當是孫臏或戰國末年人書。

尚書大傳。舊題伏生作，是否未定。總是西漢經生所著。

山海經。或言大禹作伯益作，當然不可信。大約是漢代相傳一部古書。

各種緯書。自易乾鑿度以下二十餘種。漢儒或指爲孔子作，當然不可信。大約是戰國末年傳下來古代神話書。

周髀算經。相傳周公或商高作，當然不可信。大約是周末或漢初相傳古算書。

素問，難經。相傳黃帝秦越人作，當然不可信。大約是秦漢間的醫書。

越絕書。舊題。貢作，據原書末篇敍詞用隱語自著其名，已知作者爲會稽袁康後漢人。

以上各書之眞僞及年代或屬前代留下來的宿題，或屬淸儒發生的新題。淸儒經三百年多少人硏究討論的結果，已經解決的十之三四，尙未解決的十之六七。但解決問題，固然是學術上一種成績；提出問題，也算一種成績。淸儒在這部分所做的工作也算可觀了。

「求眞」爲學者的責任；把古書眞僞及年代辨析淸楚，尤爲歷史學之第一級根據。我盼望我們還繼續淸儒未完的工作。

辨僞書的工作，還有一部分爲淸儒所未嘗注意者：七千卷的佛藏，其中僞書不少。自僧祐三藏集記法經衆經目錄以來。已別立僞妄疑似兩部嚴爲沙汰。而贋品流傳，有加無已。卽如佛敎徒人人共讀之大佛頂首楞嚴經及大乘起信論，據我們子細硏究，完全是隋唐間中國人僞作，其他類此者尙不少。恨未有如閻百詩孫頤谷其人者一一爲之疏通證明也。

（五）輯佚書

書籍遞嬗散亡，好學之士，每讀前代著錄，按索不獲，深致慨惜，於是乎有輯佚之業。最初從事於此者爲宋之王應麟。輯有三家詩考周易鄭氏注各一卷，附刻玉海中，傳於今。明中葉後，文士喜摭拾僻書奇字以炫博，至有造僞書以欺人者。時則有孫瑴輯古微書，專搜羅緯書佚文。然而範圍既隘，體例亦復未善。入清而此學遂成專門之業。

輯佚之學，本起於漢學家之治經。惠定宇不喜王韓易注而從事漢易，於是有易漢學八卷之作，從唐李鼎祚周易集解中，剌取孟，京，干，鄭，荀，虞，諸家舊注分家疏解。後又擴充爲九經古義十六卷，將諸經漢人佚注益加網羅。惠氏弟子余仲林（蕭客）用其師法，輯古經解鈎沈三十卷，所收益富。此實輯佚之嚆矢。然未嘗別標所輯原書名，體例仍近自著。

永樂大典者，古今最拙劣之類書也。其書以洪武韻目按字分編，每一字下往往將古書中凡用該字作書名之頭一字者全部錄入。（例如一東韻下之「東」字門，則將當時所存之東觀漢記全部錄入。）而各書之一部分亦常分隸人名地名等各字之下。其體例固極蕪雜可笑，然稀見之古書賴以保存者頗不少。其書本貯內府，康熙間因編官書，移置翰林院供參考。

此後蛛網塵封無人過問者數十年。此書爲明成祖命胡廣王洪等所編，計六萬二〇八百七十七卷，目錄六十卷，裝一萬一千九十五册。清乾嘉間存九千八百八十一册。直至清末猶貯翰林院，義和團之亂，爲八國聯軍瓜分以盡。除當時踐蹈毀失外，現存歐美日本各國圖書館中。每館或百數十册或一兩册不等。雍乾之交，李穆堂全謝山同在翰林，發見此中秘籍甚多，相約鈔輯 兩君皆貧士，所鈔無幾。時范氏天一閣馬氏小玲瓏山館亦託全氏代鈔。而此書廢物利用的價値，漸爲學界所認識。乾隆三十八年朱笥河奏請開四庫館，卽以輯大典佚書爲言。故四庫全書之編纂，其動機實自輯佚始也。館旣開，即首循此計畫以進行。先後從大典輯出之書著錄及存目合計凡三百七十五種四千九百二十六卷其部屬如下：

經部六十六種

史部四十一種

子部一百零三種

集部一百七十五種

觀右表所列則當時纂輯大典之成績實可驚！以卷帙論最浩博者如李燾續資治通鑑長編之五百二十卷，薛居正五代史之百五十卷，郝經續後漢書之九十卷，王珪華陽集之七十卷，宋祁景文集之六十五卷……其餘二三十卷以上之書尚不下數十種。其中於學術界有重要關係者頗不少。例如東漢班固劉珍等之東漢觀漢記，元代已佚。其書爲范蔚宗所不采而足以補後漢書闕失者頗不少。今輯得二十四卷，可以存最古的官修史書之面目。又如五代史自歐書出後，薛書寖微，遂至全佚。然歐史摹仿春秋筆法，文務簡奧，重要事實多從刊落。今重裒薛史，然後此一期之史蹟稍得完備。又如漢至元古數學書九章算術，孫子算經，晉劉徽海島算經，五曹算經，夏侯陽算經，北周甄鸞五經算術，宋秦九韶數學九章，元李治益古演段等，皆久佚。四庫館從大典輯出用聚珍板刊布，喚起學者研究算術之興味實非淺尠。亦有其書雖存而篇章殘缺據大典葺而補之，例如春秋繁露，或其書雖全，而譌脫不可讀，據大典讎而正之，例如水經注。凡此之類，皆纂輯大典所生之良結果也。

纂輯大典所費工力，有極簡易者，有極繁難者。極簡易者例如續通鑑長編五百餘卷，全在「宋」字條下，不過一鈔胥迻錄之勞，只若謂之鈔書，不能謂之輯書。極繁難者例如五代史散在各條，篇第淩亂，蒐集旣備，佐以他書，苦心排比，乃克成編。提要云：『臣等謹就永樂大典各韻中所引薛史，甄錄條繫，排纂先後，檢其篇第。尙得十之八九。又考宋史書之徵引薛史者，每條採錄以補其闕。遂得依原本卷數勒成一編。』非得邵二雲輩深通著述家法而赴以精心果力，不能蒇事。薛史編輯，全出二雲手，見阮元國史儒林傳稿此種工作，遂爲後此輯佚家模範。

永樂大典所收者明初現存書而已。然古書多佚自宋元，非大典中所能搜得。且大典往往全書連載，迻鈔較易，舍此以外，求如此便於撮纂者更無第二部。清儒好古成狂，不肯以此自甘，於是更爲向上一步之輯佚。

向上一步之輯佚，乃欲將漢書藝文志隋書經籍志中曾經著錄而今已佚者次第輯出。其所憑藉之重要資料則有如下諸類：

一，以唐宋間類書爲總資料。——如北堂書鈔藝文類聚初學記白帖太平御覽册府元龜山堂考索玉海等。

二，以漢人子史書及漢人經注爲輯周秦古書之資料。——例如史記，漢書，春秋繁露，論衡等所引古子家說，鄭康成諸經注韋昭國語注，所引緯書及古系譜等。

三，以唐人義疏等書爲輯漢人經說之資料——例如從周易集解輯漢諸家易注，從孔賈諸疏輯尙書馬鄭注左氏賈服注等。

四，以六朝唐人史注爲輯逸文之資料——例如裴松之三國志注，裴駰以下史記注顏師古漢書注，李賢後漢書注李善文選注等。

五，以各史傳注及各古選本各金石刻爲輯遺文之資料——古選本如文選，文苑英華等。

其在經部。則現行十三經注疏中其注爲魏晉以後人作者淸儒厭惡之，務輯漢注以補其闕。

易注：排斥王弼，宗鄭元虞翻等，自惠氏輯著易漢學之後，有孫淵如輯孫氏周易集解十卷。（續李鼎祚。）有盧雅雨（見曾）輯鄭氏易注十卷。有丁升衢（杰）輯周易鄭注十二卷。有張皋文輯周易虞氏義九卷，鄭氏義二卷，荀氏九家義一卷，易義別錄十四卷。（孟喜，姚信，翟子元，蜀才，京房，陸績，干寶，馬融，宋衷，劉表，王肅，董遇，王廙。劉瓛，子夏。）有孫步升（堂）輯漢魏二十一家易注三十三卷。（子夏，鄭玄，陸績，孟喜，京房，馬融，荀爽，劉表，宋衷，虞翻，王肅，姚信。王廙，張璠，向秀，干寶，蜀才，翟元，九家集注，劉瓛。）尙有馬竹吾（國翰）所輯家數太多，不具錄。

尚書注：排斥僞孔傳，推崇馬融鄭玄，漸及於西漢今文。江艮庭之集注音疏，王西莊之後案，孫淵如之今古注疏，前經學章有專論。其大部分功臣皆在輯馬鄭注也。而淵如於全疏外復輯有尚書首鄭注十卷，馬竹吾亦輯尚書馬氏傳四卷。今文學方面則有陳樸園喬樅今文尚書經說考三十二卷，歐陽夏侯遺說考二卷。馬竹吾則輯尚書歐陽大夏侯小夏侯章句各一卷。而尚書大傳輯者亦數家。看前校勘章。

詩注：毛傳鄭箋皆完，待輯者少。惟今文之魯齊韓三家師說久佚，則有馬竹吾輯魯詩故三卷，齊詩傳二卷。有邵二雲輯韓詩內傳一卷，宋縣初輯韓詩內傳徵四卷，有嚴鐵橋可均輯韓詩二十卷，有馬竹吾輯韓詩故韓詩薛君章句各二卷，韓詩內傳韓詩說各一卷。有馮雲伯登府三家詩異文疏證六卷。有陳左海輯三家詩遺說考十五卷，其子樸園輯四家詩異文考五卷。著齊詩翼氏學疏證二卷。

三禮皆鄭注，精博無遺憾，故可補者希。然周禮之鄭興，鄭衆，杜子春，賈逵，馬融。王肅諸注，儀禮之馬融，王肅諸注，禮記之馬融，盧植，王肅諸注，馬竹吾亦各輯爲一卷。又有丁儉卿晏之佚禮扶微則輯西漢末所出儀禮逸篇之文。

春秋三傳注：公羊宗何氏，別無問題。穀梁范甯注，頗爲清儒所不滿，故邵二雲輯穀梁古注未刊。左傳則排斥杜預上宗賈逵服虔，故馬宗璉有賈服注輯未見李貽德有春秋左傳賈服注輯述十二卷，臧壽恭有春秋左氏古義六卷。

論語孝經爾雅今注疏本所用皆魏晉人注。故宋于庭翔鳳輯論語鄭注十卷，劉中受逢祿輯論語述何二卷；鄭子尹珍輯論語三十七家注四卷。臧在東庸嚴鐵橋各輯孝經鄭氏注一卷。在東又輯爾雅漢注三卷。黃右原奭輯爾雅古義十二卷。

輯書自明人古微書所輯已不少，清儒更增輯之，最備者爲趙在翰所輯七緯三十八卷。玉函山房漢學堂兩叢書皆有專輯。

清儒最尊鄭康成，競輯其遺著。黃右原輯高密遺書十四種。六藝論，易注，尚書注，尚書左傳注，毛詩譜，箴膏肓，起廢疾，發墨守，喪服變除。駁五經異義，答臨孝存周禮難，三禮目錄，魯禘祫義，論語注，鄭志，鄭記，孔叢伯廣森輯通德遺書十七種增尚…五行傳注，尚書。箴膏肓，起廢疾，發墨守，分爲三種；增尚書中候注，論語弟子篇二種；無鄭志鄭記。餘目同黃輯袁鈞輯有鄭氏佚書二十一種。

略說注二種。有鄭志鄭記，餘月同孔輯。而陳仲魚（鱣）又別輯六藝論，錢（東垣）王（復）等又先後別輯鄭志。其尚書大傳注。駁五經異義，有多數輯本已詳前。

以上經部。

史部書輯之目的物，一為古史，一為兩晉六朝人所著史。

古史中以世本及竹書紀年為主要品。

世本為司馬遷所校以作史記者。漢書藝文志著錄十五卷。其書蓋佚於宋元之交。（因鄭樵王應麟尚及徵引。）清儒先後輯者有錢（大昭）孫（馮翼）洪（飴孫）雷（學淇）秦（嘉謨）茆（泮林）張（澍）七家。秦本最豐，凡十卷；餘家皆二卷或一卷。然秦將史記世家，及左傳杜注，國語韋注凡涉及世系之文皆歸皆世本，原書既無明文，似太涉汎濫。茆張兩家似最翔實。（秦嘉謨輯本乃盜竊洪孟慈（飴孫）者，見洪用懃授經堂未刊書目。）

汲冢竹書紀年亦出司馬遷前而為遷未見，在史部中實為鴻寶。明以來刻本既出偽撰，故清儒亟欲求其真。先後輯出者為洪（頤煊）陳（逢衡）張（宗泰）林（春溥）朱（右曾）王（國維）諸家。王輯最後最善。

史家著作，以兩晉六朝爲最盛，而其書百不存一，學者憾焉。淸儒乃發憤，從事蒐輯。其用力最動者爲章逢之宗源著有隋書經籍志考證，今所存者僅史部爲書十三卷。餘三部不知已成否。書名雖似踵襲王應麟之漢書藝文志考證，而內容不同。彼將隋志著錄各書每書詳考作者履歷及著述始末與夫後人對於此書之批評。除現存書外，其餘有佚文散見羣籍者皆備輯之。雖皆屬片鱗殘甲，亦可謂宏博也已，

其後則有姚氏之駰輯八家後漢書。東觀，謝承，薛瑩，張璠，華嶠，謝沈，袁山松，司馬彪。汪氏文臺輯七家後漢書。謝承，薛瑩，司馬彪，華嶠，謝沈，袁山松，張璠，及失名氏一種。湯氏球輯兩家漢晉春秋。習鑿齒，杜延業。兩家晉陽秋：孫盛，檀道鸞。五家晉記；干寶，陸機，曹嘉之，鄧粲，劉謙之。十家晉書；臧榮緒，王隱，虞預，朱鳳，謝靈運，蕭子雲，蕭子顯，史約，何法盛，及晉諸公別傳，十八家霸史蕭方等，三十國春秋，武敏之，三十國春秋，常璩蜀李書，和苞漢趙記，田融，趙書，吳篤趙書，王度二石傳，范亨燕書。車頻秦書，王景暉南燕書，裴景仁秦記，姚和都後秦記，張諮涼記，喻歸西河記，段龜龍涼記，劉昞燉：實錄，張全南燕書，高閭燕志。而張介侯澍以甘肅之特注意甘涼掌故，專輯鄉邦遺籍所輯有趙岐三輔決錄，失名三輔故事，辛氏三秦記，楊孚涼州異物志，張諮涼州記，失名西河舊事，喻歸西河記，失名沙州記，皆兩晉六朝史籍碎金也。

地理類書則有畢秋帆輯王隱晉書地道記，太康三年地志。有張介侯輯闞駰十三州志。政書類則有孫淵如輯漢官六卷。王隆漢官及漢官解詁，衞宏漢舊儀及補遺，應劭漢官儀，蔡質漢官典職儀式選用，丁孚漢儀譜錄則有錢東垣輯王堯臣崇文總目等。

以上史部。

子部書有唐馬總意林所鈔漢以前古子其書爲今已佚者，加以各種類書各種經注等所徵引，時可資采摭，然所輯不多。稍可觀者如嚴可均輯巾子。章宗源任兆麟輯尸子，章宗源輯燕丹子，嚴可均輯補商子愼子，張澍輯補司馬法，茆泮林輯計然萬物錄，孫馮翼茆林輯淮南萬畢術等。馬氏國翰玉函山房叢書所輯漢志先秦佚子則儒家十五種，漆雕子，宓子，景子，世子，魏文侯書，李克書，公孫尼子，內業，讕言，甯子，王孫子，董子，(董無心)徐子，魯連子，虞氏春秋。農家三種，神農書，野老，范子計然。道家書七種，伊尹書，辛甲書，公孫牟子，田子，老萊子，黔婁子，鄭長者書。法家一種，申子名家一種，惠子墨家五種，史佚書，田俅子，隨巢子。胡非子，纏子。縱橫家二種，蘇子闕子黃氏奭子史鉤沈中之周秦部分亦有五種。六韜李悝法經，范子計然，神農本草經，淮南萬畢術。黃氏以周輯逸子未刊。其序見儆季雜著。之周秦部分亦有六種。太公金匱．魯連子，范子計然．隨巢子，王孫子申子。

現存各子書輯其佚文者：則有孫仲容之於墨子，王石臞之於荀子，王先愼之於韓非子等。（孟子外書林春溥有輯本，但此書趙岐已明辨爲僞託。）

現存古子輯其佚注者則有孫馮翼輯司馬彪莊子注，許愼淮南子注等。

以吾所見，輯子部書尙有一妙法。蓋先秦百家言，多散見同時人所著書，例如從孟子墨子書中輯告子學說，從孟子荀子莊子輯宋牼學說，從莊子書中輯惠施公孫龍學說，從孟子荀子戰國策書中輯陳仲學說，從孟子書中輯許行白圭學說……諸如此類，可輯出者不少。惜清儒尙未有人從事如此也。

以上子部。

集部之名，起於六朝。故考古者無所用其　。然搜集遺文，其工作之繁重亦正相等。晚明張溥之漢魏百三家集，事實上什九皆由裒輯而成，亦可謂之輯佚。但其書不注明出處。又各家皆題爲「某人集，」而其人或本無集，其集名或並不見前代著錄，任意錫名，非著述之體也。清康熙間官修全唐文，全唐詩，全金詩，其性質實爲輯佚。（與唐文粹，宋文鑑等書性質不同。彼乃選本，立一標準以爲去取，此乃輯本，見一篇收一篇，務取其備。）集部輯佚實昉於此。

張月霄（金吾）輯金文最百二十卷，凡費十二年始成。李雨村（調元）輯全五代詩一百卷。某氏輯全遼詩若干卷（其書未見其名偶忘）繆小山輯遼文存六卷，其工作頗艱辛。其最有價値者則嚴鐵橋之全上古三代兩漢三國兩晉六朝文。七百四十六卷。凡經，史子，傳記，專集，注釋書，類書，舊選本，釋道藏，金石文，六朝以前之文凡三千四百九十七家，自完篇以至零章斷句搜輯略備。每家各爲小傳，冠於其文之前，可謂藝林淵海也已。（吳山尊日記謂此書實孫淵如輯而鐵橋攘之，吾謂鐵橋決非攘書者，況淵如貴人，鐵橋寒士，鐵橋依淵如幕府，以所著贈名淵如則有之耳。張紹南作淵如年譜，謂晚年與鐵橋回輯此書，或淵如發起且以藏書資鐵橋斯可信也，（楊星吾晦明軒稿論此案與吾意略同））

劉孟瞻（文淇）揚州文徵鄧湘皋（顯鶴）沅湘耆舊集……等，性質亦爲輯佚。蓋對於一地方人之著作搜采求備也。此類書甚多，當於方志章別論之。

以上集部。

嘉道以後，輯佚家甚多，其專以此爲業而所輯以多爲貴者，莫如黃右原（奭）馬竹吾（國翰）兩家。今舉其輯出種數：

黃氏漢學堂叢書

經解八十六種

通緯五十六種

子史鈎沈七十四種

馬氏玉函山房輯佚書

經部四百四十四種（內緯書四十種）

史部八種

子部一百七十八種

右兩家所輯雖富，但其細已甚，往往有兩三條數十字爲一種者。且其中有一部分爲前人所輯，轉錄而已，不甚足貴。馬氏書每種之首冠以一簡短之提要，說明本書來歷及存佚沿革，頗可觀。

鑑定輯佚書優劣之標準有四：——（一）佚文出自何書必須注明，數書同引，則舉其最先者。能確遵此例者優，否者劣。（二）既輯一書，則必求備，所輯佚文多者優，少者劣。例如尚書大傳陳輯優於盧孔輯。（三）既須求備，又須求眞。若貪多而誤認他書爲本書佚文則劣。例如秦輯世本劣於茆張輯。（四）原書篇第有可整理者極力整理，求還其書本來面目。雜亂排列者劣。例如邵二雲輯五代史功等新編，故最優。——此外更當視原書價値何如。若尋常一俚書或一僞書，蒐輯雖備，亦無益費精神也。

總而論之，淸儒所做輯佚事業甚勤苦，其成績可供後此專家研究資料者亦不少。然畢竟一鈔書匠之能事耳。末流以此相矜尚，治經者現成的三禮鄭注不讀，而專講些什麼尙書論語鄭注；治史者現成之後漢書三國志不讀，而專講些什麼謝承華嶠臧榮緒何法盛；治諸子者現成幾部子書不讀，而專講些什麼佚文和什麼僞妄的鬻子燕丹子。若此之徒，眞可未本末倒置，大惑不解！善夫章實齋之言曰：『……今之俗儒，逐於時趨，誤以擘績補苴謂足盡天地之能事。幸而生後世也，如生秦火未毁以前，典籍具存，無事補輯，彼將無所用其學矣。』（文史通義博約中篇。）

十五　清代學者整理舊學之總成績(三)——

——史學　方志學　傳記及譜牒學

(六)史學

清代史學開拓於黃梨洲萬季野，而昌明於章實齋，吾別有專篇論之。看第五講第八講第十二講。但梨洲季野在草創時代，其方法不盡適用於後輩。實齋才識絕倫，大聲不入里耳，故不爲時流宗尙。三君之學不盛行於清代，清代史學界之恥也。清代一般史學家思想及其用力所在，王西莊之十七史商榷序最足以代之。今節錄如下：

『……大抵史家所記典制，有得有失，讀史者不必橫生意見馳騁議論以明法戒也；但當考其典制之實，俾數千百年建置沿革瞭如指掌，而或宜法或宜戒，待人之自擇焉可耳。其事蹟則有美有惡，讀史者亦不必强立文法擅加與奪以爲褒貶也；但當考其事蹟之實，年經事緯，部居州次，紀載之異同，見聞之離合一一條析無疑，而若者可褒若者可貶，聽諸天下之公論焉可矣。……』

『讀史之法與讀經小異而大同。……治經斷不敢駁經；而史則雖子長孟堅，苟有所失，無妨箴而砭之，此其異也。……』

大抵自宋以後所謂史家，——除司馬光鄭樵袁樞有別裁特識外，率歸於三派。其一派則如胡安國歐陽修之徒，務爲簡單奧隱之文詞，行其谿刻隘激之「褒貶」。其一派則蘇洵蘇軾父子之徒，效縱橫家言，任意雌黃史蹟，以爲帖括之用。又其一派則如羅泌之徒之述古，李燾之徒之說今，惟侈浩博，不復審擇事實。此三派中分史學界七百餘年，入清乃起反動。

清初史學　第一派殆已絕跡。第二派則侯朝宗方域魏叔子禧等扇其燄所謂「古文家」「理學家」從而和之。其間如王船山算是最切實的，然習氣尚在所不免。第三派則馬宛斯驌吳志伊任臣及毛西河朱竹垞輩，其著述專務內容之繁博以眩流俗，而事實正確之審查不甚措意。雖然，自亭林梨洲諸先覺之倡導，風氣固趨健實矣。

乾嘉間學者力矯其弊，其方向及工作則略如王西莊所云云。大抵校勘前史文句之譌舛，其一也。訂正其所載事實之矛盾錯誤。其二也。補其遺闕，其三也。整齊其事實使有條理易省覽，其四也。其著述門類雖多，精神率皆歸於此四者。總而論之，淸儒所高唱之。「實事求是。」主義，比較的尙能應用於史學界。雖其所謂「實事」者或毛舉細故無足重輕，此則視乎各人才識何如。至於其一般用力方法，不可不謂比前代有進步也。

今就各家所業略分類以論其得失。

（甲）明史之述作附淸史史料

淸初史學之發展，實由少數學者之有志創修明史；而明史館之開設，亦間接助之。其志修明史者，首屈指亭林梨洲；然以畢生精力赴之者，則潘力田萬季野戴南山。

自唐以後，各史皆成於官局衆修之手，是以矛盾百出，蕪穢而不可理。劉子元鄭漁仲已痛論其失，而卒莫之能改。累代學者亦莫敢以此自任。逮淸初而忽有潘萬戴三君先後發大心，負荷斯業，雖其功皆不就，不可謂非豪傑之士也。錢牧齋亦有志自撰明史，其人不足道，但亦略有史才，然書既無成，可不復論。

三家之中，潘萬學風大略相同，專注重審查史實。蓋明代向無國史。不如清代國史館之能舉其職遞續修纂。只有一部實錄，既爲外間所罕見，且有遺缺。缺建文天啓崇禎三朝。而士習甚囂，黨同伐異，野史如鯽。各從所好惡以顚倒事實，故明史號稱難理。潘力田發心作史，其下手工夫即在攻此盤錯。其弟次耕序其國史考異云：『亡兄博極羣書，長於考訂。謂著書之法，莫善於司馬溫公，其爲通鑑也，先成長編，別著考異，故少牴牾……於是博訪有明一代之書，以實錄爲綱領；若志乘，若文集，若墓銘家傳，凡有關史事者一切鈔撮薈萃，以類相從。稽其異同。核其虛實。……去取出入，皆有明徵，不徇單辭，不逞臆見，信以傳信，疑以傳疑……』遂初堂集卷六。又序其松陵文獻曰：『亡兄與吳先生（炎）草創明史，先作長編，聚一代之書而分劃之，或以事類，或以人類。條分件繫，彙羣言而駢列之，異同自出。參伍鈎稽，歸於至當，然後筆之於書。』同上卷七。力田治史方法，其健實如此。故顧亭林極相推挹，盡以己所藏書所著稿畀之。其書垂成而遭「南潯史獄」之難。既失此書，復失此人，實清代史學界第一不幸事也。遺著幸存者僅國史考異之一部分（原書三十餘卷僅存六卷。）及松陵文獻。讀之可見其史才之一斑。

季野學術，已具第八講，此不多述。彼爲今本明史關係最深之人，學者類能知之。但吾以爲；明史長處，季野實尸其功；明史短處，季野不任其咎。季野主要功作，在考證事實以求眞是。對於當時史館原稿旣隨時糾正，復自撰史稿五百卷。自言『吾所取者或有可損，而所不取者必非其事與言之眞而不可益。』故明史敍事翔實，不能不謂季野詒謀之善。雖然，史稿爲王鴻緒所攘，竄改不知凡幾。（魏默深有書王橫雲明史稿後辨證頗詳。）後此采王稿成書，已不能謂爲萬氏之舊。且季野最反對官局分條制度，而史館沿舊制卒不可革，季野雖負重望，豈能令分纂者悉如其意？況季野卒於康熙四十一年，明史成於乾隆四年，相距幾四十年，中間史館廢弛已久；張廷玉草草奏進時，館中幾無一知名之士；則其筆削失當之處，亦概可想。故季野雖視潘戴爲幸，然仍不幸也。（最不幸者是明史稿不傳。）然明史能有相當價値，微季野之力固不及此也。

戴南山罹奇冤以死，與潘力田同，而著作之無傳於後視力田尤甚，大抵南山考證史蹟之懇摯，或不如力田季野。（此亦比較之辭耳，觀集中與余生書（即南山致禍之由者）其搜查史料之勤愼尙可見。且彼亦與季野有交期，特其精力不甚費於考證耳。）而史識史才，實一時無兩。其遺集中史論左氏辨等篇，持論往往與章實齋暗合。彼生當明史館久開之後，而亻慊於史館諸公之所爲，常欲以獨力私撰明史；又常與季野及劉繼莊蔡瞻岷約偕隱舊京共泐一史。然而中年飢驅潦倒，晚獲一第，卒以史事罹大僇，可哀也。其史雖一字未成，然集中有遺文數篇，足覘史才之特絕：其子遺錄一篇，以桐城一縣被賊始末爲骨幹，而晚明流寇全部形勢乃至明之所以亡者具見焉，而又未嘗離桐而有枝溢之辭。其楊劉二士合傳，以楊畏知劉延傑王運開運宏四人爲骨幹，寥寥二千餘言，而晚明四川雲南形勢若指諸掌。其左忠毅公傳，以左光斗爲骨幹，而明末黨禍來歷及其所生影響與夫全案重要關係人面目皆具見。蓋南山之於文章有天才，善於組織最能駕馭資料而鎔冶之；有濃摯之情感而寄之於所記之事。（不著議論。）且蘊且洩，恰如其分，使讀者移情而不自知。以吾所見，其組織力不讓章實齋，而情感力或尙非實齋所逮。

有清一代史家作者之林，吾所頫首，此兩人而已。

潘萬戴之外有應附記者一人，曰傅掌雷（維麟），其人爲順治初年翰林，當明史館未開以前，獨力私撰明書一百七十一卷。書雖平庸不足稱，顧不能不嘉其志。雖然，三君之書或不成或不傳，而惟傳書巋然存，適以重吾曹悲也。

明清鼎革之交一段歷史，在全部中國史上實有重大的意義，當時隨筆類之野史甚多。雖屢經清廷禁燬，現存者尚百數十種。其用著述體稍經組織而其書有永久的價値者，則有吳梅村（偉業）之鹿樵紀聞，專記流寇始末。（其書爲鄒漪所竄改，更名綏寇紀略。竄亂原文顛倒事實處不少。）有王船山之永歷實錄，紀永歷帝十五年間事蹟，有紀有傳。有戴耘野（笠）之寇事編年，殉國彙編實潘力田明史長編之一部。（耘野與亭林力田爲至友。力田修明史，耘野爲擔任晚明部分。此諸書即其稿。見潘次耕寇事編年序。）有黃梨洲之行朝錄，於浙閩事言之較詳。有萬季野之南疆逸史有溫臨之南疆繹史，皆半編年體。有計用賓（六奇）之明季北略明季南略，用紀事本末體，組織頗善。有邵念魯（廷采）之東南紀事，西南紀事，蓋以所聞於黃梨洲者重加甄補，成爲有系統的著述，於當時此類著作品中稱甚善云。嘉道以降，文網漸寬，此類著述，本可自由；然時代既隔，資料之搜集審查皆不易。惟徐亦才蘸之小腆紀年小腆紀傳最稱簡潔。戴子高望嘗欲作續明史，成傳數篇，惜不永年，未竟其業。錢映江綺著南明書三十六卷，據譚復堂云已成，不審有刻本否，亦不知內容何如。

官修明史自康熙十八年開館，至乾隆四年成書，凡經六十四年。其中大部分率皆康熙五十年以前所成，以後稍爲補綴而已。關於此書之編纂，最主要人物爲萬季野，盡人皆知。而大儒黃梨洲顧亭林，於義例皆有所商榷。而最初董其事者爲葉庵訒及徐健庵立齋兄弟，頗能網羅人才。故一時績學能文之士，如朱竹垞，毛西河，潘次耕，吳志伊，施愚山，汪堯峰，黃子鴻，王崑繩，湯荊峴，萬貞一……等咸在纂修之例，或間接參定。明史初稿某部分出某人手可考出者，如太祖本紀高文昭章睿景純七朝后妃傳至江東李文進龍大有列傳四十七篇出湯荊峴，成祖本紀出朱竹垞，地理志出徐健庵。食貨志出潘次耕，曆志出吳志伊湯荊峴，藝文志出尤西堂，太祖十三公主至譬吉祥傳一百二十九篇出汪堯峰。熊廷弼袁崇煥李自成張獻忠諸傳出萬季野，流賊土司外國諸傳出毛西河……此類故實，散見諸家文集筆記中者不少，吾夙思搜集彙列之，惜所得尚希耳。一時流風所播，助長學者社會對於史學之興味亦非淺尠也。

史學以記述現代爲最重。故淸人關於淸史方面之著作，爲吾儕所最樂聞。而不幸茲事乃大令吾儕失望：治明史者常厭野史之多，治淸史者常感野史之少。除官修之國史實錄方略外，民間私著卷帙最富者爲蔣氏良騏王氏先謙之兩部東華錄，實不過鈔節實錄而成。欲求如明王世貞之弇州乙部稿……等稍帶研究性質者且不可得；進而求如宋王偁之東都事略……等斐然述作者更無論矣。其局部的紀事本末之部，最著者有魏默深源之聖武記，王壬秋闓運之湘軍志等。默深觀察力頗銳敏，組織力頗精能，其書記載雖間有失實處，固不失爲一傑作。壬秋文人，缺乏史德，往往以愛惜顚倒事實。郭筠仙意城兄弟嘗逐條簽駁，其家子弟彙刻之名白湘軍志平議。要之壬秋此書文采可觀，其內容則反不如王定安湘軍記之翔實也。其足備表志一部分資料者，如祁鶴皋韻士之皇朝藩部要略，對於蒙古部落封襲建置頗詳原委。如程善夫慶餘之皇朝經籍志，皇朝碑版錄，八卿表，督撫提鎭年表等，當屬佳構，存否未審。見戴子高所作程墓表。此外可稱著作者，以吾固陋，乃未之有聞。其人物傳記之部，最著者有錢東生林之文獻徵存錄。李次青元度之國朝先正事略等。錢書限於學者及文學家，頗有條貫。李書涉全部，自具別裁，而儉陋在所不免。其部分的人物，則如董兆熊之明遺民錄，張南山維屏之國朝詩人徵略等頗可觀。至於碑傳集（錢儀吉編）・續碑傳集（繆荃孫編）・國朝耆獻類徵（李桓編）。等書，鈔撮碑誌家傳，只算類書，不算著述。（李書尤蕪雜但亦較豐富。）至如筆記一類書，宋明人所著現存者，什之五六皆記當時事蹟，清人筆記有價值者，則什有九屬於考古方面。求其記述親見親聞之大事稍具條理本末如吳仲倫德旋聞見錄，薛叔耘福成庸庵筆記之類，蓋不一二覯。（昭槤嘯亭雜錄，姚元之竹葉亭筆記，陳康祺郎潛紀聞……之類，雖皆記當時事，然全屬官場瑣末掌故，足資史料者甚少。）故清人不獨無清史專書，並其留貽吾曹之史料書亦極貧乏。以吾個人的經驗，治清史最感困難者，例如滿洲入關以前及入關初年之宮廷事蹟與夫旗人殘暴狀況，實錄經屢次竄改，諱莫如深。（孟蒓生心史叢刊記累朝改實錄事頗詳。）又如順治康熙間吏治腐敗，民生彫敝，吾儕雖於各書中偶見其斷片，但終無由知其全部眞相；而據官書紀載，則其時乃正黃金時代。又如咸同之亂，吾儕耳目所稔，皆曾胡輩之豐功偉烈，至洪楊方面人物制度之眞相，乃無一書紀述。又如自戊戌政變，義和團，以至辛亥革命，雖時代密邇，口碑間存，然而求一卷首末完備年月正確之載記亦沓不可得。……竊計自漢晉以來二千年。私家史料之缺乏，未有甚於清代者。蓋緣順康雍乾間文網太密，史獄屢起，「禁書」及「違礙書」什九屬史部，學者咸有戒心。乾嘉以後，上流人才，集精力於考古，以現代事蹟實爲不足研究。此種學風及其心理，遺傳及於後輩專喜擣撦殘編，不思創垂今錄。他不要具論，即如我自已，便是遺傳中毒的一個人，我於現代事實，所知者不爲少，何故總不肯記載以詒後人？吾常以此自責，而終不能奪其考古之興味，故知學風之先天的支配，甚可畏也。嗚呼！此則乾嘉學派之罪也。

（乙）上古史之研究

史記起唐虞三代而實蹟可詳記者實斷自春秋而取材於左氏。通鑑則託始戰國，而左傳下距戰國策既百三十三年，中間一無史籍。戰國策又皆斷片紀載，不著事實發生年代。於是治史學者當然發生兩問題：一，春秋以前或秦漢以前史蹟問題。一，春秋戰國間缺漏的史蹟及戰國史蹟年代問題。

第一問題之研究，前此則有蜀漢譙周古史考，晉皇甫謐帝王世紀，皆佚宋胡宏皇王大紀，呂祖謙大事記，羅泌路史，金履詳通鑑前編等。清初治此者則有馬宛斯驌李鷹青鍇宛斯之書曰繹史百十六卷。仿袁樞紀事本末體，蓋畢生精力所萃，搜羅資料最宏博，顧亭林亟稱之，時人號曰「馬三代。」鷹青之書曰尙史七十卷。仿正史紀傳體，世系圖一卷，本紀五卷。世家十三卷，列傳三十四卷，繫四卷，志十卷，年表十卷，序傳一卷。博贍稍遜馬書。李爲鐵嶺人，關東唯一學者。聞奉天當局以重價得其原稿正付刻云。此兩書固不愧著作之林。但太史公固云：『百家言黃帝，其言不雅馴，搢紳先生難言之。』宛斯輩欲知孔子所不敢知，雜引漢代讖緯神話，泛濫及魏晉以後附會之說，益博則愈益其蕪穢耳。然馬書以事類編，便甚學者。李映碧清爲作序，稱其特長有四：一，體製之別創；二，譜牒之咸具；三，記述之靡舛；四，論次之最覈。後兩事吾未敢輕許；但其體製別創確有足多者，蓋彼稍具文化史的雛形，視魏晉以後史家專詳朝廷政令者蓋有間矣。宛斯復有左傳事緯，用紀事本末治左傳，而高江村士奇之左傳紀事本末，分國編次則復左氏國語之舊矣。此外則顧復初春秋大事表，爲治春秋時代史最善之書，已詳經學章，不復述。

嘉慶間則有從別的方嚮。——和馬宛斯正相反的方法以研究古史者，曰崔東

壁述　其書曰考信錄。考信錄提要二卷，補上古考信錄二卷，唐虞考信錄八卷。洙泗考信錄四卷，豐鎬別錄洙泗餘錄各三卷、孟子實錄，考信附錄，考信續說各二卷。太史公謂：『載籍極博猶考信於六藝，』東壁墨守斯義，因取以名其書。　經書以外隻字不信，論語左傳，尚擇而後從，史記以下更不必論。　彼用此種極嚴正態度以治古史，於是自漢以來古史之雲霧撥開什之八九。　其書爲好博的漢學家所不喜；然考證方法之嚴密犀利，實不讓戴錢段王，可謂豪傑之士也。

研究第二問題者，嘉道間有林鑑塘春溥著戰國紀年六卷，同光間有黃薇香式三著周季編略九卷，兩書性質體裁略同，黃書晚出較優。

第二問題，在現存資料範圍內，所能做的工作不過如此，不復論。　第一問題中春秋前史蹟之部分，崔東壁所用方法，自優勝於馬宛斯。　雖然，猶有進：蓋「考信六藝，」固視輕信「不雅馴之百家」爲較有根據。　然六藝亦强半春秋前後作品，爲仲尼之徒不誦法；仲尼固自言「夏殷無徵，」則自周以前之史蹟，依然在茫昧中，六藝果能予吾儕以確實保障否耶？　要之中國何時代有史，有史以前文化狀況如何，非待采掘金石之學大興，不能得正當之解答。　此則不能責備清儒。在我輩今後之努力耳。

(丙) 舊史之補作或改作

現存正史類之二十四史，除史記兩漢及明史外，自餘不滿人意者頗多。編年類司馬通鑑止於五代，有待賡續。此外偏霸藩屬諸史亦時需補葺。清儒頗有從事於此者。

陳壽三國志精核謹嚴，夙稱良史；但其不滿人意者三點：一，行文太簡，事實多遺。二，無志表。三，以魏爲正統。宋以後學者對於第三點抨擊最力，故謀改作者紛紛。宋蕭常元郝經兩家之續後漢書即斯志也。清則咸同間有湯承烈著季漢書若干卷，吾未見其書。據莫郘亭友芝稱其用力尤在表志，凡七易稿乃成。爭正統爲舊史家僻見，誠不足道；若得佳表志，則其書足觀矣。

晉書爲唐貞觀間官修。官書出而十八家舊史盡廢；劉子元嘗慨歎之。其書喜採小說，而大事往往闕遺，繁簡實不得宜。嘉慶間周保緒濟著晉略六十卷，仿魚豢魏略爲編年體也。丁儉卿晏謂其『一生精力畢萃於斯，體例精深，因而實創。」魏默深謂其『以寓平生經世之學，遐識渺慮，非徒考訂筆力過人。』據此則其書當甚有價值。乾隆間有郭倫著晉紀六十八卷，爲紀傳體。

魏收魏書，夙稱穢史，蕪累不可悉指。其於東西魏分裂之後，以東爲正，以西爲僞，尤不愜人心，故司馬通鑑不從之。乾隆末謝蘊山啓昆著西魏書二十四卷，糾正收書之一部分。南北朝正統之爭本已無聊，況於偏霸垂亡之元魏爲辨其孰正孰僭，是亦不可以已耶？然蘊山實具具史才，此書於西魏二十餘年間史料采摭殆無遺漏，結構亦謹嚴有法，固自可稱。

今二十四史中，宋書，南齊書，梁書，陳書，北魏書，北齊書，北周書之與南史，北史，舊唐書之與新唐書，舊五代史，之與新五代史，皆同一時代而有兩家之著作，文之重複者什而八九。兩家各有短長，故官書並存而不廢。然爲讀者計，非惟艱於省覽，抑且苦於別擇矣。於是校合刪定，之本，頗爲學界所渴需。淸初有李映壁淸著南北史合鈔卷，刪宋齊梁陳魏齊周隋八書隸諸南北二史而夾注其下。其書盛爲當時所推服，與顧氏方輿紀要馬氏繹史稱爲海內三奇書。實則功僅鈔撮，非爲不足比顧，並不足比馬也。映壁復鈔馬令陸游兩家之南唐書爲一。康雍之交，有沈東甫炳震著新舊唐書合鈔，二百六十卷。其名雖襲映壁，而體例較進步。彼於兩書異同，經考訂審擇乃折衷於一。其方鎮表及宰相世系表，正謂補闕，幾等於新撰。全謝山謂『可援王氏漢書藝文志考證之例孤行於世』者也。結埼亭集沈東甫墓誌銘。要之此二書雖不能謂爲舊史之改造，然刪合剪裁，用力甚勤，於學者亦甚便。

五代史自歐書行而薛書殆廢，自四庫輯佚然後兩本乃並行。歐仿春秋筆法，簡而無當；薛書稍詳，而蕪累挂漏亦不少。要之其時宇內分裂，實不能以統一時代之史體爲衡。薛歐皆以汴京稱尊者爲骨幹，而諸鎮多從闕略，此其通蔽也。清初吳志伊任臣著十國春秋百十四卷，吳十四卷，南唐二十卷，前蜀十三卷，後蜀十卷，南漢九卷，楚十卷，吳越十三卷，閩十卷，荊南四卷，北漢五卷，十國紀元世系表合一卷，地理志二卷，藩鎮表百官表各一卷。以史家義法論，彼時代之史，實應以各方鎮醜夷平列爲最宜。實則宜將梁唐晉漢周並夷之爲十五國。吳氏倘一間未達也。吳氏義例，實有爲薛歐所不及處，然其書徒侈墉撫之富，都無別擇，其所載故事，又不注出處。蓋初期學者著述體例多缺謹嚴不獨吳氏矣。道咸間粵人吳蘭修著漢紀，梁廷枏著南漢書皆足補吳書所未備，而考核更精審。

嘉慶間陳仲魚鱣著續唐書七十卷以代五代史。其意蓋不欲帝朱溫，而以後唐李克用直接唐昭宗。後唐亡後，則以南唐續之。其自作此書，則將以處於劉歐兩唐書與馬陸兩南唐書之間。此與湯氏季漢書謝氏西魏書同一見解。爲古來大小民賊爭正統閏位，已屬無聊，況克用朱邪小夷，又與朱溫何別？徒浪費筆墨耳！然亦猶薛歐安宗汴京稱尊者而造爲「五代」一名稱，有以惹起反動也。有李旦華（憲吉）著後唐書，內容略同，未刻。

元人所修三史，宋遼金。在諸史中稱爲下乘。內中金史因官修之舊，較爲潔淨。金人頗知注重文獻，史官能舉其職，元好問劉祁等私家著述亦豐，故金史有所依據。宋遼二史蕪穢漏略特甚。遼地偏祚短，且勿論。宋，爲華族文化嫡裔，而無良史，實士夫之恥也。宋史中北宋部分本已冗蕪，南宋部分尤甚。錢竹汀云：『宋史述南渡七朝事，叢冗無法，不如九朝之完善；甯宗以後四朝，又不如高孝三朝之詳明。識者早認爲有改造之必要。明末大詞曲家湯玉茗顯祖曾草定體例，鈎乙原書，略具端緒。見王阮亭分甘餘話及梁昨北書記清初潘昭度得玉茗舊本，因而擴之，殆將成書。見梁茝林退庵隨筆。但今皆不傳。乾隆末邵二雲發憤重編宋志，錢竹汀章實齋實參與其義例。以舊史南宋部分最蒙詬病，乃先仿王偁東都事略著南都事略，而宋志草創之稿亦不少。（見章實齋文集邵與桐別傳。）然二雲體弱多病，僅得中壽，（卒年五十四。）兩書俱未成；即遺稿鱗爪，今亦不得見。又章實齋治史別有通裁，常欲『仍紀傳之體，而參（紀事）本末之法，增圖譜之例，而刪書志之名。』以為載諸空言，不知見諸實事，故『思自以義例撰述一書，以名所著之非虛語。因擇諸史之所宜致功者，莫如趙宋一代之書。』（文集與邵二雲論修宋史書。）是實齋固刻意創作斯業，然其書亦無成。以亟須改造之宋史，曾經多人從事，其中更有史學大家如二雲實齋其人者，然而此書始終未得整理之結果，並前輩工作之痕跡亦不留於後，不得不為學術界痛惜也。（朱記榮國朝未刊遺書志略載有吳縣陳黃中宋史稿二百十九卷。）

元史之不堪，更甚於元修之史。蓋明洪武元年宋景濂之奉敕撰元史。二月開局，八月成書；二次重修，亦僅閱六月。潦草一至於此，雖鈔胥迻錄成文，尚虞不給；況元代國史，本無完本，而華蒙異語扞格滋多者耶？故或以開國元勛而無傳，並名氏亦不見。或一人而兩傳三傳；其刑法食貨百官諸志，皆直鈔案牘，一無剪裁；於諸史中最爲荒穢。清儒發憤勘治，代有其人。康熙間則邵戒三遠平著元史類編四十二卷，然僅就原書重編一過，新增資料甚少，體例亦多貽笑大方。乾隆間則錢竹汀銳意重修，先爲元史考異十五卷。然新史正文僅成氏族表，經籍志兩篇。竹汀學術，方面甚多，不能專力於此，無足怪也。據鄭叔問國朝未刊遺書目，言竹汀已成元史稿一百卷。嘉慶間則汪龍莊輝祖著元史本證五十卷，分證誤證遺證名三部分。竹汀謂其『自攄新得實事求是，有大醇而無小疵。』原書卷首錢序。推挹可謂至矣。右三家者，除竹汀所補表志外，餘皆就原書拾遺匡謬；其對於全部之改作，則皆志焉而未之逮。大抵元史之缺憾，其一固在史法之蕪穢，其一尤在初期事實之闕漏。蒙古人未入中國先定歐西，太祖太宗定宗憲宗四朝，西征中亞細亞全部以迄印度。北征西伯利亞以迄中歐。及世祖奠鼎燕京，其勢已鄰弩末。前四朝事蹟，實含有世界性，爲元史最主要之部分。而官修元史概付闕如。固由史官荒率，抑亦可憑藉之資料太闕乏也。乾隆間自永樂大典中發見元秘史及皇元聖武親征錄，所記皆開國及太祖時事，兩書出而「元史學」起一革命。錢竹汀得此兩書，錄存副本，其所以能從事於考證元史者蓋以此。其後張石洲穆將親征錄校正，李仲約文田爲元秘史作注，於是治元史者興味驟增。雖然，元時之修國史，其重心不在北京史館，而在西域宗藩。有波斯人拉施特者承親王合贊之命著蒙古全史寫以波斯文，實爲元史第一瓌寶。而中國人夙未之見。至光緒間洪文卿鈞使俄，得其鈔本，譯出一部分，而「元史學」又起第二次革命。蓋自道咸以降，此學漸成顯學矣。

近百年間，從事改造元史泐成書者凡四家：

一，魏默深源新元史九十卷。道光間著成，光緒三十一年刻。

二，洪文卿鈞元史譯文證補三十卷。光緒間著成，光緒二十六年刻。

三，屠敬山寄蒙兀兒史記。卷數未定。光緒宣統間隨著隨刻。

四，柯鳳蓀劭忞新元史二百五十七卷。民國十一年刻。

吾於此學純屬門外漢，絕無批評諸書長短得失之資格。惟據耳食所得：則魏著訛舛武斷之處仍不少，蓋創始之難也。 但舍事蹟內容而論著作體例，則吾於魏著不能不深服，彼一變舊史「一人一傳」之形式，而傳以類從。其傳名及篇目次第爲：：：太祖平服各國，太宗憲宗兩朝平服各國，中統以後屢朝平服叛藩，勳戚，開國四傑。開國四先鋒二部長，誓渾河功臣。開國武臣，開國相臣。開國文臣，平金功臣，平蜀功臣，平宋功臣，世祖相臣，：：：治歷治水漕運諸臣，平叛藩諸臣，平東夷南夷諸臣，中葉相臣：：等。 但觀其篇目，即可見其組織之獨具別裁。 章石齋所謂「傳事與傳人相兼，」司馬遷以後未或行之也。 故吾謂魏著無論內容罅漏多至何等，然固屬史家創作，在斯界永留不朽的價值矣。 洪著據海外秘笈以補證舊史，其所勘定之都分又不多，以理度之固宜精絕。 屠著自爲史文而自注之，其注純屬通鑑考異的性質而詳博特甚。凡駁正一說，必博徵群籍，說明所以棄彼取此之由。 以著作體例言，可謂極矜慎極磊落者也。 柯著彪然大帙，然篇首無一字之序，無半行之凡例，令人不能得其著書宗旨及所以異於前人者在何處。 篇中篇末又無一字之考異或案語，不知其改正舊史者爲某部分，何故改正，所根據者何書。 著作家作此態度。吾未之前聞。 吾嘗學此書記載事實是否正確以問素治此學之陳援庵垣，則其所序批評，似更下魏著一等也。吾無以判其然否。最近柯以此書得日本博士。

右所舉皆不滿於舊史而改作者，其藩屬敵國外國之史，應補作者頗多，惜少從事者。以吾所知有洪北江西夏國志十六卷未刻。而黃公度遵憲之日本國志四十卷，在舊體史中實爲創作。

溫公通鑑絕筆五代。賡而續之者，在宋則有李燾，迄於北宋；在明則陳桱，王宗沐，薛應旂皆迄元末。然明人三家，於遼金正史束而不觀，僅據宋人紀事之事，略及遼金繼世年月，荒陋殊甚，清初徐健庵著資治通鑑後編百八十四卷，襄其事者爲萬季野閻百詩胡東樵等，四庫著錄，許其善述。然關於北宋事跡，則李燾長編足本之在永樂大典者未出；關於南宋事蹟則李心傳繫年要錄亦未出。元代則文集說部散於大典中者，亦多逸而未見。徐著在此種資料貧乏狀態之下，勢難完善。且於遼金事太不厝意，亦與明人等。而宋嘉定後元至順前，亦太荒略。故全部改作，實爲學界極迫切之要求，至乾隆末然後畢秋帆沅續資治通鑑二百二十卷出現。此書由秋帆屬幕中僚友編訂，凡閱二十年，最後經邵二雲校定。章實齋邵與桐別傳云：『畢公以二十年功屬賓客續宋元通鑑，大率就徐本損益，無大殊異：：君出緒餘爲之覆審。其書卽大改觀：：畢公大悅謂迥出諸家續鑑上。』可見書實成於邵手，而章實齋實參與其義例。實齋有代秋帆致錢竹汀論續鑑書。見本集。函中指摘陳王薛徐諸家缺失。及本書所據資料？所用方法，甚詳覈。可見章氏與此書關係極深，其書『宋事，據二李（燾心傳。）而推廣之。遼金二史所載大事無一遺落，又據旁籍以補其逸。元事，多引文集，而說部則愼擇其可徵信者。仍用司馬氏例，折衷諸說異同，明其去取之故，以爲考異。……』章代畢致錢書中語。蓋自此書出而諸家讀鑑可廢矣。

自宋袁樞作通鑑紀事本末，爲史世創一新體，明陳邦瞻依其例以治宋史元史。清初則有谷賡虞應谷著明史紀事本末八十卷。其書成于官修明史以前，采輯及組織皆頗費苦心。姚立方謂此書爲海昌談孺木（遷）所作，其各篇附論，則陸麗京（圻）作，鄭芷畦述朱竹垞言謂此書爲徐倬作。雖皆屬疑案，然其書出谷氏者甚少。蓋可斷言。葉廷琯鷗波漁話辨證此事最平允。而馬宛斯有左傳事緯高江村士奇有左傳紀事本末，皆屬此類書。

（丁）補各史表志

表志爲之史筋幹，而諸史多缺，或雖有而其目不備。如藝文僅漢隋唐宋明五史有之，餘皆闕如。三國六朝海宇分裂，彊域離合，最難董理，而諸史無一注意及此者，甚可怪也。宋陳子文有補漢兵志一卷，熊方有補後漢書年表若干卷，實爲補表志之祖。清儒有事於此者頗多，其書皆極有價值。據吾所知見者列目如下：

歷代史表五十九卷。鄞縣萬斯同季野著。

此書從漢起至五代止，獨無西漢及唐，以漢書新唐書原有表也。所表皆以人爲主，方鎮年表各篇最好。惟東漢於表人外別有大事年表一篇，是其例外。

又季野尙有紀元彙考四卷，歷代宰輔彙考八卷，性質亦略同補表。

二十一史四譜五十四卷。歸安沈炳震東甫著。

四譜者：一紀元，二封爵，三諡法。所謂自漢迄元

歷代藝文志　卷。仁和杭世駿大宗著。（未見）

以上總補。

歷代地理沿革表四十七卷。常熟陳芳績亮工著。

此書自漢至明分十二格，表示州郡縣沿革。

史目表二卷。陽湖洪飴孫孟慈著。

此書乃表各史篇目，甚便比觀，雖非補表。附錄於此。又歸安錢念劬(恂)亦有史目表一卷，但采洪著稍有加減，非創作也，

以上總補。

史記天官書補目一卷。陽湖孫星衍淵如著。

楚漢諸侯彊域志三卷。儀徵劉文淇孟瞻著。

以上補史記漢書。

後漢書補表八卷。嘉定錢大昭晦之著

此書因熊方舊著而補其闕正其譌。爲諸侯王，王子侯，功臣侯，外戚恩澤侯，宦者侯，公卿凡六表。

補續漢書藝文志一卷。嘉定錢功昭晦之著。

補後漢書藝文志四卷。番禺侯康君謨著。

後漢書三公年表一卷。金匱華湛恩孟超著。

以上補後漢書。

三國志補表六卷。常熟吳卓信頊儒著。

三國志補表十卷。同上

右二書未刻，見朱記榮國朝未刻遺書志略。

補三國彊域志二卷。陽湖洪亮吉稚存著。

補三國藝文志四卷。番禺侯康君謨著。

三國職官表三卷。陽湖洪飴孫孟慈著。

三國紀年表一卷。錢唐周嘉猷兩塍著。

三國郡縣表補正八卷。宜都陽守敬星吾著。（未見）

以上補三國志。

補晉兵志一卷。嘉興錢儀吉衎石著。

補晉書藝文志四卷。常熟丁辰著。

補晉書藝文志　卷。番禺侯康君謨著。（未見）

東晉彊域志四卷。陽湖洪亮吉稚存著。

十六國彊域志十六卷。同上

以上補晉書。

南北史表七卷。錢唐周嘉猷兩塍著。

年表一卷，世系表五卷，帝王世系表一卷。

南北史補志十四卷。江寧汪士鐸梅村著。

原書三十卷，今存十四卷。內天文志四卷，地理志四卷，五行志二卷，禮儀志三卷，其輿服，樂律，刑法，職官，食貨，氏族，釋老，藝文八志佚於洪楊之亂。

東晉南北朝輿地表二十八卷。嘉定徐文范仲圃著。

年表十二卷。州郡表四卷，郡縣沿革表六卷，世系圖表附各國彊域二卷。

十六國春秋世系表二卷。嘉興李旦華厚齋著。

補宋書刑法志食貨志各一卷。棲霞郝懿行蘭皋著。

補宋齊梁陳魏北齊周各書藝文志各一卷。番禺侯康君謨著。（未見）

補梁書陳書藝文志各一卷。武進湯洽著（未見）

補梁彊域志四卷。陽湖洪齮孫子齡著。

以上補南北朝諸史。

唐書史臣表一卷。嘉定錢大昕竹汀著。
唐五代學士表一卷。同上
唐折衝府考四卷。仁和勞經原笙士著其子格季言補輯。
唐折衝府考補一卷。上虞羅振玉叔蘊著。
此二書雖非純粹的補表志，而性質略同，附見於此。
唐藩鎮表金匱華湛恩孟超著。（未見）（卷數未詳）
以上補唐書。
五代紀年表一卷。錢唐周嘉猷兩塍著。
補五代史藝文志一卷。江寧顧懷三著。
以上補五代史。
宋史藝文志補一卷。上元倪燦著。
元史藝文志四卷。嘉定錢大昕竹汀著。
元史氏族表三卷。同上

宋學士年表一卷。同上

補遼金元三史藝文志一卷。上元倪燦著。

又一卷江都金門詔著。以上二書似不佳。

宋遼金元四史朔閏表二卷。嘉定錢大昕竹汀著。

以上補宋遼金元史。

此類書吾所知見者得以上若干種。當有未知者，容更蒐補。清儒此項工作，在史學界極有價值。蓋讀史以表志為最要，作史亦以表志為最難。舊史所無之表志，而後人摭拾叢殘以補作則尤難。右諸書中，如錢衎石之補晉兵志，以極謹嚴肅括之筆法，寥寥二三千言，另有自注。而一代兵制具見。如錢晦之之補續漢書藝文志，侯君謨之補三國藝文志……等，從本書各傳所記及他書所徵引辛勤搜剔，比隋經籍志所著錄增加數倍；而各書著作來歷及書中內容亦時復考證敘述，視隋志體例尤密。如洪北江劉孟瞻之數種補疆域志，所述者為羣雄割據疆場屢遷的時代，能苦心鈎稽，按年月以考其疆界，正其異名。如周兩塍之南北史世系表。仿唐書宰相世系表之意而擴大之，將六朝矜崇門第之階級的社會能表現其眞相。如錢竹汀之元史藝文志及氏族表，可據之資料極貧乏，而能鉤索補綴，蔚爲大觀。……凡此皆清儒絕詣而成績永不可沒者也。

此外有與補志性質相類者。則如錢衎石之三國志會要五卷（已成未刻）。晉會要南北朝會要各若干卷（未成）徐星伯松之宋會要　百卷，宋中興禮書二百三十一卷。續通書六十四卷。（俱未刻）

以上所舉，各史應補之表志，亦已十得四五，吾儕所最不滿意者則食貨，刑法兩志補者甚寡。（僅有一家）兩志皆最要而頗難作，食貨尤甚。豈清儒亦畏難耶？抑不甚注意及此耶？

舊史所無之表，吾認爲有創作之必要者略舉如下：

一　外族交涉年表：諸外族侵入，於吾族舊史關係至鉅，非用表分別表之，不能得其興衰之眞相。例如匈奴年表從冒頓起至劉淵赫連之滅亡表之。鮮卑年表從樹機能始至北齊北周之滅亡表之。突厥年表從初成部落至西突厥滅亡表之。契丹年表從初成部落至西遼滅亡表之。女直年表從金初立國至清入關表之。蒙古年表自成吉思以後歷元亡以後，明清兩代之叛服乃至今日役屬蘇維埃俄國之蹟皆表之。自餘各小種族之興仆，則或以總表表之。凡此皆斷代史所不能容，故舊史未有行之者。然實爲全史極重要脈絡，得此則助與味與省精力皆甚多。而爲之亦並不難。今後之學者宜致意也。羅叔蘊著高昌麴氏年表等即此意，惜題目太小範圍太狹耳。

二　文化年表：舊史皆詳於政事而略於文化，故此方面之表絕無。今宜補者，例如學者生卒年表，文學家生卒年表，美術家生卒年表，佛教年表，重要書籍著作及存佚年表，重要建築物成立及破壞年表……等。此類表若成，爲治國史之助實不細。創作雖不甚易，然以清儒補表志之精神及方法赴之，資料尚非甚缺乏也。

三　大事月表：史記之表，以遠近爲疏密。三代則以世表，十二諸侯六國及漢之侯王將相則以年表，秦楚之際則以月表。蓋當歷史起大變化之事蹟所涉方面極多，非分月表不能見其眞相。漢書以下二十三史，無復表月者矣。今對於舊史欲補此類表，資料最難得，且太遠亦不必求詳。至如近代大事，例如：明淸之際月表，咸豐軍興月表，中日戰役月表，義和團事件月表，辛亥革命月表……等，皆因情形極複雜，方面極多，非分月且分各部分表之，不能明晰。吾儕在今日，尙易集資料。失此不爲，徒受後人責備而已。

吾因論述淸儒補表志之功，感想所及附記如右。類此者尙多，未遑徧舉也。要之淸儒人補表志，實費極大之勞力，裨益吾儕者眞不少。惜其眼光尙局於舊史所固有，未能盡其用耳。

(戊)舊史之注釋及辨證

疏注前史之書，可分四大類：其一，解釋原書文句音義者，如裴駰之史記集解顏師古李賢之兩漢書注等是也。其二，補助原書遺佚或兼存異說者，如裴松之之三國志注等是也。其三，校勘原書文字上之錯舛者，如劉攽吳仁傑之兩漢刋誤等是也。其四，糾正原書事實上之譌謬者，如吳縝之新唐書糾謬等是也。

清儒此類著述中，四體皆有。有一書專主一體者，有一書兼用兩體或三體者。其書頗多，不能悉舉，舉其要者錯綜論列之。

清儒通釋諸史最著名者三書。曰：

二十一史考異一百卷附三史拾遺五卷諸史拾遺五卷。嘉定錢大昕竹汀著

十七史商榷一百卷。嘉定王鳴盛西莊著。

二十二史劄記三十六卷。陽湖趙翼甌北著。

三書形式絕相類，內容卻不盡從同。同者一部分。錢書最詳於校勘文字，解釋訓詁名物，糾正原書事實譌謬處亦時有。凡所校考，令人渙然冰釋，比諸經部書，蓋王氏經義述聞之流也。王書亦間校釋文句，然所重在典章故實。自序謂：「學者每苦正史繁塞難讀，或遇典制茫昧，事蹟樛葛，地理職官眼眯心瞀，試以予書置旁參閱，疏通而證明之不覺如關開節解筋轉脈搖。……」誠哉然也。書末綴言二卷，論史家義例，亦殊簡當。趙書每史先敘其著述沿革，評其得失，時失

校勘其訛舛。而大半論『古今風會之遞變政事之屢更有關於治亂興衰之故者。』（自序語。）但彼與三蘇派之「帖括式史論」截然不同：彼不喜專論一人之賢否一事之是非，惟捉住一時代之特別重要問題，羅列其資料而比論之。古人所謂『屬辭比事』也。 清代學者之一般評判，大抵最推重錢，王次之，趙爲下。以余所見，錢書固清學之正宗，其校訂精覈處最有功於原著者。若爲現代治史者得常識助興味計，則不如王趙。王書對於頭緒紛繁之事蹟及制度爲吾儕絕好的顧問。趙書能教吾儕以抽象的觀察史蹟之法。 陋儒或以少談考據輕趙書，殊不知竹汀爲趙書作序，固極推許，謂爲『儒者有體有用之學』也。（又有人謂趙書乃攘竊他人非自作者，以趙本文士，且與其舊著之陔餘叢考不類也。然人之學固有進步，此書爲甌北晚作，何以見其不能？況明有竹汀之序耶？並時人亦不見有誰能作此類書者。或謂出章逢之（宗源。）以吾觀之，逢之善於輯佚耳，其識力尚不足以語此。）

武英殿板二十四史每篇後所附考證，性質與錢氏考異略同。 尚有杭大宗（世駿）諸史然疑，洪稚存（亮吉）四史發伏……等，洪筠軒（頤煊）諸史考異，李次白（貽德）十七史考異亦踵錢例。

其各史分別疏證者，（分隸於一總書之下——如錢竹汀之史記考異即二十一史考異之一部分，史記拾遺即三史拾遺之一部分——不再舉。）則史記有錢獻之坫史記補注一百三十六卷，梁曜北玉繩史記志疑三十六卷，王石臞念孫讀史記雜志六卷，崔觶甫適史記探原八卷……等。錢書當是鉅製，惜未刻，無從批評。王書體例，略同錢氏考異，梁書自序言：『百三十篇中愆違疏略，觸處滋疑；加以非才刪續，使金鍮罔別，鏡璞不完，良可閔歎。……』書名「志疑，」實則刊誤糾謬什而八九也。崔書專辨後人續增竄亂之部分，欲廓清以還史公眞相，故名曰「探原」，

史記爲第一部史書，其價值無俟頌揚。然去古既遠，博採書記，班彪所謂『一人之精文重思煩，故其書刊落不盡，多不齊一，』此實無容爲諱者。加以馮商褚少孫以後，續者十餘家，孰爲本文，孰爲竄亂，實難辨別。又況傳習滋廣，傳寫訛舛，所在皆是。故各史中最難讀而亟須整理者莫如史記。清儒於此業去之尙遠也；然梁崔二書，固已略闢蠶叢。用此及二錢二王所校訂爲基礎，輔以諸家文集筆記中之所考辨，彙而分疏於正文之下，別成一集校集注之書，

庶爲後學省無數迷罔，是有望於今之君子。

漢書後漢書有吳枚庵翌鳳漢書考證十六卷，惠定宇後漢書補注二十四卷，侯君謨沈銘彝各續補惠書一卷。錢晦之大昭漢書辨疑二十二卷，後漢書辨疑十一卷，續漢書辨疑九卷，王石臞讀漢書後漢書雜志共十七卷，陳少章景雲兩漢訂誤五卷，沈文起欽韓兩漢書疏證共七十四卷，周荇農壽昌漢書注校補五十六卷，後漢書注校正八卷，王益吾先謙漢書補注一百卷，後漢書補注百二十卷，續漢書志補注三十卷……等。諸書大率釋文考異訂誤兼用，而漢書則釋文方面更多，因其文近古較難讀也。後漢書則考異方面較多，以諸家逸書謝承華嶠司馬彪等遺文漸出也。王益吾兩補注最晚出，集全清考訂之成，極便學者矣。

三國志有杭大宗三國志補注六卷，錢竹汀三國志辨疑三卷，潘眉三國志考證八卷，梁茝林章鉅三國志旁證三十卷，東少章三國志學正四卷，沈文起三國志注補訓故釋地理各八卷，侯君謨三國志補注一卷。周荇農三國志注證遺四卷……等。此書裴全屬考異補逸性質，諸家多廣其所補：沈則於所其不注意之訓故地理方面而補之也。

馬班陳范四史最古而最善，有注釋之必要及價值，故從事者多，晉書以下則希矣。其間歐公之新五代補最有名而文句最簡，事蹟遺漏者多，故彭掌仍（元瑞）仿裴。注三國例爲五代史記注七十四卷。吳胥石（蘭庭）亦有五代史記纂誤補四卷。（纂誤爲宋吳縝撰。）則糾歐之失也。而武授堂（億）唐春卿（景崇）亦先後以此例注歐之新唐書，武書似未成，唐成而未刻云。其餘如洪稚存之宋書音義杭大宗之北齊書疏證劉恭甫（壽曾）之南史校議趙（紹祖）之新唐書互證等，瑣末點綴而已。

遼金元三史最爲世詬病。清儒治遼史者莫勤於厲樊榭（鶚）之遼史拾遺二十四卷。治金史者莫勤於施北研（國祁）之金史詳校十卷。其元史部分，已詳前節，不再論列。惟李仲約（文田）之元秘史注十五卷，蓋得蒙古文原本對譯勘正而爲之注，雖非正注史，附錄於此。

注校舊史用功最鉅而最有益者，厥惟表志等單篇之整理。蓋茲事屬專門之業，名爲校注，其難實等於自著也。最初業此者，則宋王應麟之漢書藝文志考證。

清儒仿行者則如：

孫淵如史記天官書考證十卷。未刻

梁曜北漢書人表考九卷。古今人表之注也，從古籍中搜羅諸人典故殆備。可稱為三代前人名辭典。又翟文泉（云叔）有校正古人表。

全謝山漢書地理志稽疑卷。又段茂堂有校本地理志未刻。

錢獻之坫新斠注漢書地理志十六卷，卷書十表注十卷。表注未刻

汪小米遠孫漢書地理志校本二卷。

吳頊儒卓信漢書地理志補注百零三卷。頊儒尚有漢三輔考二十四卷，亦地理志之附庸也。

楊星吾守敬漢地理志補校二卷。

陳蘭甫漢書地理志水道圖說七卷。

洪筠軒漢志水道疏證四卷。

徐星伯松漢書地理志集釋十六卷，漢書西域傳補注二卷。

李恢垣光廷漢西域圖考七卷。此書實注漢書西域傳也

李生甫賡芸漢書藝文志考誤二卷。未刻。

朱亮甫右曾 後漢書郡國志補校 卷。未刻。錢晦之有後漢郡國令長考實釋郡國志之一部分

錢獻之續漢書律歷志補注二卷。未刻。

畢秋帆晉書地理志新校正五卷。

方愷 新校晉書地理志一卷。

張石洲穆 延昌地形志 卷。此用延昌時爲標準補正魏書地形志也。

章逢之宗源 隋書經籍志考證十三卷。此書雖注重輯佚，但各書出處，多所考證，亦不失爲注釋體。

楊星吾隋地理志考證九卷。

張登封宗泰 新唐書天文志疏正 卷。未刻。

沈東甫炳震 校正唐書方鎮表宰相世系表。此兩篇在新舊唐書究鈔中，但全部校補，重新組織，全謝山謂當提出別行，誠然。

又唐書宰相世系表訂譌十二卷。此書單行

董覺軒沛 唐書方鎮表考證二十卷。似未刻。

以上各史表志專篇之校注，與補志表同一功用，彼則補其所無，此則就其有者或釋其義例或校其訛舛或補其遺闕也。 顧最當注意者：右表所列，關於地理者什

而八九，次則經籍。次則天文律曆皆各有一二，而食貨，刑法，樂，輿服等乃絕無！即此一端，吾儕可以看出乾嘉學派的缺點：彼輩最喜研究釐定的學問，不喜研究活變的學問。此固由來已久，不能專歸咎於一時代之人；然而彼輩推波助瀾，亦與有罪焉。彼輩所用方法極精密，所費工作極辛勤，惜其所研究之對象不能副其價值。嗚呼！豈惟此一端而已矣？

(己) 學術史之編著及其他

專史之作，有橫斷的有縱斷的。橫斷的以時代爲界域，如二十四史之分朝代，即其一也。縱斷的以特種對象爲界域，如政治史宗教教育史文學史美術史等類是也。中國舊惟有橫斷的專史而無縱斷的專史，實史界一大憾也。（通典及資治通鑑可勉強作兩種方式之縱斷的政治史。）內中惟學術史一部門，至清代始發展。

舊史中之儒林傳藝文志頗言各時代學術淵源流別，實學術史之雛形。然在正史中僅爲極微弱之附庸而已。唐宋以還，佛教大昌，於是有佛祖通載，傳燈錄等書，謂爲宗教史也可，謂爲學術史也可。其後儒家漸漸仿效，於是有朱晦翁伊洛淵源錄一類書。明代則如周汝登聖學宗傳……之類，作者紛出。然大率借以表揚自己一家之宗旨，乃以史昌學，非爲學作史。明以前形勢大略如此。

清初，孫夏峰著理學宗傳，復指導其門人魏蓮陸(鼇)著北學編，湯荊峴(斌)著洛學編，學史規模漸具。及黃梨洲明儒學案六十二卷出，始有眞正之學史。蓋讀之而明學全部得一縮影焉。然所敘限於理學一部分。(例如王弇州楊升庵……輩之學術，在明儒學案中即不得見，)而又特詳於王學，蓋『以史昌學』之成見仍未能盡脫。梨洲本更爲宋元學案，已成十數卷，而全謝山更續爲百卷。謝山本有『爲史學而治史學』的精神。此百卷本宋元學案，有宋各派學術——例如洛派，蜀派，關派，閩派，永嘉派，乃至王荊公李屏山等派——面目皆見焉。洵初期學史之模範矣。

敘清代學術者有江子屏(藩)之國朝漢學師承記八卷，國朝宋學淵源記三卷。有唐海鏡(鑑)之國朝學案小識十五卷。子屏將漢學宋學門戶顯然區分，論者或病其隘執；然乾嘉以來學者事實上確各樹一幟賤彼而貴我，子屏不過將當時社會心理照樣寫出，不足爲病也。二書中漢學編較佳，宋學編則漏略殊甚，蓋非其所喜也。然强分兩門，則各人所歸屬亦殊難正確標準，如梨洲亭林編入漢學附錄，於義何取耶？子屏主觀的成見太深，其言漢學，太抵右元和惠氏一派，言宋學則喜雜禪宗。觀師承記所附經師經義目錄及淵源記之附記，可見出。好持主觀之人，實不宜，於作學史。特其創始之功不可沒耳。唐鏡海搜羅較博，而主觀抑更重。其書分立『傳道』『翼道』『守道』三案，第其高下，又別設『經學』『心學』兩案，示排斥之意，蓋純屬講章家『爭道統』的見解，不足以語於史才明矣。聞道咸間有姚春木椿者亦曾著國朝學案，其書未成，然其人乃第三四流古文家，非能治學者，想更不足觀也。吾發心著清儒學案有年，常自以時地所處竊比梨洲之故明，深覺責無旁貸。所業既多，荏苒歲月，未知何時始踐夙願也。

學史之中，亦可分析爲專門，或專叙一地學風，或專叙一學派傳授分布。前者，如北學編洛學編等是。後者如郡念魯廷采之陽明王子及王門弟子傳，蕺山劉子及劉門弟子傳即其例。學派的專史，淸代有兩名著：其一爲李穆堂紱之陸子學譜。貌象山之眞；其二爲戴子高望之顏氏學記表習齋之晦。可謂振裘挈領，心知其意者矣。

文學美術等宜有專史久矣，至竟闕然！無已，則姑舉其類似者數書：一阮芸臺之疇人傳四十六卷，羅茗香士琳之續疇人傳六卷，諸可寶之疇人傳三編七卷詳術歷代天算學淵源流別。二張南山維屏之國朝詩人徵略六十卷。網羅有淸一代詩案，各人先爲一極簡單之小傳，次以他人對於彼之論評，次乃標其名著之題目或摘其名句。道光前作者略具焉，三卞永譽之式古堂書畫彙考三十卷。其畫考之部，首爲畫論。卷一次爲收藏法，卷二次論前代記載名畫目錄及評論之書，卷三至七次乃偏論三國兩晉迄明畫家。卷八至三十頗有別裁，非等叢鈔，儼具畫史的組織，宜潘次耕亟賞之也。有魯東山駿宋元以來畫人姓氏錄三十六卷。以韵編姓，實一部極博贍之畫家人名辭典。此數書者即不遽稱爲文學史美術史，最少亦算曾經精製之史料。惜乎類此者且不可多得也。

最近則有王靜安國維著宋元戲曲史實空前創作。雖體例尚有可議處，然為史界增重既無量矣。

（庚）史學家法之研究及結論

千年以來研治史家義法能心知其意者，唐劉子元宋鄭漁仲與清之章實齋學誠三人而已。茲事原非可以責望於多數人，故亦不必以少所發明為諸儒詬病。顧吾曹所最痛惜者，以清代唯一之史家章實齋，生乾嘉極盛時代，而其學竟不能為斯學界衣被以別開生面，致有清一代史學僅以摭拾叢殘自足，誰之罪也。實齋學說，別為專篇，茲不復贅。

（七）方志學

最古之史，實為方志，如孟子所稱「晉乘楚檮杌魯春秋，」墨子所稱「周之春秋宋之春秋燕之春林，」莊子所稱「百二十國寶書，」比附今著，則一府州縣志而已。惟封建與郡縣組織既殊，故體例靡得而援焉。自漢以降，幅員日恢，而分地紀載之著作亦孳乳寖多。其見於隋書經籍志者則有下列各類：

一，圖經之屬。如冀幽齊三州圖經及羅含湘中山水記劉澄之司州山川古今記：：等。

二，政記之屬。如趙曄吳越春秋，常璩華陽國志，失名三輔故事：：等。

三，人物傳之屬。如蘇林陳留耆舊傳，陳壽益都耆舊傳：：等。

四，風土記之屬。如圈稱陳留風俗傳，萬震南州異物志，宗懍荆楚歲時記：：等。

五，古蹟之屬。如失名三輔黃圖楊衒之洛陽伽藍記：：等。

六，譜牒之屬。如冀州姓族譜，洪州吉州江州袁州諸姓譜：：等。

七，文徵之屬。如宋明帝江左文章志：：等。

自宋以後，薈萃以上各體成爲方志。方志之著述，最初者爲府志，繼則分析下達爲縣志，綜括上達爲省志。明以前方志，今四庫著錄者尚二十七種，存目亦數十。（四庫例，宋元舊志全收，明則選擇綦嚴，僅收五種。清則惟收當時所有之省志而已。然入道咸以後，學者蒐羅遺佚，四庫未收之宋元志續出重印者不少，以吾所見尚二十餘種。）清，則康熙十一年曾詔各郡縣分輯志書，而成者似不多，佳構尤希。雍正七年因修大清一統志，需省志作資料，因嚴諭促修限期蕆事。今四庫著錄自李衞等監修之畿輔通志起至鄂爾泰皆修之貴州通志止凡十六種，皆此次明詔之結果也。成書最速者爲廣東通志，在雍正八年，最遲者爲貴州通志在乾隆六年。旋復頒各省府州縣志六十年一修之令：雖奉行或力不力，然文化稍高之區，或長吏及士紳有賢而好事者，未嘗不以修志爲務。舊志未湮，新志踵起，計今所存，恐不下二三千種也。

方志中什之八九，皆由地方官奉行故事，開局衆修，位置冗員，鈔撮陳案，殊不足以語於著作之林。雖然，以吾儕今日治史者之所需要言之，則此二三千種十餘萬卷之方志，其間可寶之資料乃無盡藏！良著固可寶，即極惡俗者亦未宜厭棄。何則？以我國幅員之廣，各地方之社會組織，禮俗習慣，生民利病，樊然殽雜，各不相侔者甚夥。而疇昔史家所記述，專注重一姓興亡及所謂中央政府之囫圇畫一的施設，其不足以傳過去現在社會之眞相明矣。又正以史文簡略之故，而吾儕所渴需之資料乃摧剝而無復遺。猶幸有蕪雜不整之方志，保存「所謂良史者」所吐棄之原料於糞穢中，供吾儕披沙揀金之憑藉，而各地方分化發展之迹及其比較，明眼人遂可以從此中窺見消息。斯則方志之所以可貴也。

方志雖大半成於俗吏之手，然其間經名儒精心結撰或參訂商榷者亦甚多。吾家方志至少，不能悉舉，顧以覩聞所及，則可稱者略如下：

康熙鄒平縣志。馬宛斯獨撰。顧亭林參與。

康熙濟陽縣志。張稷若獨撰。

康熙德州志。顧亭林參與。

康熙靈壽縣志。陸稼書爲知縣時獨撰。

乾隆歷城縣志。周書昌（永年）李南澗（文藻）合撰。乾隆諸城縣志。李南澗獨撰。

乾隆寧波府志。萬九沙（經）全謝山參與。

乾隆太倉州志。王述庵（昶）獨撰。

乾隆鄞縣志。錢竹汀參與。

乾隆汾州府志。汾陽縣志。俱戴東原參與。

乾隆松江府志，汾州志，三水縣志。俱孫淵如主撰乾隆偃師縣志，安陽縣志。嘉慶魯山縣志，寶豐縣志，郟縣志。俱武授堂（億）主撰。

乾隆西寧府志，烏程縣志，昌化縣志，平陽縣志。俱杭大宗（世駿）主撰。

乾隆廬州府志，江寧府志，六安州志。俱姚姬傳（鼐）主撰。

乾隆寧國府志，懷慶府志，延安府志，涇縣志，登封縣志，固始縣志，澄城縣志，淳化縣志，長武縣志。俱洪稚存主撰。

乾隆和州志，永清縣志，亳州志。俱章實齋獨撰。乾隆天門縣志，石首縣志，廣濟縣志常德府志，荊州府志。俱章實齋參與。

乾隆富順縣志。段茂堂爲知縣時獨撰。

乾隆朝邑縣志。錢獻之（坫）主撰。

嘉慶廣西通志。謝蘊山（啓昆）爲巡撫時主撰

嘉慶湖北志通乾隆末畢秋帆爲總督時主撰。章實齋總其事。但今本已全非其舊。

嘉慶浙江通志，道光廣東通志。皆阮芸臺主撰。廣東志陳觀樓（昌齊）江子屏（藩）謝里甫（蘭生）等總纂。

嘉慶安徽通志。陶雲汀（澍）主撰，陸祁孫（繼輅）總纂。

嘉慶揚州府志。伊墨卿（秉授）倡修，焦里堂，姚秋農（文田）秦敦夫（恩復）江子屏等協成。

嘉慶徽州府志。夏朗齋（鑾）汪叔辰（龍）合撰。龔自珍參與。

嘉慶鳳臺縣志。李申耆（兆洛）爲知縣時獨撰。

嘉慶懷遠縣志。李申耆主撰。董晉卿（士錫）續成。

嘉慶禹州志，鄢陵縣志。河內縣志。洪幼懷（苻孫）主撰。

嘉慶長安縣志，咸寧縣志。董方立（祐誠）主撰。

嘉慶郯城縣志。陸祁孫主撰。

道光湖廣通志。林少穆（則徐）總裁，俞理初（正燮）總纂。

道光陝西通志。蔣子瀟（湘南）參與。

道光雷州府志。海康縣志。陳觀樓獨撰。

道光興州縣志，屏山縣志，大足縣志，瀘谿縣志。張介侯（澍）爲知縣時獨撰。

道光武岡府志，寶慶縣志。鄧湘皋（顯鶴）獨撰。

道光南海縣志。吳荷屋（榮光）主撰。

道光河內縣志，永定縣志，武陟縣志。方彥聞（履籛）主撰。

道光貴陽府志，大定府志，興義府志，安順府志。鄒叔績（漢勛）主撰，

道光新會縣志。黃香石（培芳）曾勉士（釗）合撰。

道光濟寧州志。許印林（瀚）獨撰。

道光涇原縣志。蔣子瀟主撰。刻本多改竄。

咸豐邳州志，淸河縣志。魯通甫（一同）主撰。

咸豐遵義府志。莫子偲（友芝）鄭子尹（珍）合撰。

同治畿輔通志。黃子壽（彭年）總纂。

同治江西通志。董覺軒（沛）總纂。

同治蘇州府志。馮林一（桂芬）主撰。

同治南海縣志。鄒特夫（伯奇）譚玉生（瑩）主撰。

同治番禺縣志。陳蘭甫主撰。

同治江寧府志。汪梅村（士鐸）主撰，

同治湖州府志，歸安縣志。陸存齋（心源）主撰。

同治鄞縣府志，慈谿縣志。董覺軒徐柳泉（時棟）合撰。

光緒山西通志。曾沅甫（國荃）總裁，王霞舉（軒）總撰。

光緒湖南通志。郭筠仙（嵩燾）李次青（元度）總纂。

光緒安徽通志。何子貞（紹基）總纂。

光緒湘陰縣圖志。郭仙筠獨撰。

光緒湘潭縣志。衡陽縣志，桂陽縣志。俱王壬秋（闓運）主撰。

光緒杭州府志，黃巖縣志，青田縣志，永嘉縣志，仙居縣志，太平續志。俱王子莊（棻）主撰。

光緒紹興府志，會稽新志。俱李蒓客（慈銘）主撰。

光緒湖北通志，順天府志，荊州府志，昌平縣志。俱繆小山（荃孫）主撰。

宣統新疆圖志。王晉卿（樹楠）總纂。

民國江陰縣志。繆小山主撰。

民國合川縣志。孫親石（森楷）獨撰。

以上諸志，皆出學者之手，斐然可列著作之林者。吾不過隨學所知及所記憶，罣漏蓋甚多。然亦可見乾嘉以降，學者日益重視斯業矣。

方志之通患在蕪雜。明中葉以後有起而矯之者，則如康海之武功縣志僅三卷，二萬餘言；韓邦靖之朝邑縣志僅二卷，五千七百餘言，自詫爲簡古。而不學之文士如王漁洋宋牧仲輩震而異之，比諸馬班！耳食之徒，相率奉爲修志模楷，即四庫提要亦亟稱之。又如陸稼書之靈壽縣志，借之以昌明理學，而世人亦競譽爲方志之最良者。乾隆以前一般人士對於方志觀念之幼稚謬誤，可以想見矣。

注意方志之編纂方法，實自乾隆中葉始。李南澗歷城諸城兩志，全書皆纂集舊文。不自著一字，以求絕對的徵信。後此志家，多踵效之。謝蘊山之廣西通志，首著敘例二十三則，偏徵晉唐宋明諸舊志門類體製，舍短取長，說明所以因革之由。認修志爲著述大業，自蘊山始也。故其志爲省志模楷，雖以阮芸臺之博通，恪遵不敢稍出入，繼此更無論。餘如焦里堂李申耆集中，皆有專論修志體例之文。然其間能認識方志之眞價値說明其眞意義者則莫如章實齋。

實齋以清代唯一之史學大師而不能得所藉手以獨撰一史，除著成一精深博大之文史通義及造端太宏未能卒業之史籍考外，其創作天才，悉表現於和州亳州永清三志及湖北通志稿中。「方志學」之成立，實自實齋始也。

實齋關於斯學之貢獻，首在改造方志之概念。前此言方志者爲「圖經」之概念所囿，以爲僅一地理書而止。實齋則謂方志乃周官小史外史之遺，其目的專以供國史取材，非深通史法不能從事。概念擴大，內容自隨而擴大。彼乃著方志書三謂：『凡，欲經紀一方之文獻，必立三家之學：仿正史傳紀之體而作志；仿律令典例之體而作掌故；仿文選文苑之體而作文徵。三書相輔而行，缺一不可』彼晚年應畢秋帆聘，總鄂志局事，卽實行其理想，分湖湖北通志湖北掌故湖北文徵三書。彼又以爲志須繼續增修，而資料非隨時保存整理，則過此將散失不可復理，於是倡議各州縣設立志科，使文獻得有所典守而不墜，而國史取材，亦可以有成式而免參差蕪猥之患。又晰言省志與府志府志與縣志地位之差別，大旨謂府縣志爲省志資料，省志爲國史資料，各自有其任務與其組織，省志非拚合府縣志可成，府縣志非割裂省志可成。

實齋所改造之方志概念既與前不同，則其內容組織亦隨之而異。今試將舊志中號稱最佳之謝氏廣西通志與實齋所擬湖北三書稿比較如下：

嘉慶廣西通志目錄：

- 訓典
- 四表
  - 郡縣沿革
  - 職官
  - 選舉
  - 封建
- 九略
  - 輿地——疆域圖，分野，氣候，戶口，風俗。物產。
  - 山川——山，川，水利。
  - 關隘
  - 建置——城池，廨置，學校，壇廟，梁津。
  - 經政——銓選，卹助，經費，錄餉。卹政，田賦，鹽法，榷稅，積貯，祀典，土貢，學制，兵制，馬政，郵政，承審土司事件，口糧，鹽倉，刑具，鼓鑄，陡河，經費，船政。
  - 前事
  - 藝文——經，史，子，集，傳記，事記，地記，雜記，志乘，奏疏，詩文。
  - 金石
  - 勝蹟——城池，署宅，冢墓，寺觀。

二　錄
- 宦績
- 謫宦

六　列傳
- 人物
- 土司
- 列女
- 流寓
- 仙釋
- 諸蠻

湖北三書目錄：

湖北通志七十四篇

- 二紀
  - 皇言
  - 皇朝編年（附前代）
- 三圖
  - 方輿
  - 沿革
  - 水道
- 五表
  - 職官
  - 封建
  - 選舉
  - 族望
  - 人物
- 六考
  - 府縣
  - 輿地
  - 食貨
  - 水利
  - 藝文
  - 金石
- 四政
  - 經濟
  - 循績
  - 捍禦
  - 師儒
- 五十三傳（目多不載）

湖北掌故六十六篇
- 吏科——四目：官司員額，官司職掌，員缺繁簡，吏典事宜。
- 戸科——十九目：賦役，倉庾，漕運，雜稅，牙行，等。
- 禮科——十三目：祀典，儀注，科場，條例，等。
- 兵科——十二目：將弁員額，兵丁技藝額數，武弁例馬，等。
- 刑科——六目：里甲，編甲圖，囚糧衣食，三流道里表，等。
- 工科——十二目：城工，塘汛，江防，銅鐵礦廠，工科價值表，等。

湖北文徵八集
- 甲集上下——裒錄正史列傳。
- 乙集上下——裒錄經濟策畫。
- 丙集上下——裒錄詞章詩賦。
- 丁集上下——裒錄集人詩詞。

約而言之向來作志者皆將「著述」與「著述資料」混爲一談。欲求簡潔斷制不失著述之體耶？則資料之割捨者必多；欲將重要資料悉予保存耶？則全書繁而不殺，必蕪穢而見厭。故康之武功，韓之朝邑，與汙牛充棟之俗志交譏，蓋此之由。實齋「三書」之法，其通志一部分，純爲「詞尙體要。」「成一家言。」之著述；掌故文徵兩部分，則專以保存著述所需之資料。既別有兩書以保存資料，故「純著述體」之通志，可以肅括閎深，文極簡而不虞遺闕。實齋所著方志辨體自述其湖北通志稿之著述義例。內一段云：『通志食貨考田賦一門，余取賦役全書布政使司總彙之册，登其款數，而採用明人及本朝人所著財賦利病奏議詳揭。及士大夫私門論撰聯絡爲篇。爲文不過四五千言，而讀者於十一府州數百年間財賦沿革弊利，洞如觀火。蓋有布政司以總大數，又有議論以明得失，故文簡而事理明也。舊志盡取各府州縣賦役全書挨次排纂，書盈五六百紙。……閱者連篇累卷，但見賦稅錢穀之數，而數百年利病得失，則茫然無可求。……』其保存資料之書，又非徒堆積檔案謬夸繁富而已．加以別裁，組織而整理之，馭資料使適於用。湖北掌故中有賦役表一篇，方志辨體述其義例云：『志文既撮其總要貫以議論以存精華，仍取十一府州六十餘州縣賦役全書鉅帙七十餘册，總其款目以爲以經，分其細數以爲之緯，縱橫其格，排約爲賦役表。不過二卷之書，包括數十巨册，略無遺脫。……』觀此可見掌故書體例一斑。實齋之意，欲將此種整理資料之方法由學者悉心訂定後，著爲格式，頒下各州縣之「志科，」隨時依式最錄，則不必高材之人亦可從事，而文獻散亡之患可以免。此誠保存史料之根本辦法，未經人道者也。實齋所作州縣請立志科議云：『天下大計，始於州縣，則史事責成，亦當始於州縣之志。州縣有荒陋無稽之令史必牘。……故州縣之志不可取辦於一時。平日當於諸吏中特立志科，僉典吏之稍明於文法者以充其選。而且立爲成法，俾如法以紀載。……積數十年之久，則訪能文學而通史裁者筆削以爲成書。……如是又積而又修之。於是不勞，而功效已爲文史之儒所不能及。』

實齋之於史，蓋有天才，而學識又足以副之。其一生工作全費於手撰各志，隨處表現其創造精神。以視劉子元鄭漁仲，成績則既過之矣。今和亳永清三志，傳本既甚希，吾儕僅在文史通義外篇見其敍例；湖北通志則畢秋帆去職後，全局皆翻，嘉慶宮本，章著痕跡，渺不復存，幸而遺書中有檢存稿及未成稿數十篇，得以窺其崖略，然固已爲史界獨有千古之作品，不獨方志之聖而已。吾將別著章實齋之史學一書詳論之，此不能多及也。

吾於諸名志，見者甚少，不敢細下批評。大約省志中嘉道間之廣西謝志，浙江廣東阮志，其價値久爲學界所公認。同光間之畿輔李志，山西曾志，湖南李志……等，率皆踵謝阮之舊，而忠實於所事，抑其次也。而宣統新疆哀忘，前無所承，體例亦多故創，卓然斯界後起之雄矣。各府州縣志，除章實齋諸作超群絕倫外，則董方立之長安咸寧二志，論者推爲冠絕今古。鄭子尹莫子偲之遵義志，或謂爲府志中第一。而洪稚存之涇縣，淳化，長武，孫淵如之邠州，三水，武授堂之偃師，安陽，段茂堂之富順，錢獻之之朝邑，李仲耆之鳳臺，陸祁孫之郯城，洪幼懷之鄢陵，鄒特夫譚玉生之南海，陳蘭甫之番禺，董覺軒之鄞縣，慈谿，郭筠仙之湘陰王壬秋之湘潭桂陽，繆小山之江陰，皆其最表表者。比而較其門目分合增減之得失，資料選擇排配之工拙，斯誠方志學中有趣且有益的事業，余有志焉而今病未能也。

昔人極論官修國史之弊，蓋謂領其事者皆垂老之顯宦，不知學問爲何物，分纂人員猥濫，無所專責，雖有一二達識，不能盡其才。故以劉子元之身具三長，三入史館，而曾不得一藉手以表所學，徒發憤於史通，此其明效矣。方志地位，雖亞於國史，然編纂之形式，率沿唐後官局分修之舊，故得良著甚難，而省志尤甚。必如謝蘊山阮芸臺之流，以學者而任封圻，又當承平之秋，史事稀簡，門生故吏通學者多，對於修志事自身有興味，手定義例，妙選人才分任而自總其成，故成績斐然也。然以乾隆末之湖北志局，以畢秋帆爲總督，而舉國以聽於章實齋，亦可謂理想的人選矣；全書已成未刻，畢忽去位，而局中一校對員陳熷者構煽其間，遂至片跡不存，若非實齋自錄有副本之一部分，則數年間努力之結果，皆灰飛燼滅矣。（始末見章氏遺書中方志略例及各散篇，）又如乾隆初年之浙江通志，其經籍一門出杭大宗手，而卒被局員排擠削去；大宗雖別錄單行，然今竟不可得見矣。（右道古堂集兩浙經籍志序）州縣志規模較小，責任較專，故得良著亦較易。或績學之長官親總其事如陸稼書之在靈壽，段茂堂之在富順，李申耆之在鳳臺。或本邑耆宿負重望居林下，發心整理鄉邦文獻，如王述庵之於太倉，武授堂之於偃師安陽，陸存齋之於歸安，鄧湘皋之於寶慶，繆小山之於江陰。又或爲長官者既物色得人，則隆其禮貌，專其委任，拱手仰成，不予牽掣，如永清之得章實齋，長安咸寧之得董方立。三者有一於此，斯佳志可成。雖然，猶有難焉：以郭筠仙之通才博學，官至督撫。歸老於鄉，自任本縣湘陰圖志總纂，書已告成，而爲藩司李桓所扼，卒歷若干年，僅得以私貲付刻。（始末見本書後序。）蔣子瀟受聘修涇陽志。體例一仿實齋，及全書刻出，凡例仍其原文，而內容已竄改無完膚矣。（見七經樓文集關中志乘條。）夫方志之著述，非如哲學家文學家之可以閉戶瞑目其理想而遂有創獲也。其最主要之工作在調查事實搜集資料，斯固非一手一足之烈，而且非借助於有司或其他團體，則往往不能如意，故學者欲獨力任之，其事甚難。而一謀於眾，則情實糾紛，牽制百出。此所以雖區區一隅之志乘，而躊躇滿志者且不一二覯也。

雖然，以乾嘉以後諸名志與康雍以前各志相較，乃至與宋元明流傳之舊志相較，其進步既不可以道里計。則諸老之努力固未爲虛也。

官修之外，有私家著述性質略與方志同者。此類作品，體製較爲自由，故良著往往間出。其種別可略析如下：

一，純屬方志體例而避其名者：例如嘉慶初師荔扇範之滇繫。（實私撰之雲南通志因舊通志極蕪略，且已七十年失修，乃獨力創此。）又如劉端臨之揚州圖經劉楚禎之寶應圖經。（兩書吾未見，疑實具體之州志縣志。）許石華之海州文獻錄。（亦未見，劉伯山通義堂集有序亟稱之。）

二，專記一地方重要史蹟者；其體或爲編年。例如汪容甫之廣陵通典。（此書極佳，實一部有斷制之錫州史。）董覺軒之明州繫年要錄。（此書未見，當是一部好甯波史。）或爲紀事本末，例如馮蒿庵甦之滇考。（此書甚佳，能言雲南與中原離合之所由。）

三，專記人物者：此即隋志中某某耆舊傳某某先賢傳之類，實占方志中重要部分。例如潘力田之松陵文獻，（此書爲極用心之作，詳其弟次耕所作序。）劉伯山毓崧之彭城獻徵錄，馬通伯（其昶）之桐城耆舊傳徐菊人（世昌）之大清畿輔先哲傳等。

四，專記風俗軼聞者：此即隋志中風土記異物志之類，亦方志之一部。例如屈翁山（大均）之廣東新語，田綸霞（雯）之黔書，吳摯甫（汝綸）之涼州風土記等。

五，不肯作全部志，而摘取志中應有之一篇爲已所研究有得而特別泐成者：例如全謝山之四明族望表，實鄞縣志中主要之創作。（前此各方志無表族望者。謝山此篇出，章實齋復大鼓吹之，同光後之方志，多有此門矣。）孫仲容之溫州經籍志，實將來作溫州志者所不能復加。（此書佳極，彷朱氏經義考搜羅殆備。）劉孟瞻之揚州水道記，林月亭（伯桐）之兩粵水經注，即揚州或兩廣志中水道篇之良著，陳靜庵（述）之補湖州府天文志，即府志之一部。

六，有參與志局事而不能行其志，因自出所見私寫定以別傳者：例如焦里堂之邗記（伊墨卿修揚州圖經，里堂主其事，墨卿去官而局廢，里堂乃出所考證私撰此書。）吳山夫（玉搢）之山陽志遺等。（淮安府志志山陽事頗多漏略，山夫躬在志局，心不慊焉，別爲此書。）

七，有於一州縣內復析其一局部之地作專志者：例如張炎貞之烏青文獻，（烏青爲蘇州一鎮，炎貞爲潘力田學友，此書做松陵文獻，三十年乃成。）焦里堂之北湖小記。（北湖爲揚州鄉村，里堂所居，此書凡六卷四十七篇，阮芸臺謂足覘史才。）

乃至如各名城志（例如朱竹垞之日下舊聞專記京師事。）各名山志，（例如徐霞客之雞谷山志體例精審獨絕等。）凡此皆方志之支流與裔，作者甚多，吾不過就所記憶，各舉一二種以爲例。此類書自宋以來已極發達，有清作者，雖無以遠過於前代，然其間固多佳構，或竟出正式方志上也。

以文徵列方志三書之一，此議雖創自章實齋，然一地文徵之書，發源旣甚早。（實齋文徵體例，與諸家所輯不盡從同。）歷代集部所著錄，若蘇州名賢詠，浙東酬唱集，河汾遺老詩，會稽掇英集，宛陵群英集，其最著名而範圍較廣者如元遺山之中州集，皆是也。然多屬選本，或專爲一時少數人酬唱之薈萃，含史學的意味蓋尙少。清代學者殆好爲大規模的網羅遺佚，而先着手於鄉邦。若胡（文學）之甬上耆舊詩三十卷，李（鄴嗣）補之爲若干卷，全（祖望）續之爲七十卷，又國朝部分四十卷；沈（季友）之槜李詩繫四十二卷，若張（廷枚）之姚江詩存若干卷；若汪（森）之粵西詩載二十五卷，粵西文載七十五卷；若費（經虞）及其子（密）之劍閣芳華集二十五卷，（明代蜀人詩。）此皆康雍以前所輯也。中葉以後，踵作滋繁；若盧（見曾）之江左詩徵，王（豫）江蘇詩徵，吳（顥）及其孫振棫之杭郡詩輯，吳允嘉之武林耆舊集，阮元之淮海英靈集（輯揚州及南通州人作。）兩浙輶軒錄（督浙學時所輯。）劉寶楠寶應文徵溫汝适之粵東文海粵東詩海羅學鵬之廣東文獻鄭珍之播雅（輯貴州遵義府人詩。）鄧顯鶴之資江耆舊集，沅湘耆舊集，夏退庵之海陵文徵詩，徵沈餘翁之湖州詩摭朱祖謀之湖州詞錄……等，悉數之殆不下數十種，每種爲卷殆百數十。其宗旨皆在鈎沈蒐逸，以備爲貴。而於編中作者大率各繫以小傳，著徵文而徵獻之意亦寓焉。

亦有不用總集體而用筆記體於最錄遺文之外再加以風趣者。如戴璐之吳興詩話朱振采之江西詩話莫友芝之黔詩紀略……等。

亦有不限於鄉邦人所作，而凡文章有關鄉邦掌故皆最錄之。如焦里堂之揚州足徵錄等。

亦有簿錄鄉邦人之著述記其存佚爲之提要者。如孫詒讓之溫州經籍志朱振采之豫章經籍志廖平之井研藝文志……等。

更有大學搜集鄉邦人著述彙而刻之者。如畿輔叢書，嶺南遺書，豫章叢書……………等。 別於論叢書章牘學其目。

凡此皆章實齋所謂方志三書之一也。 語其形式，實等類書，除好古者偶一摩挲，更無他用。 雖然，深探乎精神感召之微，則其效亦可得言。 蓋以中國之大，一地方有一地方之特點，其受之於遺傳及環境者蓋深且遠；而愛鄉土之觀念，實亦人群團結進展之一要素。 利用其恭敬桑梓的心理，示之以鄉邦先輩之人格及其學藝，其鼓舞濬發，往往視逖遠者爲更有力，地方的學風之養成，實學界一堅實之基礎也。 彼全謝山之極力提倡浙東學派，李穆堂之極力提倡江右學派，鄧湘皋之極力提倡沅湘學派，其直接影響於其鄉後輩者何若，間接影響於全國者何若 斯豈非明效大驗耶？ 詩文之徵，耆舊之錄，則亦其一工具而已。

(八)譜牒學

方志，一方之史也；族譜家譜，一族一家之史也；年譜，一人之史也。章實齋語意。三者皆爲國史取材之資；而年譜之效用。時極宏大。 蓋歷史之大部分實以少數人之心力創造而成，而社會既產一偉大的天才，其言論行事，恒足以供千百年

後輩之感發興奮 然非有詳密之傳記以寫其心影，則感興之力亦不大此名人年譜之所以可貴也

年譜蓋興於宋。前此綜記一人行事之著作見於著錄者以東方朔傳李固別傳等爲最古，具體殆類今之行狀。其有以年經月緯之體行之者，則辟執誼之六一居士年譜，洪興祖之昌黎先生年譜，魯訔之杜甫年譜，吳斗南之陶潛年譜，其最先也。自明以來，作者繼踵，入清而極盛。

第一類，自撰年譜：歐美名士，多爲自傳，蓋以政治家自語其所經歷，文學家自屢其所感想，學者自語其治學方法，；：令讀者如接其謦欬，而悉其甘苦，觀其變遷進步，尙友之樂，何以加諸？中國古代作者，如司馬遷，東方朔；司馬相如，揚雄，班固，王充，劉知幾等皆有之。而遷充知幾之作附於所著書後者，尤能以眞性情活面目示吾儕，故永世寶焉。年譜體興，自譜蓋鮮，明以前靡得而指焉。所見者僅有明張文麟自撰端巖年譜。清人自譜之可稱者如下：

孫夏峰先生年譜。夏峯十七歲時自撰大綱，門人湯斌魏一鼇趙御衆耿極編次而爲以注，幷續成後五年。

毋欺錄。朱伯廬（用純）著。此書自記其言論行事感想，皆繫以年，實等於自撰年譜也。光緒間金吳瀾彙刻歸顧朱三先生年譜，卽以此當朱譜。

魏敏果公年譜。魏環溪（象樞）口授子學誠等手錄。

蒙齋年譜。田山薑（雯）六十歲時自著。子肇麗續成後十年。

漁洋山人年譜。王貽上（士禎）自著。小門生惠棟補注。

漫堂年譜。宋牧仲（犖）自著。

恕谷先生年譜。李恕谷（塨）自爲日譜。五十二歲時命門人馮辰輯之爲年譜，實爲自撰也。凡恕谷友已下世者皆附以小傳，則全出辰手。

尹元孚年譜。尹元孚（會一）自著。

瞿木夫自訂年譜。木夫名中溶。錢竹汀女婿。

言舊錄。張月霄（金吾）自撰年譜。

病榻夢痕錄夢痕餘錄。汪龍莊（輝祖）自撰年譜。本錄記事，餘錄記言。

儆帚齋主人年譜。徐彝舟（鼒）自撰。

退庵自訂年譜。梁茝林（章鉅）自撰。

葵園自定年譜。王益吾（先謙）自撰。

此外自撰年譜有刻本者尚十數家，以其人無足稱，不復論列。黃梨洲施愚山皆有自撰譜，已佚。自撰譜譜中主人若果屬偉大人物，則其價相誠不可量。蓋實寫其所經歷所感想，有非他人所能及者也。惜以上諸家能饜否望者尚少。內中最可寶者厥惟恕谷年譜，其記述自己學問用力處，可謂「驚心動魄一字千金。」彼又交遊甚廣，一時學風藉以旁見者不少。其體裁最完整者莫如汪龍莊之夢痕錄。惜龍莊學識頗平凡，不足耐人尋味耳。章實齋邵二雲皆龍莊摯友。若彼二人有此詳細之自敍，豈非快事？葵園譜下半述其刻書編書之經歷頗可觀。月霄彝舟皆質樸有風趣。木夫譜最可見乾嘉學風印象，且錢竹汀學歷多藉以傳。夏峰譜原文雖簡，得注便詳，明清之交「北學」「洛學」之形勢見焉。其餘則「自鄶以下」矣。

此外亦有自撰墓志銘之類者，以吾記憶所及，則屈翁山張稷若李恕谷彭南昀皆有之。又如汪容甫有自序，則文人發牢騷之言，所裨史料僅矣。其仿馬班例爲詳密的自述附所著書中者甚少。吾憶想所得，惟顧景范讀史方輿記要序頗近是。

第二類，　友生及子弟門人爲其父兄師友所撰年譜：　此類年譜價値僅下自撰一等，因時近地切，見聞最眞也。　但有當分別觀之者：其一，先問譜主本人價値如何，若尋常達宦之譜，事等諛墓，固宜覆瓿。　其二，譜主人格雖可敬，然豐於所呢，人之恒情，親故之口，慮多溢美。　其三，即作譜者力求忠實，又當視其學識如何，「相知貴相知心，」雖父師亦未必遂能得之於子弟。　以此諸因，此類譜雖極多，可稱者殊寥落，今略舉如下：

孫文正公（承宗）公年譜鹿江村先生（善繼）年譜。友人孫奇逢著。

劉蕺山先生（宗周）年譜。門人董瑒著。子汋錄遺。

漳浦黃先生（道周）年譜。門人莊起儔著。尙有門人洪思鄭亦鄒兩本在前。

申端愍公（允佳）年譜。子涵光著。　申鳧盟（涵光）年譜。弟涵盼著。

顧亭林先生（炎武）年譜。子衍生著。後人續者尙數家，見第三類。

李二曲先生（顒）年譜。門人王心敬著。

魏石生先生（裔介）年譜。子荔彤著。

顏習齋先生（元）年譜。門人李塨王源合著。以習齋自撰日譜爲底本。

湯文正公（斌）年譜。門人王廷燦著。

查他山先生（愼行）年譜。外曾孫陳敬璋著。

陸稼書先生（隴其）年譜。子宸徵子壻李鉉合著。

施愚山先生（閏章）年譜。曾孫念曾著。

全謝山先生（祖望）年譜。門人董秉純著。

汪雙池先生（紱）年譜。門人金龍光著。

戴東原先生（震）年譜。門人段玉裁著。

阮尚書（元）年譜。子長生著。

孫淵如先生（星衍）年譜。友人張紹南著。

洪北江先生（亮吉）年譜。門人呂培著。

弇山畢公（沅）年譜。門人史善長著。

方植之（東澍）年譜。從弟宗誠著。

吳山夫（玉搢）年譜。友人丁晏著。

養一子（李兆洛）年譜。門人蔣彤著。

陳碩甫先生（奐）年譜。門人管慶祺戴望著。

阿文成公（桂）年譜。孫那彥成門人王昶同著，

曾文正公（國藩）年譜。門人李瀚章黎庶昌等著。

羅忠節公（澤南）年譜。

王壯武公（鑫）年譜。失著人名氏。

駱文忠公（秉璋）年譜。失著人名氏。

丁文誠公（葆楨）年譜。門人唐烱著。

劉武愼公（長祐）年譜。友人鄭輔綸王政慈同著。

右所列除他山愚山兩譜時代稍後外，其餘皆作譜人直接奉手於譜主聞見最親切者。然價値亦有差等。最上乘者應推蕺山習齋東原三譜，次則雙池養一兩譜，蓋皆出於其最得意門生之手，能深知其學也。（蕺山譜記譜主學行外，尤多晚明時局史料。）自餘諸學

者之譜，亦皆有相當價值。須改造者亦不少，若亭林譜即其例也。諸大學者中，如胡朏明，惠定宇，江慎修，李穆堂，錢竹汀，段茂堂，王石臞伯申父子，焦里堂，莊方耕，劉申受，魏默深，陳蘭甫，俞蔭甫孫仲容……皆無當時人所撰年譜，亦未聞有謀補作者，甚可惜也。

學者之譜，可以觀一時代思想，事功家之譜，可以觀一代事變，其重要相等。阿文誠譜爲卷三十有四，可謂空前絕後之大譜。其中繁蕪處當不少（吾未見）。但作史料讀固甚佳也　曾文正公譜十二卷，亦稱巨製。餘如陶文毅，林文忠，鄭筠仙左文襄，李文忠等似尚未有譜（？）頗可惜。

篇幅極長之行狀事略等，往往詳記狀主事蹟之年月，雖不用譜體，其效力亦幾與譜等。如王白田之子（箴聽）所作先府君行述，洪初堂（榜）所作戴東原先生行狀焦里堂之子（廷琥）所作先府君事略王石臞爲其父（文肅公安國）所作先府君行狀……之類，名篇頗多，後此作譜者可取材焉。

第三類，　後人補作或改作昔賢年譜；　此乃當時未有譜而後人補作，或雖有譜而未完善，後人踵而改作者，此類作品，其一必譜主有爲價值的人物，得作譜者之信仰，故無下駟濫竽之病。其二，時代已隔，無愛憎成心，故溢美較少，此其所長也。雖然，亦以時代相隔之故，資料散失或錯誤，極難得絕對的眞相，此其所短也。爲極勤苦極忠實的考證，務求所研究之對象得徹底了解，此實淸儒學風最長處；而此類補作或改作之年譜，最能充分表現此精神；故在著作界足占一位置焉今將此類作品分兩項論列如下：

(甲)淸人或今人補作或改作淸人名人年譜：（以卒於淸代者爲限，以譜主年代先後爲次。）

張蒼水（煌言）年譜。咸豐間趙之謙著，舊有一譜題全謝山著，趙氏辨其僞，別撰此本。

黃梨洲（宗羲）年譜。(一)同治間梨洲七世孫屋炳著，(二)薛鳳昌著。

顧亭林（炎武）年譜。(一)吳映奎著，(二)車守謙著，(三)胡虔著，(四)徐松著，(五)周中孚著。(六)張穆著。此譜最初本爲亭林子衍生作，吳氏因之，車氏又因吳氏。徐氏未見諸本，孤意創作，已寫定未刻。張氏乃綜合車徐兩本再加釐訂。道光二十三年譜成。胡氏本見張本自序，周氏本見其所著鄭堂札記，想皆已佚。

王船山（夫之）年譜。(一)劉毓崧著，(二)王之春著。劉本同治乙丑年成，前無所承，創作至難，故名曰初稿，而自序稱其未備者有七。之春爲船山八世從孫，據家譜及他書以正劉本之譌而補其闕，書成於光緒十八年壬辰。

朱舜水（之瑜）年譜。今人梁啟超著。

吳梅村（偉業）年譜。道光間顧師軾著。

傅青主（山）年譜。（一）張廷鑑著，闕存，（二）同治間曹樹穀著，（三）宣統間丁寶銓著。

徐俟齋（枋）年譜，萬年少（壽祺）年譜。俱今人羅振玉著。

閻古古（爾梅）年譜。（一）道光間魯一同著，（二）今人張蔚西著。

冒巢民（襄）年譜。今人冒廣生著。

陳乾初（確）年譜。嘉慶間吳騫著。

張楊園（履祥）年譜。蘇惇元著。

閻潛邱（若璩）年譜。道光間張穆著。

戴南山（名世）年譜。道光間戴鈞衡著（？）此譜爲戴作抑徐宗亮作待考

章實齋（學誠）年譜。今人胡適著。日本人內藤虎次郎創作，胡氏訂正擴大之。

黃蕘圃（丕烈）年譜。光緒間江標著。

龔定庵（自珍）年譜。（一）吳昌綬著，（二）宣統間黃守恒著。

徐星伯（松）年譜。光緒間繆荃孫著。

（乙）清人或今人補作或改作漢至明名人年表或年譜：（以譜主年代先後爲次。）

賈生（誼）年表。汪中著。

董子（仲舒）年表。蘇輿著。

太史公（司馬遷）繫年要略。王國維著。

劉更生（向）年譜。（一）梅毓著，（二）柳興思著。

許君（慎）年表。陶方奇著。

鄭康成（玄）年譜。（一）沈可培著，（二）洪頤煊著，（三）陳鱣著，（四）袁鈞著，（五）丁晏著，（六）鄭珍著。王鳴盛蛾術編有高密遺事卷三，中亦有年表。

鄭司農（玄）蔡中郎（邕）年譜合表。林春溥著。

孔北海（融）年譜。繆荃孫著。

諸葛武侯（亮）年譜。（一）張澍著，（二）楊希閔著。

陳思王（曹植）年譜。丁晏著。

王右軍（羲之）年譜。（一）吳譔著，（二）魯一同著。

陶靖節（潛）年譜。（一）丁晏著，（二）陶澍著，（三）梁啓超著。陶譜舊有宋人吳斗南王質兩家，丁作似自創。陶作名曰年譜考異，訂正舊說加詳。梁作又加訂正。

庾子山（信）年譜。倪璠著。

魏文貞公（徵）年譜。王先恭著。

慈恩法師（玄奘）年譜。梁啓超著，僅成略本。

王子安（勃）年譜。姚大榮著。

張曲江（九齡）年譜。溫汝适著。

李鄴侯（泌）年譜。楊希閔著。

王摩詰（維）年譜。趙殿成著。

陸宣公（贄）年譜。（一）丁晏著，（二）楊希閔著。

白香山（居易）年譜。汪立名著。白譜舊有宋陳振孫本，汪氏改作。

玉溪生（李商隱）年譜。（一）朱鶴齡著，（二）馮浩著，（三）張采田著，名曰會箋。

韓忠獻公（琦）年譜。楊希閔著。

歐陽文忠公（修）年譜。華孳亨著。

司馬溫公（光）年譜。（一）顧棟高著，（二）陳宏謀著。

王荆公（安石）年譜。（一）顧棟高著，（二）蔡上翔著。

東坡先生（蘇軾）年譜。（一）邵長蘅著，（二）查慎行著。蘇譜舊有南宋施元之宿父子，王宗稷三家。及傅藻編年錄。邵作重訂王譜，查作爲年表式。

蘇文節公（轍）年譜。龔熙春著。

黃文節公（庭堅）年譜。徐名世刪補。黃譜舊有南宋末山谷諸孫㽦所撰，徐氏刪補之。

二程（顥頤）年譜。池生春著。

米海岳（芾）年譜。翁方綱著。

稷山段氏二妙（克己成己）年譜。孫德謙著。

元遺山（好問）年譜。（一）翁方綱著，（二）凌廷堪著，（三）施國祁著，（四）李光庭著。

洪文惠（适）年譜，洪文敏（邁）年譜。俱錢大昕著。

岳忠武王（飛）年譜。梁玉繩著。岳武孫珂僉陀編有簡譜，梁氏補之。

李忠定公（綱）年譜。楊希閔著。

朱子(熹)年譜附考異。王懋竑著。朱譜舊有門人李公晦所著，明嘉靖間李默改竄之，全失其舊。康熙初有洪璟刪補李默本亦不佳。王氏作此訂正之。

陸子(九淵)年譜。李紱著。陸譜舊有其門人袁燮傅子雲所著。其後附刻全集之末。刪汰失眞，李氏作此訂正之。

陸放翁(游)年譜。(一)趙翼著(二)錢大昕著。

深寧先生(王應麟)年譜。(一)錢大昕著，(二)張大昌著。

謝皋羽(翺)年譜。徐沁著。

王文成公(守仁)年譜。(一)毛奇齡著。(二)楊希閔著。王譜舊有其門人錢德洪所著，後濟李贄竄亂，毛楊皆訂正之。但亦未見佳。

弇州山人(王世貞)年譜。錢大昕著。

歸震川(有光)年譜。(一)汪琬著已佚。(二)孫岱中著。

戚少保(繼光)年譜。戚祚國著。

楊升庵(愼)年譜。簡紹芳著。

左忠毅公(光斗)年譜。馬其昶著。

徐霞客(宏祖)年譜。丁文江著。

右兩項數十種，實淸代年譜學之中堅。大抵甲項幾無種不佳，乙項之佳者亦十而六七。此類之譜，作之實難，蓋作者之去譜主，近則百數十年，遠乃動逾千歲。非如第二類之譜由門人子弟纂撰者得以親炙其言行熟悉其時日，資料少既苦其枯渴，苦其罣漏，資料多又苦其漫漶，苦其牴牾。加以知人論世，非灼有見其時代背景，則不能察其人在歷史上所占地位爲何等；然由今視昔，影象本已朦朧不眞，據今日之環境及思想以推論昔人，尤最易陷於時代錯誤，是故欲爲一名人作一佳譜，必對於其人著作之全部，（專就學者或文學家言。別方面則又有別當注意之資料）貫穴鈎稽，盡得其精神與其脈絡。不寗爲是，凡與其人有關係之人之著作中直接語及其人者，悉當留意。不寗惟是，其時之朝政及社會狀況無一可以忽視。故作一二萬言之譜，往往須翻書至百數十種，其主要之書，往往須翻至數十徧。資料既集，又當視其裁斷之識與駕馭之技術何如，蓋茲事若斯之難也。（吾嘗試著一二譜，故深知其甘苦。然終未能得滿意之作。吾常謂初入手治史學者，最好擇歷史上自己所敬仰之人爲作一譜，可以磨練忍耐性，可以學得蒐集資料運用資料之法。）優爲此者厥惟清儒，前代蓋莫能及。

上列諸譜中，其最佳者；如王白田之朱子年譜，彼終身僅著此一書，而此一書已足令彼不朽，朱子之人格及其學述眞相皆具焉。李穆堂之陸譜，價値亦略相埒也。如顧震滄之溫公譜。其意欲使不讀溫公集之人，讀此亦能了解溫公人物眞相之全部，在諸譜中實爲一創格。震滄意謂有附集之譜，有單行之譜，附集者備讀集時參考，故宜簡明，單行者備不讀集人得有常識，故宜詳盡。再以與彼所著荆公譜合讀，則當時全盤政局若指諸掌矣。如蔡元鳳之荆公譜，雖體裁極拙劣，而見識絕倫。如陶雲汀之淵明譜考異，張孟劬之玉溪譜會箋，最注意於譜主之身世，觀其孕育於此種環境中之文藝何如。如張石洲之顧閻兩譜，劉伯山之船山譜，羅叔蘊之徐萬兩譜。……等，於譜主所履之地位所接之人等考核精密，細大不遺。如翁覃溪李恢垣之遺山譜，孫益庵之二妙譜，資料本極缺乏，而搜羅結果乃極豐富。如丁儉卿之陳思譜，魯通甫之右軍譜，姚儷桓之子安譜，於譜主之特性及其隱衷昭然若揭。如胡適之之實齋譜，不惟能擷譜主學術之綱要，吾尙嫌其未盡。並及其時代思潮。凡此諸作，皆近代學術界一盛飾也。

第四類，純考證的遠古哲人年表：此類性質，與前三類皆不同，不重在知其人，因其人爲人所共知。而重在知其確實之年代。故不作直行之詳贍年譜，而惟作旁行斜上之簡明年表。 然而考證辨析，有時亦甚辭費焉列其作品如下：

周公年表。牟庭著。

孔子年表。（一）江永孔子年譜，黃定宜爲之注。（二）狄子奇孔子編年，（三）胡培翬校注宋胡仔之孔子編年。（四）崔述洙泗考信錄，（五）魏源孔子編年（六）林春溥孔子師弟年表。

卜子年譜。陳玉澍著。

墨子年表。（一）孫詒讓墨子年表。（二）梁啓超墨子年代考。

孟子年表。（一）黃本驥孟子年譜，（二）汪椿孟子編年。（三）任啓運孟子考略。（四）周廣業孟子四考（五）曹之升孟子年譜，（六）任兆麟孟子時事略，（七）狄子奇孟子編年。（八）崔述孟子事實錄，（九）魏源孟子編年，（十）林春溥孟子時事年表，

荀子年表。（一）汪中荀卿子通論附年表，（二）胡元儀郇卿別傳。

以上諸作，皆考證甚勤。 夫非有問題，則不必考證；問題取決於紙上資料，恐終於「以後息者爲勝」耳。 雖然，經過若干人嚴密之考證，最少固可以解決問題之一部分也。 至如孔孟荀等生卒年既無法確定，則欲編成具體的年表，總屬徒勞。

族姓之譜，六朝唐極盛宋後寖微。然此實重要史料之一：例如欲考族制組織

法，欲考各時代各地方婚姻平均年齡，平均壽數，欲考父母兩系遺傳，欲考男女產生比例，欲考出生率與死亡率比較，……等等無數問題，恐除族譜家譜外，更無他途可以得資料。我國鄉鄉家家皆有譜，實可謂史界瓌寶。將來有國立大圖書館，能盡集天下之家譜俾學者分科研究，實不朽之盛業也。

清代當承平時，諸姓之諸。恒聘學者爲之修訂。學者亦喜自訂其家之譜，觀各名家集中殆無一不有「某氏族譜序」等文，可見也。吾嘗欲悉薈萃此項文比而觀之，則某地某姓有佳譜，蓋可得崖略。惜今未能，故亦不克詳論也。

十六　清代學者整理舊學之總成績(四)——

——曆算學及其他科學　樂曲學

(九)　歷算學及其他科學

歷算學在清學界占極重要位置，不容予不說明。然吾屬稿至此乃極惶悚極忸怩！蓋吾於此學絕無所知，萬不敢强作解事：而本書體例，又不許我自藏其拙。吾惟竭吾才以求盡吾介紹之責，吾深知其必無當也。吾望世之通此學者不以我爲不可教，切切實實指斥其漏闕謬誤之點，俾他日得以校改自贖云爾。

曆算學在中國發達蓋甚早：六朝唐以來，學校以之課士，科舉以之取士，學者於其理與法，殆童而習焉。宋元兩朝名家輩出，斯學稱盛。明代，心宗與文士交閧，凡百實學，悉見鄙夷；及其末葉，始生反動。入清，則學尙專門，萬流駢進，曆算一科，舊學新知，迭相摩盪，其所樹立乃斐然矣。計自明末迄清末，斯學演進，略分五期：

第一期：明萬歷中葉迄清順治初葉約三十年間，耶穌會士齎歐洲新法東來，中國少數學者以極懇摯極虛心的態度歡迎之，極忠實以從事翻譯。同時舊派反抗頗烈，新派以不屈不撓之精神戰勝之。其代表人物，則爲李凉庵之藻徐元扈光啓等。

第二期：清順治中葉迄乾隆初葉約八十年間，將所輸入之新法盡量消化，徹底理會，更進一步，融會貫通之，以求本國斯學之獨立。其代表人物爲王寅旭錫闡梅定九文鼎等。

第三期：乾隆中葉以後迄嘉慶末約三四十年間，因求學問獨立之結果，許多重要古算書皆復活，好古有識之學者，爲之悉心整理校注。其代表人物則戴東原震 錢竹汀大昕 焦里堂循 等。

第四期：嘉慶道光咸豐三朝約四五十年間，因古算書整理就緒之結果，引起許多創造發明，完成學問獨立之業。其代表人物則汪孝嬰萊 李四香銳 董方立祐誠 羅茗香士琳 等。

第五期：同治初迄光緒中葉約三十年間，近代的新法再輸入，忠實翻譯之業不讓晚明。其代表人物爲李壬叔善蘭 華若汀衡芳等。

第六期：光緒末迄今日，以過去歷史推之，應爲第二次消化會通發展獨立之期。然而。…………

今吾將略述前五期之史蹟。惟有一語先須聲明者：歷與算本相倚也，五三百年來斯學之興，則假塗於歷而歸宿於算。故吾所論述，在前兩期歷算並重，後三期則詳算而略歷焉。

晚明因天官失職，多年沿用之大統曆，屢發見測算上之舛誤，至萬曆末而朱世堉邢雲路先後抗言改曆之必要。我國向以觀象授時爲國之大政，故朱邢之論忽惹起朝野注意，曆議大喧鬨，而間接博得西歐科學之輸入。初，歐洲自「宗教革命」告成之後，羅馬舊教團中一部分人爲挽回頹勢起見發生自覺，於是有耶穌會之創設。會士皆當時科學智識最豐富之人，而其手段在發展勢力於歐洲以外。於是利瑪竇龐迪我熊三拔……等先後來華，實爲明萬曆天啟時。中國人從之游且崇信其學者頗多，而李涼庵徐元扈爲稱首。及改曆議起，有周子愚者方爲「五官正」，（欽天監屬官。）上書請召龐熊等譯西籍。萬曆四十年前後，涼庵與邢雲路同以修曆被徵至京師，雲路以己意損益古法而涼庵專宗西術 新舊之爭自此。崇禎二年，涼庵與元扈同拜督修新法之命，越二年，涼庵卒，又二年，元扈亦以病辭。薦李長德（天經）自代，天經一遵成規，矻矻事翻譯，十年如一日，有名之崇禎曆書百二十六卷，半由元扈手訂，半由長德續成也。涼庵元扈深知曆學當以算學爲基礎，當未總曆事以前，已先譯算書。元扈首譯歐几里得之幾何原本六卷，歐人名著之入中國，此其第一。（幾何原本之成書在元扈任歷事前二十三年。）自序謂：『由顯入微，從疑得信：不用爲用，衆用所基；眞可謂萬象之形囿，百家之學海。』蓋承認歐人學問之有價值，實自茲始也。元扈又自爲句股義一卷；涼庵亦以半著半譯的體裁爲同文算指十卷，圜容較義一卷；以上諸書，皆爲當時言西算者所宗。

元扈總歷事時，反對蠭起，最著者爲魏文魁冷守忠；元扈與李長德先後痛駁之，其燄始衰。崇禎新歷經十餘年製器實測之結果，洵爲定本，將次頒行，而遭甲申之變，遂閣置。入清，以歐人湯若望掌欽天監，始因晚明已成之業而頒之。順康之交，尙有楊光先者，純狹排外的意氣詆諆新法，著一書名曰不得已書。其後卒取湯若望之位而代之，旋以推步失實黜革，自是閧議始息矣。

元扈於崇禎四年上疏曰：『欲求超勝，必須會通；會通之前，先須譒譯。…………譒譯既有端緒，然後令深知法意者參詳考定。……』（明史本傳）當時研究此學之步驟如此。元扈既逝，旋遭喪亂，未能依原定計畫進行。王寅旭引此疏而論之曰：『……文定（元扈諡）之意，原欲因西法以求進也。文定既逝，繼其事者（案指李天經等）僅能終翻譯之緒，未遑及會通之法，甚至矜其師說，齮齕異己。……今西法盛行，向之異議者亦詘而不復爭矣。然以西法有驗於今可也，如謂爲不易之法無事求進不可也。……』（歷說一。）蓋李徐之業，得半而止，未逮其志，所謂『會通以求超勝』，蓋有俟於後起。而毅然以此自任者，則王寅旭梅定九其人也。

阮雲臺著疇人傳，淸儒之部，以王梅爲冠首，且論之曰：『王氏精而核，梅氏博而大，各造其極，難可軒輊。』諒哉言矣。寅旭自幼嗜測天，晴霽之夜，輒登屋臥鴟吻間，仰察星象，竟夕不寐。每遇日月蝕，輒以新舊諸法所推時日杪刻所蝕多寡實測之，數十年未嘗一次放過。結果乃自爲曉菴新法六卷，其自序旣力斥魏文魁陳壤冷守忠輩之專己守殘，推獎利徐新法，然又謂西法有不知法意者五，當辨者十，其書則會通若干事，考正若干事，表明若干事，增葺若干事。其論治學方法，謂：『……當順天以求合，不當爲合以驗天。法所以差，固必有致差之故，法所蹈合，猶恐有偶合之嫌。』（歷測）又云：『其合其違，雖可預信：而分杪遠近之細，必屢經實測而後得知。合則審其偶合與確合，違則求其理違與數違，不敢苟焉以自欺而已。』推步交朔序。又云；『……學之愈久而愈知其不及，入之愈深而愈知其難窮。……若僅能握觚而即以創法自命，順心任目，撰爲鹵莽之術，約略一合，傲然自足，胸無古人，其庸妄不學未嘗艱苦可知矣。』測日小記序。讀此，可知寅旭之學其趨重客觀的考察爲何如，又可知此派歷算學其影響於清代學風者爲何如也，

定九年輩，稍後寅旭，而其學最淵博，其傳亦最光大，所著勿菴歷算全書分四大部：法原部八種，法數部一種，歷學部十五種，算學部六種，都凡三十種七十五卷：此外關於研究古歷法之書尚十三種八十七卷、其書內容價值，非吾所敢妄評，顧吾以爲定九對於斯學之貢獻，最少亦有如下數點：

一，歷學脫離占驗迷信而超然獨立於眞正科學基礎之上，自利徐始啟其緒，至定九乃確定。

二，歷學之歷史的研究，——對於諸法爲純客觀的比較批評，自定九始。

三，知歷學非單純的技術而必須以數學爲基礎，將明末學者學歷之興味遷到學

算方面自定九始。

四，因治西算而印證以古籍，知吾國亦有固有之算學，因極力提倡以求學問之獨立，黃梨洲首倡此論，定九與彼不謀而合。

五，其所著述，除發表自己創見外，更取前人艱深之學理，演爲平易淺近之小冊，以力求斯學之普及，此事爲大學者之所難能，而定九優爲之。

王梅流風所被，學者雲起：江蘇則有潘次耕耒陳泗源厚耀惠天牧士奇孫滋九蘭顧震滄棟高莊元仲亨陽顧君源長發屠蓈洲文漪丁維烈等；安徽則有方位伯中通浦選正珠父子江愼修永余晉齋熙及定九之弟和仲文鼐爾素文鼏定九之孫玉汝瑴成等；浙江則有徐圃臣發吳任臣志伊龔武仕士燕陳言揚訏王宋賢元啓等；江西則有揭子宣暄毛心易乾乾等；湖北則有劉允恭湘煃等；河南則有孔林宗興泰杜端甫知耕等；山東則有薛儀甫鳳祚等；福建則有李晉卿光地耜卿光坡兄弟等。其學風大率宗王梅。而清聖祖亦篤嗜此學，其御定歷象考成御製數理精蘊，裒然巨帙。爲斯學增重。則陳泗源李晉卿等參與最多云。

黃梨洲年輩略先於王梅，然既以歷學聞，有著述數種。梨洲亦信服利徐新法之一人，然謂此法乃我國所固有。嘗曰：『周公商高之術，中原失傳而被纂於西人，試按其言以求之，汶陽之田可歸也。』其言雖不脫自大之習，然喚起國人之自覺心亦不少。王梅所企之『會通以求超勝，』其動機半亦由此。而清聖祖以西人借根方授梅玉汝，告以西人名此書爲『阿爾熱八達』，譯言東來法，命玉汝推其所自，玉汝因考定爲出於『天元一』，自是學者益知我國固有之算學，未可輕視矣。雖然，大算學書散佚殆盡，其存者亦傳刻譌漏不可卒讀，無以爲研究之資。其搜輯整理之，則在四庫館開館之後，而董其役者實爲戴東原。

東原受學於江愼修，而尤服膺其歷算。愼修篤信西法，往往並其短而護之，東原亦時所不免。（看錢竹汀與東原論歲實書。）自其中年，即已成原象，歷問，歷古考，策算，句股割圜記等書，爲斯學極有價値之作品。及入四庫館則子部天文算學類之提要，殆全出其手。而用力最勤者，則在輯校下列各種算書：

一，周髀算經：漢趙爽注，北周甄鸞重述，唐李淳風釋。此書舊有津逮秘書刻本，然譌脫甚多。東原據永樂大典詳校，補脫字百四十七，正誤字百十三，刪衍字十八，補圖，二自是此書始可讀。

二，九章算術：晉劉徽注。唐李淳風釋。宋李耤音義。此書明是已佚。東原從永樂大典輯成九卷。此書後經李雲門(潢)作細草圖說九卷。東原所謂舛錯不可通者一一疏解之。

三，孫子算經：不著撰人名氏。舊有甄鸞李淳風注。皆亡。東原從大典中輯出正文。

四，海島算經：晉劉徽撰。唐李淳風注，久佚。從大典輯出。

五，五曹算經；不著撰人名氏。刻本久佚，汲古閣有影鈔宋本，訛舛不能成讀。舊有甄鸞韓延李淳風諸家注，已不見。惟經文散在大典各條下。東原補綴鈎稽，輯爲五卷，極費苦心。

六，五經算術：北周甄鸞撰，唐李淳風注。此書久無傳本，惟散見大典中。割裂失次，東原循其義例，以各經之敍推之，輯成完書。

七，夏侯陽算經：著者時代無考。舊有甄鸞韓延注。傳本久佚，惟大典有之，然割裂分附九章算術之下，棼其端緒。幸原原目尚存，東原悉心尋繹排比，還其舊觀，爲三卷十二門。

八，張邱建算經：著者年代無考。甄李注及劉孝孫細草，此書舊有汲古閣影鈔宋槧，然譌舛不少，東原校正之，及爲補五圖，蓋原書所無，而其理非圖不明也。

九，緝古算經：唐王孝通撰並自注。舊尚有李淳風注，已佚。此書亦毛氏藏本，東原校定，附加圖說，此書後經李雲門作考注，以九章釋之；張古餘作細草，以天元釋之；皆多發明。

十，數術記遺：舊題漢徐岳撰，周甄鸞注。東原亦校定之，但辨爲唐以後僞書。

以上所列不記校勘幾部舊書，宜若與學界大勢無甚關係。雖然，此諸書者久已埋沒塵壒中，學者幾不復知吾國自有此學，即有志研究者，亦幾譯書外無所憑籍。自戴校諸書既成，官局以聚珍板印行，而曲阜孔氏復彙刻爲算經十書，其移易國人觀聽者甚大。善夫阮文達之言曰：『九數爲六藝之一，古之小學也。……後世言數者或雜以太一三占候卦氣之說，由是儒林實學下與方技同科，可慨已！戴庶常……網羅算氏，綴輯遺經，以紹前哲，用遺來學。蓋自有戴氏，天下學者乃不敢輕言算數，而其道始尊，功豈在宣城（梅氏）下哉？』疇人傳四十二。讀阮氏此論，可以知戴氏在斯學之位置矣。

東原雖偏校古算經，然其自著歷算書，則仍宗西法；其專以提倡中法聞者則推錢竹汀。竹汀著元史朔閏表三統術衍算經答問等書。羅茗香推之甚至，謂『宣城猶遜彼一籌，』續疇人傳四十九。其言或稍過。雖然，自戴錢二君以經學大師篤嗜歷算，乾嘉以降，歷算遂成經生副業，而專門算家，亦隨之而出，其影響豈不鉅哉？

前所列戴校算經十書，皆唐代用以課士者。然數學實至宋元而極盛，其最有價値之著述則爲下列三家四種：

一，宋秦道古九韶數學九章十八卷，

二，元李仁卿冶測圓海鏡附細草十二卷益古演段三卷。

三，元朱漢卿世傑四元玉鑑三卷。

秦李兩家所創爲兩派之『立天元一術』，朱氏所創爲『四元術，』『天元』『四元』兩術，則嘉道以後學者所覃精積慮，階是以求超勝於西人者也。四書中惟測圓海鏡舊有傳本，而已逸其細草，餘三書則皆久佚。東原在四庫館，從永樂大典中輯錄九章演段。及海鏡之細草，三書始稍具面目，然精心讐校，實所未逮，故研習猶不易焉。東原校海鏡，多肊刪誤解，尹菊圃（錫瓚）曾指斥之。數學九章，自錢竹汀極力提倡，秦敦夫恩復刻之，而顧千里廣圻爲之詳校；其後沈俠侯欽裴及其弟子宋冕之景昌復據顧本精校，訂正譌舛數十處，爲之札記，自是道古之書始可讀。海鏡及演段鮑淥飲廷博刻之，而李四香銳爲之詳校；自是仁卿之書始可讀。獨四元玉鑑，四庫既不著錄，阮文達作疇人傳之且未之見，（以傳中無朱世傑知之。）文達晚乃得其鈔本，轉鈔寄四香，四香大喜，爲作細草，未就而沒。文達惘之。曰：『李君細草不成，遂無能讀是書者矣。』（揅經室集李銳傳。）道光中，羅茗香始爲精校，並補作細草，自是漢卿之書亦人人可讀，與秦李書等，此四書校注之業，其影響於後此算學之發展，視戴校諸書爲尤鉅。大抵天元學（即秦李學）大顯於嘉慶中葉，而四元學（即朱學）復活於道光之初，二學明而中國算學獨立之利器具矣。

乾嘉以後治算之人約可分三類：

第一類，臺官：臺官者，奉職於欽天監者也。歷代臺官，率多下駟，然臺中資料多，儀器備，苟得其人，則發明亦較易爲力。乾隆中則有監正明靜庵（安圖）（蒙古人）創割圜密率捷法，舉世宗之。（詳下）其弟子夏官正（官名）張良亭（肱）最能傳其學。同時，監副博繪亭啓（滿洲人）能解句股形中所容方邊圓徑垂線三事，擬法六十。道光初，監正方愼菴（履亭）亦績學有著述，同時，博士（欽天監博士）陳靜弇（杰）最精比例，著算法大成二十卷，最便初學。

第二類，經師： 經師者，初非欲以算學名家，因治經或治史有待於學算，因以算爲其副業者也。此派起於黃梨洲，惠天牧，而盛於錢竹汀戴東原，其稍後則焦里堂阮芸臺。若顧震滄，程易疇，凌次仲，孔巽軒，錢溉亭，許周生，姚秋農，程春海，李申耆，俞理初……輩皆其人也。自餘考證家，殆無一人不有算學上常識，殆一時風尚然矣。此輩經生——除戴焦孔外——大率藉算以解經史，於算學本身無甚發明。雖然，後此斯學大家，多出諸經師之門：如李尚之之學於竹汀，羅茗香之學於芸臺，其最著者也。

第三類，專門算學家： 專門算學家，自王梅以後，中絕者垂百年，至嘉慶間始復活，道咸間乃極盛。復活初期之主要人物，則江都焦里堂，元和李四香，歙汪孝嬰（萊）也，時號爲談天三友。三人始終共學，有所得則相告語，有所疑則相詰難。而其公共得力之處則在讀秦李而知「立天元一」爲算學家至精之術。四香校釋測圓海鏡益古演段，爲仁卿之學撥開雲霧。又與里堂幾度討論，知秦道古之九章爲「大衍求一」中之又一派天元，秦書價值亦大明。里堂著天元一釋開方通釋等書，最能以淺顯之文闡天元奧旨。孝嬰則姿性英銳，最喜攻堅，必古人所未言者乃言之，三人中，焦尚經師副業，而汪李則專家也。焦之評汪李曰：「尚之（四香）善言古人所已言，而闡發得其眞；孝嬰善言古人所未言，而引申得其間。」兩家學風可見矣。學風異而能合作，故於斯學貢獻特多焉。而陽城張古餘敦仁上元談階平泰皆四香學友，於天元有所發明；四香弟子順德黎見山應南盡傳其師之學，且續成其成；里堂子虎玉廷琥亦治演段能名家。嘉慶間專門家最著者略如此。

道光初葉，秀水朱雲麓鴻陽湖董方立祐誠在京師以學算相友善。方立最絕特，所發明割圜連比例率，實斯界不刊之作見下惜早夭未能盡其才。而甘泉羅茗香士琳烏程徐君青有壬仁和項梅侶名達皆老壽，道咸間稱祭祖焉。茗香爲阮芸臺弟子，早歲已通天元，中歲得四元玉鑑，嗜之如性命，竭十二年之力，爲之校，爲之注，爲之演細草二十四卷；復與同縣學友易蓉湖之瀚爲之釋例。四元復見天日，自茗香始也。後此李壬叔譯代數之書，始知四元即我國之代數，而其秘實啟自茗香。君青縋幽鑿險，學風酷似汪孝嬰董方立，發明測圓密率，橢圓求周術，對數表簡法等，見下亦嘗爲四元步細草，聞茗香治此乃中輟，梅侶與黎見山游，因接李四香之緒。著述甚富，今傳者僅句股六術一編。嘗曰：『守中西成法，搬衍較量，疇人子弟優爲之；所貴學數者，謂能推見本原，竟古人未竟之緒，發古人未發之藏耳。』晚年每謂古法無所用，不甚涉獵，而專意於平弧三角云。後此算家力求向上一步以從事發明，得梅侶暗示之力爲多。三君之外，則元和沈俠侯欽裴之校九章，烏程陳靜庵杰之爲緝古細草，皆能有所樹立者。

道光末迄咸同之交，則錢塘戴諤士煦錢塘夏紫笙鸞翔南海鄒特夫伯奇海甯李壬叔善蘭爲斯學重鎮。諤士學早成，年輩稍後於羅茗香項梅侶，羅項折節以爲忘年交。所著求表捷術，英人艾約瑟譯之刊英倫算學公會雜誌，彼都學者嘆爲絕業。我國近人著述之有歐譯，自戴書始也。紫笙爲梅侶高弟，盡傳其學。特夫崛起嶺嶠，而精銳無前，又善製器，諸名家皆斂手相推焉。壬叔早慧而老壽，自其弱冠時，已窮天元四元之秘，斐然述作。中年以後，盡瘁譯事，世共推爲第二徐文定。遂以結有清一代算學之局。當是時，江浙間斯學極盛，金山顧尙之觀光，長洲馬遠林釗，嘉定時清甫曰淳，興化劉融齋熙載，烏程凌厚堂堃，張南坪福僖，南匯張嘯山文虎與徐項戴李諸君先後作桴鼓應焉。江西亦有南豐吳子登嘉善造詣不讓時賢。而異軍特起有聲色者，莫如湖南廣東兩省：湖南自新化鄒叔績漢勛首倡此學，長沙丁果臣取忠繼之。果臣弟子有湘陰左壬叟潛，文襄從子也，湘鄉曾栗誠紀鴻文正子也，咸以貴介嗜學，能名其家。徐君青之爲廣東鹽運使也，語人曰，『廣東無知算者』或以告番禺梁南溟漢鵬，南溟爲難題難之，徐不能答，嘉慶吳石華學算於南溟，遂盡傳其學。已而出鄒特夫，所造或爲江左諸師所不及云。

清季承學之士，喜言西學爲中國所固有，其言多牽強，傅會，徒長籠統囂張之習，識者病焉。然近世矯其弊者，又曾不許人稍言會通，必欲擠祖國於未開之蠻民，謂其一無學問然後爲快，噫，抑亦甚矣！人智不甚相遠，苟積學焉，理無不可相及。頑固老輩之蔑視外國，與輕薄少年之蔑視本國，其誤謬正相等。質而言之，蔽在不學而已。他勿具論，即如算術中之天元四元，苟稍涉斯學之樊者，寗能强詞斥之謂爲無學問上之價値，又寗能謂此學非我所自有？清聖祖述西士之言，謂借根爲東來法。英人偉烈亞力，與李壬叔同事譯業者也，深通中國語言文字，能讀古書。其所著數學啟蒙第二卷有開諸乘方捷法一條，綴以按語云：『無論若干乘方，且無論帶縱不帶縱，俱以一法通之，故曰捷法。此法在中土爲古法，在西土爲新法。上下數千年，東西數萬里，所造之法若合符節，信乎此心此理同也！』夫偉力是否讕言，但用天元一試布算焉，立可決矣。竺舊之儒，必謂西法剽竊自我，如梨洲所謂『汶陽之田可復歸，』誠爲夸而無當。然心同理同之說，雖好自貶者亦豈能否認耶？是故如魏文魁楊光先之流未嘗學問徒爭意氣。吾輩固當引爲大戒；乃若四香，茗香，壬叔諸賢，眞所謂『舊學商量加邃密，新知涵養轉深沈，』蓋於舊學所入愈深，乃益以促其自覺之心，增其自壯之氣，而完其獨立發明之業。則溫故不足以妨知新仰甚明矣；而最損人神智者，實則在『隨人脚跟學人言語』不務力學專逐時談之習耳。世之君子，宜何擇焉？

清代算學，順康間僅消化西法乾隆初僅雜釋經典，其確能獨立有所發明者，實自乾隆中葉後，而嘉道咸同爲盛。推厥所由，則皆天元四元兩術之復活有以牖之。徐文定所謂「會通以求超勝」，蓋實現於百餘年後矣。今剌舉其發明之可紀者如下：

一，明靜菴安圖之割圜密率捷法。梅玉汝赤水遺珍。載有西士杜德美用連比例演周徑密率及求正弦正矢之法，惟所以立法之原，則秘而不宣，致汪孝嬰疑其數爲偶合。靜菴積思三十年，創爲此法與解。用連比例術。以半徑爲一率，設弧共分爲二率，二率自乘，一率除之。得三率：以二率與三相乘，一率除之，得四率；由是推之，三率自乘，一率除之，得五率；……雖至億萬率皆如是。羅茗香評之曰：西法之妙，莫捷於對數：對數之用，莫便於八線。……考對數之由來，亦起於連比例，又安知當日立八線表時不暗用此法推算耶？

二，孔巽軒之三乘方以上開方捷法及割圜四例。巽軒爲戴東原高弟子，研究秦李之書，精通天元。梅定九著少廣拾遺，云三乘方以上，不能爲圖。巽軒獨抒新意，取冪積變爲方根，使諸乘皆可作平方觀，製諸乘方廉偶圖，俾學者知方廣稠疊所由生。又立割圜四例，其說在明氏捷法未顯之先，而闇與暗合。所著書名少廣正負術內外篇六卷。

三，李四香之方程新術草。因梅氏未見古九章，其所著方程論囿於西學。致悖直除之旨，乃尋究古義。探索本根，變通簡捷以成新術。辨天元與借根之異同。梅玉汝言借根即天元，大致固不謬。四香更辨析天元之相消，有減無加，與借根方之兩邊加減微異。發明開方正負定律。梅氏言開方，專宗同文算指西鏡錄之西法，初不知立方以上無不帶縱之方。故所著少廣拾遺立開一乘方以至開十二乘方法，枝枝節節。窒礙難通。四香讀秦道古書。闡明超步退商正負加減借一爲陽諸法．爲開方說三卷。

四，黎見山應南之求句股率捷法。見山，四香弟子。此捷法乃推闡天元通分而成。任設奇偶兩數，各自乘，相併爲弦，相減爲句或爲股，副以兩數相乘，倍之爲股或爲句，若任設大小兩奇數或偶數，各自乘，則相併半之爲句或爲股，其兩數相乘即爲股或爲句。所得句股弦皆無零數。

五，汪孝嬰之發明天元一正負開方之可知不可知。四香發明正負開方定律，少廣之學大明。孝嬰讀秦李書，知有小可知之數。乃自二乘方以下推之，得九十五條。其說與四香似立異，故當時有汪李齗齗之搖，焦里堂既辨之矣。四香後讀其書而爲之跋，括爲三部以證明之。謂：偶實同名者不可知，偶實異名而從廉正負不雜者可知；偶實異名而從廉正負相雜其從翻而與隅同名者可知，否則不可知。又請己所言「一答與不止一答，」與汪言之「可知不可知」義實相通云。

六，董方立之發明割圜連比例術。此亦因杜德美之圜徑求周術。語焉不詳。欲更創通法，使弦矢與弧可以徑求。時明靜庵之密率捷法未傳於世，方立覃思獨創，與明氏同歸言殊塗。蓋以圜容十八觚之術引仲類長，求其累積實兼差分之列衰。商功之堆垛，而會通以盡句股之變。自謂奇偶相生出於自然，得此術而方圓之率通云。

七，徐君青之發明屢乘屢除的對數。對數表傳自西人，云以屢次開方而得其數。君青以除屢乘法御之，得數巧合而省力百倍。研究測圓密率。以屢乘屢除法遞求正負諸差，而加減相併，便得所求。發明開圓求周術。橢圜求周無法可馭，借平圓周求之則有三術，項梅侶戴諤士各立一術，君青以橢周爲圓周，求其徑以求周，即爲橢圜之用。最直捷。李壬叔謂其剏過西人遠甚。發明造各表簡法。君青以對數表等爲用最大，借創造之初，取徑紆回，布算繁賾，不示人以簡易之方，如八線數表，至今無人知其立表之根。因讀四元玉鑑究心於垛積招差之法，推諸割圜諸術。無所不通。蓋垛積者遞加數也，招差者連比例也，合二術以施之割圓，六通四闢。而簡易之法生焉。乃集杜德美董方立項梅侶戴諤士李壬叔諸家之說而折衷之簡益求簡。凡立五術。

八，戴諤士之發明對數簡法。

其術在捨開方而求假設數。復有續編，專明對數根之理。徐君青為之序，謂與李壬叔對數探原同為不朽業，

發明外切密率。

此亦割圓率中之一種。自杜董遞啓割圓之秘，項梅侶李壬叔皆有所增益。惜杜氏有弦矢術而無切割術，李氏有其術而分母分子之源未經解釋。諤士謂弦矢與切割本可互為比例，：：以比例所得之率數乘除法乘除弧背，其求得之數必仍為比例所得之切割。乃本此意以立術。

發明假數測圓

專之負算闡對數，發前人未發之蘊。

九，鄒特夫之發明乘方捷術。

此亦研究對數之書。隱括董方立戴諤士之說，立開方四術。其於訥白爾表，以連比例乘除法逕開一無量數乘方以求之，又立求對數較四術以求之，亦用連比例一以貫之，立術最為簡易。蓋以徐君青李壬叔之術操數各殊，惟夏紫笙略近，而更為精密云。

創造對數尺。

因對數表而變通之為算器，畫數以兩尺，相併而伸縮之，使原有兩數相對，而令有數即對所求數。

補古格術。

格術之名及其術之概略，僅見於宋沈括夢溪筆談。後人讀之亦莫能解。特夫知其即光學之理，更為布算以明之。以算學釋物理，自特夫始。

十，李壬叔之以尖錐馭對數。

壬叔以尖錐立術，既著方圓闡幽弧矢啓秘二書。復為對數探源，亦以尖錐截積起算。先社其理，次詳其法。自序云：「：：有對數萬，求其逐一相對之對數，則雖歐羅巴造表之人，僅能得其數未能知其理也。間嘗深思得之，歎其精微玄妙，且用以造表，較西人簡易萬倍。然後知言數者不可不先得夫理也。」壬叔著

書在早年，其後與西士共譯各書，益自信。乃著對數尖錐變法釋，謂已所用爲正法。西人所用乃變法。而其根則同云。推衍垜積術謂垜積爲少廣一支，西人代數微分中所有級數，大半皆是。近人惟汪孝嬰董方立頗知其通，而法數未備，因特闡明之。

十一，顧尙之之和較相求對數八術。批評杜董項戴及西人數學啓蒙中之諸新術，以爲皆未盡其理。乃別爲變通，任意設數，立六術以御之。得數皆合。復立還原四術。卒乃推衍之爲和較相求之八術。

十二，夏紫笙之創曲線新術。其書名致曲術：曰平圓，曰橢圓，曰拋物線，曰雙曲線，曰一線，曰對數曲線，曰螺線，凡七類。皆於杜德美項梅侶戴諤士徐君青羅密士（英人，著代微積拾級者。）諸術外，自定新術，參互並列，法密理精。復有致曲圖解說明之創垂方捷術。以開各類乘方通爲攤術，可並求平方根數十位，不論益積翻積，俱爲坦途。其書名少廣縋鑿。

以上所舉，不過在三部疇人傳中阮元著初編，羅士琳續，諸可寶再續。臨時撏撦。我之學力，本不配討論此學，其中漏略錯誤，定皆不少。但即循此以觀大略，已可見此學在清代發進步之程度爲何如。以李四香汪明董等推算之業視王梅；以李四香羅張古餘等校書補草之功視錢戴；以徐戴謂士鄒李壬叔等會通發明之績視王，梅，李四香汪；眞有「積薪後來居上」之感。其後承以第二期西學之輸入——即所謂十九世紀新科學者，而當時國中學者所造，與彼相校，亦未遑多讓。中國人對於科學之嗜好性及理解能力，亦何遽出歐人下耶？

吾敘述至此惟，忽有別的小感觸，請附帶一言：清代算學家多不壽，實吾學界一大不幸也。內中梅定九壽八十九，李壬叔壽七十，二老巋然紹一代終始，差足慰情。自餘若焦里堂僅五十八，戴謂士僅五十六，王寅旭戴東原皆僅五十五，鄒特夫僅五十一，鄒叔績僅四十九，馬遠林僅四十八，汪孝嬰僅四十六，李四香夏紫笙皆僅四十五，尤促者，熊韜之僅三十九，孔巽軒僅三十五，董方立僅三十三，左壬叟曾栗誠卒年未詳，大抵皆不逾四十。嗚呼！豈茲事耗精太甚易損天年耶？何見奪之速且多也！夫使巽軒方立輩有定九壽，則所以嘉惠學界者宜何如哉？（吾又感覺算學頗恃天才，故有早歲便能成家者。）又洪楊之亂，學者多殉，而算家尤衆。徐君青以封疆（江蘇巡撫）死綏，固宜矣；乃若羅茗香，馬遠林，鄒叔績，戴謂士，顧尙之，凌厚堂（堃），張南邱（福禧），皆先後及難。其餘諸家遺著投灰燼者且不少。嗚呼！喪亂之爲文化厄，有如是也！

有如是也！

道光末葉英人艾約瑟偉烈亞力先後東來。約瑟與張南坪張嘯山文虎顧尙之最善，約爲算友。偉烈則納交於李壬叔，相與續利徐之緒，首譯幾何原本後九卷。次譯美人羅密士之代微積拾級。次譯英人侯失勒約翰之談天。其後壬叔又因南坪等識艾約瑟，與之共譯英人胡威立之重學。又與韋廉臣共譯某氏之植物學。十九世紀歐州科學之輸入，自壬叔始也。亂事既定，曾文正設製造局於上海，中附屬譯書之科，以官力提倡之。時壬叔已老，在總理衙門爲章京，不能親譯事。則華若汀衡芳繼之，與英人傅蘭雅共譯爲多。所譯有英人華里司之代數術，微積溯原，海麻士之三角數理等。此外則徐虎臣建寅趙仲涵元益等皆有所譯述。然精審不逮李華云。

晚清李華譯述之業。其忠實與辛勤不讓晚明之徐李，而所發生之影響則似遠遜。李徐譯業，直接產生王梅，能全部消化其所譯受，更近而求本國學問之獨立，因以引起三百年間斯學之發達。李華譯書時，老輩專精斯學者已成家數，譯本不過供其參考品，不復能大有所進益。而後輩則浮騖者多，不復專精斯詣。故求如汪梅其人者，直至今日，蓋無聞焉。豈惟今日，恐更遲之若干年亦猶是也。夫吾並非望舉國人皆爲算學家也，算學爲最古之學，新發明甚難，不如他種科學之饒有發展餘地，學者不甚嗜之，亦無足怪。雖然，算學爲一切自然科學之基礎，欲治科學，非於算有相當素養不能爲功，昭昭然也。然環觀今之青年，在學校中對於此科之興味何衰落一至此甚也！學之數年，恐其所得素養比諸門外漢如我者所勝無幾也！反不如百餘年前專讀「線裝書」之老經生猶知以此學爲重也！嗚呼此非一門學術興廢之小問題，實全部學風盛衰之大問題也。厭繁重而怠探索，功課爲機械的授受，不復刻入以求心得，惟喜摭拾時趨的游談以自欺欺世，如此，則凡百學術皆不能喚起眞摯之興味，豈惟算學？結果非將學問向上之路全付榛蕪焉不止也！嗚呼！今之青年，有聞乾嘉道間諸先輩之學風而知奮者耶？

鄒特夫晚年有論算家新法一篇，其言曰：『自董方立以後，諸家極思生巧，出於前人之外，如華嚴樓閣，彈指即現。實抉算理之奧窔，然恐後之學者，不復循途守轍，而遽趨捷法，則得之易失之亦易。是可覺也。」吾涉讀及此而若有感於余心焉，昔人欲通曉一學也甚難而所成就常實：無組織定善之著書。無簡易之教授法、欲學者須從亂石犖犖亂草蓬蓬中自覓新路而自闢之，故學焉者十人，其九人者恒一無所獲。廢然而返，即其一人有所獲者，亦已費無量精力於無用之地，此其所爲失也。雖然，不入之則已，既入則極深研究，其發明往往超拔凡近，此其所爲得地。今人欲通曉一學也甚易而所成就常虛：教科書及教授法，凡所以助長理解者惟恐不至，而取經惟恐不捷，中智之士，按部就班，畢業一課即了解一課，畢業一書即了解一書，人人可操券而獲也。然與其書與其師暌別不一二年，所學知夢矣，即不爾，而所得亦至膚淺末，罕復能以自立。說者謂今之教育，只能舉全社會「平庸化」，而傑出天才乃汩沒摧抑而日澌滅。不其然耶？夫今日不能舉教育法而盡返之於曩昔。不待言也。然特夫所謂『速邁捷法得之易而失之亦易』者，斯誠教育界不可忽視之問題。如何而能使青年於易知易從中仍閱歷甘苦而求所學實有諸己，不可不熟思而析衷之也。吾有感於諸先輩之刻苦堅忍以完成學問獨立之業，故附其說於此。

吾今當以敍述曆算學之餘簡帶敍其他科學。各種科學不惟不能各占一專章，並不能合而成一專章，而惟以曆算學附庸之資格於此帶敍焉，吾學界之恥也。然吾儕史家之職，不能增飾歷史實狀之所本無，吾惟寫其實以待國人之自勸而已

清儒頗能用科學精神以治學，此無論何人所不能否認也。雖然，其精力什九費於考證古典，勉譽之亦只能謂所研究者爲人文科學中之一小部分，其去全體之人文科學已甚遠，若自然科學之部，則欲勉舉一人一書，且覺困難。無已，姑舉

下列一二以充數。

物理學及工藝學方面，有宋長庚應星天工開物十八卷。長庚，江西奉新人。卒於清初順康間，其書則或於明崇禎十二年。書之內容如下：

卷一　乃粒：論農產品，農事，農器等
卷二　乃服：論蠶事，製絲。紡織及織具，緞錦，棉花之種植紡織，麻布，製裘。製氈等，
卷三　彰施：論染料之產出採用及製造等。
卷四　粹精：論農產品製成糧食之法。
卷五　作鹹：論各種鹽產及製鹽法。
卷六　甘嗜：論種蔗製糖及蜂蜜。
卷七　陶埏：論造瓦，造磚。造陶器，造瓷器諸法。
卷八　冶鑄：論鑄造鐘。鼎，斧，像，砲，鏡，錢諸法。
卷九　舟車：論各式舟車及其造法。
卷十　錘鍛：論冶鐵及各種鐵器造法。附冶銅。
卷十一　燔石：論礦石類之化鍊內含石灰。蠣灰，煤灰。礬。硫黃砒石等。
卷十二　膏液：論油品及製法。
卷十三　殺青：論紙料及製法。
卷十四　五金：論金，銀，銅，鐵，錫。鉛各礦之產地。采法，化分法等。
卷十五　佳兵：論矢，弩，干，火藥，火器各種製造法。
卷十六　丹青：論朱，墨，等顏色之產地及造法。
卷十七　麴蘗：論造酒。
卷十八　珠玉，論珠。玉，寶石，水晶，瑪瑙等之產地及磨治法。

觀此目錄，可以知本書所研究之對象為何。長庚自序云：『世有聰明博物者，稠人稚焉，乃棗梨之花未實，而臆度楚萍，釜鬻之範鮮經，而侈談莒鼎，畫工好圖鬼魅而惡犬馬，即鄭僑晉華，豈足為裂哉？』彼蓋深鄙乎空談考古之輩，而凡所言皆以目驗為歸也。丁在君（文江）論之曰：『三百年前言工業天產之書如此其詳且明者，世界之中，無與比倫。』有此書洵足為學界增重矣。

方密之著通雅，其中已多言物理。復有餘稿，其子位伯（中通）分類編之，名曰物理小識，凡十二卷。內分天，曆，風雷雨暘，地，占候，人身，醫藥，飲食，衣服，金石，器用，草木，鳥獸，鬼神方術，異事，凡十五類。所言雖不免間雜臆測或迷信，不如長庚之摭實。然其中亦頗多妙悟，與今世科學言暗合。例如卷一之論「氣映差」，論「轉光」，論「隔聲」，……等類皆是。要之此等書在三百年前，不得謂非一奇著也。

明清之交，學者對於自然界之考索，本已有動機，雍乾以降，古典學大興，魁儒之聰明才力盡為所奪，甚可惜也。然皖南江戴一派，好言名物，與自然科學差相接近。程易疇瑤田著通藝錄，有考工創物小記，溝洫彊理小記，九穀考，釋草小記釋蟲小記等，惜偏於考古，於實用稍遠矣。郝蘭皋懿行自言好窮物理，著有蜂衙小記，燕子春秋等，吾未見其書，不知內容如何。

明末曆算學輸入，各種器藝亦副之以來，如火器圖說，奇器圖說，儀象志，遠鏡說……等或著或譯之書亦不下十餘種。後此治曆算者，率有感於『欲善其事先利其器』故測候之儀，首所注意，亦因端而時及他器。梅定九所創製則有勿庵揆日器，勿庵測望儀，勿庵抑觀儀，勿庵渾蓋新儀，勿庵月道儀等。戴東原亦因西人龍尾車法作亡族車，原西人引重法作自轉車，又親製璿機玉衡——觀天器。李申耆自製測天繪圖之器亦數有種。凡此皆曆算學副產品也。而最爲傑出者，則莫如歙縣鄭浣香復光之鏡鏡詅癡一書。

浣香之書，蓋以所自創獲之光學智識，而說明製望遠顯微諸鏡之法也。據張石洲序知其書成於道光十五年以前，其自序云『時逾十稔然後成稿』，則知屬稿在道光初年矣。時距鴉片戰役前且二十年，歐洲學士未有至中國者，譯書更無論。浣香所見西籍僅有明末清初譯本之遠鏡說，儀象志，人身說概等三數種。然其書所言純屬科學精微之理，其體裁組織亦純爲科學的。今將原書四大部分各子目表列如下：

第一部　明原：原注云。鏡以鏡物，不明物理，不可以得鏡理。物之理，鏡之原也。作明原。

一原色，二原光，三原影，四原線，五原目，六原鏡

第二部　類鏡：原注云。鏡之製各有其材，鏡之能各呈其用，以類別也。不詳厥類。不能究其歸。作類鏡。

一鏡資，二鏡質，三鏡色，四鏡形。

第三部　釋圓：原。云。鏡多變者，惟凹與凸。察其形，則凹在圓外，凸在圓內。天之大以圓成化，鏡之理以圓而神，姑作釋圓。

一圓理，二圓凸，三圓凹，四圓疊，五鏡率。

第四部　述作：原注云。知者剏物，巧者述之，儒者事也：民可使田，不可使知，匠者事也。有師承焉，姑備所聞。儒者之事，有神會焉，特詳其義。作述作。

一作照景鏡，二作眼鏡，三作顯微鏡，四作取火鏡，五作地鐙鏡，六作諸葛鐙鏡，七作取影鏡，八作放字鏡，九作柱鏡。十作萬花筩那，十一作透光鏡。十二作視日鏡，十三作測日食鏡，十四作測量高遠儀鏡，十五作遠鏡，

全書體例，每篇皆列舉公例若干條，理難明者則爲之解，有異說者則系以論

，表象或布算則演以圖。（全書爲圖一百二十八。）大抵采用西人舊說舊法者什之二三，自創者什之七八。（書中凡采舊說必注明。其原光公例十八條，采舊說者三；原目公例十二條，采舊說者四，餘類推。）吾不解科學，不能言其與現代西人之述作比較何如。顧吾所不憚昌明者：百年以前之光學書，如此書者，非獨中國所僅見，恐在全世界中亦占一位置。浣香所以能爲此者，良由其於算學造詣極深，（見張序。）而又好爲深沈之思。（見自序。）張石洲言：『浣香雅善製器，而測天之儀，脈水之車，尤切民用，』則其藝事之多能又可知矣。以前宋後鄭之學，而不見推於士林，（疇人傳中無鄭名。）噫！「藝成而下」之觀念毒人深矣。

鄒特夫亦以明算通光學。所著格術補，因沈存中（括）夢溪筆談中一條，知宋代算家有此術，因窮思眇慮，布精算以闡其理。（鄭浣香亦因讀夢溪筆談而有悟，但鄒決非襲鄭。）可謂好學深思心知其意。特夫又自製攝影器，觀其圖說，以較現代日出日精之新器，誠樸儉可笑。然在五十年前無所承而獨創，又豈可不謂豪傑之士耶？粵人復有梁南溟（漢鵬）者在特夫前。陳蘭甫稱其『好言物性，金木百工之事莫不窮究，尤善製火藥，以所製者發鳥鎗，鉛丸較英吉利火藥所及加遠云。』

醫學方面，中國所傳舊學，本爲非科學的。淸醫最負盛名者如徐洄溪大椿、葉天士桂著述皆甚多，不具舉。惟有一人不可不特筆重記者，曰王勳臣淸任、蓋道光間直隸玉田人；所著書曰醫林改錯。其自序曰：『……嘗閱古人臟腑論及所繪之圖，立言處處自相矛盾。……本源一錯，萬慮皆失。……著書不明臟腑，豈非痴人說夢，治病不明臟腑，何異盲子夜行。……』勳臣有惕於此，務欲實驗以正其失，然當時無解剖學，無從着手。彼當三十歲時，游灤州某鎭，値小兒瘟疹，死者甚多，率皆淺殯，彼乃不避汚穢，就露臟之屍細視之，經三十餘具，略得大概，其後遇有副刑之犯，輒往迫視。前後訪驗四十二年，乃據所實覩者繪圖成臟腑全圖而得之記。附以腦髓說，謂靈機記性不在心而在腦；氣血合脈說，斥三焦脈訣等之無稽。誠中國醫界極大膽之革命論，其人之求學，亦饒有科學的精神。惜乎學世言醫者莫之宗也。

吾敘帶科學，而供吾論列之資料僅此，否閣筆且愧且悲焉。雖然，細思之，未足爲愧未足爲悲。西方科學之勃興，亦不過近百年間事耳，吾乾嘉諸老未能有人爲於此間分一席，抑何足深病。惟自今以往仍保持此現狀，斯乃眞可愧眞可悲耳。嗚呼！此非前輩之責而後者之責也。後起者若能率由前輩治古典學所用之科學精神，而移其方向於人文自然各界，又安見所收穫之不如歐美？雖然，非貫乎知之，實貫乎行之。若如今日之揭科學旗幟以嚇人者，加減乘除之未嫻，普通生理心理之未學惟開口罵「線裝書」，閉口笑「玄學鬼」，狺狺於通衢以自鳴得意！顧亭林有言：『昔之清談談老莊，今之淸談談孔孟。』吾得易其語曰：『今之淸談談科學！』夭科學而至於爲淸談之具，則中國乃眞自絕於科學矣此余之所以悁悁而悲也。

（十）　樂曲學

昔之言學者，多以律曆並擧。律蓋言樂之律呂也。其所以並擧之故，雖支離不足取；吾爲敍述便利起見，姑於述曆算後次論焉。可紀者少，等於附庸而已。

但吾仍有須鄭重聲明者：吾之無樂曲學常識，一如其於曆算。吾絕無批評諸家得失之能力，且所叙述亦恐不能得其要領，希海內明治斯學者有以敎之。

中國音樂，發達甚早，言「六藝」者兩說，（周官大司徒之禮樂射御書數，漢書藝文志之詩書禮樂易春秋。）樂皆與居一焉。儒家尤以之爲敎育主要工具，以是招墨氏之非議。惜無樂譜專書，其傳易墜。漢魏以降，古樂寖亡，以至於盡，累代遞興之新樂，亦復閱時輒佚。而俗樂大抵出伶工之惰力的雜奏，漫以投里耳之好，故樂每況而愈下。樂之研究，漸惹起一部分學者之注意，固宜然矣。

清儒所治樂學，分兩方面：一曰古樂之研究，二曰古代曲劇之研究。其關於古代者復分兩方面：一曰雅樂之研究，二曰燕樂之研究。關於近代者亦分兩方面：一曰曲調之研究，二曰劇本之研究。

清儒好古，尤好談經，諸經與樂事有連者極多，故研究古樂成爲經生副業，固其所也。清初自謂知樂者首爲毛西河。著有竟山樂錄——一名古樂復興錄，聖諭樂本解說，皇言定聲錄等書；而李恕谷從之游，著有學樂錄以申其說；此四書者可稱爲毛氏一家之學。西河自稱得明寧王權家所藏唐樂笛色譜，因據之以推得古代之七調九聲。謂『自春秋迄明，千年長夜，一旦盡舉而振豁之』，其自負可謂至極，然所謂寧王之笛色譜，始終未嘗出以示人，其有無且不知，其是否唐樂更不可知。西河人格不足以見信於世，故全謝山攻其僞妄，蓋有以自取矣。然其對於荒誕支離的舊說掃蕩廓清之功，固不可泯滅。彼力斥前人之以五行附會樂理。略云：『樂之有五聲亦言其聲有五種耳；其名曰宮曰商亦就其聲之不同而強名之作表識耳。自說者推原元本。忘求絲歷，……至有分配五行五時五土五色，……而究與聲律絕不相關，此何爲也。……故凡爲樂書者盡一元兩儀五行十二辰六十四卦三百六十五度之圖斐然成文而又暢爲之說以引證諸黃鐘太族陰陽生死上下順逆增減以及時氣卦位歷數之學鑿鑿配合者。則其書必可廢。…………』彼力斥前人之摹揣古樂器以圖復古。略云：『嘗牽合古尺考覆舊琯，呼工師截竹，裁設管器，及裁竟而樂殊不然。然後知遷固以後京房，鄭元，張華，荀勗，……及近代之韓尚書，鄭恭王，翟凡言鑄鐘均絃絲器算數。皆欺人之學，不足道也。』此皆一掃塵霾，獨闢畦逕。其所自立論之價值如何，吾不能妄評（凌次仲謂西河全屬武斷；陳蘭甫謂西河論樂最謬。七聲十二律茫然不知。），但其革命的精神則甚可師也。（清初尚有胡彥昇著樂律表微：凌次仲謂其只知唱崑山調及推崇朱子。）

初期漢學家之樂學的著作，最有名者爲江愼修之律呂新論二卷，律呂闡微十一卷。愼修長於算，故以算理解樂律，多能匡正宋明人之失。然樂律應否以算理解釋，實爲先決問題。愼修雖用力甚勤，然其截斷衆流之識，恐反出西河下也。（書中附會河圖五行納音氣節諸陋習亦不免。）惟新論卷末論聲音流變，論俗樂可求雅樂，論樂器不必泥古諸條，似有卓見。闡微言唐宋燕樂之當研究，實爲淩次仲示其塗徑。（戴東原亦有論樂律之篇，大致不出愼修見解。）

淸儒最能明樂學條貫者，前有淩次仲，後有陳蘭甫，而介其間者有徐新田（養原）。次仲之書曰燕樂考原六卷。燕樂者，唐代音樂最主要之部分也。唐天寶十三載，分樂爲三部：先生之樂爲雅樂。前世新聲爲淸樂，合胡部者爲燕樂。（沈括夢溪筆談語）、而燕樂最貴，奏技者皆坐堂上。（白香山立部伎詩自注云：『太常選坐部伎無性識者退入立部伎，又選立部伎絕無性識者退入雅樂部。』立伎部即掌淸樂者也，雅樂又在其下。）淸樂者，梁陳舊樂也；燕樂者，周隋舊樂也。（本書卷六語。）唐承周隋之統，以其舊樂爲主，而以西域諸國樂損益之，故其燕樂集樂之大成。次仲以爲：『世儒有志古樂而不考之於燕樂，無異扣槃捫籥，』（自序語。）故專爲此書研究之。卷一爲總論：考燕樂之來歷，說明其選聲製譜之概略。卷二至卷五分論燕樂二十八調。（宮商角羽各七調，各自爲卷。）卷六爲後論，凡十三章，（燕樂二十八調說上中下，字譜即五聲二變說上下，述琴，述笛，宮調之辨不在起調畢曲說，徵調說，燕樂以夾鐘爲律本說，明人九宮十三調說，南北曲說，聲不可配律說。附以燕樂表終焉。其書之要點大略如下：（吾之學力，實不配作提要。所摘有誤略，望讀者指正。）

一，燕樂之原，出於龜茲蘇祇婆之琵琶。琵琶四絃，為宮商角羽四聲，（無徵聲。）每聲七調，故有二十八調。

二，燕樂之調，本以字譜（即上工尺等）為主，與漢書律曆志所言律呂之長短分寸，渺不相涉。鄭譯沈括輩將二者牽合為一，乃欺人之談。

三，今之字譜，即古之宮商。——上字為宮，尺字為商，工字為角，合字為徵，四字為羽，一字為變宮，凡字為變徵。（此明朱載堉說，次仲略修改之。）古樂用五聲二變而成音，猶今樂用七字譜而成調，即此可以沿而上溯，不必旁求。

四，樂志等向稱唐人八十四調，其實祇是二十八調，因琵琶四絃每絃七調故也。然宋乾興以來所用僅十一調，今則僅用七調而已。

五，今之南曲，即唐清樂之遺；今之北曲，即唐燕樂之遺。疑燕樂完全失傳者誤也。

其自序謂：『廷堪於斯事初亦未解，若涉大水者有年；然後稽之於典籍，證之以器數，一旦始有所悟入。』其與阮伯元書云：『推步學自西人之後，有實測可憑，譬之鳥道羊腸，繩行懸底，苟不憚辛苦，無不可至者。若樂律諸書，雖言之成理，乃深求其故，皆如海上三神山，但望見焉，風引之則又遠矣。何者？一實有其境，一虛構其理也。吾書成，庶東海揚塵，徒步可到矣。』總之昔之言樂者皆支離於樂外，次仲則剖析於樂中。其剖析所得成績如何，雖非吾儕門外漢所能妄談，若其研究方法，確爲後人開一新要，則吾敢斷言也。（次仲之鄉先輩程易疇有聲律小記一卷，琴音記續篇一卷，似無甚發明。惟其論中聲一條，陳蘭甫極稱之。）

次仲復有晉泰始笛律匡謬一卷。其自序云：『樂學之不明，皆算數之說汨之也。黃鐘之數，史記漢書皆云十七萬一千一百四十七。不知此數於何而施用？將以爲黃鐘之長耶？恐九寸之管，非鍼芒刀刃不足以容之！將以爲黃鐘之實者？恐徑九分之中，非野馬塵埃不足以受之！……然則律度乘除之損益，果足以深信耶？畫鬼易，畫人難，言樂者每恃此爲藏身之固。……陳之以虛數則爛然，驗之以實事則茫然者，比比皆是矣。……晉泰始末荀勗製笛律，乃以絲聲之律度爲竹聲之律度，悉毀前人舊作，而樂學益晦。……今爲匡謬一卷。嗟乎？所匡者寧獨荀公哉？』荀律果謬與否，所匡果不謬與否，別一問題。然次仲對於舊樂學摧陷廓清之勇猛可見矣。

年輩稍後於次仰者有徐新田養原著有荀勗笛律圖注，管色考，律呂臆說等書。新田似未見次仲書，故無一字之徵引辨難。其笛律圖注，尊宗荀勗，與次仲正反。其管色考，專論字譜，矯正元明人之誤，與次仲全同而加詳。其律呂臆說，亦一掃五行卦氣等等糾纏之說，專剖析於樂中，與次仲孰優劣，非吾所能言也。其言五聲變爲七音，爲樂學一進步，七音乃律而非聲，其變乃全體改易，非於本音之外漫加二音；舊說謂變宮變徵乃就舊有五聲加上。言雅樂非於俗樂之別外有一聲節；言雅樂之亡，由於圖譜失傳，不關律呂；言三代之樂不亡於秦而亡於魏晉；言當因俗樂管色以推求古樂；皆自有見地者。

陳蘭甫所著曰聲律通考十卷。蘭甫著書動機，蓋因讀次仲書而起，而駁正其說亦最多。蓋他書無之駁價値，而於淩書所未安則不容不駁也。卷九之末自注云：「此書於燕樂考原之說駁難最多。非掎摭前人也。余於淩次仲實資其先路之導，其精要之說，固已采錄之。至其持論偏宕，則不可不辯；其紛紜舛錯讀之而不可解者，尤不能不爲訂正。九原可作，當以爲諍友焉。」今略摘淩陳異點如下：

一，淩氏掊擊荀勗笛律；陳氏極推重之。陳似未見淩之笛律匡謬、亦未見徐氏之笛律圖注。然淩氏匡謬之說，已有一部分散見燕樂考原中，陳所反駁甚當也。徐著極精密。使陳見之，或更有助。說明荀氏十二笛三調之制及其作用。

二，淩氏不信有八十四調，謂鄭譯創此說以欺人：陳氏考證八十四個爲梁隋所有，不始鄭譯。據隋書萬寶常傳及舊五代史音樂志等書、並說明其可能。

三，淩氏以工尺等字譜分隸宮商等，陳氏承認之。但陳謂此惟今樂爲然耳，宋人則以工尺配律呂，非以代宮商。

四，淩氏以蘇祇婆琵琶爲標準樂器；陳氏謂有研究古樂器之必要。其言曰：「聲隨器異，由今之器，豈能寄古之聲？試取今日之二絃綁子以唱崑腔，聞者必爲掩耳，而況以今器寄古聲乎？」

蘭甫東塾集中有復曹葛民書一篇，最能說明其述作之旨。今節錄如下間引本書說或他人說注其難解者。

『……灃爲此書，所以復古人。復古者迂儒常談，灃豈效之？良以樂不可不復古也。……鼓吹也，戲劇也，小曲也，其號爲雅音者琴師之琴也，此則今所謂樂也，何爲宮商而不知也，何爲律呂而更不知也。啓超案徐新田雅樂論云，『今之琴有聲無節，先不成其爲樂矣，何論雅俗？』嗚呼！樂者六藝之一，而可以輕褻淪亡若此哉？……近數十年，惟凌次仲奮然欲通此學，自謂以今樂通古樂。灃求其書讀之，信多善者。然以爲今之字譜即宋之字譜，宋之字譜出於隋鄭譯所演龜茲琵琶。如其言，則由今樂而上溯之，通於西域之樂耳，何由而通中國之古樂也？又況今之字譜非宋之字譜，宋之字譜又非出於鄭譯，古籍具存，明，不可借假乎？灃因凌氏書，考之經疏史志子書凡言聲律者，排比句稽以成此編。……將使學者由今之字譜而識七聲之名，又由七聲有相隔有相連而識十二律之位；識十二律，而古之十二宮八十四調可識也。啓超案蘭甫弟子殷康保校聲律通考跋而撮其要點爲跋云。『五音宮商角徵羽，即今所謂上尺工六五也；加宮變變徵爲七音，即今所謂一凡也，七音得七律；宮與商之間有一律，角與變徵之間有一律，徵與羽之間有一律，羽與變宮之間有一律，是爲十二律也。十二律者，高下一定者也；七音者，施轉無定者也。十二律各爲宮，則各有商角徵羽，是爲十二律也。十二宮各爲一均，每一均轉七調，則八十四調也……』此段最能將全書提綱絜領，故錄以爲注。又由十二律四淸聲而識宋人十六字譜；

識十六字譜，而唐宋二十八調可識也。然此猶紙上空言也，無其器何以定其聲，無其度何以制其器。屬有天幸，宋書晉書皆有荀勗笛，而阮文達公摹刻鐘鼎款式有荀勗尺，二者不期而並存於世！夫然後考之史籍，隋以前歷代律尺皆以荀勗尺爲比，金元明承用宋樂，宋樂修改王朴樂，而王朴律尺又以荀勗尺爲比。有荀勗尺，而自漢至明樂聲高下皆可識也。然而荀勗尺易製也，荀勗笛難知也。宋書晉書所載荀勗笛制，文義深晦，自來讀者不能解。澧窮日夜之力，苦思冥悟而後解之，而後仿製之，於是世間乃有古樂器。又讀朱子儀禮經傳通解有唐開元鹿鳴關雎十二詩譜。以今之字譜釋之，於是世間乃有古樂章。：：偏考古書所載樂器，從未有細及分釐如荀勗笛制者，偏考古書所載樂章，從未有兼注意音律如十二詩譜者。古莫古於此，詳亦莫詳於此。授之工人，截竹可造；付之伶人，按譜可歌：而古樂復出於今之世矣。：：象州鄭小谷見此書歎曰：「有用之書也」。又曰：「君著此書辛苦，我讀時書亦辛苦。」嗟乎！辛苦著書，吾所樂也；有辛苦讀之者，吾願足矣。若其有用，則吾不及見矣。其在數十年後乎？其在數百年後乎？』

吾認此書之著作爲我學術界一大事，故不避繁重，詳錄此函。讀之，則書之內容大概可識矣。吾以爲今所當問者只有兩點：一，蘭甫所解荀勗笛制是否無誤？二，朱子所傳開元十二詩譜是否可信？蘭甫又言，『即謂十二詩譜不出開元而爲宋人所依託，然自宋至今，亦不可謂不古，較之毛大可所稱明代之唐譜，不可同年而語矣。』若誠無誤也，可信也，則所謂古樂復出於今世者，眞可拭目而待也。由蘭甫之書以復活漢晉以來不絕如縷之古樂，由次仲之書以復活唐代融會中西之燕樂。此點蘭甫絕對承認次仲書之價值蘭甫書亦有可以補其未備者。則二千年音樂流變，可以知其概以求隅反，天下快事寧有過此！夫今日音樂之必當改造，識者類能言之矣。然改造從何處下手耶？最熟心斯道者，亦不過取某國某名家之譜隨己之所嗜拉雜輸入一二云爾。改造音樂必須輸進歐樂以爲師資，吾儕固絕對承認。雖然，尤當統籌全局，先自立一基礎，然後對於外來品爲有計畫的選擇容納。而所謂基礎者，不能不求諸在我。非挾有排外之成見也，音樂爲國民性之表現，而國民性各各不同，非可强此就彼。今試取某國音樂全部移植於我國，且勿論其宜不宜，而先當問其受不受；不受，則雖有良計畫，費大苦心，終於失敗而已，譬之擷鄰圃之穠葩，綴我園之老幹，縱極絢爛，越宿而萎矣。何也？無內發的生命，雖美非吾有也。今國中注意此問題者蓋極寥寥，然以吾所知一二先覺，其所見與所憂未嘗不與吾同，蓋亦嘗旁皇求索，欲根據本國國民性爲音樂樹一新生命，因而發育之，容納歐樂以自榮衞。然而現行俗樂墮落一至此甚，無可爲憑籍，欲覓歷史上遺影，而不識何途之從，哀哉耗矣！次仲蘭甫之書，以門外漢如我者，於其價值如何誠不敢置一辭；然吾頗信其能示吾儕以前途一綫光明，若能得一國立音樂學校，資力稍充，設備稍完，聚若干有音樂學素養之人，分出一部分精力，循此兩書所示之塗徑以努力試驗，或從此遂可以知我國數千年之音樂爲何物，而於其間發見出國民音樂生命未斲之卵焉，未可知也。嗚呼！吾之願望，何日償也？蘭甫先生蓋言：『其在數十年後乎？其在數百年後乎？』

次仲燕樂考原之中四卷，詳列琵琶四絃每絃所衍生之各七調，臚舉其調名。上自郊祀樂章，下至院本雜劇，網羅無遺，因此引起後人研究劇曲之興味焉。

初，康熙末葉，王奕清撰曲譜十四卷；呂士雄撰南詞定律十三卷。清儒研究曲本之書，蓋莫先於此。乾隆七年，莊親王奉敕編律呂正義後編，既卒業，更命周祥鈺徐興華等分纂九宮大成南北詞譜八十一卷，十一年刊行之。曲學於是大備。（江鄭堂漢學師承記稱：凌次仲是年應某達官之招，在揚州校勘詞曲譜，得修脯自給。次仲精於南北曲能分別宮調自此。疑次仲曾參與九宮譜事也，待續考。）後此葉懷庭（堂）納書楹曲譜，稱極精審，度曲者宗之。有戴長庚著律話、吾未見其書，且未審爲何時人。蘭甫聲律通考屢引其說，蓋亦旁及曲律云。

以經生研究戲曲者，首推焦里堂。著有劇說六卷。雖屬未經組織之筆記，然所收資料極豐富，可助治此學者之趣味。吾鄉梁章冉（廷枏）著曲話五卷，不論音律，專論曲文，文學上有價値之書也。而陳蘭甫亦有唐宋歌詞新譜，則取唐宋詞曲原譜已佚而調名與今本所用相符字句亦合者，注以曲譜之意拍而歌之。其自序有言：『物之相變，必有所因，雖不盡同，必不盡異。……詩失既求諸詞，詞失亦求諸曲，其事一也。……』讀此可見此老雅人深致，惜其書已不傳。

最近則王靜安（國維）治曲學最有條貫，著有戲曲考原，曲錄，宋元戲史曲等書。曲學將來能成爲專門之學，則靜安當爲不祧祖矣。而楊時百（宗稷）專言琴學，著琴粹，琴話，琴譜，琴學隨筆，琴餘漫錄，琴鏡等書凡二十四卷。琴學是否如徐新田所詆「不成其爲樂」，吾不敢言，若琴學有相當價值，時百之書，亦當不朽矣。（完）

民國拾五年七月出版
民國拾八年十月四版

實價大洋貳元五角
外埠酌加郵費

中國近三百年學術史

全壹册

講演者 新會梁啓超
發行者 上海民志書店
代售處 各埠大書局